크리에이티브
프로그래머

크리에이티브 프로그래머

프로그래밍에 창의성을 더하는 7가지 사고력

초판 1쇄 발행 2023년 8월 28일

지은이 바우테르 흐루네벨트 / **옮긴이** 차건회 / **펴낸이** 김태헌
베타리더 김예찬, 김인범, 박수민, 박진성, 유병준
펴낸곳 한빛미디어(주) / **주소** 서울시 서대문구 연희로2길 62 한빛미디어(주) IT출판2부
전화 02-325-5544 / **팩스** 02-336-7124
등록 1999년 6월 24일 제25100-2017-000058호 / **ISBN** 979-11-6921-136-9 93000

총괄 송경석 / **책임편집** 서현 / **기획·편집** 박지영
디자인 표지·내지 최연희 / **전산편집** nu:n
영업 김형진, 장경환, 조유미 / **마케팅** 박상용, 한종진, 이행은, 김선아, 고광일, 성화정, 김한솔 / **제작** 박성우, 김정우

이 책에 대한 의견이나 오탈자 및 잘못된 내용에 대한 수정 정보는 한빛미디어(주)의 홈페이지나 아래 이메일로
알려주십시오. 잘못된 책은 구입하신 서점에서 교환해드립니다. 책값은 뒤표지에 표시되어 있습니다.

한빛미디어 홈페이지 www.hanbit.co.kr / 이메일 ask@hanbit.co.kr

지금 하지 않으면 할 수 없는 일이 있습니다.
책으로 펴내고 싶은 아이디어나 원고를 메일(**writer@hanbit.co.kr**)로 보내주세요.
한빛미디어(주)는 여러분의 소중한 경험과 지식을 기다리고 있습니다.

프로그래밍에 창의성을 더하는 7가지 사고력

크리에이티브
프로그래머

바우테르 흐루네벨트 지음
차건회 옮김

MANNING 한빛미디어 Hanbit Media, Inc.

지은이 · 옮긴이 소개

지은이 **바우테르 흐루네벨트**Wouter Groeneveld

소프트웨어 엔지니어, 컴퓨터 과학 교육 연구자, 전문 제빵사다. 다른 사람들에게 영감을 주고 가르치는 일에 열정을 쏟으며 11년간 엔터프라이즈 소프트웨어 엔지니어로 일했다. 몇 년의 경험을 쌓은 후 교육, 코칭, 온보딩에 참여했다. 많은 소프트웨어 프로젝트가 실패하는 걸 목격하면서 그는 이런 질문을 하게 된다. 과연 무엇이 좋은 소프트웨어 엔지니어를 만드는가? 이 질문은 결국 2018년 회사를 그만두고 학계로 다시 합류하는 계기가 되었다. 이후 소프트웨어 엔지니어링 분야에서 비기술적 기술에 대한 연구를 수행했다. 이 주제에 대한 그의 저술은 광범위하다.

- **학술 논문 목록**: https://brainbaking.com/works/papers
- **블로그**: https://brainbaking.com

옮긴이 **차건회**

현재 미국 로스앤젤레스의 Shell Recharge Solutions에서 자바 백엔드 테크 리드로 일하고 있다. 자바, 스프링 부트, 메시지 큐, 일래스틱서치, 레디스 등 자바 백엔드의 전반적인 기술 스택 및 성능 향상에 관심이 있다. 옮긴 책으로는 『프로그래머의 뇌』, 『좋은 코드, 나쁜 코드』, 『몽고디비 인 액션』(이상 제이펍)이 있다.

창의성이라는 단어를 접할 때마다 오래전 어느 날의 기억이 떠오르곤 합니다. 그날도 어떤 소프트웨어 기능의 구현에 관해 고민하고 있었는데, 그 문제를 팀 동료에게 꺼내놓으며 도움을 구했습니다. 문제점을 다 듣고 난 그는 해결책을 생각해보겠다고 한 지 불과 10여 분 만에 멋진 방안을 제시했습니다. 그가 제시한 해결책은 기존에 있던 두 개의 메서드를 연달아 호출하는 방법이었죠. 물론 저도 각각의 메서드를 이미 알고 있었지만 그 동료가 제안한 해결책을 떠올리지 못한 반면, 그는 쉽게 생각해 냈습니다.

그때 저는 그 동료가 정말 창의적이라고 생각했습니다. 한편으로는 그렇게 쉽고 단순한 해결책을 생각해 내지 못했다는 사실 때문에 "역시 난 창의성이 부족해"라며 자책했던 기억이 있습니다. 하지만 이 책을 번역하면서 알게 된 바에 따르면, 아마도 저는 그 문제에 지나치게 빠져 있었던 건지도 모릅니다. 그러다 보니 터널 비전tunnel vision에 갇혀 좀 더 새로운 시각으로 문제를 바라보지 못했던 게 아닐까요?

이 책은 소프트웨어 엔지니어뿐만 아니라 어떤 일을 해결하고자 하는 모든 사람에게 창의성에 관한 새로운 시각을 선사합니다. 우리는 알게 모르게 창의성에 대해 잘못된 선입견을 품고 있는 듯합니다. 창의성은 타고나는 것이라든지, 지식보다는 지혜에 더 가까운 것이라고 여길 수 있습니다. 어쩌면 그러한 선입견 때문에 창의성을 기른다든지 창의적인 결과물을 얻고자 하는 노력을 소홀히 하게 되는지도 모릅니다.

제목에서 알 수 있듯이, 소프트웨어 개발과 관련 있는 독자라면 매우 즐겁게 읽을 수 있는 책입니다. 하지만 소프트웨어나 프로그래밍 혹은 IT 전반에 대해 관심이 있거나 이제 막 코딩을 시작한 독자들 역시 이 책의 내용이 도움이 될 수 있도록 역주를 최대한 많이 제공하고자 했습니다. 이 책의 많은 예제는 소프트웨어 개발에 기반한 내용이지만, 창의성에 관한 저자의 설명은 심리학, 사회학 등 학문의 제반 분야에서 깊이 있게 연구된 학술적 내용에 기반하는 만큼 좀 더 일반적인 영역에도 적용될 수 있습니다.

이 책은 개발자를 위한 책이지만 동시에 개발자와 협업하는 모든 사람을 위한 책이기도 합니다. 창의성을 발휘해 문제 해결에 필요한 코드를 작성하는 사람이 바로 개발자인 만큼, 창의성은 개발자에게 최우선으로 필요한 요소입니다. 하지만 오늘날의 소프트웨어나 애플리케이션은 한두 사람의 능력자가 만들어 낸 결과물이라기보다는 수많은 사람의 노력이 들어간 성과입니다. 그렇다면 창의성은 개발자뿐만 아니라 기획자, QA, 팀 리더에게도 필요한 요소일 것입니다. 창의적 아이디어를 서로 공유하고 함께 키워 나감으로써 팀이나 조직의 창의성 역량을 극대화할 수 있습니다. 그런 점에서 이 책은 창의성에 대한 우리의 사고를 개인적이고 좁은 관점에서 벗어나 좀 더 넓은 관점으로 확장시켜 줍니다.

한편으로는 현업에서 개발자로 일하면서 느꼈던 한계와 문제점 중 상당수를 이 책에서 다루고 있어 반가웠습니다. 코드 스멜이 아닌 커뮤니티 스멜, 창의성에 대한 사회적 정의와 같은 내용은 특히 신선하게 다가왔습니다. 우리가 만들어 내는 소프트웨어도 결국에는 사람이 하는 일이기에, 창의성 역시 그러한 사람과 사람 간의 관계라는 맥락에서 다채로운 관점으로 들여다볼 수 있었습니다.

번역은 언제나 즐거움과 고통이 동반되는 작업입니다. 처음 접하는 내용, 그간 생각만 했으나 무언가 뚜렷하게 정의되지 않은 채 찜찜했던 내용들이 선명해지고 이해될 때의 즐거움은 크지만, 같은 의미라도 좀 더 정확하고 좋은 표현을 위해 여러 번 고치는 과정에는 고통이 따릅니다. 이런 힘든 짐을 기꺼이 함께 나누면서 더 자연스러운 표현을 많이 제안해 주신 박지영 편집자 님의 수고에 큰 감사를 드립니다. 또한 아무리 뜯어 봐도 도저히 이해되지 않는 문장이나 맥락이 있을 때 최후의 수단으로 조언을 구할 때마다 잘 풀어서 답해준 지민에게도 감사의 마음을 전합니다.

차건회

바우테르가 매닝 출판사의 책을 쓴다는 소식을 듣고 매우 기뻤습니다. 바우테르는 프로그래머가 생산성과 창의성을 발휘하는 데 필요한 기술을 연구하고 있는데, 지금껏 그의 연구는 학계에서만 주목을 받았습니다. 더 많은 사람이 창의적으로 일하는 방법을 이 책을 통해 알 수 있게 되었으니 정말 멋진 일이죠.

창의성이란 참 이상합니다. 우리 모두 프로그래밍이 창의적인 노력이라는 데는 동의하지만, 창의성이란 무엇이며 어떻게 하면 더 잘할 수 있을지에 관해서는 잘 알지 못합니다. 창의성이란 단순히 많은 것을 알고, 가장 관련성이 높은 것을 적용하는 것일까요? 바우테르는 기술 지식이 필요조건이지만 충분조건은 아니라고 주장합니다. 이 책은 흥미로운 역사적 일화와 구체적인 실습 예제뿐만 아니라, 프로그래밍 주제를 넘나들며 더 깊이 읽을 수 있는 논문, 서적, 에세이의 광범위한 참고 문헌이 환상적으로 어우러져 있습니다.

자신의 접근 방법에 대한 바우테르의 솔직한 성찰을 매우 높이 평가합니다. 독자에게 단순히 특정 행동('항상 메모하기' 또는 '더 많이 소통하여 팀으로서 잘 일하기')을 하도록 독려하기는 쉽습니다. 하지만 이러한 작업을 수행하는 게 얼마나 어려운지를 솔직하게 언급하고, 자신의 실패를 이야기하며, 실천 가능한 구체적인 조언으로 항상 끝을 맺는 것은 보기 드문 방식입니다.

이 책에서 특히 좋아하는 부분은 기술적으로 시도해 볼 수 있는 연습 문제와 격려하는 내용이 많다는 점입니다! 저는 이 책을 읽으면서 저자의 교훈을 즉시 적용하기 위한 수많은 낙서와 메모로 책의 여백을 가득 채웠습니다. 그가 제공하는 연습 문제가 그만큼 매력적이고 고무적이라는 증거입니다.

이 책은 메모 작성과 브레인스토밍부터 창의적인 팀워크와 적용 가능한 창의적 기법에 이르기까지 창의성의 다양한 측면을 깊이 있게 다룹니다. 실용적인 팁 외에도, 탄탄한 과학적 연구에 기반을 두고 설명하며 창의성과 관련한 이론적인 내용도 소개합니다. 이 책을 통해 저는 지식 정리, 일반적인 비판적 사고의 함정, 그리고 제약 조건을 사용하여 창의력을 높이는 방법을 배웠습니다.

이 책이 파이썬에 첫발을 내딛는 고등학생부터 수십 년의 경험을 가진 노련한 C++ 개발자에 이르기까지 모든 프로그래머에게 유용하리라 믿어 의심치 않습니다. 독자들이 어떤 창의적인 프로젝트를 만들어 낼지 벌써 기대됩니다!

펠리너 헤르만스 Felienne Hermans

『프로그래머의 뇌』 저자, 암스테르담 자유 대학교 컴퓨터 과학 교육과 교수

감사의 글

이 책의 초고는 혼자서 썼지만, 이 책을 완성하는 데 도움이 된 많은 아이디어는 당연히 다른 사람들의 훌륭한 작업 결과물에서 비롯되었습니다. 그중에서도 앤디 헌트Andy Hunt에게 특별한 감사를 표하고 싶습니다. 2009년에 그의 저서 『실용주의 사고와 학습』(위키북스, 2015)을 발견하지 못했다면 저는 아마 인지 및 프로그래밍 심리학에 관심을 갖지 못했을 것입니다.

이 책의 개념과 관련해 다양한 실험 과정을 구성할 수 있게 해준 이전 회사의 고용주 여러분, 그리고 함께 일할 수 있었던 모든 훌륭한 분께 감사드립니다. 연구 주제를 자신의 연구 영역으로 제한하지 않고 저만의 길을 선택할 수 있게 도와준 뢰번 가톨릭 대학교의 박사 과정 지도 교수인 주스트 베네켄스Joost Vennekens와 크리스 에어츠Kris Aerts에게도 큰 감사를 드립니다. 연구의 일환으로 인터뷰에 응해 주신 업계 및 학계의 모든 분께도 감사드립니다.

인정하고 싶지는 않지만, 이 책의 초고는 좋은 아이디어가 많이 담겨 있었음에도 여전히 다듬어지지 않은 상태였습니다. 각 장을 비판적으로 검토하고, 필요하다면 내용을 삭제하도록 조언해 준 편집자 코너 오브라이언Connor O'Brien에게 큰 빚을 졌습니다. 어려운 과정이었고 이론과 실무 사이의 신중한 균형에 대한 필요성 때문에 한두 번은 흔들리기도 했지만, 결국 코너는 항상 저를 올바른 길로 인도해 주었습니다.

처음 만났을 때 이 책의 잠재력을 알아봐 준 마이클 스티븐스Michael Stephens에게도 감사드립니다. 이 책을 출간하는 데 도움을 준 매닝의 다른 모든 직원에게도 큰 감사를 표합니다.

원고 개발의 여러 단계에서 원고에 대한 초기 피드백을 제공하기 위해 노력해 주신 다음과 같은 여러분께도 감사드립니다. 압둘 W. 유수프자이Abdul W. Yousufzai, 알레산드로 캄페이즈 Alessandro Cam-peis, 안드레스 사코Andres Sacco, 척 쿤Chuck Coon, 디에고 카셀라Diego Casella, 도르데 부켈리Đorđe Vukelić, 에딘 카픽Edin Kapić, 에드먼드 케이프Edmund Cape, 조지 오노프레이George Onofrei, 게르마노 리조Germano Rizzo, 하임 라만Haim Raman, 하우메 로페즈Jaume López, 제디디아 리버 클레몬스-존슨Jedidiah River Clemons-Johnson, 제레미 첸Jeremy Chen, 조셉 페레니아Joseph Perenia, 칼 반 헤이스터Karl van Heijster, 말리사 미들브룩스Malisa Middlebrooks, 마누엘 루비오Manuel Rubio, 마테오 바티스타Matteo Battista, 맥스 사드리Max Sadrieh, 무하마드 조하이브Muhammad Zohaib,

감사의 글

응아 토$^{Nghia\ To}$, 누란 마흐무드$^{Nouran\ Mahmoud}$, 올리버 포랄$^{Oliver\ Forral}$, 오르 골란$^{Or\ Golan}$, 올랜도 알레호 멘데스 모랄레스$^{Orlando\ Alejo\ Méndez\ Morales}$, 프라딥 첼라판$^{Pradeep\ Chellappan}$, 프라왈 카날$^{Prajwal\ Khanal}$, 리치 욘츠$^{Rich\ Yonts}$, 사무엘 보쉬$^{Samuel\ Bosch}$, 세바스찬 펠링$^{Sebastian\ Felling}$, 스왑닐쿠마르 데쉬판데$^{Swapneel-\ kumar\ Deshpande}$, 비디야 비나이$^{Vidhya\ Vinay}$.

다음 분들께도 특별한 감사의 인사를 드립니다.

- 원고의 초기 버전 중 하나를 살펴본 야닉 레멘스$^{Yannick\ Lemmens}$의 열정은 이 프로젝트를 추진하는 데 큰 도움이 되었습니다.
- 리누스 드 마이어$^{Linus\ De\ Meyere}$는 항상 제 프로젝트를 지원해 주었습니다.
- 레트로 컴퓨팅 연락 담당자이자 좋은 친구인 피터 브리저$^{Peter\ Bridger}$는 기쁠 때나 슬플 때나 이야기를 들어 주었고, 필요할 때마다 주의를 환기시켜 주었습니다.
- 펠리너 헤르만스$^{Felienne\ Hermans}$는 매닝 출판사에서 출간한 그의 저서 『프로그래머의 뇌』(제이펍, 2022)로 길을 열어 주었고, 프로그래머(와 출판사)에게 비기술적인 기술 서적의 필요성을 보여 주었습니다.
- 지금은 결국 다른 관련 주제를 탐구하고 있지만, 대니얼 그라지오틴$^{Daniel\ Graziotin}$은 소프트웨어 개발의 맥락에서 창의성 연구로 저를 안내해 주었습니다.

마지막으로 가장 큰 빚을 진 사람인 제 아내 크리스티엔 토엘렌$^{Kristien\ Thoelen}$에게 감사합니다. 글을 쓰는 과정에서 어려움에 부딪힐 때마다 제가 투덜거리거나 우는 소리를 참아 주었습니다. 그런데 이 책이 마지막이 아닐 것 같아서 제 아내에게 미안해지는군요.

이 책을 읽으면서 프로그래머로서 시야를 더 넓힐 수 있었고, 다른 분야에서 발견한 창의성 관련 통찰력을 소프트웨어 개발 분야에 적용할 아이디어들도 끊임없이 떠올릴 수 있었습니다. 나아가 다른 분야에서 배운 창의적인 접근 방법을 프로그래밍에 적용함으로써 더욱 흥미로운 소프트웨어를 개발할 수 있게 되었습니다. 이 책에서 소개하는 방법들을 실제 프로젝트에 적용해보면서 더 효율적이고 창의적인 문제 해결 방법을 찾는 데 큰 도움이 되었습니다.

김예찬_ 예르미의 코딩노트

이 책을 살펴보는 내내 그동안 읽어왔던 많은 책이 뇌리를 스쳐 지나갔습니다. 미하이 칙센트미하이의 『몰입의 즐거움』이 떠오르기도 했고 『프로그래머의 길, 멘토에게 묻다』가 떠오를 때도 있었습니다. 스스로의 성장과 몰입을 방해하는 요인은 무엇인지, 또는 비효율적인 요소들을 어떻게 극복할 수 있을지 생각하게 해주는 수많은 아이디어를 살펴볼 좋은 기회였습니다.

김인범_ RSQUARE, 책임

기존의 많은 글에서 볼 수 있는 천재의 창의성이나 기발한 사고력에 대한 예찬 대신, 사소한 것에서 누구나 발견할 수 있는 창의성을 이야기하고 있어서 정말 공감했습니다. 실제로 일을 하다 보면 나도 모르게 느끼게 되는 '더 효율적으로, 제대로, 멋지게, 재밌게 일하는 노하우'와도 연결되는 내용입니다. 챗GPT를 비롯해 프로그래머의 코딩이라는 기술력을 상당 부분 대체할 만한 인공지능이 앞다투어 등장하면서 앞으로 더욱 빠르게 발전할 일만 남은 요즘, 프로그래머가 코더를 뛰어넘어 한발 더 앞으로 나아갈 수 있는 방향성과 현실적인 방법을 제시하는 책이라고 생각합니다.

박수민_ 네스프레소 eCommerce Data Analyst

누구나 창의적인 프로그래머가 될 수 있습니다. 창의적인 프로그래머는 천재적인 아이디어를 갑자기 떠올리는 대신, 수많은 과정과 노력을 거쳐 그 결과로써 문제 해결을 위한 아이디어를 생각해 냅니다. 자칫 기술적인 능력 향상에만 치중할 수 있는 프로그래머들에게 커뮤니케이션, 동료와의 관계, 호기심, 몰입 등과 같은 내용은 뜬구름 잡는 이야기로 비칠 수 있습니다. 하지만 20여 년 동안 개발 업무를 담당해 온 제 경험에 비추어 말하자면, 여러분을 최고의 프로그래머로 성장하게 하는 발판은 바로 이 책에서 다루는 내용들이라고 생각합니다. 베타리딩을 진행하면서 평소의 제 경험과 생각을 너무나 잘 설명하는 내용이었기에 '나만 이런 생각을 하는 게 아니었구나'라는 위안도 얻을 수 있었던 귀한 시간이었습니다.

박진성_ 한국공학대학교 교수

엔지니어로서 어떻게 하면 기술력과 생산성을 높일 수 있을까 고민하던 저에게 '창의성'이라는 새로운 관점에서 제 일을 다시 바라볼 수 있게 해준 책입니다. 단순히 기술을 알려주는 것이 아닌, 창의적인 프로그래머가 되는 데 필요한 인사이트와 마인드셋을 알려주는 내용이라 오랜만에 정말 재밌게 잘 읽었습니다.

유병준_ 네이버, 소프트웨어 엔지니어

11년 동안 소프트웨어 엔지니어로 일하면서 기술적인 부분과 프로그램 아키텍처에 매료된 것도 사실이지만, 비기술적인 코딩 기술에 대한 신비주의에도 마음이 끌렸습니다. 코칭과 온보딩에 참여하면서 저는 몇 가지 이상한 점을 발견했습니다. 새로운 팀원들은 대부분 회사의 프레임워크와 모범 사례는 잘 따라잡았지만, 팀에 적절히 녹아들고 문제를 해결하는 데 필요한 정말 중요한 요건은 제대로 파악하지 못할 때가 많았습니다. 기술적으로 명백히 숙달되는 것 외에, 진정으로 훌륭한 프로그래머가 된다는 것은 과연 무엇을 의미할까요?

이 질문은 결국 제가 다시 학계로 돌아오는 계기가 되었습니다. 이후 4년이 넘는 시간 동안 집중적으로 이 주제를 공부하고 여러 관련 논문을 발표하면서, 마침내 저는 진정으로 훌륭한 프로그래머, 즉 창의적인creative 프로그래머란 어떤 사람인지 더 잘 이해하게 되었습니다. 문제는 학술 논문의 내용이 명쾌함에도 불구하고 산업계와 동떨어져 있다 보니 맥락이 이어지지 않고 대학 경계를 넘어서는 경우가 거의 없다는 점이었습니다. 저는 프로그래밍 커뮤니티에 무언가를 돌려주고 싶었습니다. 매닝 출판사의 관심과 도움 덕분에 제 아이디어는 곧 이해하기 쉬운 내용의 원고와 사전 체험판early access으로 발전했고, 피드백과 교정을 반복하며 다듬어 나갈 수 있었습니다.

양측의 협업은 이론과 실무의 조화라는 결과물을 가져왔습니다. 즉, 현장의 개발자로서 복잡한 프로그래밍 문제를 해결하는 데 도움이 될 과학적 근거를 제공하는 실용적인 접근 방식을 실물로 구현할 수 있었습니다. 저는 이 책을 초급 프로그래머와 숙련된 전문가 모두가 가능한 한 접근하기 쉽고 재미있게 읽을 수 있도록 최선을 다해 썼습니다. 이 책을 다 읽고 나면 창의적인 프로그래머가 되는 데 필요한 모든 도구가 여러분의 손에 쥐어져 있을 것입니다.

이 책은 총 7가지의 서로 다르지만 밀접히 얽혀 있는 주제를 다룹니다. 이 책에서 설명하는 개념이 여러분의 창의적 사고의 시작점이 되길 바라며, 앞으로도 계속해서 유용한 지침으로 자리 잡기를 바랍니다. 토론하거나 공유하고 싶은 내용이 있다면 언제든지 연락 주세요. 언제나 기꺼이 도와드릴 것이며, 어떤 피드백이라도 환영합니다. 이 책을 읽어 보면 알겠지만, 창의적 커뮤니티 없이는 창의적 프로그래머도 존재하지 않습니다.

이 책을 구매해 주신 여러분께 다시 한번 감사드리며, 유익한 시간이 되길 바랍니다!

이 책에 대하여

제목에서 알 수 있듯이 『크리에이티브 프로그래머』는 창의력을 발휘하여 문제 해결 능력을 높이고자 하는 모든 수준의 프로그래머를 위한 책입니다. 이 책을 구입함으로써 여러분은 이미 창의적인 잠재력의 가장 중요한 부분, 즉 '새로운 것을 배우고자 하는 호기심'의 문을 연 셈입니다! 앞으로 이어지는 장에서 그 호기심을 계속 이어갈 충분한 정보를 얻을 수 있기를 바랍니다.

이 책은 특정 프로그래밍 언어나 기술에 대한 사전 지식이 필요하지 않습니다. 대신 인지 심리학의 세계로 깊이 들어가 창의적인 프로그래머가 된다는 게 무엇을 의미하는지 알아볼 것입니다. 이전에 프로그래밍을 해 본 적이 있다면 책의 내용을 이해하는 데 도움이 되겠지만 필수 요건은 아닙니다. 이 책에 수록한 몇몇 짧은 코드 예제는 특정 언어로 작성되지 않았고 창의적 개념에 대한 용례로 사용되므로, 광범위한 프로그래밍 언어나 디자인 패턴 지식이 필요하지 않습니다.

창의성에 대한 이러한 접근 방식은 프로그래머의 세계로 다시 변환되지만, 기술 분야에 종사하는 비개발자에게도 충분히 매력적일 수 있습니다. 기술 분석가라면 새로 알게 된 개념을 통해 많은 도움을 받을 수 있으며, 엔지니어링 관리자라면 팀을 더 창의적으로 잘 지원하는 방법을 배울 수 있습니다. 약간의 노력만 기울인다면 대부분의 기법은 다른 영역에도 얼마든지 적용할 수 있습니다. 이 책을 읽다 보면 실제로 관련 사례를 찾아볼 수 있을 것입니다.

책의 구성

창의성^{creativity}이라는 용어가 다소 혼란스러울 수 있습니다. 따라서 창의성이라는 단어의 기원과 그 의미, 창의성을 측정하는 방법 등을 논의하는 1장은 창의성을 향한 길잡이 역할을 합니다.

2장부터 8장까지는 각각 창의성과 관련한 핵심 주제를 제시하고 심도 있게 탐구합니다. 기술 지식, 커뮤니케이션, 제약 조건, 비판적 사고, 호기심, 창의적 마인드셋, 창의적 기법이 바로 그것입니다. 곧 알게 되겠지만 이 주제들은 서로 밀접하게 연결되어 있습니다. 각 장은 순서대로 읽을 수 있게 썼지만, 자유롭게 책장을 넘기면서 호기심에 따라 여기저기 원하는 주제를 먼저 골라 읽어도 무방합니다. 하지만 중요한 맥락은 놓치지 않도록 주의하세요.

9장은 코딩의 맥락에서 창의성에 대한 마지막 정리로 마무리하며, 이 책에서 배운 내용을 프로그래머로서 일상 업무에 통합하는 데 도움이 될 만한 몇 가지 생각할 거리를 제공합니다. 이 책을 다 읽은 후에도 더 많은 내용이 궁금한 독자를 위해 주요 주제별로 분류한 추천 도서 목록도 제공합니다.

2장부터 8장까지는 읽기를 도중에 멈추고 생각할 기회를 제공하는 연습 문제(**EXERCISE**)가 곳곳에 등장합니다. 어떤 문제들은 쉽게 실행할 수 있지만, 다른 문제들은 더 많이 생각하거나 숙면을 취한 후 다시 읽어야 할 수도 있습니다. 변화를 촉발할 수 있는 방식으로 연습 문제를 설계하고자 최선을 다했지만, 독자 여러분 또한 연습 문제를 풀기 위해 충분한 노력을 기울여 주시기 바랍니다.

CONTENTS

CHAPTER 1 창의성을 향한 여정

CHAPTER 2 기술 지식

CHAPTER **3** 커뮤니케이션

CONTENTS

CONTENTS

CHAPTER **8**　　**창의적 기법**

CONTENTS

CHAPTER 9 창의성에 대한 마지막 생각

CHAPTER **1**

창의성을 향한 여정

이 장에서는 다음과 같은 내용을 다룹니다.

- 창의성이라는 용어의 정의와 유래
- 창의성을 발휘해야 하는 이유
- 창의적 프로그래머의 7가지 테마에 대한 개요
- 창의적 프로그래밍 문제 해결 테스트

인간은 새로운 것을 만들기를 좋아합니다. 철학자이자 소설가인 움베르토 에코에 따르면 호모 파베르Homo Faber야말로 인간의 타고난 본성을 가장 잘 표현하는 말입니다.[1] 호모 파베르는 '창조 행위를 통해 우리의 운명과 환경을 통제하는 인간'이라는 의미입니다. 이 책을 구입함으로써 여러분은 여러분 자신의 타고난 존재, 즉 창의적인 프로그래머를 향한 첫걸음을 내디딘 셈입니다. 축하하고 환영합니다!

더 나은 프로그래머가 되고자 이 책을 읽어 보기로 했을 텐데, 아주 멋진 선택입니다. 하지만 이 책에서 가상 머신의 JIT 컴파일러 같은 기술적인 내용이라든지 혹은 최신 프로그래밍 언어에 대해 무언가 배울 수 있을 것이라고는 기대하지 말아 주세요. 이 책은 그런 일반적인 프로그래밍 책과는 거리가 멉니다.

대신 다른 차원에서 접근합니다. 우리가 배우고자 하는 내용은 창의력이 뛰어난 개인(및 그룹)이 문제에 접근하는 방법, 그들의 습관과 사고 과정, 더 생산적이고 창의적인 해결책에 도달하는 방법 같은 것입니다. '창의적 프로그래머'라는 자격증을 취득하고 나면 그 어떤 경이로운 기술도 쉽게 이해할 수 있고 여러 프로그래밍 언어를 한 번에 배울 수도 있습니다. 적어도 이론적으로는 그렇습니다. 여러분이 이제 막 프로그래밍을 배우기 시작한 코린이든 혹은 숙련된 개발자든 간에, 이 책을 통해 최소한 창의적인 트릭 몇 가지는 새로 익히고 활용할 수 있으리라 기대합니다.

프로그래밍과 같은 기술 분야는 경험이 많다고 해서 꼭 창의적인 결과물을 더 많이 만들어 내는 것은 아닙니다. 저는 10년 넘게 소프트웨어 개발 업계에 종사하면서 성공보다는 실패를 더 많이 목격했습니다. 소프트웨어는 실패할 수밖에 없는 운명인 듯 보이기도 합니다. 실용주의

---

1 Umberto Eco. The open work (Anna Cancogni, trans.). Cambridge: Harvard University Press, 1989.

프로그래머이자 애자일 소프트웨어 개발을 위한 선언문의 공동 작성자인 앤디 헌트의 저서 『실용주의 사고와 학습』(위키북스, 2015)도 이와 비슷한 문제의식으로 시작합니다.

> "소프트웨어 개발은 인간이 상상하고 실행하는 일 중 가장 어려운 작업이 아닐까?" 소프트웨어를 만드는 프로그래머든 소프트웨어를 사용하다 황당한 경험을 해본 사용자든 간에 이런 의심쩍은 생각을 한 번은 해 본 적이 있을 것 같습니다. 소프트웨어의 복잡성 때문에 우리는 매일 자신이 가지고 있는 능력 이상을 발휘해야 하고, 실패 사례는 세간의 이목을 끌 때도 많습니다. 뉴스에도 나오고요.

앤디 헌트의 접근 방식이 사고하고 배우는 방법을 가르치는 것이라면, 저의 방식은 문제에 더 창의적으로 접근하는 방법을 가르치는 것입니다. 수많은 소프트웨어의 실패를 목격하면서(그리고 무의식적으로 그런 실패에 일조하기도 하면서), 저는 그 실패가 기술적 능력이 없어서가 아니라 기술적 능력에 속하지 않는 다른 무언가가 결핍되어 있기 때문이라는 확신을 갖게 되었습니다. 이런 생각에 몰두한 끝에 저는 결국 회사를 그만두고 다시 학계로 돌아가 지난 4년간 소프트웨어 엔지니어링의 창의성creativity에 관해 연구했습니다. 산업계와 학계를 넘나들며 연구한 결과물이 지금 여러분이 읽고 있는 이 책입니다. 여러분이 (전자책이든 활자로 인쇄된 책이든) 책이라는 매체를 통해 지식과 정보를 얻는다면 말이죠.

하지만 문제를 풀기 전에 질문을 먼저 정리해 봅시다.

1.1 창의성이란 정확히 무엇일까?

심리학자들은 이 질문에 대해 수십 년 동안 논쟁을 벌여 왔습니다. 그 결과 창의성에 대해 100여 가지나 되는 다양한 정의가 제시되었습니다. 열 살짜리 딸에게 창의력이 무엇인지 물어보면, 딸은 그림을 같이 그리면서 알아보자고 고집을 부릴지도 모릅니다. 반면에 이웃집 구두쇠는 탈세가 창의적이라고 생각할 수도 있습니다. 여러분이 컴퓨터 내부를 주의 깊게 살펴본다면 다른 모든 정의는 잘못된 것이고 컴퓨터를 만든 엔지니어야말로 창의적이라고 결론 내릴지도 모르겠습니다! 누가 맞을까요?

한 가지 가능한 해결책은 모든 의견에서 본질적인 부분을 뽑아 하나의 정의로 요약하는 것입니다. 창의성 연구자인 제임스 카우프만James Kaufman과 로버트 스턴버그Robert Sternberg는 창의성을 다음과 같이 요약합니다.[2] 그들에 따르면 어떤 아이디어는 다음과 같은 경우에 창의적입니다.

1 참신하고 독창적일 때
2 품질이 우수할 때
3 당면한 과제와 관련이 있을 때

예를 들어 보겠습니다. 과거에 입증된 바와 같이 NoSQL 데이터베이스를 문제 해결에 사용하는 것은 질적인qualitative 해결책일 수 있지만, 독창적인 아이디어인지는 잘 모르겠습니다. 여러분의 문제가 데이터에 관한 것이 아니라면 NoSQL은 아무런 관련이 없을 수도 있습니다. 그럼에도 불구하고 여러분이나 여러분의 팀이 이전에 NoSQL 데이터베이스로 작업해 본 적이 없는 상태에서 NoSQL을 처음 접하면 참신한 아이디어라고 생각할 수도 있습니다.

창의성에 대한 본질주의자들의 이러한 관점에는 많은 단점이 있습니다. 예를 들면 콘텍스트context, 즉 맥락을 완전히 무시합니다. 창의성에 관한 연구는 맥락을 고려하면서 더 체계적인 접근 방식으로 점차 바뀌어 나가고 있습니다. 맥락까지 고려한다는 점 때문에 얼핏 복잡한 듯 보일 수 있습니다. 몇몇 독자 여러분은 다시금 기존의 건조한 학문적 정의로 돌아가고 싶은 마음이 들 수도 있겠네요. 하지만 다행히도 그 반대입니다. 학문적으로 정의하려면 복잡해지지만, 맥락을 고려하면 창의성에 대한 정의는 단순해집니다.

> **EXERCISE** 언제 어떤 것이 창의적이라고 생각하나요? 이 질문에 대해 몇 분간 깊이 생각해 보세요. 여러분이 생각해 낸 아이디어가 매우 창의적이라고 생각했던 적이 있나요? 언제가 마지막이었나요?

생각이 정리되었나요? 이제 앞의 질문에 대한 저의 대답을 알려드리겠습니다. 어떤 것을 보고 **다른 사람이 창의적이라고 말한다면** 그것은 창의적입니다. 참 쉽죠? 창의성은 **사회적 판단**social verdict입니다.[3] 여러분의 프로그래밍 노력이 창의적인 결과물로 이어졌는지는 여러분 자신이 아니라 여러분의 동료들이 결정합니다. 여러분의 결과물이 창의적이라고 여러분 스스로 결정할 수는 없습니다. 창의성은 사회문화적 현상이기 때문입니다.

특정 그림을 천재적인 작품이라고 선언하는 미술 전문가들은 우리 같은 평범한 사람들의 의견을 좌지우지합니다(그림 1-1). 그들이 어떤 예술 작품이 위대하다고 평가하면 우리는 그 작품

---

2 James C Kaufman and Robert J Sternberg. Creativity. Change: The Magazine of Higher Learning, 2007.
3 Vlad Petre Glaveanu, Michael Hanchett Hanson, John Baer, et al. Advanced creativity theory and research: A socio-cultural manifesto. The Journal of Creative Behavior, 2020.

을 보고 경탄해 마지않지만, 왠지 의무감 때문에 그렇게 해야 할 것 같습니다. 만일 비평가들이 똑같은 그림을 보고 평범하며 흥미롭지 않다고 평가한다면 우리는 그 그림을 보려 하지 않을 것입니다. 아마 미술관 벽에 걸리지도 못하겠죠. 우리는 그림에 대한 전문 지식이 없기 때문에 해당 분야의 전문가에게 의존해야 합니다.

그림 1-1 예술이란 무엇일까요? 마르셀 뒤샹은 서명이 새겨져 있는 소변기도 예술이 될 수 있다고 생각했습니다. 뉴욕 갤러리는 그의 작품을 거부했습니다. 뒤샹의 '퐁텐'은 20세기 예술의 영역을 크게 뒤흔들었습니다. 지금은 퐁텐을 매우 창의적인 작품으로 간주합니다(출처: 공개 도메인).

프로그래밍이나 다른 영역도 마찬가지입니다. 여러분이 작성한 코드를 보고 팀원들이 "코드 잘 짰네! 참신한 해결책인걸?"이라며 칭찬한다면, 여러분은 순식간에 창의적인 프로그래머가 될 수 있습니다. 물론 프로그래밍 전문가인 팀원들이 그냥 장난삼아 한 말이 아니라면 말이죠. 하지만 똑같은 코드를 다른 팀이나 회사 사람들이 보면 특별할 것 없는 평범한 코드라고 생각할 수도 있습니다. 그들 입장에서는 이미 본 적이 있는 코드일 가능성이 있기 때문이죠.

창의성에 대해 체계적으로 생각해 보면 안타깝게도 알려지지 않은 천재들이 많은 이유를 알 수 있습니다. 빈센트 반 고흐의 그림이 하나도 발견되지 않았다면 당연히 우리는 그를 창의적인 천재라고 생각하지 않았을 것입니다. 또한 해당 분야의 미술 전문가 중 누구도 반 고흐의 그림이 감동적이고 획기적이라고 인정하지 않았다면 우리는 그를 창의적인 천재로 간주하지 않았을 것입니다. 실제로 반 고흐는 생전에 높은 평가를 받지 못했습니다. 1748년부터 1890년까지 아카데미 데 보자르Académie des Beaux-Arts의 공식 미술 전시회를 담당했던 파리 살롱 큐레이터들은 고흐의 그림을 계속 거부했습니다. 하지만 그들의 보수주의는 오래가지 못했습니다. 인상파 화가들이 독자적인 전시회를 개최하기 시작하면서 비판적 대중이 성장했고 그 결과 고전주의 화가들이 퇴출당했기 때문입니다. 이후 장에서 살펴보겠지만, 시간과 장소는 창의성에 똑같이 중요한 영향을 미칩니다.

반 고흐의 작품 중 상당수는 현재 매우 높은 가격에 거래되고 있습니다.

창의성의 기원

창의성을 인식하는 방식은 인류의 역사를 통틀어 여러 차례 변화해 왔습니다. 창의성이라는 용어를 들으면 우리는 바로 예술을 떠올립니다. 고대 그리스에서 예술art(그리스어로 테크네techně, 후에 테크놀로지technology로 변형됨)은 규칙을 엄격하게 준수하는 것을 의미했습니다. 화가와 조각가들은 모방만 할 뿐 창작하지 않았고, 시인에게만 '행동의 자유'가 허용되었습니다. 예술가들은 발견할 뿐 발명하지 않았습니다.

기독교가 지배하던 후기 유럽에서 창의성은 무에서 유를 창조하는 신의 행위(크리에이티오 엑스 니힐로creatio ex nihilo)를 의미했습니다. 비천한 인간은 그저 물건을 만들 수 있을 뿐, 창조할 수도 없었고 창조하는 것이 허락되지도 않았습니다.

르네상스 시대에 이르러서야 철학자와 예술가들은 스스로를 발명가로 여기고 자신의 아이디어에 따라 새로운 사물을 만들어 내기 시작했으며, 점차 예술이 공예에서 벗어나 창의성을 향해 나아가기 시작했습니다. 창의성이 실제로 예술의 영역에 적용되기까지는 2세기가 더 걸렸고 기독교의 거센 저항에 부딪혔습니다.

창의성은 1950년대까지 과학 연구에서 주목 받지 못했습니다. 창의성은 프로그래밍과 마찬가지로 비교적 새로운 개념입니다!

어쩌면 제가 리눅스에서 가장 널리 사용되는 저널링 파일 시스템인 ext4를 영리한 방식으로 변형한 새로운 파일 시스템을 생각해 낼 수 있을지도 모르겠습니다. 이 새로운 파일 시스템을 WouterFS라고 부를 수도 있겠죠.[4] 창의성이 넘쳐나다 못해 퇴폐미까지 느껴지는 이름이군요. 제가 다른 사람에게 소개하지 않는 이상, 이 새로운 파일 시스템은 제가 죽은 뒤에라도 채택될 가능성이 희박합니다. 다행히 저는 현실주의자입니다. 기술은 너무 빠르게 변하기 때문에

---

4 옮긴이_ 파일 시스템의 명칭을 필자 이름인 바우테르(Wouter)에서 따서 WouterFS라고 붙인 말장난이다.

제가 죽을 무렵에는 아마도 ext65가 출시될 것이고, 그러면 WouterFS는 쓸모없게 될 가능성이 높습니다. 언젠가 용기를 내서 ext 파일 시스템을 관리하고 유지보수하는 개발자 몇 명에게 제가 구현한 결과물을 보여줄 수 있을지도 모르죠. 만약 제 코드가 평범해서 무시당한다면 (그럴 가능성이 높습니다만), 저는 그 사실을 받아들여야 할 것입니다. 반대로 그들이 보기에 제 코드가 창의적이라면 몇 가지 기능을 ext4에 패치로 추가할 수도 있습니다. 다시 말해, 제가 할 수 있는 일은 최선을 다하는 것뿐, 저의 결과물이 창의적이라고 선언하는 것은 제 몫이 아니라는 뜻입니다.

1.2 왜 창의성일까?

다소 우울하게 들리지 않나요? 창의적인 프로그래머가 되는 것이 타인의 변덕스러운 마음에 달려 있다면 굳이 이런 주제로 책을 읽어야 할 이유가 있을까요? 네, 있습니다. 다음 장에서 설명할 많은 습관과 개인의 성격적인 특성이 창의적인 프로그래머가 될 **잠재력**을 크게 높여 주기 때문입니다.

그렇다고 해도 굳이 이 책을 읽어야 하는 이유가 되지는 않습니다. 자신이 이미 유능한 프로그래머인데, 새삼 창의적인 프로그래머가 되려고 애쓸 이유가 있을까요? 해답은 (다시금) 다차원적입니다. **창의적인 개발자로 살아야 하는 주된 이유**를 살펴봅시다.

첫째, 간단히 말해서 고용주가 요구하기 때문입니다. 수년 동안 거의 모든 소프트웨어 개발자 구인 광고에는 '창의적'이라는 단어가 포함되었습니다.[5] 물론 구인 광고가 가능한 한 많은 지원자를 유치하기 위해 인사 부서에서 만든 의미 없는 단어로 부풀려져 있다는 것은 누구나 알고 있습니다. 하지만 확실히 요즘은 (대인관계 스킬 또는 피플 스킬이라고도 불리는) **소프트 스킬** soft skill이 대세입니다.[6]

저와 동료들은 무의미한 구인 광고를 조사하는 대신 소프트웨어 개발 전문가들에게 "개발자로서 뛰어난 능력을 발휘하려면 어떤 비기술적 기술이 필요하다고 생각하나요?"와 같은 질문 방

---

5 Judy L. Wynekoop and Diane B Walz. Investigating traits of top performing software developers. Information Technology & People, 2000.
6 옮긴이_ 소프트 스킬은 개인이 보유하는 고유 속성, 성격 특성 및 의사소통 역량을 말한다. 적응성, 태도, 창의적 사고, 업무 윤리, 유연성 등 다양한 항목이 포함된다.

식으로 자체 조사를 실시한 적이 있습니다.[7] 이러한 질문에 과연 어떤 대답이 나왔을까요? 바로 '창의성'입니다. 따라서 자신의 몸값을 높이고 싶다면 창의력을 발휘해야 합니다.

> **EXERCISE** 자신의 프로그래밍 작업이 창의적으로 보일 때는 언제인가요? 창의적이지 않을 때는 언제인가요? 다른 사람의 코드는 언제 창의적이라고 생각하나요? 차이가 있나요? 이런 평범한 질문에 대답하기가 꺼려질 수도 있지만, 대답을 찾는 과정에서 놀라운 사실을 발견하고 유쾌해질 수 있습니다(혹은 그 반대일 수도 있습니다).

창의력이 요구되는 이유는 문제 해결 때문입니다. 기존의 방법이 실패할 때 창의력을 발휘하는 것이 해결책이 될 수 있습니다. 창의적인 프로세스가 어떻게 작동하는지 아는 것만으로도 해결책의 절반은 찾은 셈입니다. 예를 들어 웹 애플리케이션이 초당 수천 건의 요청을 처리하는 데 어려움을 겪고 있다면 메시지 큐, 로드 밸런싱, 캐싱, 코루틴 등을 검토해 보는 게 좋습니다. 팀원 중 누구도 이러한 방법을 제안하지 않는다면 계속 제자리걸음을 할 가능성이 높습니다. 창의적인 프로그래머는 이러한 틀을 깨뜨립니다.

하지만 때로는 문제 해결만으로 충분하지 않습니다. 문제가 정의되기는커녕 아직 발견되지 않은 경우도 있기 때문입니다. 이럴 때는 일반적인 문제 해결 능력이 그다지 효과적이지 않으므로 창의적인 감각에 의존해 문제를 **발견**해야 합니다.

찰스 다윈이 1831년 비글호를 타고 영국 플리머스 항을 떠나 5년간의 항해를 떠났을 때만 해도 자연 선택과 종의 기원을 연결할 생각은 전혀 없었고, 문제 영역은 아직 존재하지도 않았습니다. 영국 해군 연구원들은 남아메리카의 해안선을 도표로 그리는 임무만 맡았기 때문입니다. 다윈은 항해에서 만난 이국적인 식물과 동물들을 꼼꼼하게 기록했고, 그 기록은 항해가 끝나고 여러 해가 지난 후에야 비로소 자신이 정립한 이론의 기반이 되었습니다.

다윈은 문제 해결사problem solver가 아니었습니다. 그는 문제 발견자problem finder였습니다. 프로그래머로서 우리는 다윈의 사고방식에서 무엇을 배울 수 있을까요? 우리의 작업 목록은 보통 작고 잘 정의된 (하위) 문제들로 가득 차 있습니다. 어떻게든 '완료'되어야만 하는 수영 레인의

---

7 Wouter Groeneveld, Hans Jacobs, Joost Vennekens, and Kris Aerts. Non-cognitive abilities of exceptional software engineers: A Delphi study. Proceedings of the 51st ACM Technical Symposium on Computer Science Education, 2020.

작업들 말이죠.[8] 하지만 여정의 어딘가에서 충분한 점들이 모이고, 나중에는 그 점들이 서로 연결되어 완전히 새로운 질문이 만들어질 수도 있습니다. 고객도 몰랐던 문제를 발견할 수도 있습니다. 창의적인 프로그래머는 문제 발견자이자 해결사입니다(6장에서 다윈의 세계 일주 항해를 다시 살펴보겠습니다).

다른 사람의 창의적인 판단에 관심을 가져야 하는 두 번째 이유는 동료의 의견이 중요하기 때문입니다. 아직 모르는 분들도 있을 수 있기에 말씀드리자면, 소프트웨어 개발은 팀 기반의 활동입니다. 창의성은 사회적 구성 요소이므로 혼자서는 의미가 없습니다(자세한 내용은 3장에서 설명합니다). 상호 존중에서 비롯되는 심리적 안정감은 모든 사람을 더 편안하게 만들고 팀의 결속력을 높입니다. 이는 여러분이 배우고 성장할 가능성을 열어주고, 다른 사람들 역시 배우고 성장하는 데 도움이 됩니다.

창의적인 결과물 대 프로세스

창의적인 작업에 감탄할 때 우리는 대부분 피와 땀과 눈물을 흘린 후의 최종 결과물인 **제품**product에만 감탄한다는 사실에 주목하세요. 최종 결과물은 영리한 알고리즘이나 새로 고안된 디자인 패턴일 수 있습니다. 이러한 결과물은 주로 소프트웨어 개발자의 감탄을 불러일으킵니다. 최종 결과물은 최종 사용자가 창의적이라고 평가할 수 있는 전체 애플리케이션일 수도 있습니다.

최종 결과물 대신 작업에 이르기까지의 과정도 충분히 창의적일 수 있습니다. 하지만 이 과정은 대부분 눈에 보이지 않기 때문에 평가하기가 매우 어렵습니다. 창의적인 프로세스가 창의적인 결과물을 만들어 낼 수도 있습니다. 여기서 강조하는 것은 결과물이 엉망일 수도 있다는 점입니다. 그 반대의 경우도 마찬가지입니다. 창의적인 제품이 기존 프로세스의 결과물일 수도 있습니다.

그렇다면 창의성의 정도는 어떻게 평가할 수 있을까요? 1988년 테레사 아마빌레Teresa Amabile가 만든 유명한 기법인 '합의적 평가 기법'Consensual Assessment Technique(CAT)'은 전문가를 초청하여 제품의 창의성을 판단합니다. 혹시 아메리카 갓 탤런트America's Got Talent를 시청할 기회가 있다면, 그들이 참가자를 평가할 때 건전한 학문적 방법을 고수하고 있다는 사실을 기억하세요!

창의성을 발휘해야 하는 세 번째 이유는 창의성은 **재미**와 같기 때문입니다. 저와 제 동료들이

---

8 옮긴이_ 많은 소프트웨어 개발 팀은 애자일 방식을 채택하는데, 특정 기간(보통 2주)에 마쳐야 할 작업들이 (마치 수영 레인의 선수들처럼) 가장 왼쪽에 나열되고 진행 단계별로 우측으로 옮겨간다. 개발과 테스트 단계를 거친 작업은 최종적으로 가장 오른쪽의 완료 단계에 놓인다.

인터뷰한 많은 전문가는 프로그래머가 된 유일한 이유로 창의성을 발휘할 수 있다는 점을 꼽았습니다. 창의적인 프로그래머는 자기 일을 깊게 즐깁니다. 그들은 깊이 파고들고, 안전지대를 벗어나고, 특이한 아이디어를 연결하고, 다른 사람들과 다양한 접근 방식을 논의하고, 흐름에 동참하는 것을 좋아합니다. 요컨대 창의적인 프로그래머는 **창의적 충동**을 받아들입니다. 그들은 움베르토 에코가 말한 **호모 파베르**가 됩니다.

창의적인 사람들은 대부분 자기 창작물을 통해 자신의 연약한 육체보다 더 오래 살 수 있는 불멸의 존재가 되기를 희망합니다. 오랫동안 사라지지 않을 흔적을 이 세상에 남기고자 하는 꿈을 이룬 운 좋은 소수의 사람은 진정한 천재로 칭송받습니다. 기술은 시간이 조금만 지나도 금방 구닥다리로 여겨지는 만큼, 프로그래머인 우리는 그러한 불멸의 존재가 되고자 하는 열망을 억누르는 게 나을지도 모르겠습니다. 이 책이 출간될 무렵 프로그래밍에 관한 기존의 기술 서적 수십 권이 '빈티지' 책장으로 옮겨진다고 해도 전혀 이상하지 않습니다. 그리고 우리는 모두 그것이 무엇을 의미하는지 알고 있습니다.

1.3 다양한 수준의 창의성

제가 창의성과 관련해 **천재**라는 단어를 아무렇지 않게 사용한 사실을 여러분도 눈치챘을 것입니다. 물론 천재가 아니어도 창의력을 발휘할 수 있습니다. 연구자들은 다양한 수준의 창의성을 분류하려고 노력한 결과 다음과 같은 분류법을 제시했습니다.[9]

1. **LittleC 또는 일상적인 창의성**: 개인적인 창의성으로서, 이전에 해보지 않은 독창적인 무언가를 하는 것을 의미합니다. 예를 들어 자신이 가장 좋아하는 게임이 C++11로 구현되어 있다면 이것을 휴대용 게임기인 게임보이 어드밴스Game Boy Advance로 크로스 컴파일하는 행위가 이에 해당합니다.

2. **BigC 또는 저명한 창의성**: 이전에 아무도 해보지 않은 독창적인 작업을 수행하는 것을 의미합니다. 예를 들어 루비 3을 486 컴퓨터의 DOS 6.22로 실행하기 위해 포팅하는 것입니다(이에 관해 저에게 좋은 아이디어가 있습니다).

리누스 토르발스Linus Torvalds는 BigC 창의성의 대표적인 예입니다. 그는 운영 체제와 소스 코드 버전 관리의 영역을 완전히 바꿨습니다.[10] 일부 학자들에 따르면 '천재'는 전체 영역을 바꾸

---

9 Peter Merrotsy. A note on big-C creativity and little-C creativity. Creativity Research Journal, 2013.

10 옮긴이_ 리누스 토르발스는 리눅스 운영 체제와 소스 코드 관리 시스템인 깃(Git)을 만들었다.

는 중요한 창의적인 제품을 담당한다고 합니다. 반면에 웹앱의 요청 처리량 문제에 대한 창의적인 해결책을 내놓는다고 해서 그 분야가 전체적으로 바뀌지는 않을 것입니다.

물론 이 세상의 모든 것이 그렇듯이 분류 체계에 대한 비판이 있을 수밖에 없습니다. LittleC는 때때로 너무 평범하고 단조로운 것으로 묘사되기도 합니다. BigC의 위대함 때문에 일상의 창의성은 도외시하고 더 거대한 창의성을 발휘하는 것에 압박감을 느낄 수도 있습니다. 창의성 연구자인 마크 런코[Mark Runco]는 리틀과 빅의 구분을 완전히 무시하면서 현실은 그렇게 범주화되지 않는다고 주장합니다.[11] 어떤 사람들은 이에 대응하여 다른 분류를 제안했습니다. 역사적 창의성을 뜻하는 **H−창의성**[H-creativity]과 개인적 창의성을 뜻하는 **P−창의성**[P-creativity]으로 구분하자는 제안이 있었고, LittleC와 BigC 사이에는 **MiniC**와 **ProC**라는 숨겨진 층이 더 있다는 주장도 있었습니다. 미하이 칙센트미하이[Mihaly Csikszentmihalyi]와 같은 일부 연구자들은 창의적인 천재들을 인터뷰하여 일상에서의 창의성을 위한 사례를 추출하지만, 다른 연구자들은 이것이 오히려 오해를 불러일으킨다고 주장합니다. 요컨대, 창의성에 대한 학문적 연구는 다소 혼란스럽다는 것입니다.

그럼에도 불구하고 [그림 1−2]에서 설명하는 것처럼 창의성을 다양한 '수준'의 관점에서 생각하는 것은 도움이 될 수 있습니다.

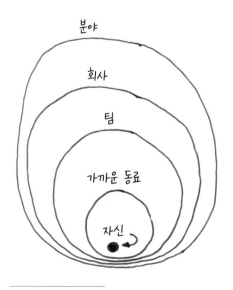

분야
회사
팀
가까운 동료
자신

그림 1-2 프로그래머가 작업하는 다양한 이너 서클[Inner circle]의 예시. 친한 동료가 창의적이라고 생각한 코드가 팀원들 사이에서 창의적이라는 찬사를 받을 수도 있습니다. 그러나 다른 팀에서도 이미 똑같은 작업이 이루어졌을 가능성이 있습니다. 회사 차원에서 본다면 여러분의 명성은 갑작스럽게 끝날 수 있습니다. 창의성은 사회문화적인 것이므로 팀이 바뀌는 순간 창의성에 대한 해석도 달라집니다. 이러한 이너 서클을 염두에 두는 것은 매우 유용할 수 있습니다. 팀과 회사가 창의적이 되도록 돕는 것은 자기 팀과 회사가 창의적이라고 널리 알리는 것을 의미하지만, 그것은 나 자신으로부터 시작됩니다.

---

11 Mark A Runco. "big c, little c" creativity as a false dichotomy: Reality is not categorical. Creativity Research Journal, 2014.

1.4 더 창의적이 되기 위한 로드맵

이 책은 천재가 되는 방법을 알려주지 않습니다. 즉 '창의적 유전자'와는 거의 관련이 없습니다. 곧 알게 되겠지만 그런 것은 존재하지 않습니다. 대신 문제 해결 과정에 관해 다룹니다. 다양한 창의적 방법과 창의성에 대한 통찰력을 적용함으로써 더 나은 프로그래머가 될 수 있기를 바랍니다. 이들은 서로 다르지만 복잡하게 얽힌 일곱 가지 주제로 깔끔하게 묶여 있습니다. 프로그래머가 아닌 분들도 걱정하지 마세요. 이러한 방법 중 많은 부분을 프로그래밍이 아닌 다른 분야에도 쉽게 적용할 수 있다는 사실을 알게 될 것입니다.

앤디 헌트의 『실용주의 사고와 학습』은 손으로 그린 아름다운 마인드맵으로 시작하는데 이 마인드맵은 로드맵을 겸하고 있습니다. 그의 책은 프로그래밍에서도 좀 더 소프트웨어 공학적인 측면에 치우쳐 있기에, 저는 해당 그림에서 영감을 받아 비슷한 마인드맵을 새로 그려서 연구 보고서[12]에 사용했습니다. 그런데 다른 사람들이 이것을 보고 매우 창의적인 것으로 간주하면서 즉시 받아들였습니다. [그림 1-3]과 이 책의 서두에서 볼 수 있듯이 마인드맵은 이 책의 가이드 역할을 하기도 합니다. 지도의 각 '촉수'는 창의성과 관련된 뚜렷한 주제를 가진 각 장의 제목을 나타냅니다.

> **NOTE** 이 책의 모든 그림은 창의성 주제에 더 잘 어울리도록 제가 직접 그렸습니다.

---

12 Wouter Groneveld, Laurens Luyten, Joost Vennekens, and Kris Aerts. Exploring the Role of Creativity in Software Engineering. In 2021 IEEE/ACM 43nd International Conference on Software Engineering: Software Engineering in Society, 2021.

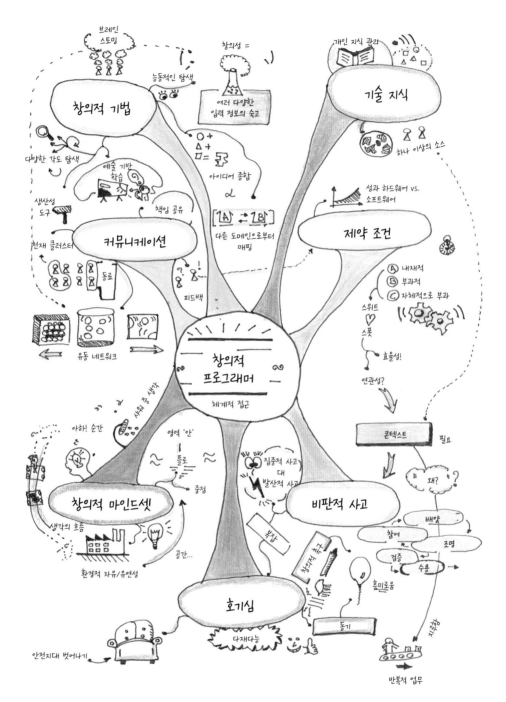

그림 1-3 이 책의 7개 장을 모두 연결하는 창의적 프로그래머 마인드맵

1.4.1 창의적 프로그래머의 일곱 가지 테마

다음과 같은 일곱 가지 모험이 이 책을 읽는 여러분을 기다리고 있습니다.

1. 기술 지식

창의적인 무언가를 만드는 사람이라면 누구나 자기 영역에서 일어나는 상황을 잘 파악하고 있어야 합니다. 너무 당연한 이야기라서 한 장 전체를 할애하기에 과한 주제처럼 보일 수도 있습니다. 프로그래머가 애초에 프로그래머가 아니라면 창의적인 프로그래머가 될 수 없습니다. 무언가를 하려면 그 전에 배우는 단계가 선행되어야 한다는 점은 매우 자명하지만, 정보를 소비하고, 지속해서 학습하고, 인지 편향을 인식하고, 지식을 관리하는 다양한 방법에 관해 하던 일을 잠시 멈추고 생각해 보는 과정은 여전히 유익합니다.

창의적인 프로그래머는 꾸준한 지식의 흐름을 새로운 아이디어로 전환하는 방법을 압니다.

2. 커뮤니케이션

창의성은 결코 단독으로 발휘되지 않습니다. 아이디어를 다듬는 것은 사회적 과정입니다. 독창적인 면이 있는 아이디어를 훌륭한 아이디어로 다듬기 위해서는 반드시 피드백이 있어야 합니다. 그러한 과정에서 동료들은 촉매제 역할을 할 수 있습니다. 이 주제를 다루는 장에서는 천재 클러스터의 개념, 드림 팀을 구성하는 방법, 팀의 창의성을 향상하는 기법에 대해 살펴봅니다. 제가 동료들과 함께 발표한 논문[13]에서는 이 주제를 '**커뮤니케이션**'이라고 불렀기에 해당 용어를 그대로 사용했지만, 지금 생각해 보면 '**협업**'이 더 적합한 명칭일 수도 있습니다.

창의적인 프로그래머는 아이디어, 개인, 팀 간의 미묘한 상호 작용을 항상 인식합니다.

3. 제약 조건

모든 종류의 문제를 해결하려면 제약 조건을 고려해야 합니다. 그것이 자체적으로 부과된 것이든 외부에서 부과된 것이든 간에 말입니다. 일반적인 믿음과는 달리 제약은 창의성을 감소시키는 것이 아니라 오히려 창의성을 촉발하기도 합니다. 성가시고 불편한 것으로 보였던 제약 조

---

[13] Wouter Groeneveld, Hans Jacobs,, Joost Venneksens, and Kris Aerts. Non-cognitive abilities of exceptional software engineers A Delphi study. Proceedings of the 51st ACM Technical Symposium on Computer Science Education, 2020.

건을 오히려 장점으로 전환한 결과 갑자기 창의력이 넘쳐난 여러 사례를 살펴볼 것입니다.

창의적인 프로그래머는 주어진 제약에 대해 불평하기보다는 이를 주의 깊게 살펴보고 활용하는 방법을 압니다.

4. 비판적 사고

어떤 일을 이루기 위해 많은 아이디어를 떠올리는 것은 해야 할 일의 절반에 불과합니다. 나머지 절반은 최고의 아이디어가 나올 때까지 아이디어를 과감하게 덜어 내는 일인데, 이쪽이 훨씬 더 어려울 수 있습니다. 그런 다음 비로소 실행에 옮길 수 있습니다. 이 장에서는 비판적 사고와 끊임없이 샘솟는 기발한 아이디어 사이의 공생 관계를 살펴봅니다. 창의성은 아이디어를 창출하는 것뿐만 아니라 의사 결정과 실행에 관한 것임을 알게 될 것입니다.

창의적인 프로그래머는 무궁무진한 아이디어를 내는 것과 그 아이디어를 비판적으로 평가하는 것 사이를 자유롭게 오갈 수 있습니다.

5. 호기심

이 책을 집어 든 이유는 무엇인가요? 책 내용이 궁금했나요? 배우고 싶다는 열망이 있나요? 이 책을 처음부터 끝까지 읽을 결심이 섰나요? 이런 질문에 '예'라고 대답한다면 잘 시작한 것입니다. 창의성 연구자인 미하이 칙센트미하이에 따르면, 호기심과 인내심은 창의성을 가장 잘 나타내는 두 가지 성격적 특성입니다.[14] 다음 장에서 이 주제에 대한 칙센트미하이의 훌륭한 연구를 다시 살펴보겠습니다.

호기심은 새로운 것(기술적인 지식)을 배우려는 암묵적인 동기와 '왜'라는 질문(비판적 사고)으로 이어집니다. 호기심을 갖는 행위가 어째서 '사회성이 떨어지고 한 가지 분야 외에는 잘 모르는' 천재뿐만 아니라 창의적인 프로그래머에게도 유리한지 살펴봅니다.

---

14 Mihaly Csikszentmihalyi. Creativity: Flow and the psychology of discovery and invention. HarperPerennial, New York, 1997.

6. 창의적 마인드셋

우리는 모두 잦은 중단이 프로그래밍 흐름에 해롭다는 사실을 알고 있습니다. 이때 올바른 마음 상태, 즉 마인드셋을 유지하면 훨씬 더 창의적으로 작업할 수 있습니다. 흐름과 통찰이 서로 어떻게 작동하는지, 통찰력 점화insight priming가 어떤 효과를 가져올 수 있는지, 그리고 매우 중요하지만 자주 변하기 쉬운 아하! 순간aha-moment을 늘리는 방법은 무엇인지 살펴봅니다.

개인의 마인드셋을 개선하는 것과 팀이나 회사의 집단적 마인드셋을 향상하는 것은 별개의 문제이며, 창의적인 프로그래머에게는 두 가지 모두 똑같이 중요합니다.

7. 창의적 기법

마지막으로, 앞의 모든 장에서 설명한 개념에 긍정적인 영향을 줄 수 있는 몇 가지 실용적인 창의적 기법을 논의할 것입니다. 창의성의 체계적 정의와 마찬가지로, 이러한 기법들은 창의적 문제 해결의 모든 차원과 얽혀 있습니다. 이러한 기법들이 반드시 하나의 뚜렷한 주제에 깔끔하게 들어맞는 것은 아닙니다. 고전적인 브레인스토밍 세션과 아이디어에 도움을 줄 수 있는 더 새로운 기법을 비판적으로 살펴볼 것입니다.

1.4.2 창의적 프로그래밍 문제 해결 테스트(CPPST)

이 책의 내용대로 특정 과제나 프로젝트와 관련한 여러분의 창의적 프로그래밍 잠재력을 측정해 보고 싶다면 어떻게 해야 할까요? 다음 장에서 곧 알게 되겠지만, 특정 부분을 측정하는 창의성 평가 도구는 꽤 많습니다. 어떤 도구는 발산적 사고divergent thinking 능력을 측정하는 반면, 어떤 도구는 최종 결과물을 평가하는 데 중점을 둡니다. 다만, 안타깝게도 기존 도구 중 도메인 내에서 구성되고 시스템 관점을 적용하는 도구는 없습니다.

이를 위해 저와 동료들은 이 책에서 논의하는 7가지 주제를 기반으로 창의적 문제 해결을 위한 자가 평가 설문조사를 설계했습니다.[15] 이 설문조사는 소프트웨어 공학 1학년과 4학년 학생을 대상으로 유효성을 확인했고, 여러 업계 전문가의 검증을 거쳤습니다. 창의성을 측정하는 만

---

15 Wouter Groeneveld, Lynn Van den Broeck, Joost Vennekens, and Kris Aerts. Self-Assessing Creative Problem Solving for Aspiring Software Developers: A Pilot Study. In Proceedings of the 2022 ACM Conference on Innovations and Technology in Computer Science Education, 2022.

능의 해결책은 아니지만, 프로그래머로서 7가지 주제 각각에 관한 참여 수준을 파악할 수 있는 현재로서는 가장 근접한 방법입니다.

각 질문은 그 질문에 해당하는 장을 다 읽어야만 명확해질 수도 있습니다. 어떤 질문은 하나의 테마에 깔끔하게 들어맞는지 의심스러울 수도 있습니다. 곧 알게 되겠지만, 창의성은 단순하게 하나의 범주에만 속하지 않는 만큼 많은 질문이 하나의 테마에 깔끔하게 맞아떨어지지 않습니다.

다음 장으로 넘어가기 전에 지금 설문지를 작성하여 창의적인 프로그래머로서의 현재 상태를 전반적으로 파악하기 바랍니다. 자가 평가 테스트이므로 거짓으로 작성하면 개선할 점이 별로 없는 것처럼 착각할 수 있으니 정직하게 작성하기 바랍니다! 테스트에 답할 때는 프로젝트마다 답이 달라질 수 있으므로 최근 수행한 특정 과제와 관련지어 생각해 보세요.

각 질문의 답은 1(전혀 동의하지 않음), 2(동의하지 않음), 3(동의하지도 부정하지도 않음), 4(동의함), 5(완전히 동의함)의 숫자로 표시합니다. 해당하는 칸에 표시하세요.

표 1-1 CPPST 루브릭rubric 평가의 56개 문항 전체 세트

1. 기술 지식	1	2	3	4	5
프로젝트를 수행하는 동안 지식이 많이 늘었다.					
새로운 프로그래밍 기술을 실제적으로 배우고 적용했다.					
문제 영역에 대한 통찰력을 얻었다.					
프로그래밍의 기술적 측면이 매력적이었다.					
내 학습 과정과 개선 방안에 대해 생각했다.					
프로젝트의 많은 측면이 알려지지 않았기에 오히려 편하게 느꼈다.					
새로운 지식들을 이미 아는 내용과 연결시키고자 했다.					
프로젝트 덕분에 코딩 이외의 지식을 얻게 되었다.					
2. 커뮤니케이션	1	2	3	4	5
동료들에게 정기적으로 피드백을 요청했다.					
화이트보드나 종이 위에 문제를 시각화했다.					
클라이언트나 최종 사용자로부터 계속해서 피드백을 받았다.					
팀원들의 작업을 도와주었다.					
내 일을 제시간에 끝냈기에 팀원들이 마감에 쫓기는 일은 없었다.					
팀원들의 아이디어와 노력을 지지했다.					

| 결과물이 자랑스러웠기 때문에 모두에게 보여 주었다. | | | | | |
| 다른 사람들의 제안을 주의 깊고 꼼꼼하게 검토했다. | | | | | |

3. 제약 조건	1	2	3	4	5
내 해결책이 올바른 것인지 계속해서 생각했다.					
시간이 부족하다고 해서 일을 제대로 처리하지 못한 적은 없었다.					
코드를 최대한 산뜻하게 작성하려고 노력했다.					
주어진 일의 제약 조건을 알고자 노력했다.					
작성한 프로그램을 (가능한 경우) 친구나 가족이 테스트하도록 했다.					
창의력을 발휘할 여지가 많았던 가운데 적절한 결정을 내릴 수 있었다.					
급한 요청 사항에 대응할 때 학습 과정이 빨랐다.					
정기적으로 프로그램을 직접 테스트하고 사용 편의성에 신경 썼다.					

4. 비판적 사고	1	2	3	4	5
문제에 관해 논의할 때 대안을 자주 제시했다.					
다양한 옵션을 정기적으로 신중하게 검토했다.					
코드가 잘 작동하지 않을 때면 전체 코드를 과감하게 다시 작성했다.					
정보를 얻기 위해 여러 소스를 사용했다.					
팀원들이 자신들의 코드를 어떻게 구현하는지 묻는 것은 중요했다.					
무언가 찾아볼 때 소스의 신뢰성을 항상 확인했다.					
무언가가 작동하는 방식을 100% 이해하는 것은 중요했다.					
다른 프로젝트를 살펴봄으로써 내 프로젝트를 돌아보았다.					

5. 호기심	1	2	3	4	5
프로젝트 기간 동안 새로운 것을 많이 경험했다.					
프로젝트의 많은 부분에서 호기심을 느꼈다.					
프로젝트의 여러 부분에 즐겁게 관여했다.					
프로젝트의 어떤 부분들에 깊이 몰입하는 것이 좋았다.					
프로젝트가 복잡해서 도전해 보고 싶은 마음이 들었다.					
무언가 추가로 구현하고 싶다는 충동이 들었다.					
프로젝트를 진행하면서 무척 재미있었다.					
프로젝트를 끝내려고 스스로를 몰아붙일 필요가 없었다.					

6. 창의적 마인드셋	1	2	3	4	5
프로젝트의 일정 부분에 오랫동안 집중해서 작업했다.					

	1	2	3	4	5
문제의 본질에 좀 더 집중하기 위해 생산성 도구를 사용했다.					
과거의 경험을 유용하게 활용했다.					
일을 할 때면 시간이 빨리 지나갔다.					
프로젝트의 높은 요구 사항을 만족시킬 충분한 지식을 갖추고 있었다.					
프로그래밍은 거의 자동으로 진행됐다.					
내가 하고자 하는 바를 정확하게 알고 있었다.					
내 코드를 외부의 사람들이 어떻게 생각할지에 대해 개의치 않았다.					
7. 창의적 기법	**1**	**2**	**3**	**4**	**5**
하나의 문제를 풀기 위해 여러 가지 방법을 사용했다.					
무언가 해결하기 위해 다른 영역의 지식을 차용했다.					
하나의 문제를 해결하고자 여러 다른 아이디어를 결합했다.					
무언가 이해하고자 때로는 일부러 일을 중단한 적이 있다.					
새로운 아이디어를 얻고자 다른 사람들과 브레인스토밍을 했다.					
때로는 한걸음 물러나 전체적으로 바라본 적이 있다.					
문제가 생기면 다른 프로젝트에서 영감을 얻었다.					
완전히 막혔다고 느낀 적이 없다.					

각 주제에 대한 평균을 계산하면 [그림 1-4]와 같이 스파이더 다이어그램의 형태로 결과를 스케치할 수 있습니다. 이후의 장에서 소개할 다른 평가 도구와는 다르게, 결과를 더 줄여서 숫자 하나로 점수를 나타내는 것은 불가능합니다. 그렇게 되면 우리가 신중하게 유지하려고 노력하는 창의적 문제 해결의 맥락에서 연결고리가 완전히 끊어질 수 있습니다.

설문지를 작성하면 작업 중인 프로젝트에 따라 흥미롭고 다양한 결과가 나올 수 있습니다. 설문지는 상황에 따라 서로 다른 결과가 나오도록 의도되었습니다. 어떤 프로젝트는 지루하게 느껴져 호기심 점수가 낮게 나올 수 있습니다. 또 다른 프로젝트에서는 기술적인 수준에서 최선을 다하고 있기 때문에 기술적 지식 부분에서 점수가 높을 수도 있습니다. 다시 한번 강조하지만, 이 점수에 대해 너무 걱정하지 마세요. CPPST 도구는 주로 현재 개인 창작 과정에 대한 통찰력을 얻기 위한 도구로 사용됩니다.

책을 읽어 나가다가 가끔 질문을 다시 살펴보고 실제로 향상되고 있는지 확인해 보기 바랍니다.

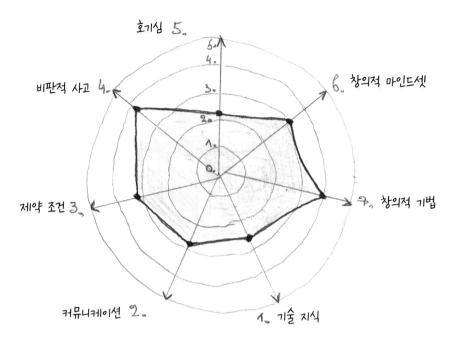

그림 1-4 창의적 프로그래밍 문제 해결 능력 테스트 결과의 스파이더 그래프의 예. 이런 그래프를 그리기 귀찮다면 온라인 설문조사를 해보세요(https://brainbaking.com/cppst).

1.5 이 책의 구조

이후 2장부터는 각 장의 주제와 관련한 배경 이야기로 시작해 기술 영역 안팎에서 일어났던 창의적인 사고의 예를 제시합니다. 여러분은 또한 이 책이 일반적인 예시와 함께 비디오 게임을 참조하면서 맥락을 설명하는 경향이 많다는 점을 알게 될 것입니다. 이는 단순히 제가 게임을 좋아해서가 아닙니다. 저와 동료들의 연구를 포함한 수십 건의 연구 결과를 통해, 시각적 예시가 더 쉽게 흥미를 끌고 게임을 활용하면 놀이 학습을 유발한다는 사실이 입증되었기 때문입니다. 이 책은 창의적인 프로그래밍을 다루는 만큼 게임 개발에 관해 이야기하지 않는 것이 오히려 이상한 일입니다. 결국 게임도 하나의 예술 작품으로 간주되지 않나요?

각 장에는 필요한 부분마다 연습 문제(EXERCISE)를 여러 군데 배치해 놨습니다. 이 책은 기술적인 프로그래밍 책이 아니며 연습 문제 역시 여러분에게 이미 익숙한 유형의 문제는 아닙니다. 하지만 사고력을 키울 수 있는 연습 문제로서 가치가 있으며, 이미 배운 내용을 복습할 때 좋은 참고 자료가 될 수 있습니다. 물론 갑자기 창의력을 발휘하라고 강요할 수는 없습니다. 제가 할 수 있는 것은 올바른 방향을 제시하는 것뿐입니다. 제안을 행동으로 옮기는 것은 여러분에게 달려 있습니다.

가끔은 주제에서 벗어나 재미있고 통찰력 있는 배경 이야기를 추가로 제공할 때도 있습니다. 이러한 주제에서 벗어난 절은 중간중간 박스로 표시해 놓았습니다. 바쁘다면 건너뛰어도 무방하지만, 자칫 창의력을 자극하는 요소를 놓칠 가능성이 있습니다.

각 장의 마지막에는 새로운 개념과 해당 장에서 다룬 내용을 요약한 체크리스트가 있습니다. 요약만 훑어보는 것만으로는 창의적인 프로그래밍을 숙달하거나 모범 사례에 대한 완전한 개요를 파악할 수는 없으므로 내용의 맥락을 고려하기 바랍니다.

드디어 창의적인 모험을 시작할 준비가 끝났습니다. 시작해 볼까요?

CHAPTER **2**

기술 지식

이 장에서는 다음과 같은 내용을 다룹니다.

- 지식을 수집하고 내면화하고 그에 따라 행동하는 방법
- 제텔카스텐 지식 관리 기술
- 스마트한 노트를 위한 워크플로

외로운 까마귀 한 마리가 고대 코르시카의 어느 평화로운 밤의 고요함을 방해합니다. 스페인 태생의 한 로마 시민이 자신의 두 절친인 펜과 잉크와 함께 저녁 시간을 보내고 있습니다. 독재자 클라우디우스에 의해 로마에서 추방된 소(小) 세네카$^{Seneca the Younger}$[1]는 코르시카에서 8년 동안 분노와 죽음이라는 주제에 대해 위로가 되는 다양한 글을 발표하며 생산적인 시간을 보냈습니다. 세네카는 글쓰기를 통해 자신을 단련해야 한다고 선언했습니다. 그는 하루도 빠지지 않고 일기를 썼습니다. 그는 친구에게 이렇게 말했습니다. "나는 하루를 돌아보며 모든 행동과 말을 되짚어 본다네. 나는 나 자신에게 아무것도 숨기지 않고 어느 것도 놓치지 않으려고 해. 이렇게 나 자신과 교감할 수 있는데 내 실수 때문에 움츠러들 하등의 이유가 없지 않겠는가?" 세네카는 자기 성찰을 마친 후 잠자리에 들 때마다 특별한 만족감을 느꼈습니다.

세네카는 알렉산드리아에 오래 머무는 동안 매일 메모하는 습관을 몸에 익혔습니다. 결핵과 투병하느라 그는 로마에서 벗어나 장기 요양을 떠나야 했습니다. 거의 10년에 걸친 요양 기간 동안 그는 스토아 철학자답게 공부하고 글을 쓰며 정신적, 육체적 힘을 키웠습니다. 세네카는 스토아주의와 피타고라스주의 간의 결합을 모색했습니다. 특히 에피쿠로스의 작품을 읽고 토론했는데, 에피쿠로스는 세네카의 작품에서 가장 많이 인용되는 철학자입니다. 세네카는 '책을 읽을 때는 적진에 침투한 스파이처럼 항상 지적이고 철학적인 상대방에게 배우려는 자세로 읽어야 한다'고 말했습니다. 안타깝게도 세네카의 알렉산드리아 시대 작품은 모두 사라졌습니다. 최근의 추정에 의하면 그가 쓴 비극과 철학 에세이 중 절반 정도가 사라졌다고 합니다.

세네카의 일기는 자기 성찰, 지식의 획득과 연결, 지식의 보존이라는 세 가지의 주된 목적을 가지고 있었습니다. 모범을 보이기 위해서는 먼저 자기 행동 그리고 다른 사람의 행동까지 분석해야 한다고 그는 주장했습니다. 세네카는 당시의 다른 저널리스트들과 달리 출판을 염두에 두

---

[1] 옮긴이_ 로마 제국의 정치인이자 사상가, 문학자인 루키우스 안나이우스 세네카를 가리킨다. 로마 제국의 황제인 네로의 스승으로도 유명하다. 동명의 아버지인 대(大) 세네카와 구분하기 위해 소 세네카라고도 부른다(출처_위키백과).

고 글을 썼습니다. 그는 다른 사람들에게 영향을 미치고 아이디어를 보존하기 위해 자신의 글이 발견되고 읽히기를 원했습니다.

1900여 년이 지난 어느 날, 독일의 한 학자가 무거운 약국 캐비닛의 작은 서랍에서 서류를 뒤적거립니다. 손에 작은 종이를 들고 특정 서랍의 내용물을 빠르게 훑어보던 학자는 "아, 여기 있네!"라고 중얼거립니다. 그가 찾고 있던 서랍이라는 것을 알 수 있습니다. 종이쪽지를 캐비닛 속에 던져 놓고 다시 사무실 의자에 앉아서 채점이 시급한 서류 더미로 시선을 돌립니다(그림 2-1).

그림 2-1 니클라스 루만이 홈 오피스에서 노트를 검토하고 있습니다(출처: © Michael Wiegert-Wegener / 빌레펠트 대학 기록보관소).

이 사람은 20세기 가장 생산적이고 저명한 사회과학자 중 한 명인 니클라스 루만$^{Niklas Luhmann}$입니다. 그는 학계에서 50권의 책과 600편이 넘는 논문을 발표했습니다. 어떻게 그런 업적을 이룰 수 있었느냐는 질문에 그는 자신의 생산성은 노트와의 '대화'에서 비롯되었다고 겸손하게 답했습니다. 커뮤니케이션, 사회, 진화 이론을 통합한 그의 유명한 시스템 이론은 **제텔카스텐** ^{Zettelkasten}(슬립 박스)과의 대화에서 나온 결과물입니다.

루만은 독창적인 지식 저장 및 생성 시스템 덕분에 서로 관련이 없어 보이는 영역을 연결하여 새로운 통찰을 끌어낼 수 있었습니다. 이러한 새로운 통찰은 다시 제텔카스텐에 저장되었고 그의 외부 지식은 꾸준히 증가했습니다. 지적 작업을 정리하기 위해 상호 연결된 인덱스카드 시스템을 최초로 사용한 사람이 루만은 아니지만,[2] 그의 제켈카스텐 저장소는 더 많은 통찰력을

---

2 16세기의 수학자 콘라드 게스너$^{Conrad Gessner}$는 종이에 아이디어를 적어서 더 큰 그룹으로 정리하는 방법을 이미 언급했습니다.

제공했고, 오늘날의 수많은 노트 필기와 디지털 노트 필기 앱에 영감을 불어넣었습니다.

그리고 또 한 세기가 지나서 2010년, 러시아의 소프트웨어 엔지니어인 안드레이 브레슬라프
Andrey Breslav와 젯브레인JetBrains R&D 팀은 대규모 백엔드 코드베이스의 개발 및 프로덕션 문
제를 논의하고 있었습니다. 화이트보드 위에 스케치한 내용은 나중에 **코틀린**Kotlin이라는 새로
운 프로그래밍 언어의 토대가 되었습니다. 코틀린 웹사이트에 의하면 브레슬라프와 그가 이끄
는 언어 디자인 팀은 '실용적이고, 간결하며, 안전하고, 상호 운용이 가능하도록' 코틀린을 설
계했다고 합니다. 이 말인즉슨, 가지고 놀 만한 장난감 같은 것을 만들려는 의도가 전혀 없었
다는 의미입니다. 개발자들은 반짝반짝 빛나는 새로운 무언가를 가지고 놀기 좋아하기 마련
이니까요.

실용, 간결, 안전, 상호 운용이라는 네 가지 초석을 바탕으로 팀은 기존 프로그래밍 언어를
철저히 조사하고 효과가 있는 아이디어를 차용했습니다. 더 중요한 것은, 좋아 보이지만 별
로 사용하지 않는 겉치레 기능은 빼버리는 것이었습니다. 브레슬라프가 GeekOUT 2018의
'Languages Kotlin learned from'[3]이라는 제목의 강연에서 말했듯이, 기존 아이디어의 사
용을 주저하는 것은 비생산적인 일입니다. 오히려 자바(클래스, 오토박싱, 런타임 안전 보장
등), 스칼라Scala(기본 생성자, val 키워드 등), C#(get/set 속성 및 확장 관련 아이디어, 내
부 가시성, 쉬운 문자열 보간 등), 그루비Groovy(괄호 없이 람다 전달, it 속기 등)로부터 실제
로 필요하고 효과가 있는 기능만 구현했습니다. '그루비의 많은 저자분께 감사드리며, 여러분
이 만들어 놓은 기능을 빌려다 쓸 수 있어서 즐거웠습니다'라는 말로 브레슬라프는 자신의 강
연을 마쳤습니다.

그들의 디자인 철학은 분명한 성과를 거두었습니다. 코틀린은 이제 자바 가상 머신에서 사용되
는 언어 중 자바 다음으로 인기 있는 언어가 되었으며(Snyk의 2020 JVM 에코시스템 보고서
[4]에 따르면 18%), 연례 스택 오버플로 인사이트[5]에 의하면 전반적으로 인기가 꾸준히 늘어나
루비Ruby를 능가하고 고Go의 뒤를 바짝 쫓고 있습니다.

---

3 https://youtu.be/Ljr66Bg--1M

4 https://snyk.io/blog/jvm-ecosystem-report-2020

5 https://insights.stackoverflow.com/survey/ for years 2020 and 2021.

2.1 입력이 없으면 창의적인 결과물도 없다

풍부한 지식이 담긴(여전히 인기 있는) 세네카의 스토아학파 저술, 인덱스카드를 담고 있는 니클라스 루만의 제텔카스텐 약국 캐비닛, 코틀린 프로그래밍 언어의 탄생, 이들 사이의 가장 큰 공통분모는 무엇일까요? 세 가지 사례 모두 창의성이 창의성을 낳는다는 것을 보여줍니다. 모든 의도는 이전의 의도를 기반으로 합니다. 세네카는 경쟁 학파를 면밀히 관찰하고 그 지식을 내면화하여 새로운 것을 만들어 냈습니다. 루만은 메모를 통해 자칫 잊어버릴 수 있는 정보를 연결하여 새로운 것을 만들어 냈습니다. 안드레이 브레슬라프는 먼저 다른 프로그래밍 언어로 눈을 돌려 효과가 있는 기능들을 조사함으로써, 독창적이지만 조금 지나면 쓰이지 않는 언어를 만드는 일을 피할 수 있었습니다.

모든 창의적인 작업은 입력에서 시작됩니다. 입력이 없으면 출력도 없습니다. 소프트웨어 엔지니어링에서 창의성의 역할을 더 잘 이해하기 위해 많은 개발자에게 창의성을 발하는 데 필요한 요건이 무엇인지 물어보았습니다. 개발자들은 일관되게 **기술 지식**을 첫 번째로 꼽았습니다.[6] 어느 정도 예상한 결과였고, 이 책에서 창의적 프로그래머의 첫 번째 주요 테마로 선정한 이유이기도 합니다.

창의성은 **영감주의자**(자유로운 연상, 장난기, 측면적 사고), **상황주의자**(사회적 맥락에 의존하고 커뮤니티에 내재), **구조주의자**(기술과 방법을 연구하고 분석) 등 다양한 관점으로 접근해 볼 수 있습니다. 3장에서는 상황주의자situalionalist를 살펴보고 4장과 5장, 6장에서는 영감주의자inspirationalist를 살펴볼 것입니다. 여기서는 먼저 창의성에 대한 구조주의자structuralist의 접근 방식을 살펴보겠습니다.

악기나 기존의 연주 스타일 또는 다양한 보컬 테크닉에 대한 지식이 없는 음악가에게 진정으로 창의적인 음반을 기대할 수는 없을 것입니다. 화가도 마찬가지입니다. 그림 기법에 대한 폭넓은 지식 없이는 창의적인 작품을 만들 수 없습니다. 현대 미술 작품이 구현하는 단순함 때문에 우리는 어떤 그림을 보고 창의적이라고 잘못 생각할 수 있지만, 일반적으로 색상과 구성을 본질에 맞게 해체하려면 기술적 지식과 수년간의 경험이 필요합니다. 물론 예외는 항상 존재합니다.

---

6 Wouter Groeneveld, Laurens Luyten, Joost Vennekens, and Kris Aerts. Exploring the role of creativity in software engineering. In 2021 IEEE/ACM 43rd International Conference on Software Engineering: Software Engineering in Society (ICSE-SEIS)

프로그래머도 마찬가지입니다. 자바 가상 머신과 그 생태계에 대한 폭넓은 지식 없이는 자바 코드로 창의력을 발휘할 수 없습니다. 브레슬라프는 GeekOUT 강연에서 스위프트^{Swift}의 잠재적 영향력을 간과했음을 인정했습니다. 당시에는 매우 새로운 기술이었기 때문에 팀원 누구도 이에 대해 알지 못했습니다. 한편 그루비의 영향력이 없었다면 코틀린에 with와 it 키워드가 존재하지 않았을 것입니다.[7]

하지만 **폭넓은 지식**이란 정확히 무엇일까요? 새로운 지식을 얻고, 유지하고, 창출하는 가장 좋은 방법은 무엇일까요? 그리고 창의성에 관해 논의할 때 정말 **기술적인** 지식만을 말하는 것일까요? 인지 심리학의 놀라운 세계에서 이 질문들에 대한 답을 찾을 수 있습니다.

미래 지향적인 기술 기업들은 지속적인 학습을 중요하게 생각합니다. 그래서 학습의 날, 해커톤, 수많은 책과 강좌를 제공합니다. 심지어는 구글에서 영감을 얻은 '20%의 시간'과 같은 혜택도 제공하는데 이를 통해 일주일에 하루는 자신만의 개인 프로젝트를 수행할 수 있습니다. 지메일과 같은 위대한 제품으로 성장할 수 있기를 기대하면서 말이지요(구글은 점차 창의적 자유 시간을 축소하고 있습니다. 이에 대해서는 8장에서 다시 설명하겠습니다). 지속적인 학습이든, 평생 학습이든, 자기 계발이든 전제는 동일합니다. 우리는 배우기 위해 여기에 있습니다.

인터뷰 참여자 중 한 명이 다음과 같이 말했는데 이 장의 주제를 잘 표현해 줍니다.

> 결국 창의성은 다양한 입력이 결합된 결과물이며, 저는 보통 이러한 입력들을 적극적으로 찾아보는 편입니다. [...] 입력들을 구조화해 머릿속에 무언가를 형성하거나, 고려해야 할 피드백을 요청할 때 그렇게 하는 경우가 많습니다.

하지만 여기서 입력이란 어디에서 오는 것일까요? 어떤 개발자는 자신이 선호하는 기술 뉴스 사이트(예: dzone.com, slashdot.org, lobste.rs)나 좋아하는 엔지니어 블로그로부터 정보를 얻는다고 답할지도 모르겠습니다. 이런 방법은 모두 유효하지만 매우 편협한 정보원일 수 있습니다. 좀 더 큰 맥락에서 논의를 시작해 보죠.

---

7 이 키워드들은 사실 그루비보다 더 오래된 것이다. 브레슬라프의 팀은 그루비가 JVM에서 실행되기 때문에 그루비를 통해 이 키워드를 자세히 살펴봤을 것으로 생각된다.

2.2 지식 수집하기

호기심은 필연적으로 새로운 지식의 축적으로 이어집니다. 이에 대해서는 6장에서 자세히 설명합니다. 논의에 앞서 여러분이 일반적으로 정보를 수집하는 방식에 대해 생각해 보기 바랍니다.

> **EXERCISE** 여러분이 새로운 정보를 정기적으로 얻는 출처는 어디입니까? 정보를 대충 훑어보는 것이 아니라 적극적으로 내용을 숙고해 본 것은 언제가 마지막이었나요? 마지막으로 메모한 때가 언제였나요? 그러한 출처에서 얻은 정보를 효과적으로 사용한 것은 언제가 마지막이었나요?

그런 출처로부터 얻은 무언가를 가장 최근에 적용한 때가 언제인지 어렵지 않게 떠올릴 수 있기를 바랍니다. 아무것도 기억나지 않는다면 입력된 정보가 무엇이었는지 다시 생각해 볼 필요가 있습니다. '쓰레기가 입력되면 쓰레기가 나온다'라는 말이 있습니다. 이렇게까지 직설적으로 표현하고 싶지는 않지만, 중요한 정보원이 될 수도 있는 페이스북을 그저 습관적으로 스크롤 하는 것만으로는 팀이 어려움을 겪고 있는 프로그래밍 문제를 해결하는 데 큰 진전을 이루지 못할 것입니다.

지식 수집 문제는 90년대보다 오늘날 훨씬 더 심각합니다. 인터넷으로 통하는 유일한 방법이었던 넷스케이프 네비게이터^{Netscape Navigator}에서 간단한 북마크를 사용하던 시대는 이미 오래 전에 지나갔습니다. 그렇다면 관심 있는 정보를 어떻게 추적해야 할까요?

2.2.1 저장 항목의 다양화

저장 항목을 다양화한다는 것은 두 가지를 의미합니다. 첫째, 달걀을 한 바구니에 모두 담지 말아야 한다는 뜻입니다. 자바 개발자라면 JVM의 스레딩 모델뿐만 아니라 고^{Go}의 고루틴^{Goroutines}과 루비로 구현된 동시 액터^{concurrent actor}에 대해서도 읽어 봐야 합니다. 다른 언어에서 동시성이 어떻게 작동하는지 알면 현재 사용 중인 언어에서 무엇이 가능하고 무엇이 불가능한지 더 잘 이해할 수 있습니다. 고루틴의 사용 편의성이 마음에 들지만 JVM을 계속 써야 한다면 영리하게 작성된 몇 가지 래퍼를 통해 문제가 되는 부분을 해결할 수 있습니다.

개발자로서 컴파일러와 프로그래밍 언어에 관한 책뿐만 아니라 철학이나 심리학에 관한 책도 읽어 보기를 바랍니다. 기술적인 측면을 깊이 파고드는 것은 당연한 일입니다. 결국, 이것이 여러분이 프로그래머가 된 이유 중 하나이니까요. 하지만 다른 영역도 소홀히 해서는 안 됩니다! 굳이 느낌표까지 붙이면서 강조한 이유는, 일반적으로 프로그래머들은 다양한 기술적인 내용을 이해하고자 시간과 노력을 쏟는 것을 당연시하지만 비기술적인 주제는 소홀히 여길 때가 많기 때문입니다. 창의적인 프로그래머는 자신이 익숙한 프로그래밍 영역뿐만 아니라 여러 영역을 연결하는 데도 탁월합니다. 심리학에 대해 배우면 기술의 다양한 도덕적 함의를 더 잘 이해하는 데 도움이 됩니다. 역사에 대해 배우면 빠르게 진화하는 기술의 상황을 파악하고 평가하는 데 도움이 됩니다. 많은 직장에서 프로그래머는 한두 가지 정도의 주제에 대해서만 전문성을 지니면 된다고 기대하는 경우가 많습니다. 하지만 이러한 관점은 매우 편협하고 창의적이지 못합니다. 전문가specialist 대 제너럴리스트generalist 논쟁에 대해서는 6장에서 자세히 살펴보겠습니다.

둘째, 매체를 다양화하라는 뜻입니다. 한두 권의 책을 읽어 보세요(책 속에서 책을 많이 읽으라고 하는 것은 메시지를 전달하기에 좋은 방법이 아니라는 점을 인정합니다! 이런 이유 때문에 책을 읽으라는 말이 너무 뻔하게 들릴 수도 있습니다). 콘퍼런스나 수업에 참석해 보기 바랍니다. 뉴스레터를 구독해 보세요. 블로그의 정기적인 독자가 되거나 더 나아가 글을 쓰는 사람이 되는 것도 좋습니다. 궁금한 점에 대해 다른 사람들과 이야기해 보세요. 피드백을 요청하세요. 독서 그룹에 참여하세요. 그 외에도 정보를 얻을 수 있는 소스는 많습니다.

일반적인 영역 대 특화된 영역

창의성은 도메인에 일반적일까요? 아니면 특정 영역에 특화되어 있을까요? 이 질문에 대한 답은 학자들이 열띠게 논쟁하는 또 다른 주제입니다.[8] 루비를 유창하게 사용하려면 루비를 배우는 데 상당한 시간과 노력을 투자해야 합니다. 캐나다의 유명 저널리스트이자 작가인 말콤 글래드웰 Malcolm Gladwell이 그의 저서 『아웃라이어』(김영사, 2020)에서 제안한 '마법의 1만 시간'이 필요할지도 모릅니다. 기술 습득에 대한 드레퓌스 모델Dreyfus model에 따르면 어떤 기술을 완전히 습득하려면 10년 동안 의도적으로 연습해야 한다고 합니다. 이 모델에 따르면 도메인을 변경하려면 먼저 해당 도메인을 완전히 숙달해야 합니다. 문제는 그 도메인이 루비 프로그래밍인지 아니면 일반적인 프로그래밍인지의 여부입니다.

한편으로는 이 책에서 설명하는 많은 창의적인 기법은 일반적인 영역에 속한 것으로 볼 수 있습

---

8 Jonathan A. Plucker and Ronald A. Beghetto. Why creativity is domain general, why it looks domain specific, and why the distinction does not matter. In American Psychological Association, 2004.

니다. 호기심 많은 태도, 현명한 지식 관리, 아이디어의 배양^{incubate}과 같은 기법은 프로그래밍 분야뿐만 아니라 정원 조경 분야에도 적용할 수 있습니다. 또한, 교차 수분$^{cross-pollination}$이 창의력을 발휘하게 하는 요소이기 때문에 한 영역의 특정 지식이 다른 영역에서도 유용하게 활용될 수 있습니다. 드레퓌스 모델은 이런 점을 놓친 것 같습니다. 결론은 무엇일까요? 중요하지 않습니다. 창의성은 도메인 특화적이면서 동시에 특정 도메인에 얽매이지 않는 일반적인 것입니다!

2.2.2 적당히 조절하기

제 아내는 책 읽기를 좋아하지만 책을 너무 많이 사고 나면 걱정에 빠집니다. 아내는 이런 말을 하곤 합니다.

> 읽어야 할 책은 너무 많고 시간은 너무 없어요!

아내의 말이 맞습니다. 제 굿리즈^{GoodReads} 계정을 보면 어느 해는 24권의 책을 읽었다고 나와 있습니다. 이 글을 쓰는 시점에 저는 36살입니다. 80세까지 이 추세를 유지할 수 있다고 가정해 봅시다. 아직 44년이나 남았으니 1,056권의 책을 읽는 셈이죠. 보통 서점에서는 그보다 5배 정도 많은 책을 판매할 것입니다. 작가로서 또 한 권의 책을 출간해 서점의 한 자리를 차지하고 있어 봐야 별로 쓸모가 없을 듯합니다.

다이어트를 실천하는 사람이 먹을 때마다 칼로리를 계산하는 것처럼 지식의 칼로리 섭취량을 조절하는 것이 유일한 해결책입니다. 읽을 만한 가치가 있는 것과 무시해도 되는 것을 구별해야 하는데 스스로 결정해도 되고 다른 사람의 안내를 받아도 됩니다. 이 비유는 우리가 너무 많은 시간을 들여 둘러보는 웹에도 적용됩니다. 광고, 중복된 뉴스 항목, 왕실의 임신 가능성에 대한 예측 기사에 시간과 시력을 낭비하는 대신, 정보 스트림을 완전히 제어할 수 있는 RSS 리더와 같은 간단한 기능을 사용하는 것이 더 나을 수 있습니다.

RSS 리더와 같은 피드 수집기를 나중에 읽기$^{read-it-later}$ 북마크 시스템과 결합할 수 있지만, 부주의하게 모든 정보를 구독하고 저장할 경우 정보 과부하의 위험이 다시 나타납니다. 시간 관리 전문가인 데이비드 앨런$^{David \ Allen}$의 조언처럼 이러한 시스템을 또 하나의 받은 편지함과 같이 취급하면[9] 도움이 될 수 있습니다. 다만, 항목을 분류하여 여전히 관련성이 있는 것과 그렇지 않은 것을 결정하려면 추가적인 인지 부하, 즉 프로그래머의 용어로 RAM과 CPU 사용량이 증가한다는 점을 기억해야 합니다.

너무 많은 지식이 창의성을 저해하나요?

능력이 뛰어난 슈퍼 프로그래머가 반드시 창의적인 프로그래머는 아닙니다. 때때로 우리가 알고 있는 지식이 우리의 눈을 가리고 창의적인 아이디어를 잠재적으로 사장하는 결과를 초래할 수 있습니다. 어리석어 보이는 제안을 재빨리 거절할 때가 많은데 그것이 불가능하다는 것을 내가 **그냥** 알기 때문입니다. "날 믿어, 난 이 분야 전문가야, 이건 안 돼." 하지만 만약 순진하게 시도했다면 어쩌면 잘 되었을지도 모릅니다.

연구자들은 이를 '**지식 점화**knowledge priming'라고 부릅니다. 한 브레인스토밍 실험에 따르면 지식 점화가 된 그룹의 참가자들은 더 많은 아이디어를 내놓았지만, 지식 점화가 되지 않은 대조 그룹에 비해 아이디어의 독창성은 떨어졌습니다.

4장에서는 미숙함 혹은 순진함이 제약 조건에 미치는 영향을 살펴보고, 5장에서는 우리가 아는 (혹은 모르는) 것을 평가하는 도구로서 비판적 사고를 소개합니다.

2.3 지식 내면화

새롭고 흥미로운 것들을 많이 접했다고 가정합시다. 그럼 이제 어떻게 해야 할까요? 다음 단계는 그 지식을 나만의 상황에 맞게 해석해 내면화internalizing하는 것입니다.

고등학교 시절 물리나 수학 시간에 내용을 필기할 때 고통스러웠던 기억이 있나요? 그때는 싫었을 수도 있지만, 이런 필기는 지식을 내면화하는 효과적인 방법의 하나입니다.

첫째, 손으로 직접 쓰면 뇌의 장기 기억에 정보가 저장될 가능성이 커집니다. 팸 뮬러Pam Mueller와 대니얼 오펜하이머Daniel Oppenheimer는 '펜은 키보드보다 강력하다'라는 흥미로운 슬로건을 내걸고 랩톱으로 노트를 타이핑하는 것이 손으로 필기하는 것보다 학습에 효과적이지 못

---

9 David Allen, Getting things done: The art of stress-free productivity, Penguin, 2001.

하다는 연구 결과를 발표했습니다.[10]

둘째, 같은 연구에서는 정보를 재구성하는 것이 중요할 수 있다는 것을 암시합니다.

> 노트 필기를 많이 하는 것이 도움이 될 수 있지만, 랩톱을 사용해 노트 필기하는 사람들은 정보를
> 가공하여 자신의 말로 재구성하기보다는 강의 내용을 그대로 옮겨 적는 경향이 있는데 이것은 학
> 습에 해롭다는 것을 보여줍니다.

중세 수도사들은 펜과 잉크로 원고를 베껴 썼습니다. 그래서일까요? 일부 연구에 따르면 펜으로 노트와 텍스트를 필사하면 키보드로 타이핑할 때보다 필기 속도가 느리기 때문에 오히려 집중력을 높이고, 모든 형태의 필기에 수반되는 촉각적 피드백이 뇌의 여러 영역, 특히 작업 기억과 같은 영역을 동시에 활성화하므로 학습 능력이 향상될 수 있다고 합니다.[11]

하지만 가장 중요한 부분은 소스 맥락에서 정보를 재구성해 자신의 맥락으로 옮기는 것인데, 이런 일은 물론 랩톱에서 타이핑하더라도 달성할 수 있습니다. 뮬러와 오펜하이머의 연구 대상은 학계 학생이었습니다. 강의 중에는 말하는 내용을 문자 그대로 복사하는 것이 더 빠를 때가 많습니다. 내면화는 나중에 노트를 다시 뒤적일 때 일어날 수 있습니다.

제 동료 중에는 이를 위해 위키wiki 시스템을 사용한 동료들이 있었는데, 웹 기반의 상호 링크된 페이지 집합으로 지식 베이스 역할을 했습니다. 일부는 다른 팀원들이 액세스하거나 수정할 수 있도록 인터넷에 게시하기도 했습니다. 복잡한 정규식, 배시bash 스크립트, 프로덕션 로그를 빠르게 살펴볼 수 있는 명령줄 기반 검색 명령, 이전 프로젝트에서 사용한 코드 패턴 등 모든 것이 이 위키에 있었습니다. 어느 순간, 우리는 함께 모여 팀 기반의 공유 위키 지식창고를 만들었던 것이죠.

공유 지식 기반은 소프트웨어 엔지니어링 분야에서 꽤 보편적인 것이 되었습니다. 하지만 지식 베이스라고 할 수 있는 것이 점점 줄어들고 있는 것 같아 안타깝습니다. 슬랙Slack과 디스코드Discord는 일시적인 커뮤니케이션을 용이하게 하는 데는 탁월하지만 영구적인 공유 지식 기반을 구축하는 데는 적합하지 않습니다. 이러한 도구는 영구적으로 정보를 검색할 수 있는 포럼이나 위키를 대체할 수 없습니다!

---

10 Pam A Mueller and Daniel M Oppenheimer. The pen is mightier than the keyboard: Advantages of longhand over laptop note taking. Psychological science, 2014.

11 Richard Tindle and Mitchell G Longstaff. Working memory and handwriting and share a common resource: An investigation of shared attention. Current Psychology, 2021.

팀에서 지식을 공유할 방법이 있나요? 이메일이 있다고요? 아뇨, 이메일만으로는 충분하지 않습니다. 지식을 공유하고 있지 않다면 지금 당장 이 책을 손에서 내려놓고 스크럼 보드에 있는 포스트잇을 전부 떼어 낸 뒤에 '지식 공유'라고 적은 포스트잇을 붙여 놓으세요!

오히려 기존 시스템 내에서 새로운 서비스를 만드는 방법에 대한 기술적인 코드나 튜토리얼은 많은 재구성이 필요하지 않을 수도 있습니다. 앞서 말한 위키의 어떤 관리자는 기술적인 내용뿐만 아니라 자신이 읽은 책, 코딩 이외의 취미로 하는 자동차 수리, 레시피, 요리 기술 등 개인적인 내용도 추가했습니다.

위키가 지식을 수집하고 내면화하는 유일한 방법은 아닙니다. 디지털화의 일례일 뿐입니다. 다음은 그 사례입니다.

- 메모를 추적하기 위한 일종의 간단한 FAT 파일 구조
- OCR 검색, 문서 스캔, 클라우드 저장과 같은 기능을 포함하는 마이크로소프트 원노트[OneNote], 데본씽크[DEVONThink], 에버노트[Evernote]와 같은 수많은 노트 필기 앱
- 하이퍼링크를 강조하는 옵시디언[Obsidian]과 제틀러[Zettlr] 같은 노트 필기 앱
- 마인드맵 소프트웨어 또는 스케치 시스템
- 마크다운[Markdown] 파일로 구동되는 정적 사이트 생성기

공급업체 종속 방지

노트 필기 습관을 지원하기 위해 디지털 도구를 선택할 때는 그 도구가 사용하는 데이터 형식을 염두에 두어야 합니다. 외부 지식 베이스는 항상 그것을 만드는 데 사용된 소프트웨어보다 오래 지속되므로 사람이 읽을 수 있는 형식으로 내보내는[export] 것이 중요합니다.

필요한 경우, 데이터베이스를 변환하기 위해 사용자 지정 스크립트를 작성할 준비를 하세요. 에버노트는 안타깝게도 단순한 텍스트 기반 파일 대신 XML과 유사한 독자적 형식을 사용하기 때문에, 필자의 경우 에버노트에서 데본씽크로 전환할 때 그렇게 해야만 했습니다.

마찬가지로, 노트를 어디에 저장하고 싶은지 생각해 보세요. 예를 들어 에버노트는 구글 클라우드 플랫폼의 클라우드 기반 솔루션을 사용합니다. 이는 노트북과 스마트폰 사이에서 동기화가 쉽다는 뜻이지만, 동시에 여러분이 작성한 노트가 여러분의 노트가 아니라는 뜻이기도 합니다. '서버 불일치'로 인해 중요한 노트를 사실상 잃어버린 적이 있는 에버노트 사용자들이 있습니다.

2.3.1 지식 관리

리더십 전문가이자 대중 연설가인 존 C. 맥스웰John C. Maxwell은 그의 밀리언셀러 『리더십의 법칙 2.0』(비전과리더십, 2019)에서 "시스템이 있어야 한다"고 말했습니다.[12] 내면의 리더를 개발하는 것뿐만 아니라 지식을 추적하고 새로운 아이디어를 창출하는 데에도 시스템이 필요합니다. 정보를 수집하고 처리하는 일관된 시스템을 **(개인) 지식 관리**라고도 합니다.

지식 관리라는 개념도, 이를 위해 사용되는 도구도 새로운 것이 아닙니다. 키케로는 자신의 생각을 정리하고 다른 사람들에게 유머를 주기 위해 정치와 철학에 관한 모든 것에 대해 친구들에게 편지를 썼습니다. 레오나르도 다 빈치는 여러 권의 노트에 자신의 생각과 아이디어를 세밀하게 분류하고 스케치까지 곁들였습니다. 그는 다른 사람의 눈을 피하기 위해, 또는 왼손잡이였기 때문에 잉크 얼룩이 생기지 않도록 거울 필기를 사용했습니다. 마르쿠스 아우렐리우스도 메모했습니다. 찰스 다윈도 메모했습니다. 미셸 드 몽테뉴도 메모했습니다. 아서 코난 도일도 메모했습니다. 컴퓨터의 선구자 앨런 튜링도 메모했습니다. '도메인 중심 디자인'이라는 용어를 만든 소프트웨어 전문가인 에릭 에반스Eric Evans는 낙서로 가득 찬 노트북을 가지고 있습니다.[13] 여기서 어떤 패턴을 발견할 수 있을까요?

지난 수천 년 동안 일기는 그 매력을 잃었습니다. 물론 타자기와 컴퓨터가 발명되기 전까지는 펜과 종이에 메모하는 것이 지식을 저장할 수 있는 유일한 방법이었죠. 제가 아는 사람 중 극소수의 사람들은 종이에 적든 디지털 방식으로든 자신의 생각을 기록합니다. 하지만 창의성 연구자인 미하이 칙센트미하이가 인터뷰한 창의적 천재들은 모두 아날로그 노트 필기가 창의적 성공의 촉매제 역할을 했다고 말합니다.[14]

1685년, 영국의 철학자 존 로크John Locke는 스스로 **비망록**commonplace book이라고 불렀던 책을 만드는 방법에 대한 에세이를 썼는데 인용문, 아이디어, 숙고할 만한 연설의 일부 등이 이 책의 내용이었습니다. 명언, 관용구, 격언, 시, 편지, 요리법 등을 스크랩북으로 만들어 수시로 훑어보고 다시 읽으며 새로운 통찰력을 얻을 수 있도록 하자는 것이었죠. 그는 다른 저자의 인용문을 복사한 후 여기에 자신의 의견을 덧붙여 지식을 내면화했습니다. 16~17세기에는 소위 이러한 비망록이 지식을 기록하는 가장 보편적인 방법이었습니다(그림 2-2).

---

12 John C Maxwell. Developing the leader within you. Harper Collins, 1993

13 그는 2017년 도메인 주도 디자인 콘퍼런스에서 사람들이 자신의 랩톱 내부를 들여다보도록 했다. https://youtu.be/Zm95cYAtAa8

14 Mihaly Csikszentmihalyi. Creativity: Flow and the psychology of discovery and invention. HarperPerennial, New York, 1997.

로크의 아이디어는 새로운 것이 아니었습니다. 아리스토텔레스가 수사학을 가르쳤던 리세움에서 유명한 역사가, 시인, 철학자, 정치가들의 현명한 명언을 가리킬 때 흔히 사용되는 단어가 바로 이 비망록을 가리키는 '커먼플레이스'였습니다. 이후에 세네카는 인용구를 수집해서 배우고 '그 말을 자신의 것으로 바꾸라'고 조언했습니다.

요즘에는 일기를 쓰거나 펜을 사용하는 것이 지나치게 고리타분한 일로 여겨지는데, 특히 기술 덕후들 사이에서는 더욱 그렇습니다. 아날로그 일기장이든 디지털 위키든 상관없이 시스템이 있어야 합니다. 제게는 아날로그 필기가 디지털 키패드를 능가합니다. 쉽게 그림을 추가하고, 다양한 펜과 색상을 사용하고, 신문 스크랩이나 사진을 붙이고, 화살표를 그리고, 거꾸로 쓰고, 블루베리를 으깨거나 찻잎을 말려서 넣을 수도 있습니다(놀라운 효과가 있죠!).

그림 2-2 영국의 항해가이자 기업가인 헨리 티판Henry Tiffin의 비망록입니다. 이 페이지들은 항해 방법을 고찰하는 데 사용되었습니다. 저처럼 고대와 현대의 공책을 모두 들여다보는 것을 좋아한다면 『Great Diaries: The World's Most Remarkable Diaries, Journals, Notebooks, and Letters』(DK, 2020)를 추천합니다(출처: 필립스 도서관, 피바디 에섹스 박물관).

대부분의 아이디어는 예상치 못한 순간, 즉 평소 컴퓨터 화면 앞에 있지 않은 순간에 떠오릅니다. 저는 안드로이드 키보드를 잘 다루지 못하는 데다 스마트폰의 배터리는 어차피 방전될 가능성이 높습니다. 가장 간단한 해결책은 차 안과 침대 옆 탁자에 노트나 포스트잇을 수북이 쌓아 두는 것입니다.

디지털 노트 필기의 가장 큰 단점은 바로 디지털이라는 사실입니다. 아스키ASCII를 고수하거나 적절한 내보내기 기능이 없는 어색한 그림 소프트웨어를 사용해야 한다는 뜻입니다. 물론 저도 아이패드를 잘 활용하는 사람들을 본 적이 있습니다. 각자 자신에게 맞는 방법을 선택하면 되지만, **시스템이 있어야 한다**는 것을 기억하기를 바랍니다. 시스템 자체의 설정에 얽매이지 말고 『실용주의 프로그래머』(인사이트, 2022)의 KISS^{Keep It Simple, Stupid} 원칙을 활용하세요!

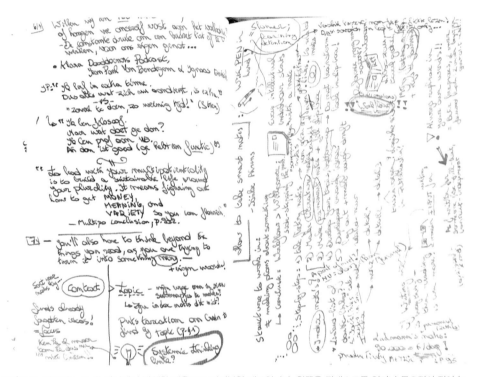

그림 2-3 필자의 노트 중 하나에서 발췌한 내용으로 지저분한 메모입니다. 왼쪽은 팟캐스트를 읽거나 들으면서 적어 놓은 인용문입니다. 오른쪽은 숀케 아렌스Sönke Ahrens의 『제텔카스텐』(인간희극, 2021)을 제가 직접 정리한 내용이 다른 페이지와 제가 작업 중인 개념에 대한 링크로 연결되어 있습니다.

일기장, 저널, 노트의 차이점

일기와 노트의 차이점은 무엇일까요? "오늘 『크리에이티브 프로그래머』를 읽었는데 정말 좋았다"와 같은 문장은 어디에 써야 할까요? 고대 지식인들은 그런 구분을 하지 않았는데 여러분은 왜 구분해야 하나요?

저는 항상 공책 하나만 가지고 다니면서 일상적인 가족 저녁 식사 이야기를 포함해 머릿속에 떠오르는 어떤 것이라도 간단히 기록합니다. 엄격하게 나누어 놓았다면 서로 다른 영역 사이에서 새로운 연결고리를 만들 수 없었을 테지만, 그렇게 하지 않았기 때문에 지금까지는 이 방법이 제게 큰 도움이 되었습니다.

여기서 요점은 프로그래밍에 대한 생각은 프로그래밍 노트에, 요리 레시피는 주방과 관련한 노트에 써야 한다는 생각을 버려야 한다는 것입니다. 일상적인 활동을 기록하는 데만 사용되는 일기장에서는 많은 아이디어가 떠오르지 않을 수 있습니다. 그 반대의 경우도 마찬가지입니다. 컴파일 시 어휘 분석이 어떻게 작동하는지 요약하는 데만 사용하는 노트는 자연어의 형태소 분석에 대한 내용은 전혀 없을 가능성이 높습니다.

2.4 지식을 행동으로 옮기기

새로운 정보를 어떻게 활용할지 결정하고 노트나 디지털 노트 필기 시스템을 사용해 정보를 맥락에 맞게 정리했나요? 그렇다면 이제 세 번째이자 가장 중요한 단계, 즉 계속 쌓여 가는 지식을 사용해 실제로 무언가를 할 준비가 된 단계에 들어선 것입니다.

정보를 수집하고 해석하는 유일한 목적은 참신하고 실행 가능한 통찰력을 키워 나가는 것입니다. 참신함은 지식을 새로운 방식으로 조합해야 얻을 수 있고, 실행은 이렇게 조합한 지식을 코드나 출판물과 같은 가시적인 결과물로 전환하는 것입니다. 열광적인 노트 필기주의자들이 **수집가의 오류**The Collector's Fallacy라고 부르는 함정에 빠지면 안 되는데, 이 오류는 흥미로워 보이는 자료를 많이 쌓아 두기만 할 뿐 정작 읽어 보지는 않는 것을 의미합니다. 특히 프로그래머라는 직종에서는 기술 지식이 금방 쓸모없어지기 마련입니다. 그렇다면 그 지식을 쌓아 놓지만 말고 무언가 다른 유용한 일을 하는 것이 바람직합니다!

창의적인 프로그래머는 이전의 지식과 경험을 새로운 방식으로 결합하여 현재 직면한 문제를 해결합니다. 따라서 무엇이 효과가 있었고 무엇이 효과가 없었는지 추적할 방법이 필요합니다. 기억력만 있으면 충분하겠다고 생각하면 안 됩니다. 작년에 읽은 책의 내용을 기억하고 있나요? 어떤 부분이 마음에 들었는지, 마음에 들었다면 왜 그랬는지 기억하나요? 메모해 놓지 않는다면 그 맥락이 완전히 사라질 가능성이 높습니다. 하지만 메모하는 것만으로는 여전히 충분하지 않습니다. 저 역시 어디에서 무엇을 메모했는지 잊어버릴 때가 가끔 있습니다. 이는 시스템이 제대로 작동하지 않는다는 신호입니다! 제 해결책은 노트를 디지털화해 검색 가능하게 만드는 것이었습니다.

지식 유지에 관한 수많은 연구는 모두 같은 결론을 내립니다. **잊고 싶지 않다면 무엇이든 적어놓아야 한다**는 것입니다.

정보를 수집하고 내면화하는 수고는 그렇게 할 만한 가치가 있습니다. 왜냐하면 이런 과정을 통해 서로 관련이 없을 것 같은 조각들 사이의 연결 고리를 발견할 수 있기 때문입니다. 에드워드 윌슨Edward O. Wilson은 사회생물학이라는 개념을 창안했습니다. 한 인터뷰에서 그의 창작 과정에 대한 질문을 받자 다음과 같이 간단하게 답변했습니다. 바로 사회과학과 생물과학의 광범위한 메모를 종합하여 아이디어를 얻는다는 것이었습니다.

앞서 언급한 것처럼, 니클라스 루만은 자신의 생산성을 노트와의 대화에 기인한다고 말했습니다. 광범위한 메모와 이를 바탕으로 한 행동이 없었다면 독자 여러분이 읽고 있는 이 책 역시 내용이 모호할 뿐더러 무엇보다도 시간이 지나고 나면 쓸모없어졌을 것입니다.

이것이 프로그래밍과 무슨 관련이 있는지 궁금할 수도 있습니다. 모든 사람이 새로운 과학 분야를 발명하거나 수백 편의 논문을 발표하는 것은 아니니까요. 하지만 개발자와의 인터뷰 그리고 제 경험에 따르면 글을 발표하는 것과 코드를 작성하는 것은 차이가 거의 없습니다. 둘 다 지식, 유창한 언어 사용, 좋은 아이디어가 필요합니다. 둘 다 사고와 숙고, 반추를 필요로 합니다. 또한 글과 코드 모두 다른 사람들이 읽습니다.

2.4.1 노트에서 메멕스를 거쳐 제넥스까지

고대부터 지식을 보존하는 일은 코덱스, 필사본 또는 비망록과 같은 책을 통해 이루어졌습니다. 바네바 부시^{Vannevar Bush}의 '메모리 확장기'에 대한 사고 실험은 코덱스의 개념을 한 단계 더 발전시켰습니다. 1945년, 그는 자신의 저서 『As We May Think』[15]에서 자신이 미래를 어떻게 바라보는지 설명합니다.

> 메멕스^{memex}는 개인이 자신의 모든 책, 기록 및 통신을 저장하는 가상의 기계 장치로, 매우 빠른 속도로 유연하게 정보를 찾아볼 수 있도록 만든 것입니다. 이것은 친밀한 보조 도구로써 한 개인의 기억을 확장하게 해줍니다.

이 메모리 확장 팩(이것이 DDR일지 궁금합니다. 그렇지 않으면 지금은 낡은 저의 마더보드를 업그레이드해야 할 것 같군요)은 지식을 저장하는 데 사용될 뿐만 아니라 관련 아이디어를 반자동으로 모아 통찰력과 창의성을 촉진하여 아이디어 창출을 촉진하는 데 쓰였을 것입니다. 데이터는 연관 링크의 형태로 저장될 수 있었는데, 웹의 하이퍼링크는 이것과는 다르지만 부시의 실험에서 많은 영감을 받았습니다.

『As We May Think』에서 묘사된 내용이 아직 현실화되지는 않았지만, 꽤 가까워지고 있습니다. 개인이 상호 연결된 생각 데이터베이스는 90년대 초에 블로그의 형태를 띠며 메멕스 기계의 기능을 완벽하게 모방했습니다. 자기 계발 전문가인 존 노턴^{John Naughton}은 자신의 블로그를 **메멕스 1.1**[16]이라고 부르기도 했고, 블로거이자 작가인 코리 닥토로^{Cory Doctorow}는 자신의 블로그를 **아웃보드 브레인**[17]이라고 명명하기도 했습니다. 이러한 웹로그에 게시된 글에는 모두 관련 내부 및 외부 블로그 게시물에 대한 링크가 흩어져 있습니다.

블로그에서 하이퍼링크는 여전히 작성자의 몫입니다. 기술의 도움을 받아 이러한 링크를 발견할 수 있습니다. 옵시디언과 제틀러 같은 디지털 도구를 사용하면 개인적인 메멕스를 쉽게 만들 수 있습니다. **볼트**^{vault}라고 부르는 노트 저장소에는 `[[link]]`라는 특수한 구문을 사용해 다른 파일에 링크할 수 있는 마크다운 파일이 있습니다. 옵시디언은 또한 명시적으로 링크되지는 않았지만 관련 있는 노트를 컨텐츠로부터 감지해 다른 곳에서는 명시적인 링크로 나타날 수도 있는 단어를 검색해 줍니다. 그중에는 우리가 미처 생각지 못한 링크가 있을 수도 있으므로 가

---

15 Vannevar Bush et al. As we may think. The atlantic monthly, 1945.

16 https://memex.naughtons.org

17 https://pluralistic.net

장 흥미로운 링크입니다.

옵시디언의 또 다른 새로운 기능은 백링크backlink 사용입니다.[18] 노트를 읽고 어디로 링크되는지 확인하는 대신, 옵시디언은 현재 노트를 가리키는 다른 노트의 링크를 수집합니다. 예를 들어 [그림 2-4]와 같이 '창의성'이라는 이름의 노트를 참고한다고 가정해 봅시다. 링크된 멘션 창에는 여러 다른 노트에서 창의성에 대해 쓴 글들도 함께 표시됩니다. 이러한 백링크를 탐색하다 보면 새로운 인사이트를 발견할 수도 있습니다.

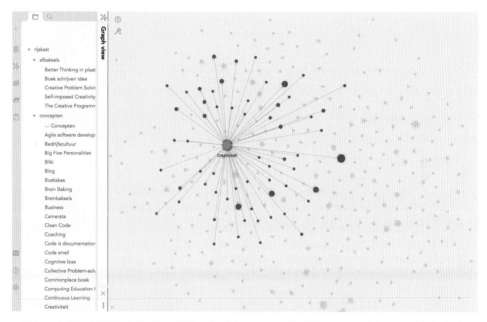

그림 2-4 거대한 성좌처럼 보이는 옵시디언의 그래프 뷰. 이 보기는 관련 주제와 노트를 시각적으로 쉽게 발견할 수 있도록 도와주지만, 큰 볼트는 결국 어지럽게 표시될 수 있습니다. 현재 뷰에서 강조 표시된 노트 '창의성(Creativiteit)'은 해당 주제와 관련된 다른 노트들로 연결됩니다.

벤 슈나이더만Ben Shneiderman은 **제넥스**Genex 즉, 탁월함의 생성자generator of excellence라는 용어를 도입해 메멕스 개념을 한 단계 더 발전시켰습니다.[19]

---

18 위키나 블로그를 선호한다면 HTML로 만들어진 메멕스에서 백링크를 표시할 수 있는 플러그인이 많다.

19 Ben Shneiderman. Codex, memex, genex: The pursuit of transformational technologies. International Journal of Human-Computer Interaction, 1998.

제넥스는 사용자가 예술, 과학, 공학 등의 분야에서 도구를 직접 조작해 혁신을 이뤄낼 수 있도록 지원하는 통합 제품군입니다. 제넥스는 고도로 사회적인 프레임워크에서 사용자가 목표를 정하고, 계획을 세우며, 꿈을 구현하는 데 도움이 될 것입니다. 또한 동료 및 멘토와의 대화를 촉진하고 잠재적 수혜자에게 전파할 수 있습니다.

슈나이더만은 메멕스가 디지털 상호 연결 라이브러리를 넘어 창의성을 지원하는 도구가 되어야 한다고 생각했습니다. 제넥스는 메멕스 2.0입니다.

2.4.2 메모에서 행동으로

메모하는 것과 실제로 어떤 행동으로 옮기는 것은 별개의 문제입니다. 관련된 노트를 모두 다시 살펴보는 성찰의 순간이 있어야 이상적입니다. 노트를 시스템에 보관하기만 할 뿐, 다시 읽고 재작업하지 않는다면 아무 소용이 없습니다. 단순히 메모를 사용해 TODO(할 일) 항목을 관리한다고 해도 정기적으로 검토하지 않으면 실행된 항목이 많지 않을 것입니다.

데이비드 앨런의 인기 있는 생산성 관리 개념인 **GTD**^{Getting Things Done} 방법론도 이와 같은 방식으로 작동합니다. 그는 **생각**(노트 필기)과 **행동**(상자 체크)이라는 두 가지 작업을 수행하는 것에 관해 언급합니다.[20] 프로그래머는 **리팩터링**과 **코드 작성**이라는 두 가지 종류의 작업을 번갈아 수행하는 데 익숙한 만큼 이 방법이 친숙하게 느껴질 것입니다.

저는 특히 불교의 명언에서 영감을 얻은 데이비드 앨런의 '물처럼 맑은 마음'과 같은 태도를 좋아합니다. 작업하는 동안에는 해야 할 다른 집안일 때문에 머릿속이 복잡해져서는 안 됩니다. 대신 메모하고 잊어버리세요. 물론 메모를 다시 확인하지 않으면 계속해서 집안일이 쌓이게 됩니다.

니클라스 루만이 어떻게 그렇게 다양한 주제에 관한 많은 책을 출판할 수 있었는지 살펴봅시다. 그에 따르면 그의 성공의 가장 큰 비결은 **제텔카스텐**, 즉 영어로 '슬립 박스'라고 부르는 독특한 노트 필기 시스템입니다. **제텔**^{Zettel}은 루만이 **카스텐**^{Kasten}이라는 큰 서랍에 보관했던 인덱스카드 또는 메모를 말합니다.

---

20 David Allen. Getting things done: The art of stress-free productivity. Penguin, 2015.

그림 2-5 니클라스 루만의 노트 필기 시스템의 일부: 손으로 쓴 인덱스카드로 가득 찬 큰 파일 캐비닛(출처: 빌레펠트 대학교).

관련 노트를 빠르게 찾기 위해 루만은 간단하지만 효과적인 노트 연결 방법을 고안해 냈습니다. 노트의 왼쪽 상단에 (때로는 문자가 붙은) 숫자를 표기해 이전 노트에서부터 순서대로 이어지거나 분기될 수 있도록 했습니다(그림 2-6). 예를 들어 번호가 32인 노트는 내용이 서로 관련이 없더라도 33으로 계속 이어질 수 있습니다. 동시에 노트 32a를 만들어 노트 32에 추가 정보를 추가할 수도 있습니다. 45나 7a, 21b와 같은 이상한 ID도 드물지 않았습니다.

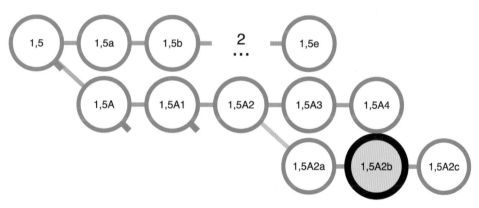

그림 2-6 연결 기능의 예시. 다음 URL에서 제텔 1,5A2b를 볼 수 있습니다(https://niklas-luhmann-archiv.de/bestand/zettelkasten/zettel/ZK_1_NB_1-5A2b_V).

더 큰 테마를 가리키는 키워드 인덱스카드 세트는 캐비닛의 탐색을 더욱 최적화했습니다. 특정 노트를 꺼낸 후, 관련 노트를 따라가다 보면 특정 아이디어를 다시 떠올리기만 하면 됐습니다.

옵시디언과 제틀러 같은 디지털 노트 필기 시스템은 루만의 제텔카스텐 방식에서 많은 영감을 받았습니다. 투박한 서류 캐비닛을 두기 위한 큰 사무실 공간은 더는 필요하지 않습니다. 노트에 번호가 매겨진 ID를 붙일 필요도 없고, 파일명으로 참조하면 충분합니다. 기존 노트를 검색할 때 검색어를 절반만 입력해도 자동 완성해 주는 강력한 퍼지 검색 엔진이 나머지 작업을 대신해 줍니다.

루만의 제텔은 여러 면에서 획기적이었습니다. 각 카드에는 하나의 아이디어나 생각만 담겨 있었습니다. 소프트웨어 설계 원칙 중 하나인 관심사 분리separation of concerns가 노트 작성에 적용된 예라고 생각할 수 있습니다. 새로운 정보를 다루는 동안 '창의적인 프로그래머'라는 노트를 만들어 관심을 끄는 모든 것을 그 안에 집어넣고 싶은 유혹을 느낄 수 있습니다. 이러한 노트들은 서로 연관되어 있을 수도 있지만, 시스템을 최대한 활용하려면 별도로 취급해야 합니다.

또 한 가지 흥미로운 사실은 [그림 2-7]에서 볼 수 있듯이 노트의 스타일인데, 완전한 문장으로 휘갈겨 써넣은 것을 알 수 있습니다. 루만은 제텔을 자신의 말로 기록함으로써 정보를 개인적인 맥락으로 바꿔 놓았습니다. 그는 일반적인 작가들처럼 구절을 베끼지 않았습니다. 심지어 노트 뒷면도 직접 장식하기도 했습니다. 그는 항상 무언가를 적을 종이를 찾느라 많은 종이를 훑어보았고, 아이들이 그린 그림 뒷면에 메모를 쓰기도 했습니다.

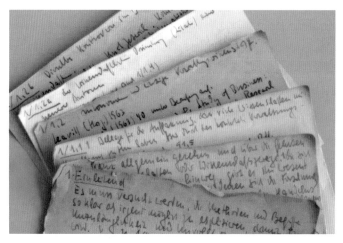

그림 2-7 니클라스 루만의 노트 필기 시스템에서 번호가 매겨진 제텔의 일부. 자신의 독일어 실력을 테스트해 보고 싶다면 다음 URL에서 확인할 수 있습니다(https://niklas-luhmann-archiv.de/bestand/zettelkasten/suche). 이 사이트에서는 니클라스 루만 아카이브 프로젝트의 일환으로 그의 모든 노트를 디지털화해 제공합니다(출처: 빌레펠트 대학교).

물론 제텔카스텐 시스템을 설정하고 매일 노트를 입력하려면 상당히 많은 시간을 투자해야 합니다. 실제로 루만이 책을 쓰는 것보다도 제텔카스텐을 관리하는 데 더 많은 시간이 걸린다고 밝힌 일화는 유명합니다. 하지만 노트의 크기가 커지고 더 많은 링크가 만들어질수록 가치 있는 내용을 추출하고 출판하기가 더 쉬워집니다. 제텔카스텐은 루만의 **제넥스**라고 할 수 있습니다. 즉, 개인적으로 사용한 '탁월함의 생성자'였던 것이죠.

작가이자 교육 연구자인 숀케 아렌스는 루만의 시스템이 어떻게 작동하는지, 왜 강력한 도구가 될 수 있는지를 아주 상세하게 설명하면서 루만의 시스템을 스마트 노트 필기라고 불렀는데 맞는 말입니다. 아렌스는 그의 저서[21]에서 글쓰기를 통한 학습이 어떻게 작동하는지 자세히 설명합니다.

> 우리가 무언가를 배우는 것은 사전 지식과 연결하면서 더 넓은 차원에서 이해하려고 노력할 때(정교화)뿐만 아니라, 다른 시간(간격)에 다른 맥락(변형)에서 우연(맥락적 간섭)과 의도적인 노력 (검색)을 통해 탐색하는 과정에서도 이루어집니다. 간격 두기, 맥락적 간섭 도입하기, 학습 이벤트로 프레젠테이션 대신 테스트 사용하기 등의 조작은 모두 학습 과정에서 학습을 방해한다는 특징이 있지만, 유지 및 전이에 관한 훈련 후 테스트를 통해 측정한 바에 따르면 실제로는 학습을 향상시키는 경우가 많습니다.

뒤따르는 장에서는 이러한 학습 테마(정교화, 간격, 변형 등)를 다시 살펴보고 확장할 것입니다. 유사한 시스템을 설정하는 데 관심이 있다면 그의 책을 확인하거나 다음 사이트(https://zettelkasten.de)에서 어떻게 시작할 수 있는지 알아보기를 권합니다.

2.4.3 노트 관리의 참고 사항

일부 노트 작성자들은 자신의 시스템을 **디지털 정원**digital garden이라는 애칭으로 부릅니다. 익스트림 프로그래밍과 테스트 주도 개발을 일찍부터 채택한 스티브 프리먼Steve Freeman과 냇 프라이스Nat Pryce가 프로그래밍을 **자라나는 소프트웨어**라고 부른 것처럼,[22] 노트 필기는 **자라나는 아이디어**라고 할 수 있습니다.

---

21 Sonke Ahrens. How to Take Smart Notes: One Simple Technique to Boost Writing, Learning and Thinking–for Students, Academics and Nonfiction Book Writers. Sonke Ahrens, 2017.

22 Steve Freeman and Nat Pryce. Grow-ing object-oriented software, guided by tests. Pearson Education, 2009.

이 비유를 좀 더 설명하자면, 소프트웨어가 자라게 하려면 정원을 가꾸는 것과 같은 노력이 필요합니다. 이때 정원 가위 대신 리팩터링을 통해 코드의 기능은 그대로 유지하면서 코드를 수정해야 합니다. 노트를 작성할 때도 같은 규칙이 적용됩니다. 어떤 노트는 새 노트를 추가하고 연결해 다시 작성하거나, 어떤 노트는 더 이상 의미가 없기 때문에 안전하게 없앨 수 있습니다.

노트를 버리거나 완전히 새로 작업하는 것을 두려워하지 마세요. 모든 것을 특정한 맥락과 연결시켜야 합니다. 이 맥락은 기술 지식과 주변 환경에 따라 달라질 수밖에 없는데, 이 두 가지는 시간이 지남에 따라 변하기 마련입니다. 소설가 윌리엄 포크너는 이 말을 처음으로 한 사람은 아니지만, 좀 더 직설적으로 표현하자면 '당신의 연인을 죽여라kill your darlings'라고 했습니다.[23] 글을 쓴다는 것은 지우는 것을 의미합니다. 코드와 노트에서 말이죠.

의미 없는 분기를 잘라 내는 것과 모든 노트를 완전히 없애는 것은 별개의 문제입니다. 제가 아는 어떤 사람들은 작업을 끝내거나 아날로그 노트를 디지털화하고 나면 원래 사용했던 노트를 찢어 버리곤 합니다. 아날로그 노트를 처리하고 나면 즉시 파기하는 것이 공간을 절약할 수 있다는 사실을 알면서도 저는 선뜻 그렇게 하지 못합니다. 제 노트는 단순한 노트가 아니라 특정한 삶의 단계와 시기가 고스란히 담긴 물건입니다. 노트를 실제로 넘기다 보면 과거의 아이디어가 떠오를 뿐만 아니라 기쁨도 느껴집니다. 저는 향수에 젖는 것을 좋아합니다.

디지털 가드닝, 즉 노트 필기도 기술이기 때문에 [그림 2-8]과 같이 드레퓌스 모델이 적용됩니다. 처음에는 노트를 구조화하고 리팩터링하는 방법에 대한 명확한 규칙이 필요합니다. 하지만 초보자에서 전문가로 기술 수준이 높아지면 규칙보다는 맥락과 중요한 직감에 더 의존하게 될 것입니다.

이렇게 생각해 보세요. 제 아내는 요리하는 것을 싫어하기도 하고, 또 집안에서는 제가 요리 담당이다 보니 요리를 배우려고도 하지 않습니다. 아내는 스파게티를 만들 때 포장에 인쇄된 지침을 엄격하게 따릅니다. 12분간 조리한다는 것은 타이머를 설정하고 정확히 12분간 조리한다는 의미입니다. 문제는 대부분의 지침이 잘못되었다는 사실입니다. 스파게티가 너무 익을 때가 있습니다. 때로는 덜 익을 수도 있습니다. 하지만 점점 더 많은 요리를 하다 보면 타이머를 설정하지 않고도 정확한 시간에 끓는 물에서 면을 꺼내는 요령을 터득하게 될 것입니다.

---

23 옮긴이_자신이 쓴 글에서 내용 전개상 필요없거나 중복되는 부분을 과감하게 삭제하는 것을 의미한다.

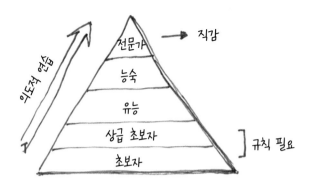

그림 2-8 기술 습득의 드레퓌스 모델. 엄격한 규칙이 지침으로 절대적으로 필요한 초보자부터 규칙을 초월하는 전문가까지 나타냅니다.

공공 정원과 개인 정원

공공 정원은 꼼꼼하게 관리됩니다. 사람들은 일반적으로 산책로를 가로막는 쐐기풀을 좋아하지 않으며, 아름다운 장미를 완벽하게 보호하는 깔끔하게 다듬어진 울타리를 좋아합니다. 한편 개인 정원은 나만을 위해 끊임없이 진화하는 (진행 중인) 작업일 가능성이 높습니다. 디지털 정원도 마찬가지입니다. 여러분의 생각은 정확히 개인 정원이며 여러분만의 것입니다.

하지만 어떤 노트 필기자들은 노트를 공개하는 것을 선호합니다. 그렇게 하면 그 노트를 보는 사람들이 전제를 이해할 수 있도록 더 많은 맥락을 제공하는 방식으로 노트를 작성해야 하기 때문입니다. 청중을 위해 글을 쓰면 일관성 없는 생각을 구체적인 아이디어로 전환하는 데 도움이 될 수 있습니다. 팀에서 개발 정보를 저장하는 위키를 관리하는 경우, 팀원들이 사이트에 게시된 정보를 쉽게 이해할 수 있도록 해야 합니다. 오해는 또 다른 소프트웨어 버그로 쉽게 이어질 수 있습니다.

2.4.4 중단에서 실행까지

때로는 메모가 작업을 다시 시작하기 위한 간단하지만 강력한 단서가 될 수 있습니다. 그런 경우에는 반드시 상호 연결되고 맥락화될 필요는 없습니다. 잠시 중단되더라도 곧 다시 정상으로 돌아가게 하는 역할만 수행하면 됩니다. 2010년에 행동 컴퓨팅 과학자 크리스 파닌[Chris Parnin]과 로버트 드라인[Robert DeLine]은 작업이 중단된 후 이를 재개하기 위한 개발자의 전략을 조사했습니다. 그들은 인터뷰 대상자의 대다수가 여러 유형의 미디어에 걸쳐 노트 필기에 크게 의존

한다는 사실을 발견했습니다.[24]

이러한 종류의 메모는 **영구적인** 글이 아니며, 작업이 끝난 후에는 아무런 기능도 하지 않는 일회용 노트입니다. 이 책을 읽는 대부분의 프로그래머는 이러한 종류의 TODO 노트에 익숙할 것이며, 더 일반적으로는 하던 작업을 멈추는 일이 잦은 대부분의 지식 근로자에게도 익숙할 것입니다(7장에서 작업 중단과 재개에 대해 다루겠습니다).

이 연구의 한 참가자가 관찰한 것처럼 이러한 낙서는 단기적으로만 효과가 있습니다.

> 저는 아무 종이에나 메모합니다. 가끔은 다시 참고하기도 하지만, 사무실을 옮길 때 버리기 직전을 제외하고는 사무실 구석에 두고 다시는 들여다보지 않을 때가 많습니다. [...] 노트를 버리지 않는다고 해도 집에 두고 나면 다음 날 사무실로 가져가지 않는 경우가 많습니다.

루만의 제텔카스텐에는 학습에 도움이 되었던 노트가 많았지만, 그 노트가 업무에 복귀하거나 하던 일을 다시 시작하려는 목적은 아니었습니다. 노트 필기에서 무언가를 얻으려면 앞에서 인용한 실험 참가자처럼 아무 종이에나 **임시로 메모**하는 것에서 벗어나, 루만처럼 학습에 도움이 되는 **영구적인 메모**를 할 수 있도록 자신의 기술을 발전시켜야 합니다.

두 가지 노트 유형 모두 장점이 있고 궁극적으로는 행동으로 이어집니다. 다만 그 차이점을 과소평가하지 말아야 합니다.

> **EXERCISE** 노트를 작성하고 나면 그 노트로 무엇을 하나요? 모든 할 일 항목을 지속해서 재검토하고 실행했는지 확인하나요? 좀 더 영구적인 노트는 어떤가요? 이전에 작성했던 노트와 연결해 독창적인 관점에서의 통찰력을 창출할 수 있는 방법을 찾을 수 있나요?

2.5 워크플로 예시

개인 지식 관리personal knowledge mastery, PKM의 구루인 해럴드 자쉬Harold Jarche는 자신의 워크플

---

24 Chris Parnin and Robert Deline. Evaluating cues for resuming interrupted programming tasks. In Proceedings of the SIGCHI conference on human factors in computing systems, 2010.

크플로를 **추구**seek 〉 **감지**sense 〉 **공유**share로 요약하는데,[25] 이는 개인 지식 관리 프레임워크의 세 가지 필수 요소로 지속적인 지식 공유를 통한 지식 표현에 중점을 두고 있습니다. 이 프레임워크를 요약하면 다음과 같습니다.

- **추구**: 동료 네트워크를 구축하여 정보를 찾고 최신 상태로 유지함으로써 전통적인 출처에서 정보를 가져올 수 있을 뿐만 아니라 신뢰할 수 있는 출처(예: RSS)에서 정보를 받을 수도 있습니다. 자쉬는 여러분을 위해 데이터를 필터링하는 훌륭한 큐레이터를 지식 네트워크의 소중한 구성원들이라고 부릅니다.

- **감지**: 정보를 개인화하고 내면화하는 방법. 여기에는 성찰, 그리고 이전에 얻은 지식을 바탕으로 사물을 새로운 관점으로 바라보는 것이 포함되며 실험도 수반될 수 있습니다.

- **공유**: 다른 사람들과 리소스, 아이디어, 경험을 교환하는 것입니다. 어느새 다른 사람의 감각적인 의견을 수렴하는 큐레이터가 되어 있습니다!

해럴드 자쉬가 강조하는 지식 공유는 다른 사람에게 도움이 될 뿐만 아니라, 루만이 자신의 말로 쓴 노트처럼 우리가 무언가를 어떻게 이해했는지에 대해 다시 생각하게 해줍니다. 물리학자 리처드 파인만Richard Feynman이 말했듯이, 무언가를 배우는 가장 좋은 방법은 가르치는 것(따라서 공유하는 것)입니다.

자쉬의 방대한 노트를 뒤적거리다가 정말 놀라운 내용을 발견했는데 다음과 같습니다.

> 오늘날 콘텐츠 캡처 및 제작 도구를 사용하면 사람들이 자신의 이야기를 전달하고 이를 엮어 네트워크에서 공유할 수 있습니다. 이를 내레이션이라고 하며, 코더와 프로그래머는 수십 년 동안 소리 내어 수행하는 학습을 통해 이를 실행해 왔습니다. 포럼과 위키로 시작된 내러티브는 더 강력한 네트워크와 커뮤니티로 빠르게 발전했습니다. 자신의 작업 프로세스와 설루션을 공개적으로 공유하는 프로그래머들은 같은 유형의 작업을 원하는 다른 프로그래머들을 위한 리소스를 구축하고 있습니다. 이는 전체 프로그래밍 환경을 더욱 스마트하게 만듭니다. 조직도 똑같이 할 수 있습니다.

여기서 잠시 이에 대해 생각해 봅시다. 지식 공유에 관한 한, 우리 기술 괴짜들은 선구자로 인정받고 있습니다! 하지만 너무 오랫동안 자만하지 마세요. 제가 아는 거의 모든 프로그래머는 공개된 지식을 소비하지만, 적극적으로 기여하는 사람은 극소수에 불과합니다. 우리 대부분은 자신을 드러내지 않습니다. 타인으로부터 관심 받기를 즐기는 사람들에게 먹잇감을 제공하지 않도록 주의해 오기만 했다면, 이제는 레벨을 올려 커뮤니티에 무언가 제공하고 기여하는 사람

---

25 Harold Jarche. The seek-sense-share framework. URL: `http://jarche.com/pkm`, 2014

이 되어야 합니다.

[그림 2-9]는 제 워크플로를 단순화해서 나타낸 것인데, 여러분에게 적합할 수도 있고 그렇지 않을 수도 있습니다. 이는 지식을 수집하고 내면화하여 행동으로 옮기는 시스템을 구현할 수 있는 수많은 가능성 중 하나일 뿐입니다. 자유롭게 수정하거나 처음부터 직접 구축해 보기 바랍니다.

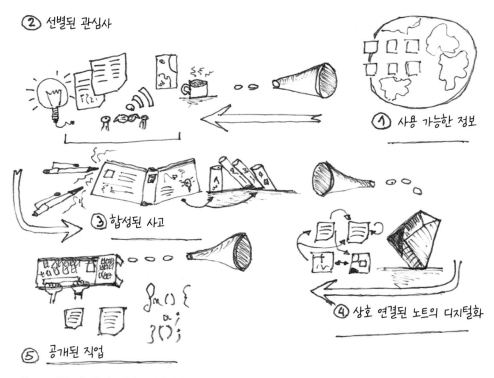

그림 2-9 사용 가능한 정보에서 공개된 작업까지 각 단계 사이에 필터가 있는 정보 처리 워크플로의 단순화된 버전

여러분의 프로그래밍 두뇌는 이에 대해 이미 알고 있을지도 모릅니다. 이것은 점진적인 과정입니다! 저는 제게 맞는 안정적인 워크플로를 찾을 때까지 정기적으로 점검하면서 효과가 없는 것들은 과감히 버렸습니다.

2.5.1 5단계 워크플로

1단계: 사용 가능한 정보

여하간의 공동 작업물로, 시스템을 사용하지 않고는 관리할 수 없는 방대한 지식 더미입니다.

2단계: 선별된 관심사

RSS, 이메일, 위키백과 검색, 대화, 박물관 또는 도서관 방문, 잡지 등을 통해 제공되는 정보 중에서 저의 관심을 불러일으키는 것들을 선별했습니다. 어떤 것들은 제가 연구를 위해 특정 정보를 찾을 때 끌어오는 반면, (자쉬 프레임워크의 요소 중 하나인 **추구**와 같이) 어떤 것들은 제가 신뢰하고 구독하는 동료들이 보내주기도 합니다.

3단계: 합성된 사고

선별된 관심사들은 펜과 잉크를 사용해 노트에 적을 때 맥락과 연결되고 강화됩니다. 자쉬의 프레임워크에서 **감지**에 해당합니다. 실제로 이 단계는 필터 역할을 하기도 하는데, 소비된 모든 지식과 정보가 제가 작업 중인 일에 가치 있는 것은 아닙니다.

여기서는 손을 자유롭게 움직여야 합니다. 엉망으로 만들어도 보고요. 다이어그램, 기호, 화살 표도 그립니다. 어떤 부분은 지워야 합니다. 공간적인 단서와 관계에 대한 강조는 통찰을 강화합니다. 마인드맵이나 노트 필기 소프트웨어는 깔끔하고 하이퍼링크로 연결할 수 있지만, 이 단계에서는 그런 기능이 학습을 촉진하는 데 별로 유용하지 않습니다. 앤디 헌트는 그의 저서 『실용주의 사고와 학습』에서 이런 방식의 작업이 어떻게 작동하는지 자세히 설명합니다.

4단계: 상호 연결된 노트의 디지털화

저는 한 달에 한 번 정도는 노트를 스캔하고 태그를 붙여 디지털화합니다. 그런 다음 옵시디언에서 링크된 노트로 정리합니다. 이런 작업은 지루하게 보일 수도 있지만 (실제로도 지루합니다), 지난 몇 년간의 노트를 편리하게 상호 참조하기 위해서는 어쩔 수 없는 과정입니다. 이렇게 하면 제가 적어 놓은 내용을 빠르게 찾을 수 있습니다. 물론 태그 지정에 실수를 하지 않는다면 말입니다. 안타깝게도 OCR 기술은 여전히 매우 불안정합니다.

지니어스 스캔^{Genius Scan}과 같은 모바일 앱을 사용하면 모든 것을 쉽게 스캔할 수 있지만, 모든 페이지에 태그를 지정하지는 않습니다. 일기 형식의 글은 교차 연결할 필요가 없습니다. 일부 디지털 전용 시스템에서는 3단계와 4단계를 하나의 단계로 통합하기도 합니다. 하지만 그렇게 하면 펜으로 생각을 기록함으로써 얻을 수 있는 학습 효과를 잃게 되고, 여러 필터 사이의 경계가 모호해져 무엇을 보관하고 무엇을 버릴지 결정하기가 더 복잡해지므로 권하지 않습니다. 즉, 그렇게 하면 관심사 분리 원리를 위반하게 됩니다.

5단계: 공개된 작업

마지막으로, 디지털 저장소에 연결된 모든 노트를 불러와서 일정한 순서로 정리하고 요약을 시작하기만 하면 됩니다. 5단계에 도달했을 때쯤 대부분의 글쓰기와 사고 작업은 끝났을 것입니다. 루만의 말처럼 이렇게 하면 발표할 글을 작성하거나 출판하기가 훨씬 쉬워집니다.

하지만 생산성이 높아졌다고 착각하면 안 됩니다. 대부분의 작업은 이전 단계에서 이미 끝났지만, 여전히 필요한 작업이 남아 있습니다.

대부분의 노트는 발표되지 못하더라도 괜찮습니다. 어떤 노트는 몇 년이 걸려서야 완성되는 경우도 있지만, 그렇다 해도 문제 될 것이 없습니다. 창의적인 작가이자 사진작가이며 열렬한 저널리스트인 수재나 콘웨이^{Susannah Conway}는 이를 **퇴비화**^{composting}라고 부릅니다.[26] 소프트웨어 개발 관리자들은 이를 **네마와시**^{Nemawashi}라고 부르는데, 네마와시는 도요타 자동차의 린 생산 시스템을 일컫는 용어로 정보를 수집하고 공유함으로써 미래의 주요 변화를 위한 토대를 구축하고자 만들어졌습니다. 좋은 아이디어는 오래된 와인이나 치즈처럼 숙성이 필요합니다.

아이디어가 어떻게 구체적인 결과물로 이어지는지 설명할 때 저는 전문 제빵사로서 **발효** 과정을 예로 들곤 합니다. 시작한 지 4시간 만에 오븐에서 꺼내도 꽤 괜찮은 빵을 만들 수 있습니다. 하지만 훌륭한 빵을 만들려면 총 36시간이 걸리고 미리 계획을 세워야 합니다(물론 대부분의 시간은 반죽이 빵의 풍미를 살리는 데 걸리는 시간이기는 합니다).

때로는 [그림 2-10]에 묘사된 병처럼, 천연 발효종이 과잉 반응해 너무 빨리 발효되어 제빵사를 놀라게 하는 경우도 있습니다. 충분히 숙고하지 않은 상태에서 지나치게 빨리 아이디어를 실행하면 같은 결과, 즉 밍밍한 맛의 결과물이 나옵니다.

---

26 https://www.susannahconway.com

그림 2-10 매우 행복하게 발효 중인 천연 발효종. 밀가루, 물, 소금 다음으로 훌륭한 빵을 만들기 위한 가장 중요한 요소는 '시간'입니다.

때로는 너무 오랜 발효에 따른 산도가 빵을 망칠 수도 있습니다. 아이디어도 마찬가지입니다. 오래된 아이디어는 보통 5단계까지 가지 못합니다.

물론 아이디어를 발효시키려면 먼저 아이디어를 '포착'해야 하는데, 이것이 바로 3단계의 본질적인 역할입니다. 미국의 저널리스트이자 작가인 엘리자베스 길버트$^{Elizabeth\ Gilbert}$는 창의적 자기계발서인 『Big Magic』[27]에서 아이디어를 다른 사람에게 빼앗길 가능성에 관해 언급하며 안타까워합니다. 그녀에 따르면, 아이디어를 제때 낚아채지 못하면 그 아이디어를 먼저 포착하는 다른 사람에게 빼앗길 수 있다고 합니다. 위대한 아이디어는 누군가가 기꺼이 대범한 행동을 취할 때까지 사업가들 사이에서 이리저리 튕겨 다니기 마련입니다. 이 동화 같은 이야기를 이해하기는 어렵지만, 여기서 전하는 메시지는 분명합니다. 그물을 치고 찰나의 아이디어를 빠르게 낚아챌 준비를 하라는 것입니다.

2.5.2 워크플로 사례: 코딩

몇 년 전, 웹 애플리케이션의 종단간$^{end-to-end}$ 테스트를 작성하는 어떤 프로그래머의 경험과 그 과정에서 겪은 어려움에 대해 읽은 적이 있습니다. 관심 분야로 필터링해서 보게 된 글이었습니다. 때마침 당시 제가 일하던 회사에서도 이러한 자동화된 테스트가 불안정하고 유지보수가 많이 필요한 것으로 드러나 모든 자동화 테스트를 중단하는 것을 고려할 정도로 우리의 접근 방식에 좌절하고 있던 차였습니다.

---

27 Elizabeth Gilbert. Big Magic: Creative living beyond fear. Penguin, 2016.

제가 읽은 블로그 게시물을 계기로 접근 방식의 개선에 대한 논의가 시작되었고, 무수히 많은 클라이언트 측의 비동기 요청을 더 잘 처리하기 위한 대략적인 일차 수정안을 준비했습니다. 이 개선안은 지금도 사용하고 있습니다. 저의 개인 지식 터득(PKM) 시스템에는 이전 프로젝트의 종단간 테스트에 대한 더 많은 교차 링크 메모가 있으며, 여기에는 결정이 이루어진 배경도 포함되어 있었습니다.

종단간 테스트 작성 방법에 대해 이전에 저장된 (자체) 지식을 (다시) 읽지 않았다면 테스트 전략은 더 안 좋은 방향으로 변경되었을 것입니다. 제 시스템 덕분에 잘못된 테스트 코드를 작성한다든지 처음부터 다시 작성하는 일 없이 문제를 해결한 적이 수없이 많습니다. 그 외에도 예전에 만들었던 복잡한 검색 루틴, 선택할 수 있는 정렬 알고리즘의 동작을 그려 놓은 것, 내용이 긴 글의 URL을 리눅스 커널 내부에 저장해서 쉽게 사용할 수 있도록 한 것, 레거시 코드베이스에 Oauth를 통합하려고 했을 때 무엇이 잘못되었는지 다시 읽어 보는 것 등이 있습니다.

이러한 예는 꼭 코딩이나 소프트웨어 아키텍처에만 국한되지 않습니다. 저는 다른 사람의 검색 창, 웹 접근성 스타일 가이드, 버튼 및 레이블 배치와 같은 다양한 UI 고려 사항 등을 '눈으로 훔치는' 것을 좋아합니다. 다른 사람의 아이디어를 훔치는 방법에 대한 자세한 내용은 8장에서 다룹니다.

2.5.3 워크플로 사례: 새로운 프로그래밍 언어 배우기

올해 저는 고^{Go}로 프로그래밍하는 법을 배웠습니다. 노드 기반 프로젝트를 JS에서 고로 전환하고 싶었습니다. 그 과정에서 몇 가지 크고 작은 문제를 메모 덕분에 성공적으로 해결할 수 있었습니다. 예를 들면 REST 요청의 구조를 어떻게 잡아야 할지 확신이 서지 않았는데, 이에 대해 깊이 생각해 보거나 다른 코드를 복붙하는 대신 저의 데이터베이스를 참조했습니다. 그 와중에 한 달 전에 고 웹 서비스에 대한 모범 사례가 소개된 고퍼콘^{GopherCon} 동영상을 몇 개 시청한 적이 있었다는 것이 기억났는데, 이 동영상에 대해 까맣게 잊어버리고 있었던 것이죠.

만약 제가 구글이나 스택 오버플로에 의존했다면, 그 동영상들에 대해 제가 적어 놓은 노트의 맥락 안에서 연결되어 있던 실제적 사례들을 놓쳤을 것입니다. 그 자료는 제가 수년 동안 모아 오던 것들이었죠. 물론 때로는 그것만으로도 충분합니다. API 설명서 전부를 노트 시스템에 집어넣을 수는 없으니까요.

2.5.4 워크플로 사례: 글쓰기

이 워크플로가 글쓰기에도 완벽하게 적용된다는 것은 말할 필요도 없습니다. 사실 이 워크플로가 없었다면 이 책 역시 존재하지 않았을 것입니다. 하지만 여러분은 작가가 아니라 프로그래머인데 왜 글쓰기에 신경 써야 할까요? 프로그래머는 깔끔한 코드뿐만 아니라 요구 사항 문서, 프로젝트 제안서, API 문서, 성능 검토, 원격 채팅 메시지, 기술 데모, 블로그 게시물 등을 통해 아이디어를 전달해야 하기 때문입니다.

많은 소프트웨어 엔지니어링 리더는 기술적인 글 역시 많이 생산해 냅니다. 아마존과 같은 기업에서는 엔지니어링 관리자 선발 과정을 글쓰기 연습으로 시작할 정도로 글쓰기의 중요성이 커지고 있습니다.[28] 숀케 아렌스가 언급했듯이 학습은 글쓰기를 통해 이루어지는데, 설사 그 글을 다른 사람에게 읽힐 목적으로 쓰는 것이 아니라도 마찬가지입니다.

개략적인 메모와 아이디어가 담긴 시스템과 같은 참고 자료가 있다면 글쓰기가 훨씬 더 쉬워집니다. 그런 다음, 퍼즐을 풀기 시작하세요. 새 노트를 만들고 적절한 이름을 붙인 다음, 이전에 수집한 번뜩이는 통찰력이 담겨 있는 개념들을 연결하기 시작하세요. 이들은 여러분이 작성하는 글의 구성 요소가 됩니다.

이러한 시스템은 몇 년 전에 작성하고 완전히 잊어버렸던 노트를 다시 읽어볼 것을 알려 주기도 하고 리팩터링, 도메인 중심 디자인, 창의적인 문제 해결 사이에 있을 수 있는 연결고리를 제안하기도 합니다. 요컨대, 더 나은 프로그래머이자 작가가 되는 데 도움이 됩니다.

> **EXERCISE** 초보자에게는 노트 필기가 어려울 수 있습니다. 필기를 시작하는 가장 좋은 방법은 그냥 시작하는 것입니다. 앞으로 2주 동안은 매일 배운 내용을 (디지털) 종이에 간단히 정리해 보세요. 과정 자체에 얽매이지 말고, 자신이 원하는 만큼 간단하게 적어도 되고 자세히 정리해도 됩니다. 시각적 사고 전문가이자 창의적 디렉터인 댄 롬Dan Roam은 '냅킨의 뒷면'에 엉성하게 끄적인 스케치도 노트가 될 수 있음을 보여줍니다.[29]

14일이 지난 후, 노트를 다시 읽어 보세요. 눈에 띄는 내용이 있습니까? 서로 다른 듯 보이는 기록들 사이에 연관성이 있습니까? 원한다면 교차 연결해 보세요. 가까운 미래에 그 새로운 지식으로 무언가를 할 수 있겠습니까?

---

28 http://blog.pragmaticengineer.com/becoming-a-better-writer-in-tech
29 Dan Roam, The Back of the Napkin: Solving Problems and Selling Ideas with Pictures. Portfolio, 2008.

연습한 결과물이 마음에 들지 않았다면 다른 접근 방식으로 다시 시도해 보세요. 결국에는 [그림 2-9]의 자신만의 버전, 즉 이용 가능한 정보, 선별된 관심사, 종합 및 디지털화된 생각을 발표할 만한 가치가 있는 것으로 변환시켜 나가는 워크플로를 완성하게 될 것입니다.

2.6 요약

- 파이썬에 대한 지식이 없으면 파이썬으로 창의력을 발휘할 수 없습니다. 기술 지식에 대한 기초 지식이 없다면 창의적인 문제 해결은 거의 불가능할 것입니다.

- 창의성은 창의성을 낳습니다. 모든 창작 의도는 이전의 창작 의도를 기반으로 합니다. 따라서 지식 베이스를 최신 상태로 유지하는 것이 중요합니다.

- 새로운 지식을 수집하고 기존 지식을 리팩터링하세요. 정기적으로 정보를 얻는 출처에 대해 생각해 보세요. 정보 수집 경로를 다양화하거나 적절히 조절해야 할 때가 아닐까요?

- 지식을 수집하는 것과 그 지식을 내면화하는 것은 별개의 문제입니다. 읽은 내용을 요약하는 데 그치지 말고 나만의 맥락을 추가하여 나만의 글로 다시 작성하세요.

- 그 정보로 아무것도 할 생각이 없다면 그 모든 정보를 내면화하는 목적은 무엇일까요? 요점은 새롭고 실행 가능한 통찰을 창출하는 것임을 기억하세요.

- 개인 지식 관리(PKM) 시스템이 잘 갖춰져 있으면 수집–내면화–실행의 루프를 크게 간소화할 수 있습니다. 이 장에 제공된 예시를 바탕으로 자신에게 맞는 시스템을 개발해 보세요. 이 시스템을 올바르게 사용하면 '외부 메모리' 역할을 할 수 있습니다.

- 가장 흥미로운 새로운 통찰은 언뜻 보기에는 관련이 없는 정보를 연결하거나 조합할 때 발생합니다. 모든 것이 중앙 집중화되어 있는 PKM 시스템이 중요한 또 다른 이유입니다.

- 노트는 고정되어 있을 필요가 없습니다. 다시 열어 보고, 재작업하고, 폐기할 수 있습니다. 노트 유지보수가 노트 생성만큼이나 중요합니다. 이전 노트를 정기적으로 다시 읽다 보면 새로운 아이디어가 떠오를 것입니다.

커뮤니케이션

이 장에서는 다음과 같은 내용을 다룹니다.

- 카메라타, 시마테시, 그리고 이를 작동시키는 요인
- 유동 네트워크와 천재 클러스터
- 기술 채택 곡선
- 사회적 부채와 커뮤니티 스멜

아테네 성벽 바로 외곽의 회랑에 신비한 목소리가 울려 퍼집니다. 아리스토텔레스의 가르침에 관심이 있는 학자들과 제자들인 소요학파^{Peripatetics} 사람들이 리세움^{Lyceum}이라는 개방된 건물에 모여 있습니다. 페리파토이, 즉 회랑^{peripatoi}에 울려 퍼지는 목소리는 대부분 아리스토텔레스 자신의 목소리로, 오징어의 번식 방법에 대해 강의하는 중입니다. 그의 강의에 꾸준히 참석했던 사람들 중에는 최초의 소요학파 중 한 명인 팔레룸의 데메트리우스$^{Demetrius of Phalerum}$, 훗날 역사상 가장 큰 제국 중 하나를 건설한 알렉산더 대왕, 처음에는 플라톤 아카데미에서 공부했지만 나중에 아리스토텔레스의 뒤를 이어 리세움의 수장이 된 테오프라스토스^{Theophrastus} 등이 있었습니다.

아리스토텔레스는 무엇보다도 '**왜**'에 관심이 많았습니다. 사실에서 출발한 그의 과학적 철학 접근 방식은 궁극적으로 귀납적 추론과 연역적 추론의 기초를 형성했습니다. 추론은 강의와 같은 일방통행이 아니라 정치, 형이상학, 윤리, 논리학에 대한 동료 학자들 간의 충분한 토론을 통해 이루어졌으며, 회랑을 걸어 다니면서 토론을 진행했습니다. 리세움은 플라톤의 아카데미처럼 사적인 모임 장소가 아니었고, 많은 강연과 토론은 무료로 진행되었습니다. 이러한 개방적인 접근 방식은 궁극적으로 오늘날 현대 과학의 기초로 여겨지는 수많은 아리스토텔레스의 저작을 발전시키는 데 기여했습니다.

수 세기 후인 16세기 말 피렌체에서도 이와 비슷한 패턴이 나타났습니다. 시간이 매우 많았던 이탈리아의 부호 지오반니 데 바르디$^{Giovanni de'Bardi}$ 백작의 지붕 아래로 인문주의자, 음악가, 시인, 정치가, 철학자들이 모여 예술, 음악, 드라마의 경향을 논의하고 성공적으로 변화시켰습니다. 이 모임은 피렌체의 유력인사들이 참석하는 것으로 유명했고 훗날 **피렌체 카메라타**$^{The Florentine Camerata}$로 불리게 됩니다.

카메라타의 전제는 간단했습니다. 이 모임의 참석자들은 당대의 음악이 지루하고 타락했다고 생각했고, 고대 그리스 스타일대로 예술 형식을 복원하고자 했습니다. 구성과 음악의 흐름에 대한 열린 시각은 카메라타의 가장 큰 유산이었습니다. 비록 간접적인 영향을 받았을 뿐이지만, 피렌체 카메라타가 없었다면 바흐와 모차르트는 세계적인 수준의 음악 작품을 작곡하지 못했을 것입니다.

그림 3-1 안토니오 도메니코 가비아니(Anton Domenico Gabbiani)의 '페르디난도 데 메디치 왕자의 음악가들'. 이 그림은 최근 그 진위를 두고 논란이 되고는 있지만 드바르디의 카메라타와 관련이 있습니다. 카메라타의 노력은 이후 교향곡과 오페라를 형성하는 데 중요한 역할을 했으며, 집단적 창의성이 개인의 아이디어를 능가한다는 것을 증명했습니다(출처: 공개 도메인).

다시 수 세기 후, 19세기 말 파리의 번화한 카페로 시선을 돌려 봅시다. 고전주의에 대한 집착에 지친 소수의 조각가, 미술상, 화가들은 인상주의, 점묘법, 입체파, 모더니즘, 다다이즘 등 새로운 예술 사조를 계속해 탄생시키며 파리의 살롱 미술계에 도전장을 내밀었습니다. 카페에서는 와인과 시가 담배 연기가 함께 어우러지면서 예술과 미래에 대한 활발한 토론이 끊임없이 이어졌습니다.

파리의 아방가르드 예술 운동은 폴 세잔, 조르주 브라크, 클로드 모네, 에드가 드가 등 프랑스 국내의 인재는 물론 파블로 피카소, 빈센트 반 고흐, 피에트 몬드리안, 바실리 칸딘스키 등 해외의 젊은 인재들까지 끌어들였습니다. 네덜란드인 몬드리안과 러시아인 칸딘스키는 결국 고

국으로 돌아가 드 스틸De Stijl과 바우하우스Bauhaus를 설립하며 예술 혁명을 일으켰습니다.[1]

한 세기 더 뒤로 가서 2000년대 초중반으로 가 보죠. 이번에는 런던의 수많은 비즈니스 허브 한가운데 서 있습니다. 이 센터들은 번갈아 가며 익스트림 화요일 클럽The Extreme Tuesday Club을 개최했습니다.[2] 이 클럽은 애자일 및 익스트림 프로그래밍 운동의 초창기에 소프트웨어 개발자를 위한 플랫폼 역할을 했으며, 매주 아이디어를 제안하고 비판적으로 평가했습니다. 존경받는 몇몇 소프트웨어 개발자가 이 클럽에 게스트 자격으로 참가하기도 했습니다. 그중에는 제즈 험블Jez Humble, 댄 노스Dan North, 크리스 리드Chris Read, 크리스 매츠Chris Matts가 있습니다. 이 클럽은 심지어 유명 컨설팅 회사인 소트웍스ThoughtWorks가 유능한 프로그래머들을 영입하는 통로이기도 했습니다.

익스트림 화요일 클럽은 지속적 통합continuous integration, 지속적 전달continuous delivery, 데브옵스DevOps, 칸반Kanban 및 기술 부채technical debt 개념, 마이크로서비스, 목mocking 기법 등 헤아릴 수 없는 많은 것을 성공적으로 키워낸 독특하면서도 비옥한 시험대 역할을 했습니다. 같은 생각을 가진 다른 사람들이 이 클럽을 모방해 여러 곳에 실리콘밸리 패턴 그룹The Silicon Valley Patterns Group, 포틀랜드 패턴 그룹The Portland Patterns Group, 솔트레이크시티 라운드 테이블The Salt Lake City Round Table 등을 만들었습니다. 익스트림 화요일 클럽의 정신은 전 세계의 수많은 소프트웨어 장인 정신 및 테스트 모임에서 지금도 살아 숨 쉬고 있습니다.

3.1 협업 팀워크

고대 그리스의 소요학파, 중세 피렌체의 카메라타, 런던의 익스트림 화요일 클럽, 그리고 역사책에서 볼 수 있는 수많은 관련 사례들의 가장 큰 공통점은 무엇일까요? 이 모임들은 어떻게든 자신이 일하던 분야를 완전히 바꾸어 놓았는데, 칙센트미하이에 따르면 이것이 바로 진정한 창의성입니다. 저는 여기서 한 걸음 더 나아가 이를 **집단적 창의성**이라고 부르고 싶습니다. 집단이 없었다면 위의 모임에 참여한 천재들의 창의성은 결코 그 정도까지는 이르지 못했을 것입니다.

---

1 옮긴이_ 좀 더 정확하게 표현하자면 칸딘스키는 러시아에서는 모스크바 미술 아카데미를 창립하는 데 참여했고 이후 러시아를 떠나 독일의 바우하우스로 옮겨갔다.

2 크리스 매츠가 이에 대해 자신의 블로그에 올린 글을 읽어 보기 바란다. https://theitriskmanager.com/2019/05/25/the-london-agile-software-camerata

21세기에는 **팀워크**라는 단어가 매우 많이 사용되고 있습니다. 크고 위험한 소프트웨어 프로젝트를 성공적으로 끝내기 위해서는 팀워크가 필요합니다. 팀워크는 매일매일 서로에게 동기를 부여하면서 계속 일할 수 있도록 합니다. 팀워크는 한 개인의 학습, 한 팀으로서의 학습, 그리고 팀 간의 학습에도 필요합니다. 최근에는 구인 광고, 성공하는 방법에 관한 책, 성공하지 못하는 방법에 관한 책, 화상 통화 소프트웨어, 회사 발표, 재택근무 지침, 커리큘럼의 결과물, 콘퍼런스 슬라이드, 레스토랑의 메뉴 카드 뒷면, 소셜 미디어의 인기 해시태그, TV 광고, 모든 스포츠, 즐거운 팀 빌딩 데이 등 곳곳에서 팀워크라는 말을 발견할 수 있습니다. 그야말로 여기저기에서 팀워크를 언급합니다!

조사에 따르면 팀워크는 유럽 대학교에서 가장 일반적으로 가르치는 비기술적 주제로 컴퓨팅 과정 학습 결과물의 34%에서 나타난다고 합니다. 문서나 구두로 수행하는 커뮤니케이션과 프레젠테이션 기술도 이와 비슷한 비중을 차지합니다. 반면에 **창의성**이라는 용어는 대학의 교과목 과정을 설명한 자료에서 5% 미만으로 발견됩니다![3]

리세움에서 열린 고대 모임이 철학 분야를 발전시키기 위한 최초의 팀 기반 노력 중 하나였을까요? 드바르디의 카메라타와 현대의 프로그래밍 팀 사이에는 어떤 차이가 있을까요? 명백한 의사소통 기술 외에 이러한 집단이 성공할 수 있었던 요인은 무엇인지 좀 더 자세히 살펴보겠습니다.

3.1.1 카메라타의 성공 요인

르네상스의 음악가들과 그레고리 베이트슨[Gregory Bateson]의 사이버네틱스 아이디어를 프로그래밍과 연결시킨 제시카 커[Jessica Kerr]의 2018년 블로그 게시물[4] 덕분에 프로그래머들 사이에서 **카메라타**라는 용어가 꽤 유명해졌습니다. 제시카 커는 소프트웨어 엔지니어링을 성공적인 미래로 이끌기 위해서는 카메라타의 방법을 배워야 한다고 말합니다.

먼저, 카메라타는 무엇을 하려고 했을까요? 그들은 고전 르네상스 음악에 싫증이 났고 부분적으로는 고대 그리스의 위대함으로 돌아가고 싶어 했습니다. 다시 말하자면, 그들은 해결해야

---

3 Wouter Groeneveld, Brett A Becker, and Joost Vennekens. Soft skills: What do computing program syllabi reveal about non-technical expectations of undergraduates students? In Proceedings of the 2020 ACM Conference on Innovation and Technology in Computer Science Education.

4 https://jessitron.com/2018/04/15/the-origins-of-opera-and-the-future-of-programming

할 문제를 가지고 있었고 이 **문제를 서로 공유**하고 있었습니다. 카메라타의 모든 멤버는 당면한 문제에 동등하게 참여했고 자발적이었습니다. 사실, 공동의 대의에 동참할 동기가 없는 사람은 그 모임에서 그다지 환영받지 못했습니다.

둘째, 문제뿐만 아니라 모든 개인의 지식도 공유되었습니다. 그들은 **서로를 가르쳤습니다.** 제시카 커에 따르면 카메라타는 과학 창의성의 핵심인 '보이지 않는 대학'과 비슷했다고 합니다.

> 이 '보이지 않는 대학'은 아이디어를 공유하는 사람들의 모임입니다. 함께 새로운 현실을 만들고 이를 전파하여 더 넓은 문화를 발전시키는 사람들입니다.

이는 평범하게 들리지만 그룹의 성공에 있어 핵심적인 요소입니다. 일방통행 방식으로는 지식이 깊고 넓게 퍼져 나갈 수 없습니다. 또한 카메라타는 다양한 배경을 가진 사람들로 구성되었기 때문에 아이디어를 쉽게 주고받을 수 있었습니다.

셋째, 카메라타는 **살아 있는 시스템**이었습니다. 서론에서 설명했던, 창의성은 시스템적이라는 전제를 기억하시나요? 카메라타와 같은 창의적인 집단도 마찬가지입니다. 각 부분은 서로, 그리고 환경과 상호 연결되어 있습니다. 살아 있는 시스템은 학습 시스템이기 때문에 끊임없이 진화합니다. 환경은 변화하고 우리 역시 이에 적응하면서 변해갑니다. 우리는 동료로부터 배우고 동료는 우리에게서 배웁니다. 시스템이 조금씩 뒤섞이면서 새로운 링크가 나타나고 오래된 링크는 사라집니다. 끝없는 피드백 루프라고 생각하면 됩니다.

```
func changeSelf() {
  changeEnvironment()
}
func changeEnvironment() {
  changeSelf()
}
```

사이버네틱스의 선구자인 그레고리 베이트슨은 시스템 사상가였습니다. 그는 개별적인 부분이나 부분과 부분 사이의 몇몇 관계만 살펴보기보다는 **전체적 관점**에서 생각하는 것을 좋아했습니다. 그는 현대인이 생각하는 것처럼 주체, 즉 개인이 진화하는 것이 아니라 맥락이 진화한다고 말한 적이 있습니다. 그의 딸인 노라 베이트슨Nora Bateson은 아버지의 생각을 더욱 발전시켰습니다. 그녀는 우리의 일상생활에 상호 학습에 대한 단어가 없는 점을 이상하게 생각했습니다. 그녀는 **시마테시**^{symmathesy}이라는 용어를 도입하여 이 문제를 해결했습니다.[5] 노라는 그리스어 접두사 sym(함께)과 mathesi(배우다)를 결합했습니다. 이 개념에 대해 그녀는 다음과 같이 정의합니다.

- **symmathesy(명사)**: 상호 작용을 통한 맥락적 상호 학습에 의해 구성된 개체. 이러한 상호 작용과 상호 학습의 과정은 규모가 크건 작건 생명체 안에서 일어난다.
- **symmathesy(동사)**: 여러 변수 내에서 상호 작용하여 상호 학습 맥락을 생성한다.

카메라타는 시마테시, 즉 살아 있는 학습 시스템이었습니다(그림 3-2).

넷째, 그들은 단순한 피드백이 아니라 **비판적인 피드백**을 주고받았습니다. 이를 통해 아이디어가 진정으로 자유로워지지 않은 채 사람들 사이에서 메아리처럼 울리기만 하는 것을 막을 수 있었습니다. 5장에서는 비판적 사고 및 이것이 창의적 프로그래밍에서 갖는 역할에 대해 자세히 설명합니다.

사회학에서는 다양한 관점에 대한 노출을 제한하고 같은 생각을 가진 사람들이 모여 자기들끼리만 공유하는 내러티브를 틀에 맞추어 놓고 강요하는 것을 **반향실 효과**^{echo chamber effect}라고 합니다.[6] 이러한 단절은 소셜 미디어 플랫폼뿐만 아니라 겨우 명맥만 유지하고 있는 많은 토론 그룹에도 널리 퍼져 있습니다.

> **EXERCISE** 아이디어를 단순히 발표하고 수용하는 모임이 아닌, 공개적으로 토론하는 코딩 관련 모임에 마지막으로 참석한 때는 언제였나요? 반향실 효과가 얼마나 널리 퍼져 있었는지 기억하나요? 다음번에는 이 주제로 토론을 시작해 보면 어떨까요?

저와 동료들의 창의성 연구 과정에서 인터뷰에 응했던 개발자들도 맥락적 학습에 초점을 맞춘 베이트슨처럼 맥락의 중요성을 강조했습니다.

> 우리는 결국 팀으로 일하기 때문에 창의성이 떨어지는 사람을 적절한 상황에 배치하고 그 사람 주변에 적절한 사람들을 포진해 두면 어느 정도의 한계 내에서 창의적인 해결책을 찾을 수 있을 것이라고 가정했습니다.

---

5   Nora Bateson, Small Acts of Larger Circles: Framing through other patterns. Triarchy Press, 2016.
6   Matteo Cinelli, Gianmarco De Francisci Morales, Alessandro Galeazzi, Walter Quattrociocchi, and Micheles Stamini. The echo chamber effect on social media. Proceedings of the National Academy of Sciences, 2021.

그림 3-2 시마테시: 주변 환경을 포함한 모든 부분이 서로 학습하는, 살아 있으면서 상호 연결된 시스템. 여기서 말하는 환경은 고객, 다른 팀, 회사 등 어떤 한 그룹이 상호 작용하는 모든 요소를 포함합니다.

훌륭한 팀이 훌륭한 사람을 만든다

진정한 소프트웨어 개발은 시마테시를 실천하는 과정입니다. 제시카 커에 따르면, 훌륭한 팀은 훌륭한 사람을 만들지만 훌륭한 사람들이 모였다고 해서 반드시 훌륭한 팀이 되는 것은 아니라고 합니다. 훌륭한 개발자를 여러 명 고용한 다음에 한 방에 가두어 놓고 바나나 몇 개를 던져 준다고 해서 프로젝트가 완성되지는 않습니다. 하지만 그렇다면 훌륭한 팀을 구성할 수 없다는 뜻일까요?

이에 대한 제 생각은 좀 더 미묘합니다. 저는 (컨설팅 일을 했던 경험 덕분에) 훌륭한 팀으로 '굴러 들어가는' 특권을 누렸고, 의심할 여지 없이 더 나은 프로그래머가 되었습니다. 몇 년 동안 저도 시마테시의 줄을 잡아당기며 시스템의 일부가 되었습니다.

한편으로, 유능한 다른 개발자들과 함께 몇 개의 팀을 만들어 보려고 노력한 적이 있었습니다. 팀이 아직 구성되지 않은 상태에서는 공생 관계가 매우 불안정했습니다. 문제 영역과 서로에 대해 알아 가면서 어떤 팀은 번창했지만 어떤 팀은 금방 시들어 버렸습니다. 이로 보건대, 닭이 먼저냐 달걀이 먼저냐의 두 가지 질문은 둘 다 맞는 것 같습니다.

카메라타, 살아 있는 또는 공동 진화하는 시스템, 시마테시, 체계적 팀, 공생 등 어떤 용어를 사용하든 그 방법은 항상 앞에서 설명한 네 가지 원칙, 즉 문제를 공유하고, 서로 배우고, 상호 연결되고, 비판적 피드백을 제공하는 것으로 구성됩니다.

2장에서 살펴본 벤 슈나이더만의 제넥스 시스템으로는 여기까지만 갈 수 있습니다. 그는 제넥스 시스템을 개선하는 것은 사회적 과정이라고 결론지었습니다. 동료들의 건설적인 피드백만이 여러분의 창의적인 작업을 다음 단계로 끌어올릴 수 있습니다.

3.1.2 드림 팀

어떤 문제를 해결할 때, 개인보다는 의사소통이 잘 되는 이질적인 사람들로 이루어진 집단이 창의적으로 문제를 해결할 가능성이 더 높습니다. 혼자서 어려운 문제를 해결하려고 할 때보다 잘 짜인 팀에서 일할 때 이런 경험을 한 번쯤은 해봤을 겁니다.

카메라타 같은 집단은 더 큰 문제를 더 빨리 파악하고 해결할 뿐만 아니라 정서적 몰입도도 높여 줍니다. 이러한 효과는 그런 모임을 만든 사람들과 인터뷰할 때 명확하게 드러나는데, 그들은 '과거'를 회상하면서 종종 자신이 속했던 과거의 팀을 드림 팀이라고 언급했습니다. 동료들과 잘 어울릴 뿐만 아니라 창의성이 뛰어난 제품을 지속해서 만들어 내는 팀은 드림 팀입니다.

게임 제작사인 루카스아츠LucasArts를 예로 들어 보겠습니다. 90년대 초, 루카스필름의 게임 사업부는 게임 업계에서 몇 가지 성공을 거둔 덕분에 루카스아츠로 이름을 바꾸게 되었고, 특히 〈매니악 맨션Maniac Mansion〉과 함께 제공된 SCUMM(〈매니악 맨션〉을 위한 스크립트 제작 유틸리티) 엔진이 큰 성공을 거두었습니다. 그 이후로 루카스아츠는 히트작을 잇달아 출시했습니다. 〈원숭이 섬의 비밀The Secret of Monkey Island〉, 〈원숭이 섬의 비밀 2: 르척의 복수Monkey Island 2: LeChuck's Revenge〉, 〈룸Loom〉, 〈인디아나 존스: 아틀란티스의 운명Indiana Jones and the Fate of Atlantis〉, 〈텐타클 최후의 날Day of the Tentacle〉, 〈샘 앤 맥스: 히트 더 로드Sam & Max: Hit the Road〉, 〈풀 스로틀Full Throttle〉, 〈더 디그The Dig〉 등입니다.

일부 소식통의 주장에 의하면, 리브랜딩 후에 루카스필름의 대표인 조지 루카스George Lucas는 게임에 관한 흥미를 잃게 되었고 그 후 회사는 점차 내리막길을 걸었다고 합니다. 하지만 결과만 놓고 보면 소프트웨어 개발 사업부는 최소 5년 연속 성공을 거두었습니다.

루카스아츠가 남긴 유산을 재발견하기 위해 게임 잡지 『레트로 게이머Retro Gamer』는 창립 당시 스탭 중 몇 명을 인터뷰했습니다.[7] 이들 퇴직 멤버들은 당시 최적의 팀 구성에 관해 생각하며 그와 같은 성과를 두 번 다시 이루지 못했다고 인정했습니다(그림 3-3). 그 이유를 묻는 질문에 인터뷰에 응한 사람들은 두 가지 이유를 제시했습니다. 첫째, 완벽했던 팀이 여러 가지 이유로 인해 〈원숭이 섬의 비밀 2〉 출시 후 해체되어 흩어졌던 점, 둘째 그런 종류의 어드벤처 게임에 적합한 시기를 놓친 점이었습니다.

인터뷰 내용을 읽다 보면 서로가 서로에게 영향을 미치는 다양한 기술들의 생산적인 조합이 있다는 것을 분명하게 알 수 있습니다. 공동 디자이너이자 작가인 데이브 그로스먼Dave Grossman은 론 길버트Ron Gilbert 디렉터가 이끄는 일일 브레인스토밍 회의에서 아티스트 스티브 퍼셀Steve Purcell이 재미있는 일러스트를 자주 그려 주었던 일이 즐거웠다고 밝혔습니다. 데이브 그로스먼은 이렇게 회상합니다.

> 아이디어는 보푸라기나 먼지와 같아서 사방에 떠돌아다니는 것이며, 아이디어에서 흥미로운 것을 만들어 내는 것이 요령이라는 시를 쓴 적이 있습니다.

팀 셰퍼Tim Schafer는 팀을 이끌었던 론의 노력을 기리며 루카스아츠에서의 시간이 즐거웠다고 기억합니다.[8]

> 특히 창의적인 사람들이 편안하고 안락하게 일할 수 있도록 마련한 놀라운 환경의 루카스 랜치에서 일한 경험은 정말 특별했습니다. 재미있는 환경이었고, 함께 일했던 모든 사람이 정말 재미있었습니다. 대학을 졸업하자마자 이 직장에 취직할 수 있었던 것은 저에게 행운이었으며, 정확히 그 직무에 대한 준비가 되어 있어서 기뻤습니다.

론 길버트의 최신 포인트 앤 클릭point-and-click 게임인 〈팀블위드 파크Thimbleweed Park〉는 〈원숭이 섬〉 시리즈의 초기 성공에서 많은 영감을 받았습니다. 픽셀화된 2D 어드벤처를 재현하기를 원했을 뿐만 아니라 90년대 어드벤처 게임의 특별함을 모방하려고 노력했기 때문입니다. 론은

---

7 Retro Gamer 212, The Legacy of Monkey Island, page 18.

8 Retro Gamer 216, The Retro Gamer Guide To Tim Schafer & Double Fine, page 46.

새로운 게임을 시작할 때마다 〈원숭이 섬〉 시리즈를 재생해 보면서 분위기를 다잡습니다. 그는 자신이 이 게임을 제대로 이해하지 못했다고 인정했습니다.

「레트로 게이머」는 〈원숭이 섬〉 시리즈가 바로 집단 역동성일지도 모른다고 결론지었습니다.

그림 3-3 루카스아츠의 직원들이 론 길버트의 날을 맞아 포즈를 취하고 있습니다. 모두 론이 즐겨 입던 줄무늬 스타일의 상의를 입고 있습니다(출처: 국제 모조 하우스).

소프트웨어 개발 업계의 다른 베테랑들도 그룹 역동성의 중요성에 대한 더 많은 증거를 제시합니다. 애덤 바Adam Barr(마이크로소프트), 데이비드 하이네마이어 한손David Heinemeier Hansson(루비 온 레일즈Ruby on Rails, 베이스캠프BaseCamp), 게르게이 오로스Gergely Orosz(우버, 스카이프)는 모두 자신들이 속해 있었던 이전 팀의 성공 사례 인터뷰에서 암묵적으로 또는 명시적으로 자신의 팀을 드림 팀이라고 부릅니다.

꼭 과거에 대한 향수가 아니더라도 팀 친화, 방법, 구성, 영향 등에 관한 수많은 학술 논문이 뒷받침하고 있는 만큼 그 이면에 진실이 있다고 가정하는 편이 안전하다고 생각합니다.

꿈이 있으면 팀이 성공할까요? 아니면, 팀이 성공하면 꿈이 생기는 것일까요?

EXERCISE 현재 개발 팀이 시마테시를 닮았나요? 그렇지 않다면 시마테시가 되기 위해 어떤 점을 바꿔야 한다고 생각하나요? 예를 들어 팀원 간에 비판적인 피드백이 어떻게 처리되는지, 분위기는 어떤지, 모두가 상호 학습에 열려 있는지, 팀을 발전시키는 아이디어가 끊임없이 흘러나오고 공유되고 있는지, 팀의 행동이 회사의 지원을 받고 있는지와 같은, 드림 팀을 향한 작지만 달성 가능한 첫 번째 단계는 과연 무엇일까요?

3.2 집단 지리학

미하이 칙센트미하이는 흐름과 창의성의 심리학에 관한 그의 저서에서 개인의 창의력은 무시할 수 있는 수준이라는 다소 냉정한 메시지를 전합니다. 그럼에도 불구하고 우리는 여전히 전문 분야 전체를 혼자서 변화시킨 고독한 창의적 천재에 대한 이상적인 이미지를 버리려고 하지 않습니다.

아인슈타인은 물리학에 대한 우리의 생각을 완전히 바꾼 상대성 이론에 관한 논문을 제출했지만, 아인슈타인에게도 철학과 물리학을 토론하는 '아카데미아 올림피아'라는 친구 그룹이 있었습니다. 이 토론에서 아인슈타인 이론의 중요한 씨앗이 처음 심어졌을 가능성이 높습니다. 칙센트미하이의 말처럼 창의성은 체계적입니다.

그렇다면 창의적 성공 가능성을 높이기 위해 개인이 할 수 있는 일은 무엇일까요? 앞서 드림팀에 대해 논의하면서 훌륭한 팀의 일원이 되거나 팀을 만드는 것이 해답이 될 수 있음을 알 수 있었습니다. 자신의 성과를 높일 수 있는 높은 성취를 이룬 사람들로 주변을 둘러싸는 것이죠. 즉, 전문가를 찾는 것입니다. 하지만 같은 생각을 하는 사람들을 **어디서** 찾아야 할까요? 실제로 카메라타의 **지리적 위치**는 역사적으로 중요한 것으로 입증되었습니다.

3.2.1 유동적 네트워크

가족이나 친구에게 아이디어를 설명했을 때 반응이 미지근했던 적이 있었나요? 어쩌면 여러분은 잘못된 대상을 타깃으로 삼았던 것일 수 있습니다. 여러분의 아이디어를 설명하는 자리에서 오히려 다른 사람들이 끊임없이 진화하는, 그리고 어쩌면 자신의 아이디어보다 더 나을 수 있는 아이디어를 쏟아 내는 바람에 어떻게 해야 할지 몰랐던 경험이 있습니까? 당시 환경이 비유하자면 '휘발성이 너무 강해서', 즉 지나치게 불안정해서 그랬을 수도 있습니다.

혁신 전문가이자 과학 커뮤니케이터인 스티븐 존슨Steven Johnson은 『탁월한 아이디어는 어디서 오는가』(한국경제신문, 2012)라는 책에서 이러한 현상을 상징적 표현으로 깔끔하게 포착해 냈습니다. 그는 아이디어의 탄생, 성공, 소멸을 **유동적 네트워크**liquid network로 요약할 수 있다고 설명합니다.

화학에서 물질은 [그림 3-4]와 같이 고체, 액체 또는 기체 상태입니다. 분자는 액체 상태인 물보다 얼음덩어리일 때 이동성이 떨어집니다. 물을 가열하면 증발하는 동안 분자의 이동성이 매우 높은 또 다른 상태 변화가 발생합니다. 설명을 간단하게 하고자 기체보다 훨씬 더 불안정한 플라스마는 생략했습니다.

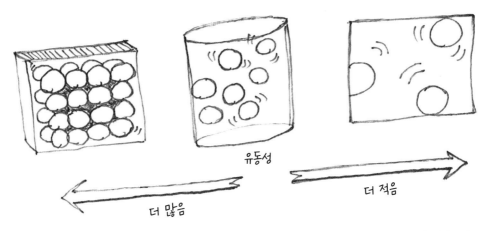

그림 3-4 왼쪽: 고체 물질. 명확한 모양과 부피로 인해 아이디어가 굳어집니다. 가운데: 액체 물질. 새로운 연결 고리를 만들 수 있습니다. 오른쪽: 기체 물질. 휘발성이 지나치게 강해 아이디어가 실제로 고정되지 않습니다.

존슨은 초기 수렵과 채집을 기체 물질에 비유합니다. 이동성이 뛰어난 유목민들은 이곳저곳을 돌아다니다가 한곳에 정착해 도시를 형성하기 전까지는 다른 소규모 집단과 아이디어를 교환하지 않았습니다. 이후 응축이 형성되고 보다 액체와 같은 인간 네트워크가 등장합니다. 바로 이때 초기 문명을 발전시킨 많은 발명품이 고안되었습니다. 정착을 통해 (존슨의 표현을 빌리자면) 아이디어가 사람과 사람 사이에서 '흘러넘치는' 것이 가능해졌습니다.

그러나 아이디어가 확산하려면 네트워크가 굳어지지 않고 유동적인 상태를 유지해야 합니다. 이게 잘 되지 않으면 혁신이 정체되고 최악의 경우 진화가 퇴보로 이어질 수 있기 때문입니다. 존슨은 혁신이 때때로 지리적으로 크고 활기찬 도시에 집중되는 현상도 바로 이러한 이유 때문이라고 주장합니다.

외부의 아이디어를 수용하되 지나치게 수용하지는 않는 것이 창의적인 업적을 이룰 가능성을 높입니다. 심리학자이자 역사학자인 딘 사이먼턴[Dean Simonton]은 세계에서 가장 폐쇄적이었던 사회 중 하나였던 중세 일본에 대한 문화 유입의 영향을 연구하면서 이와 동일한 결론을 내렸습니다.[9] 의학, 철학, 글쓰기, 시, 특히 예술과 같은 많은 분야에서 이루어지는 성취는 외부의 영향에 대한 국가적 개방성과 긍정적인 관련이 있었습니다.

우리는 유동적 네트워크의 개념을 활용하여 한 사람의 마음과 여러 사람의 집단 내에서 새로운 연결을 만드는 과정이 어떻게 증폭되는지 설명할 수 있습니다. 비즈니스 벤처 전문가인 세스 고딘Seth Godin은 이에 동조하면서 "아이디어는 서로 다른 세계가 충돌할 때 발생한다"라며 아이디어의 행복한 충돌을 강조합니다.

2장의 개인 지식 관리(PKM) 시스템을 떠올려 보세요. 대부분의 노트가 같은 아이디어를 반복하고 있다면 지식의 흐름이 굳어져 있을 수 있습니다. 반면에 아이디어가 독창적이긴 하지만 몇 개 정도 기록된 것에 그친다면, 다른 아이디어와 부딪히면서 훨씬 더 뛰어난 아이디어로 발전할 기회를 얻을 수 없습니다. 지식 시스템은 이 두 가지 극단 사이에 유동적인 네트워크를 형성할 때 이상적입니다.

그룹에서도 마찬가지입니다. 시간을 들여 아이디어를 요약하거나 결합하려는 노력 없이 거친 아이디어가 쏟아져 나오기만 한다면 허공으로 흩어져 버리고 끝날 가능성이 높습니다. 반면에 아이디어가 충분하지 않거나 같은 아이디어가 너무 많으면 창의적인 아이디어로 이어지지 않습니다. 창의적인 집단을 구성할 때는 이 두 가지 극단 사이에 놓여 있는 유동적인 네트워크여야 합니다.

스티븐 존슨에 따르면 사람들이 방문하고, 일하고, 생활하는 장소 역시 고정되거나 유동적인 네트워크일 수 있습니다. 즉, 지리가 성공적인 창의성을 결정하는 요인이 된다는 것입니다. 시골에서 자랐다면 '창의적인 일이 일어나는' 곳으로 이사하지 않는 한 창의적인 성공을 거둘 가능성은 희박합니다.

물론 글로벌리즘 시대에 광통신 네트워크와 줌Zoom은 이러한 상황을 근본적으로 변화시키긴 했지만 이것으로 다 해결되지는 않습니다. 저명한 기업과 연구 중심 대학은 필요한 창의성을 기대하면서 전 세계의 젊고 유망한 인재들을 끌어들이고 있습니다. 최고의 인재들과 함께 일할 수 있다고 약속하며 그 지역으로 옮기도록 설득하면서 말이죠. 이런 일은 앞으로도 계속 일어날 것입니다.

---

9 Dean Keith Simonton. Foreign influence and national achievement: The impact of open milieus on japanese civilization. Journal of personality and social psychology, 1997.

3.2.2 창의성은 전염된다

화학계에서 빌려온 존슨의 기발한 비유는 화학 성분이 서로 부딪히면 서로의 상태에 영향을 미친다는 것을 알려줍니다. 즉, 알베르트 아인슈타인이 말했듯이 창의성은 전염됩니다. 연구에 따르면 창의적인 동료들과 함께 있을 때 더 창의적이라는 사실이 확인되었습니다.[10] 창의적인 동료가 곁에 있는 것만으로도 창의력을 발휘하고 싶은 충동이 높아집니다. 여러 대학에서 학제 간 해커톤을 조직할 때도 같은 효과가 나타났습니다. 커다란 방에서 함께 작업하는 학생들은 과제를 완전히 다르게 해석하더라도 다른 그룹에 둘러싸여 있기 때문에 영감이 떠오른다고 보고했습니다. 학생들은 다른 그룹을 돌아다니며 다른 사람들과 교류함으로써 그들의 아이디어를 수집하여 자신의 설루션에 적용했습니다.

이는 그리 놀라운 일이 아닐 수도 있습니다. 인간은 사회적 동물이며 우리의 뇌는 어떤 행동이든 모방하도록 미리 연결되어 있습니다. 창의적인 프로그래머들과 함께 있으면 '그들 중 한 명'이 될 확률이 높아집니다. 이는 실용주의 프로그래머인 앤디 헌트와 데이비드 토머스Dave Thomas가 프로그래밍 세계에 도입한 **깨진 유리창 이론**broken window theory과 매우 흡사하게 들립니다.[11] 쓰레기를 많이 남겨 두면 사람들은 더 많은 쓰레기를 쌓아 놓습니다. 일관성 있게 코드를 정리하면 동료들은 자동으로 책임감을 느끼고 코딩 작업을 할 것입니다.

---

10 Randall G Holcombe. Cultivating creativity: market creation of agglomeration economies. In Handbook of creative cities. Edward Elgar Publishing, 2011.

11 Andy Hunt and Dave Thomas. The Pragmatic Programmer: From Journeyman to Master. Addison-Wesley Professional, 1999.

3.2.3 자극적인 환경으로 전환하기

1952년 스위스의 조각가 장 팅겔리Jean Tinguely는 예술 분야에서 경력을 쌓기 위해 27살에 아내와 함께 프랑스로 이주했습니다. 그는 인구가 약 18만 명에 달하는 스위스 바젤에서 자랐는데, 결코 작은 규모의 도시가 아니었습니다. 바젤은 르네상스 시대부터 상업적으로나 문화적으로 중요한 중심지였습니다. 하지만 팅글리는 질식할 것 같은 답답함과 창의력이 거의 소진된 듯한 느낌 때문에 그곳에 있는 것을 싫어했습니다. 파리에 도착한 순간 그는 활력을 되찾았습니다. "스위스는 자극제가 되는 환경이 아닙니다. 파리가 그렇죠. 파리에 오자 마치 제가 물속의 물고기가 된 것처럼 느꼈습니다."

파리에서 그는 신현실주의 아방가르드의 일원으로 자신의 유동적인 네트워크를 발견했습니다. 바젤에서의 그의 네트워크는 너무 굳어져 있었습니다. 그가 파리로 이주한 이후에 만든 작품들은 전 세계 박물관에 전시되어 있습니다. 적어도 일부분은요. 팅글리의 가장 유명한 작품은 놀란 관객들 앞에서 자폭하는 기계입니다. 라스베가스 사막이라 아무 일도 일어나지 않았으니 걱정하지 마세요.

저는 전문 제빵사 교육을 받던 중 인턴십이 가능한 베이커리를 찾고 있었습니다. 저는 주로 발효빵에 관심이 많았고 최고의 제빵사에게 배우고 싶었기 때문에 겐트Ghent의 드 수페레트De Superette12에서 일하게 되었죠. 그곳을 선택한 이유는 당시 수석 제빵사가 세라 렘케Sara Lemke였기 때문이었는데, 그녀는 채드 로버트슨Chad Robertson과 함께 리처드 부르동Richard Bourdon에게서 제빵 기술을 배운 미국인 전문가였습니다.

발효종을 처음 접하는 분들을 위해 언급하자면, 샌프란시스코에 있는 채드의 타르틴 베이커리는 세계에서 가장 존경받고 유명한 베이커리 중 하나입니다. 채드는 빵과 관련해 저의 우상 중 한 명입니다. 물론 유명한 제빵사답게 수많은 요리책을 출간했는데, 그중 하나인 「Tartine Bread」(Chronicle Books, 2010)는 시대를 초월한 고전이 되었습니다. 괄호와 세미콜론을 수없이 타이핑하는 것보다 빵을 굽는 것이 더 흥미진진하다면 언제든지 책을 바꿔 보세요.

벨기에에 살고 있기 때문에 미국에서 인턴쉽을 하기는 현실적으로 어려웠고 대신 드 수페레트에서 일하는 것이 차선책이었으며, 이런 엉뚱한 아이디어는 제 반려의 승인이 필요했습니다. 지금 돌이켜 생각해 보니, 모든 것을 내려놓고 샌프란시스코로 가서 새벽 5시 30분에 오븐의 열기와

---

12 옮긴이_ 벨기에의 겐트라는 도시에 있는 레스토랑 이름이다.

마주한다는 결정은 지나친 무리수였던 듯합니다.

만약 여러분이 벨기에 출신이고 진정으로 맛있는 빵을 굽고 싶다면 조만간 드 수페레트에서 일하게 될 것입니다. 저는 인턴십 기간 동안 같은 생각을 가진 여러 사람을 만났고, 빵집을 방문해 세라와 이야기를 나누며 아이디어를 공유하고 젖은 반죽을 사용하는 방법론에서 영감을 얻었습니다. 드 수페레트는 유럽 전역의 저명한 셰프들이 함께 모여 독창적이고 맛있는 요리를 만드는 레스토랑이기도 합니다.

물론 집 근처에 베이커리도 많고, 제가 사는 동네에서 인턴십을 할 수도 있었을 거예요. 하지만 저는 제빵에 관한 아이디어들이 오고가는 고속도로 인터체인지 한가운데서 일하고 싶었습니다. 유동적인 네트워크를 찾고 있었죠. 그곳에서의 시간은 매우 짧았고 인턴으로서 제 책임은 무조건 시키는 대로 하는 것으로 제한되어 있었기 때문에 그곳이 카메라타였다고 말할 수는 없습니다. 그래도 솔직히 말해서 일이 꽤 잘 풀린 셈이죠.

구글 대변인은 뉴욕 타임스와의 인터뷰[13]에서 자극적인 환경의 매력 때문에 개발자들이 '직장의 한계를 뛰어넘는' 구글 같은 하이테크 캠퍼스로 몰려든다고 말합니다. 직원 간의 우연한, 하지만 세심하게 설계된 충돌은 창의성과 생산성을 모두 이끌어 냅니다.

3.2.4 천재 클러스터

서양 철학이 그리스와 그 주변에서 시작되고, 다른 많은 문화적으로 중요한 개념이 그 지역으로부터 유래한 이유는 무엇일까요? 르네상스 시대에 피렌체가 음악뿐만 아니라 예술, 건축, 경제, 정치의 미래에도 영향을 미치며 혁신의 중심지로 자리 잡은 이유는 무엇일까요? 19세기에 왜 그렇게 많은 예술적 재능이 파리로 모여들었을까요? 그로부터 한 세기 후, 예술의 진원지는 유럽에서 뉴욕으로 옮겨졌습니다. 오늘날 많은 기술자가 실리콘밸리에서 일하는 것을 꿈꾸는 이유는 무엇일까요?

외신 특파원이자 리포터인 에릭 와이너Eric Weiner는 그의 저서 『천재의 지도』(문학동네, 2021)에서 이러한 질문을 탐구하기 위해 세계 곳곳을 여행했다고 밝혔습니다. 창의성에 매료된 와이너는 딸을 더 잘 키우는 데 도움이 될 만한 해답을 찾고자 했습니다. "(딸을 창의성이 넘치는

---

13 James B. Stewart. Looking for a lesson in Google's perks. New York Times, March 15, 2013. https://www.
  nytimes.com/2013/03/16/business/at-google-a-place-to-work-and-play.html

아이로 키우는 것은) 이미 너무 늦었으니 대신 창의성에 대한 글을 쓰는 것으로 만족하겠습니다"라고 그는 결론을 내립니다.

실망스러울 수도 있지만, 대부분의 경우 거대한 지리적 창의성 문제에 대한 유일한 답은 없습니다. 와이너가 **천재 클러스터**genius clusters라고 부르는 이러한 창의성 클러스터는 특정 지역에 권력이 집중되거나 상실됨에 따라 나타났다가 사라지기도 합니다.

예를 들어 알렉산더 대왕의 정복에 대한 끝없는 갈증은 결국 고대 페르시아에 그리스 문학을 널리 보급하는 데 도움이 되었습니다. 알렉산드리아는 알렉산더 대왕이 이집트에서 잠시 머무는 동안 세워졌는데, 프톨레마이오스와 그의 후계자들의 도움으로 세계에서 가장 영향력 있는 도시 중 하나로 발전했습니다.

알렉산더는 항상 호메로스의『일리아드』사본을 가지고 다닐 정도로 그리스 문학에 매료되었습니다. 당시 알렉산더의 충실한 동반자였던 프톨레마이오스는 이를 알아차리고 알렉산드리아로 오는 모든 파피루스를 압수해서 필사했습니다. 알렉산드리아 대도서관이 책으로 가득 차기까지는 그리 오랜 시간이 걸리지 않았지만, 로마의 부주의와 이후 무슬림의 침략으로 인해 안타깝게도 많은 책이 불길 속에 사라져 버렸습니다.

대도서관은 많은 지식인을 끌어모았습니다. 어떤 의미에서 알렉산드리아는 최초의 국제 학술 연구 센터 중 하나가 되었습니다. 아르키메데스는 이 도서관에서 공부하면서 아르키메데스의 나사를 발명했다고 전해집니다. 아이린 발레호Irene Vallejo는 고대의 모든 것에 매료된 학술사 연구자인데, 그녀는 책의 역사에 대한 설명[14]에서 고대 도서관에 대한 흥분을 이렇게 표현합니다.

> 완전하게 기록된 두루마리와 그 축적물을 둘러싼 짜릿한 분위기는 인터넷과 실리콘밸리가 가져온 현재의 창의성 분출과 같은 것이었을 것입니다.

알렉산드리아를 두려워하거나 존경해야 하는 이유는 지식만이 아니었습니다. 파피루스 공장은 나일 삼각주 전역에서 번성하여 곡물 다음 가는 수출품이 되었습니다. 고대 이집트는 지중해 세계의 곡창지대 역할을 했으며, 곡물의 흐름이 멈추면 기근과 전쟁이 이 지역 전역에서 발생했습니다. 당시 곡물은 지금의 석유처럼 압력을 가할 수 있는 이상적인 수단이었죠.

다른 천재 클러스터도 유기적으로 그리고 점진적으로 발생했습니다. 와이너는 피렌체에서 교

---

14 Irene Vallejo. *Papyrus: een geschiedenis van de wereld in boeken*. Meulenhoff, 2021.

회가 연옥을 발명한 이후 더러운 영혼을 정화하기 위한 '면죄부'를 판매하면서 막대한 자금이 유입되었으며, 이 자금이 오늘날 우리가 여전히 경탄해 마지않는 인상적인 기념물의 제작을 의뢰하는 데 쓰였다고 지적합니다. 골드러시는 자연스럽게 그 시대의 천재들을 끌어모았습니다. 와이너는 개인이 아니라 (창의적인) 작업을 의뢰하는 조직과 도시가 진정한 천재라고 결론짓습니다.

와이너가 연구한 대부분의 천재는 태어난 곳에서 천재가 된 것이 아니라 이민자가 된 후에야 천재성을 발휘했습니다. 천재는 태어나지 않고 만들어집니다. 조건이 맞으면 천재들은 장 팅겔리처럼 특정 장소에 끌리게 됩니다.

그 조건이 정확히 무엇인지는 아직 명확하지 않지만, [그림 3-5]의 클러스터처럼 창의성을 촉발할 수 있는 멋진 비즈니스 단지나 캠퍼스를 통해 천재 클러스터를 재현하려는 시도는 계속 있었습니다. 이러한 훌륭한 노력은 의심할 여지 없이 비즈니스 간 대화와 파트너십을 증가시키지만, 진정한 천재 클러스터를 인위적으로 만드는 것은 불가능할 수도 있습니다.

그림 3-5 벨기에 하셀트에 있는 저자 집 근처의 코다^{Corda} 캠퍼스. 크고 작은 사람과 기업이 함께 모여 아이디어를 키우는 비즈니스 커뮤니티에 초점을 맞춘 현대 기술 현장의 일례입니다. 요컨대, 천재 클러스터의 골격으로 설계된 많은 비즈니스 단지 중 하나입니다(출처: © Karel Hemerijckx).

게임 디자이너 팀 셰퍼Tim Shafer는 루카스 랜치[15]를 일하기 좋은 특별한 장소로 언급했는데, 아마도 창의적인 흐름을 가속화하기 위해 설계된 것으로 추정됩니다. 7장에서는 창의력을 자극하거나 차단하는 물리적 작업 환경에 대해 다룰 예정입니다.

도시 계획가와 건축가들은 도시학 이론가 리처드 플로리다Richard Florida의 저서 『The Rise of the Creative Class』(Basic Books, 2014)에서 다음과 같은 구절을 즐겨 인용하는데, 이는 앞서 언급한 와이너의 결론과도 일맥상통합니다. "인재 풀을 제공하는 것은 기업이 아니라 장소입니다." 그런데도 우리는 끊임없이 장소가 아닌 회사를 추앙합니다. 앞선 인용문이 **기업가 정신, 정책 검토, 전략**과 같은 용어와 비슷하다면 이제 유행어로 빙고 게임이라도 한판 벌여야 할 것 같군요.

클러스터 규모와 창의성

창의적인 결과를 촉진하려면 팀/카메라타/천재 클러스터의 규모가 크고 과감해야 할까요, 아니면 적당한 규모를 유지해야 할까요? 이 질문은 여러 변수에 따라 달라지기 때문에 답하기 어렵습니다.

창의성 연구자인 이유나You-Na Lee와 동료들은 한편으로 팀 규모가 참신성과는 역U자 관계를 갖지만, 다른 한편으로 영향력과는 비례하는 관계를 갖는다는 사실을 발견했습니다.[16] 따라서 일반적으로 규모가 지나치게 작거나 큰 팀은 창의적인 결과를 많이 내지는 않지만, 규모가 큰 팀은 더 많은 영향력을 발휘합니다. 물론 언제나 그렇듯이 예외도 있습니다.

이 조사는 산업계의 소프트웨어 개발자가 아닌 학계의 과학 팀을 대상으로 이루어졌다는 점에 유의해야 합니다. 다른 논문에서는 팀 규모가 너무 크면 그룹 내 갈등이 늘어나 다툼이 많아지고 생산적인 결과가 거의 나오지 않는다고 합니다.

이상적인 팀 규모는 어느 정도일까요? 스크럼 규칙에서는 7명 내외를 권장하지만, 스크럼은 창의성을 언급하지 않으며 단지 업무를 완수하기 위한 방법일 뿐입니다. 일반적으로 팀 규모가 작을수록 민첩성이 높아지고, 팀 규모가 클수록 커뮤니케이션 오버헤드가 증가합니다. 예를 들어 기술 기업의 니어쇼어링nearshoring 또는 오프쇼어링offshoring이라는 우려스러운 추세를 생각해 보세

---

15 옮긴이_ 샌프란시스코 북쪽에 있는 스카이워커 랜치를 의미하는데, 조지 루카스의 영화 제작 스튜디오다.

16 Lee, You-Na and Walsh, John P and Wang, Jian: Creativity in scientific teams: Unpacking novelty and impact, in Research Policy volume 44 number 3, Elsevier, 2015.

요.[17] 여러 (원격) 팀과 함께 일하고 동기화하는 즐거움(혹은 불쾌함)을 경험해 본 사람이라면 이 글을 읽으면서 고개를 끄덕일 것입니다.

EXERCISE 현재 업무 환경이 팅겔리의 말처럼 마치 물속의 물고기처럼 느껴지는 유동적인 네트워크와 비슷합니까, 아니면 자극이 거의 없고 아이디어의 흐름이 너무 적은 단단한 네트워크와 비슷합니까? 그렇다면 서로 다른 세계의 행복한 충돌을 촉진하기 위해 어떤 조치를 취할 수 있을까요?

3.3 시간 내 창의적인 작업

시간은 지리와 더불어 창의성을 촉진하거나 방해하는 또 다른 주요 요소입니다. 여러분의 창작물은 전문가들이 창의적이라고 판단할 때만 창의적 발상으로 받아들여진다는 점을 기억하기 바랍니다. 때로는 세상이 아직 여러분의 발명을 받아들일 준비가 되어 있지 않을 수도 있습니다. 마시멜로로 도로를 포장한다고 하면 지자체 직원들은 고개를 절레절레 흔들겠지만, 로알드 달Roald Dahl의 윌리 웡카Willy Wonka는 분명 그 노력을 인정할 것입니다.[18] 때로는 그처럼 뇌리에서 없어지지 않는 아이디어가 너무 진보적인 것으로 간주되기도 합니다.

사회학자이자 창의성 연구자인 피터 J. 반 스트라이언Pieter J. van Strien은 적절한 순간에 창조하는 것이 얼마나 중요한지 잘 알고 있습니다. 그는 저서 『The Creative Genius』[19]에서 역사책에 기록되지 못한 수많은 잘못된 천재들에 대해 한탄합니다. 그들이 몇 년만 더 기다렸다면 자신의 작품을 보여줄 수 있었을 텐데 말이죠.

세상은 시대를 앞서 등장한 기술 발명품으로 가득합니다. 1999년 출시된 비디오 게임 〈아웃캐스트Outcast〉를 예로 들어 보겠습니다. 이 게임은 비평가들의 호평에도 불구하고 판매량이 저조했고, 결국 이 게임의 개발사 어필Appeal은 속편 개발을 취소하고 파산 신청을 해야 했습니다. 출시 후 7년이 지난 2006년, 변동성이 큰 게임 업계에서는 매우 긴 시간이었지만 몇몇 언론인들

---

17 옮긴이_ 니어쇼어링과 오프쇼어링이라는 용어는 둘 다 업무를 외국으로 아웃소싱하는 것을 의미하는데, 니어쇼어링은 외국 중에서도 특히 근접 국가로 아웃소싱하는 경우를 일컫는 용어다.

18 옮긴이_ 로알드 달은 영국의 소설가이고 윌리 웡카는 그의 소설 찰리와 초콜릿 공장에 등장하는 천재적인 과자 발명가다.

19 Pieter J van Strien. Het creativieve genie: het geheim van de geniale mens. Amsterdam University Press, 2015.

은 당시에는 전례가 없던 3D 오픈 월드를 자유롭게 탐험할 수 있다는 점에서 〈아웃캐스트〉가 혁신적이라고 평가했습니다. 2001년, 〈그랜드 테프트 오토 3^{Grand Theft Auto III}〉는 이 컨셉을 그대로 이어받았습니다. 왜 그랬을까요? 1999년에는 아직 세상이 준비되지 않았기 때문입니다.

마이크로소프트 365나 Xbox 클라우드 게임과 같은 클라우드 기반 서비스가 새로운 발명품이라고 생각하시나요? 1994년 초에 세가 채널^{Sega Channel} 서비스가 동축 케이블 텔레비전 인터페이스를 통해 온라인 콘텐츠 전송 시스템을 시장에 처음 선보였습니다. 혁신적이라는 찬사를 받았지만, 출시 시기가 적절하지 않아 제품이 등장한 지 얼마 지나지 않아 사라지고 말았습니다. 아니면 최초의 텔레비전 기반 인터넷 사용의 시초가 된 90년대 중반의 셋톱박스 WebTV 시스템은 어떻습니까? 하이퍼미디어를 사용해 가상의 '카드' 더미를 연결한 1987년 애플의 하이퍼카드^{HyperCard} 소프트웨어는 어떤가요? 다시 말하지만, 웹(그리고 위키와 자바스크립트)은 이러한 개념을 도입하여 실행에 옮겼습니다.

루카스아츠의 여러 전직 멤버들은 〈원숭이 섬의 비밀〉을 만들 '적절한 시기'에 대해 고민했습니다. 당시 그들은 중세 배경 덕분에 〈매니악 맨션〉을 능가하는 판매량을 기록하고 있던 시에라 온라인^{Sierra On-Line}의 〈킹스 퀘스트^{King Quest}〉 시리즈와 경쟁하고 있었습니다. 루카스아츠는 SCUMM 엔진을 사용했기 때문에 스토리, 퍼즐, 그래픽에 더 많은 시간을 투자할 수 있었습니다. 시간을 되돌아보면 당시가 해적 게임의 적기라는 것을 알 수 있습니다.

만약 첫 번째 〈원숭이 섬〉 시리즈가 1년 정도 후에 등장했다면 시에라 온라인은 〈원숭이 섬〉 시리즈를 능가하는 게임을 만들어 냈을지도 모릅니다. 만약 이 아이디어가 론 길버트의 머릿속에 몇 년 전에 떠올랐다면, 하드웨어의 한계로 인해 〈원숭이 섬〉은 〈원숭이 마을〉이 됐을지도 모릅니다. 기회의 창은 언제나 그 크기가 작습니다.

이 책의 도입부에서 우리는 빈센트 반 고흐가 화가로서 생계를 꾸려가며 겪었던 불운에 대해 살펴봤습니다. 새로운 기법이나 아이디어는 우스꽝스러운 것으로 간주되어 즉시 거부되는 것이 예술의 전형적인 모습입니다. 조르주 브라크^{Georges Braque}와 파블로 피카소는 입체파가 제대로 된 예술 운동으로 자리 잡기까지 수년 동안 자신들의 시도를 반복했습니다. 비평가들을 설득하려면 보통 최소 10년의 끈기가 필요한데, 안타깝게도 반 고흐에게 10년은 너무 길었습니다.

하지만 때로는 한 세기가 넘게 걸리기도 합니다. 1866년에 그려진 나체 여성의 성기를 클로즈업한 귀스타브 쿠르베^{Gustave Courbet}의 「세상의 기원^{L'Origine du monde}」은 1988년 뉴욕에서 한 미래 지향적인 큐레이터가 일반 대중에게 공개하기까지 122년이 걸렸습니다. 그리고 그 당시에도 모든 사람에게 충격을 주었습니다. 이 그림을 의뢰한 사람은 집에 손님이 오면 이 그림을 가릴 목적으로 같은 크기의 전통적인 풍경화도 구입했다고 합니다. 큰 화를 불러일으키느니 차라리 숨기는 게 낫다고 생각한 거죠(그 작품의 사진을 차마 이 책에 넣을 용기가 없었는데, 독자 여러분은 아마 어디서 그 그림을 찾아볼 수 있을지 알 것 같군요).

암스테르담 시립 미술관에서 이탈리아의 현대 미술가 루치오 폰타나의 작품을 접하고 당황한 적이 있습니다. 캔버스 위에 깔끔하게 정리된 물감 획을 바라보는 대신 구멍을 바라보고 있는 제 자신을 발견했기 때문입니다. 폰타나는 이 캔버스를 '콘체토 스파지Concetto Spaziale'라고 부르는데, 날카로운 칼로 곡선을 그린 흰색 캔버스입니다. 이 작품은 그림에서 깊이를 표현하려면 평평한 평면 위에 무언가를 그려야만 한다는 생각을 거부합니다.

저는 펼쳐진 캔버스 앞에 서 있는 화가를 상상해 보았습니다. 집중하고 심호흡하는 모습을요. 아마도 그는 족히 한 시간 동안 거기 서 있었을 것입니다. 그러다가 갑자기 칼을 꺼내 캔버스를 가르고, 그 결과 캔버스 뒤 어둠의 일부가 드러나는 장면을 상상해 보았습니다.

저도 시도해 보려고 했는데 포기했습니다. 저는 아직 그런 작품을 그릴 준비가 되지 않았습니다.

3.3.1 채택 곡선

새로운 아이디어, 제품, 관행이 널리 퍼지려면 시간이 걸립니다. 이러한 사실은 1943년 잡종 옥수수의 확산에 관한 고전적인 연구를 발표한 농업 연구자 브라이스 라이언Bryce Ryan과 닐 그로스Neal Gross에 의해 널리 알려졌습니다.[20] 저자들은 새로운 옥수수 품종을 채택할 의향이 있는 농부와 그렇지 않은 농부를 분류하는 곡선을 그렸습니다. 이 연구는 다음과 같은 사실을 밝혀냈습니다.

- 새로운 옥수수 품종의 도입은 새로운 것을 시도해 보고자 하는 소수의 농부로부터 시작되었다. 이후 혁신은 다른 농부들에게 이어졌다.
- 가장 영향력이 큰 요인은 이웃 농부들이었다. 잡종 옥수수를 도입한 농부들을 보고 이야기를 나누면서 그들도 잡종 옥수수를 도입했다.

---

20 Bryce Ryan and Neal C Gross. The diffusion of hybrid seed corn in two Iowa communities. Rural Sociology, 8(1): 15, 1943.

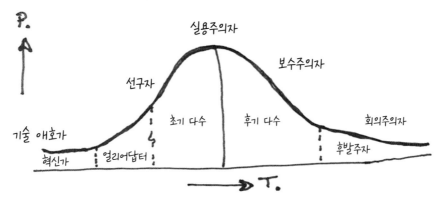

그림 3-6 혁신 곡선은 비즈니스와 마케팅에서 신제품이 점진적으로 채택되는 과정을 설명하기 위해 여전히 널리 사용됩니다. 이론적으로는 혁신가와 얼리 어답터가 초기 시장 및 후기의 성숙한 시장에서 승리할 수 있도록 돕습니다(이론적으로는 그렇습니다).

다른 연구자들도 관심을 갖기 시작했고 인식, 정보, 평가, 흔적, 채택 등 다양한 단계의 프로세스를 설명하는 자체적인 혁신 곡선을 그렸습니다. 소트웍스의 유명한 기술 레이더^{Technology Radar} [21]에 익숙한 프로그래머라면 이러한 용어를 확실히 알아볼 수 있을 것입니다.

본질적으로 왼쪽에서 오른쪽까지 전체 시장을 정복하는 데는 시간이 걸립니다. 때로는 혁신가들을 움직여 그들이 여러분을 대신해 계속해서 소문을 퍼뜨리도록 만드는 것도 좋습니다. 하지만 때로는 그룹 규모가 너무 작아서 그 방법이 효과가 없을 수도 있습니다. 사실 지난 70년 동안 라이언과 그로스의 채택 곡선은 상당한 비판을 받아 왔습니다. 입소문을 통해 확산되는 혁신은 절대 균일하지 않으며, 농부들을 한 카테고리에만 가둘 수는 없기 때문입니다.

이러한 결점에도 불구하고 채택 곡선은 새로운 시장에 진입할 때 여전히 널리 쓰이며 통찰력을 줍니다. 90년대 비디오 게임 〈아웃캐스트〉는 처음에 기술 애호가들의 마음을 사로잡지 못했고, 반 고흐의 그림은 인정받기까지 시간이 너무 오래 걸렸습니다. 이 책이 그래프의 어디쯤 도달할지 누가 알겠습니까?

> **EXERCISE** 여러분의 팀에서 특정 프로젝트에 사용할 신기술을 결정할 때 채택 곡선을 고려하나요? 얼리 어답터 또는 후발주자로서 무언가 결정하기로 선택한 뒤 후회한 적이 있나요? 여러분의 고객은 여러분이 출시한 최신 소프트웨어로 항상 업그레이드하는 편인가요 아니면 주저하는 편인가요?

---

21 https://www.thoughtworks.com/radar

3.4 창의적인 흐름이 방해받을 때

우리는 상상력을 키우기 위해 다른 사람에게 의지하는 것이 중요하다는 사실을 알고 있습니다. 거인의 어깨 위에 올라서기 위해서죠. 또한 이러한 거인들은 특정 장소에 모이기를 좋아한다는 것도 알고 있습니다. 마지막으로, 우리는 적절한 순간에 거인들을 만나야 합니다. 너무 일찍 만나면 우리의 아이디어를 수용하지 않을 것입니다. 너무 늦으면 다른 누군가가 우리의 계획을 훔쳐 갈 것입니다.

소프트웨어 엔지니어링에서 창의성의 역할을 조사하기 위해 인터뷰를 진행하는 동안 많은 프로그래머가 악몽과도 같았던 프로젝트를 기억하면서 가장 잘못된 점으로 팀 내(또는 팀 간) 조율을 꼽았고 소통의 필요성을 인식했습니다.

3.4.1 사회적 부채

행동 소프트웨어 공학 연구원인 데미안 탐부리Damian Tamburri는 소프트웨어 개발 팀의 잘못된 커뮤니케이션을 **사회적 부채**social debt라는 특별한 단어로 표현했습니다. 이 단어를 본 순간 가장 먼저 떠오르는 단어는 아마도 **기술 부채**technical debt일 것입니다.[22] 제가 「커뮤니티 관리에서 건축가의 역할」[23]이라는 학술 논문에서 사회적 부채라는 단어를 봤을 때 가장 먼저 떠올랐던 것도 바로 그 단어였습니다.

소프트웨어 개발자로서 우리는 오래된 코드나 레거시 코드로 작업할 때 기술 부채와 그로 인해 발생하는 많은 코드 문제를 잘 알고 있습니다. 운이 좋으면 코드 스멜[24]의 일부가 결국 기술적인 사용자 스토리로 변환되어 스프린트로 들어가 개선될 것입니다.[25] 하지만 운이 나쁘다면 코드 스멜은 또 다른 코드 스멜을 생산하고, 어느새 상황은 완전히 통제 불능인 상태로 바뀌어 있을 것입니다.

소프트웨어 개발자들은 항상 코드 스멜에 대해 이야기합니다. 우리는 이를 식별하고 제거하기

---

22 옮긴이_ 기술 부채란 쉽게 구현해서 작동은 하지만 확장성이나 유지보수성 등의 측면에서 문제가 많아 추후에 반드시 리팩터링을 해야하는 코드를 의미한다.

23 Damian A. Tamburri, Rick Kazman, and Hamed Fahimi. The Architect's Role in Community Shepherding. IEEE Software. 2016.

24 옮긴이_ 코드 스멜이란 버그와는 다른 의미로 당장 실행은 되지만 어떤 상황에서는 문제를 일으킬 소지가 있는 코드를 의미한다.

25 옮긴이_ 애자일 개발에서는 보통 2주간의 기간을 한 스프린트로 잡고 그 기간 내에 구현-테스트-배포의 사이클을 거친다.

위해 워킹 그룹과 앙상블 프로그래밍 세션을 구성하고, 『리팩터링(2판)』(한빛미디어, 2020)이나 『클린 코드』(인사이트, 2013)와 같은 책을 읽습니다. 하지만 문제의 소지가 다분한 코드를 제거하지 못한 채 오늘도 어쩔 수 없이 시간에 쫓겨 또 다른 '나쁘지만 편한' 코드를 작성합니다. 그리고 퇴근하고 집에 돌아와 남편이나 아내에게 그 상황을 불평할 것입니다. 하지만 소프트웨어 개발 문제는 여기서 끝나지 않습니다. 기술적 부채는 가장 명확하게 인식되는 문제일 뿐입니다.

코드 스멜과 기술 부채

명확히 하기 위해 몇 가지 정의를 다시 한번 정리해 보겠습니다. 기술 부채란 정확히 무엇일까요? 더 나은 기술적 접근 방식을 취했어야 하는데 '쉬운 방법'으로 일을 처리함으로써 발생하는 비용입니다. 제때 해결하지 않으면 '이자'가 누적되어 시간이 지남에 따라 코드를 개선하기가 점점 더 어려워집니다.

예를 들어 반복적으로 남용되지만 용인하고 넘어가다 보면 어느새 코드를 리팩터링하기에는 너무 늦어 버리게 되는 디자인 패턴 몇 가지를 예로 들 수 있습니다. 정적 변수의 남용과 같이 더 심각한 근본적인 문제를 초래할 수도 있는 코드를 코드 스멜code smell[26]이라고 부르는데 이 용어는 켄트 벡Kent Beck이 고안했지만 마틴 파울러Martin Fowler의 책 『리팩터링』을 통해 대중화되었습니다. 물론 일반 부채와 마찬가지로 기술 부채도 어떤 것들은 불가피한 측면이 있으며 또 모든 기술 부채가 개발자의 게으름 때문에 발생하지는 않습니다.

3.4.2 기술적 부채에서 사회적 부채까지

기술적 부채는 코드에 @TechnicalDebt라는 어노테이션annotation을 달 수 있지만, 개발 팀의 사회적 문제는 어떨까요? 우리 모두는 이것이 팀 성과에 심각한 영향을 미친다는 것을 알고 있습니다. 몇 가지 '단순한' 코드 스멜보다 훨씬 더 심각한 영향을 미치기 때문에 이것을 피하거나, 가능하다면 고쳐야 합니다. 또한 코드 스멜과 마찬가지로 커뮤니티 스멜community smell에 대해서도 암묵적으로 알고 있습니다. 커뮤니티 스멜은 (개발자) 커뮤니티에서 반복적으로 나타나 팀의 창의적인 노력에 부정적인 영향을 미치는 안티 패턴anti-patterns입니다.

---

26 옮긴이_ 일부 번역서는 '코드 악취'로 표기했지만, 이 책에서는 '코드 스멜'로 음차 표기했다.

저는 **사회적 부채**와 **커뮤니티 스멜**이라는 용어가 정말 마음에 듭니다. 이 두 용어가 이보다 더 유명한 용어인 **기술 부채** 그리고 **코드 스멜**과 완벽하게 어울리기 때문입니다. 데미안 탐부리는 논문에서 이 두 가지 스멜의 영향을 최소화하려 노력하는 협상가인 소프트웨어 아키텍트(또는 팀/개발자)의 '양치기shepherding' 역할에 대해 논의합니다.

3.4.3 커뮤니티 스멜

데미안 탐부리와 그의 팀이 많은 실무자와의 인터뷰를 통해 파악한 커뮤니티 스멜은 다음과 같습니다.

- **시간 왜곡**time warp : 커뮤니케이션에 필요한 시간을 줄여 주고 조정이 필요하지 않다고 잘못 생각하게 만드는 조직의 재구성. 그 결과 문제는 여전히 해결되지 않고, 코드 스멜이 있으며, 소프트웨어 품질은 저하됨.
- **인지 차이**cognitive distance : 물리적, 기술적, 사회적 수준에서 동료 간에 인지되는 차이로 불신, 오해, 시간 낭비를 유발함.
- **신규 팀원 무임승차**newbie free-riding : 신입 팀원을 혼자 남겨 두어 짜증과 높은 업무 부담을 유발하는 현상.
- **권력 간격**power distance : 책임감이 낮은 팀원이 권한을 더 많이 가진 팀원에 대해 인식하고 수용하고 기대하는 간격으로 지식 공유를 방해함.
- **비관여**disengagement : 확인되지 않은 가정과 참여 부족으로 인해 제품이 성숙하지 않은데도 출시할 수 있을 만큼 성숙했다고 생각하는 것.
- **까다로운 구성원** : 팀 내에서 극도로 까다롭고 무의미할 정도로 정확성을 추구하는 사람들로 인해 초래되는 불필요한 지연과 좌절감.
- **요리책 개발** : 요리사가 자신의 요리책에 있는 요리만 만들듯이, 자신의 방식에 갇혀 새로운 기술과 새로운 아이디어에 적응하기를 거부하는 프로그래머.
- **제도적 동일성** : 서로 다른 팀 간의 프로세스 및 프레임워크를 강제로 동일하게 만들려고 할 때 초래되는 유연성, 사기 진작, 협업의 저하를 가져옴.
- **과잉 커뮤니티** : 모든 것이 끊임없이 변화하는 지나치게 불안정한 아이디어 환경으로 인해 버그가 많은 소프트웨어를 생성.
- **데브옵스 충돌** : 개발 팀과 운영 팀의 엄격한 분리. 심지어 지리적으로도 분리되어 있어 문화적으로 충돌하고 신뢰 부족을 초래하는 경우.

- **비공식성 과잉**: 프로토콜의 총체적 부재로 인한 과도한 비공식성과 이로 인한 책임감의 저하.
- **비학습**: 오래된 직원들이 새로운 기술을 받아들이지 않아 새로운 지식과 관행이 사라지는 현상.
- **고독한 늑대**: 다른 사람의 의견을 고려하지 않고 독단적으로 행동하는 팀원.
- **블랙 클라우드**black cloud: 팀 내 또는 팀 간에 정보를 관리할 명확한 방법이 없는 상황에서 정보 과부하로 인해 잠재적으로 훌륭한 아이디어가 손실되는 경우.

저는 이러한 비유를 좋아하는데, 문제에 대해 실제로 이야기하기가 갑자기 훨씬 쉬워지기 때문입니다. 이 스멜들의 이름은 프로그래머들이 인터뷰 중 말한 내용을 분석하고 그룹화한 것에서 나왔다는 점에 유의해야 합니다. 어떤 것은 여러분이 매우 공감할 수 있고 어떤 것은 그렇지 않을 수도 있습니다. 팀의 고유한 상황을 고려하여 변형된 스멜이나 완전히 새로운 스멜을 쉽게 생각해 낼 수 있습니다.

이들이 창의성과 어떤 관련이 있는지 궁금할 수도 있습니다. 글쎄요, 전부 다 관련이 있을 겁니다! 정보와 리소스에 쉽게 액세스하는 것은 창의성을 표현하는 데 매우 중요합니다. 블랙 클라우드를 사용 중이거나 비학습 문제로 어려움을 겪고 계신가요? 불운한 상황입니다. 인지 차이와 시간 왜곡에 데브옵스 충돌까지 더해지면 팀 사기에 치명적인 결과를 초래할 수 있습니다.

심리학자들은 **개인** 및 **조직**의 창의성에 이어 **팀 창의성**이라는 연구 하위 영역을 상정하고 팀의 프로세스, 구성, 역학 및 방법을 창의적 결과와 관련하여 조사했습니다.[27] 그들의 결론은 무엇일까요? 과도한 갈등은 나쁘다는 것입니다.

코드 스멜에서 커뮤니티 스멜로 넘어가기란 어렵지 않으며, 커뮤니티가 저절로 만들어지지 않는다는 것도 누구나 알고 있습니다. 3.1절에서 언급했듯이 제시카 커는 훌륭한 개발 팀은 시마테시적symmathesized이라고까지 말했습니다.

제 개인적인 경험도 크게 다르지 않습니다. 우리는 기술이 아닌 사람과 함께 일합니다. 즉, 팀에서 프로그래밍할 때는 '단순한' 코드 스멜보다 커뮤니티 스멜에 더 많은 주의를 기울여야 합니다. 꼼꼼한 독자라면 많은 커뮤니티 스멜이 코드 스멜을 초래한다는 것을 눈치챘을 것입니다.

요즘 대부분의 소프트웨어 중심 콘퍼런스에는 사회 문제 트랙이 포함되어 있습니다. 소프트웨어

---

27 Ming-Huei Chen. Understanding the benefits and detriments of conflict on team creativity process. Creativity and innovation management, 2006.

엔지니어링의 사회적, 심리적 측면에 대한 관심이 어느 정도는 있지만 아직 충분하지는 않습니다. 이것이 제가 다시 학계에 복귀하고 궁극적으로 이 책을 쓰게 된 가장 중요한 이유입니다.

데미안 탐부리는 양 떼를 돌보는 양치기 역할을 하는 것이 소프트웨어 아키텍트의 주된 역할이라고 주장합니다. "우리는 항상 아키텍트가 단순한 '기술적 리더' 그 이상이라고 주장해 왔지만, 이제는 적극적으로 커뮤니티를 돌보는 목자가 되어야 합니다."

팀 내에서 한 사람에게만 이러한 책임을 명시적으로 부여하는 것은 위험하다고 생각하지만, 암묵적인 문제를 수면 위로 떠올리는 것만으로도 해결책의 시작점에 선다는 점에는 동의합니다. 하지만 팀에 좋은 분위기가 만들어지는 것은 아키텍트 한 명의 노력으로 되지 않습니다. 오히려 시스템과 상호 작용하는 모든 사람의 누적된 노력 그리고 모든 사람과 상호 작용하는 시스템의 결과물입니다. 그렇기 때문에 비기술 직군을 포함한 팀원 모두가 사회적 부채와 커뮤니티 스멜의 개념에 익숙해져야 합니다.

데미안의 학계 동료인 젬마 카탈리노[Gemma Catalino]의 연구는 데미안의 연구를 기반으로 합니다. 2021년, 그녀는 커뮤니티 스멜의 가변성에 대해 그녀의 팀이 이해하고 있던 내용의 논문을 발표했습니다.[28] 이 논문은 개념 자체에 대한 소개만큼 강력하지는 않지만, 제게 큰 공감을 불러일으킨 한 문장이 포함되어 있습니다. "소통은 사회적 부채를 줄이기 위한 핵심 요소다."

사회적 부채와 커뮤니티 스멜이라는 개념을 소프트웨어 엔지니어링 학계로부터 업계로 가져와야 합니다. 이 두 가지가 나타나는 곳이 개발 현장이고, 따라서 이런 개념을 인식하는 것은 너무나 중요합니다. 어쩌면 메모지에 @SocialDebt이라고 쓴 뒤에 팀 동료의 등 뒤에 붙이고 하루를 마무리할 수도 있습니다.

3.4.4 사회적 부채에서 벗어나기

팀에 기인한 문제를 식별하고 최소화하는 데 도움이 되는 수많은 책, 기사, 모범 사례, 방법, 모델, 통찰력, 실험, 이론이 있습니다. 여기서 군이 그 모든 연구를 요약하는 것은 별로 의미가 없습니다.

---

28 Gemma Catolino, Fabio Palomba, Damian Andrew Tamburri, and Alexander Serebrenik. Understanding community smells variability: A statistical approach. In 2021 IEEE/ACM 43rd International Conference on Software Engineering: Software Engineering in Society (ICSE–SEIS), 2021.

하지만 몇 가지는 이목을 끕니다. 예를 들어 인터뷰에 응한 프로그래머들은 책임감을 언급했습니다. 잘못된 행동에 대해 단순히 다른 사람에게 책임을 묻는 것이 아니라 그룹으로서 책임을 공유하는 것입니다. 행동 전문가이자 전 경영 컨설턴트인 크리스토퍼 에이버리Christopher Avery는 이 아이디어를 팀워크에 초점을 맞춘 **책임 프로세스**responsibility process로 확장했습니다.[29] 에이버리는 우리가 벗어날 수 없는 상황을 부정하거나 정당화하거나 비난하는 것을 멈추고, 대신 문제를 직시하고 그에 대해 무언가를 할 수 있도록 (공동) 책임을 지라고 가르칩니다.

책임을 공유하면 인지 차이, 권력 간격, 데브옵스 충돌, 비관여와 같은 커뮤니티 스멜을 최소화할 수 있습니다. 문제가 발생할 경우를 대비해 개발자에게 코드 변경과 함께 휴대폰 번호까지 입력하도록 요구하는 관행에 대해 읽어 본 적이 있습니다. 하지만 과연 효과가 있을지 의문입니다. 이런 식의 신뢰할 수 없는 방법을 시행하는 회사는 책임의 본질, 즉 책임이 공유된다는 사실을 잊은 듯합니다.

사회적 부채를 완화하는 또 다른 방법은 페어 프로그래밍을 효과적으로 사용하는 것입니다. 페어, 즉 짝Pair 프로그래밍을 통해 고독한 늑대, 비학습, 요리책 개발, 신규 팀원 무임승차와 같은 스멜 요소를 효과적으로 피할 수 있습니다. 즉, 팀은 짝을 교체하는 공동의 책임을 지기만 하면 됩니다.

페어 프로그래밍은 사회적 부채를 줄이는 데만 도움이 되는 것이 아닙니다. 장기적으로는 집단 학습을 통해 통찰력(아하! 순간: 이에 대해서는 7장에서 자세히 설명합니다)을 촉진하고, 두 사람이 함께 작업하면서 더 높은 품질의 코드를 작성하며, 업계의 숙련된 코더와 소프트웨어 공학 학생 모두에게 작업에 대한 행복감과 자신감을 높이는 효과 등을 기대할 수 있습니다.[30]

페어 프로그래밍이 프로그래머를 행복하게 만든다면, 그 행복감의 결과는 무엇일까요? 바로 창의력 향상입니다. 이에 대한 증거는 학술 및 대중 문헌에 많이 나와 있습니다. 기업들은 행복한 직원이 더 나은 성과를 낸다는 사실을 잘 인식하기 시작했습니다. HR 관리자가 갑자기 최고 행복 책임자Chief Happiness Officer로 승진하여 직장 내 행복 증진에 전념하는 경우도 있습니다.

하지만 고용주가 직원의 행복에 관심을 갖는 유일한 이유는 업무 성과, 즉 복잡한 문제를 해결할 수 있는 창의적인 능력 때문이라는 사실을 잊지 마세요. 행복과 창의성의 관계는 강화된 피

---

29 Christopher M Avery, Meri A Walker, and Erin O Murphy. Teamwork is an individual skill: Getting your work done when sharing responsibility. Berrett-Koehler Publishers, 2001.

30 Max O Smith, Andrew Giugliano, and Andrew DeOrio. Long term effects of pair programming. IEEE Transaction on Education, 2017.

드백 루프 기능을 가지며, 창의성이 높아지면 행복도 높아집니다. 미하이 칙센트미하이는 이를 다음과 같이 요약합니다.[31]

많은 사람에게 행복은 새로운 것을 창조하고 발견하는 데서 비롯됩니다. 따라서 창의력을 높인다면 웰빙도 높아질 수 있습니다.

> **EXERCISE** 앞에서 설명한 커뮤니티 스멜 중 현재 개발 팀과 관련하여 경종을 울리게 하는 요소는 무엇인가요? 그런 요소가 없다면 축하할 만한 일입니다. 여러분은 드림 팀의 일원입니다. 아니면 여러분의 팀에 숨어 있는 사회적 부채가 앞에서 살펴본 커뮤니티 스멜에 속하지 않는 다른 무언가일 수도 있습니다. 그렇다면 자유롭게 여러분의 팀에 숨어 있는 스멜을 찾아보기 바랍니다.

3.5 요약

- 집단적 창의성은 개인의 창의적 노력을 크게 높여 줍니다. 같은 생각을 가진 다양한 사람들과 함께 커뮤니티에 참여하여 자신과 다른 사람들의 작업에 대해 토론하고 개선하세요.
- 이러한 집단은 창의적인 지역 또는 천재 집단으로 유기적으로 모이는 경향이 있습니다. 천재 클러스터를 인위적으로 설계하기는 매우 어려운 것으로 입증되었습니다.
- 시간은 지리와 더불어 잠재적으로 창의성을 촉진하거나 방해하는 또 다른 주요 요인입니다. 혁신 곡선은 아이디어가 확산하는 데 시간이 걸린다는 사실을 알려줍니다.
- 상호 학습에 참여하는 행동은 단어에서 알 수 있듯이 교육생과 강사 모두에게 유익합니다. 상호 학습은 지식을 일방적으로 전달하거나 받는 것보다 훨씬 더 효과적입니다.
- 여러 영역과 그룹에서 아이디어를 주고받도록 노력하세요. 자신이 알고 있는 것에만 관심을 두지 마세요. 전문가를 찾아보세요. 시야를 넓히세요.
- 창의성은 체계적입니다. 창의성은 부분과 전체를 합친 것 이상의 복잡한 (살아 있는) 시스템입니다.
- 반향실 효과를 피하려면 다른 사람의 의견을 무비판적으로 반영하기보다는 비판적 피드백을 진정성 있게 제공하고 이를 환영해야 합니다.
- 일하거나 모임에 참석할 때 자신이 어떤 종류의 네트워크에 속해 있는지 염두에 두세요. 아이디어가 정

31 Mihaly Csikszentmihalyi. Happiness and creativity. The Futurist, 1997.

체되어 있나요(고체)? 빠른 속도로 서로를 쫓아 가느라 정신이 없나요(기체)? 아니면 효과적으로 확산되고 있나요(액체)?

- 소프트웨어 개발 팀의 창의적인 흐름은 사회적 부채로 인해 쉽게 방해받을 수 있습니다. 소통은 사회적 부채를 줄이기 위한 핵심 요소입니다. 커뮤니티 스멜을 식별하고 이름을 붙이는 것부터 시작하면 좋습니다.

제약 조건

이 장에서는 다음과 같은 내용을 다룹니다.

- 유익한 제약 조건의 종류
- 내재적 제약과 부과적 제약에 대처하는 방법
- 스스로 부과한 제약을 활용하여 창의력을 최대한 발휘하기
- 순진함이 창의성에 미치는 영향

고대 이집트의 나일강 삼각주 근처에 둥지를 튼 채 졸고 있던 새들이 낫으로 풀을 깎는 소리에 깜짝 놀랍니다. 태양의 열기가 견디기 힘들 정도로 뜨거워져 일하는 것이 악몽으로 바뀌기 전에 노동자들은 재빨리 파피루스 식물을 효율적으로 수확해야 합니다. 이 식물의 섬유질은 전문 파피루스 제작자들에 의해 종이와 유사한 귀중한 필기 재료로 전환되었습니다.

기원전 2세기, 프톨레마이오스 5세는 장인들에게 소중한 국가 생산품 중 하나인 파피루스의 수출을 중단하라고 즉각 명령했습니다. 그 이유는 알고 보면 단순하고 평범했는데, 바로 질투 때문이었습니다. 당시 미시아^{Mysia}(현 터키 서부)에 있던 페르가몬의 도서관은 알렉산드리아 대도서관과 경쟁하고 있었는데, 이 도서관이 왕의 심사를 불편하게 할 정도로 세력을 확장하고 있었기 때문이었습니다. 프톨레마이오스 5세는 알렉산드리아 대도서관의 명성과 권력을 어떻게든 지키고 싶었던 것이죠.

갑작스러운 파피루스의 부족 사태에도 불구하고 헬레니즘 제국의 왕 유메네스 2세는 페르가몬의 도서관을 확장하는 것을 멈추지 않았습니다. 그의 문학에 대한 갈망은 전임자들의 문학적 야망보다 훨씬 더 컸습니다. 파피루스 식물은 나일강 삼각주 외부에서는 잘 자라지 않으며 점토판을 사용하면 책 한 권의 용량이 크게 줄어듭니다. 유메네스의 전문가들은 포기하지 않고 동물의 가죽에 글을 쓰는 동양의 예술을 완성했는데, 이 방법은 당시까지만 해도 현지에서만 사용되었고 그다지 높이 평가되지 않았습니다.

프톨레마이오스의 묘수는 오히려 뼈아픈 실수로 판명되었습니다. 파피루스를 대신할 이 새로운 기술은 발명된 도시를 기념하기 위해 **양피지**(라틴어로 페르가메노^{pergameno})라고 불렸고, 파피루스 없이도 비교적 저렴하게 텍스트를 복사할 수 있게 된 양피지 덕분에 프톨레마이오스의 알렉산드리아는 정치적 권력을 더욱 잃게 됩니다.

21세기 후, 프랑스 남부 엑상프로방스 근처의 한 대저택에서 고독한 화가가 캔버스에 젖은 붓으로 빠르게 문질러 놓은 리드미컬한 스크래치에 매료되어 있었습니다. 폴 세잔은 매일 사과 바구니를 반복해서 그리는 연습을 통해 피사체를 단일 시점에서 여러 각도를 조합해 그리는 방식으로 점차 자신의 생각을 전환했습니다.

세잔은 하나의 캔버스에 다양한 구도의 그림을 그리는, 불가능해 보이는 시도를 했습니다. 1893년에 완성된 최종 결과물은 놀랍게도 균형 잡힌 듯 보이면서도 해체된disjointed 원근법이었는데, 이는 모두 조금씩 다른 시점을 사용하여 그려진 불균형한 부분들 때문이었습니다.

세잔의 「사과 바구니Le panier de pommes」는 선형적인 원근법을 극복하고자 한 작품입니다. 화가들은 수 세기 동안 공간과 깊이의 착각을 불러일으키기 위해 단일 시점을 사용해 왔습니다. 공간감을 표현하는 것은 다른 캔버스에 의존하지 않고는 불가능하다고 모두가 생각했습니다. 세잔의 그림은 포비즘, 특히 파블로 피카소와 조르주 브라크의 예술 운동인 입체파의 길을 열었기 때문에 세잔은 '현대 미술의 아버지'라는 칭호를 얻게 되었습니다.

그다음 세기의 마지막 언저리에, 텍사스 메스키트에 있는 사무실 공간인 블랙 큐브Black Cube는 기계식 키보드를 두들기는 소리로 가득했습니다. 디자이너, 프로그래머, 아티스트들로 구성된 소규모 팀이 전 세계를 강타할 비디오 게임을 개발 중이었습니다. 1992년, 미국 게임사인 이드 소프트웨어id Software의 개발자 팀이었던 존 로메로John Romero, 탐 홀Tom Hall, 샌디 피터슨Sandy Petersen, 존 카맥John Carmack, 데이브 테일러Dave Taylor, 아드리안 카맥Adrian Carmack, 케빈 클라우드Kevin Cloud는 〈둠DOOM〉을 개발 중이었습니다.

키 입력은 80386 IBM PC에 장착된 클래식한 베이지색 키보드가 아닌, macOS의 전신인 유닉스 기반 NeXTSTEP 운영 체제를 실행하는 NeXTstation 컴퓨터에 연결된 세련된 검은색 키보드를 통해 이루어졌습니다. 카맥과 그의 팀은 NeXT 하드웨어에서 크로스 컴파일을 하면 생산성이 크게 향상한다는 사실을 발견했습니다. 워크스테이션에는 더 많은 색상과 더 큰 해상도를 처리할 수 있는 17인치 모니터가 제공되어[1] 둠의 맵 디자이너들이 훨씬 더 빠르게 작업을 완료할 수 있었습니다.

카맥은 〈둠〉과 〈퀘이크Quake〉의 전체 개발 기간 동안 NeXT 컴퓨터에 10만 달러 이상을 지출

---

[1] 640×480 해상도를 갖춘 표준 14인치 모니터와 비교하면 1120×832픽셀 92 DPI는 이미 PC에서는 고급 사양으로 간주되었다. 이 놀라운 기술과 이드 소프트웨어가 이것을 어떻게 사용했는지에 관한 설명은 파비안 생글라르의 「게임 엔진 블랙 북: 둠」(한빛미디어, 2021)에서 더 자세히 찾아볼 수 있다.

했다는 점을 시인했습니다.[2] 많은 개발자와 디자이너에게는 '저렴한' NeXTstation조차도 예산을 훨씬 초과한 것이었습니다. 그럼에도 불구하고 높은 가격대는 이드 소프트웨어에 적합한 것으로 판명되었습니다. 기존 IBM PC를 워크스테이션으로 사용하지 않기로 한 이 회사는 1년여 만에 피비린내 나는 우주 마린 슈팅 게임을 개발해 출시 첫해에 수백만 달러를 벌어들일 수 있었습니다.

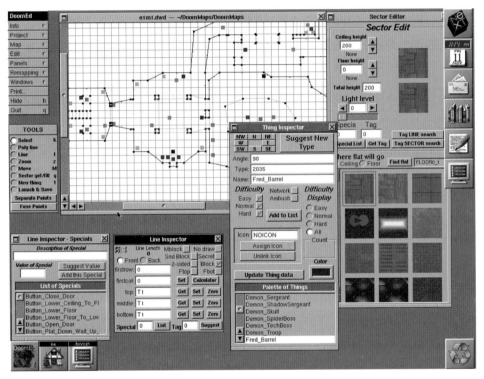

그림 4-1 2015년 〈둠〉 소스 코드의 공개 덕분에 가능해진 NeXT OS에서 실행되는 DoomEd 맵 에디터. NeXT 머신의 강력한 성능이 없었다면 2만 줄의 코드가 필요한 DoomEd 소프트웨어를 만드는 데 최소 두 배의 시간이 걸렸을 것입니다(스크린샷: Fabien Sanglard).

---

2 Fabien Sanglard. Game Engine Black Book: DOOM v1.1. Fabiensanglard.net, 2018.

4.1 제약 기반 사고

프톨레마이오스에 의해 파피루스 공급이 끊어진 것에 대한 유메네스의 반응, 여러 시점을 하나의 캔버스에 담아내고자 했던 폴 세잔의 고집, 개발 프로세스의 대부분을 NeXT 컴퓨터로 옮기기로 한 이드 소프트웨어의 결정 사이의 가장 큰 공통점은 무엇일까요? 세 가지 사례 모두 극복해야 할 과제가 있었고, 그 결과 급진적인 미래 지향적 발명품이 탄생했다는 점입니다.

이러한 도전은 **제약**으로 볼 수 있습니다. 페르가몬은 갑자기 파피루스에 대한 접근성을 잃었습니다. 그는 어떻게 학자들에게 종이를 공급하면서 도서관을 계속 지원하고 문화적, 정치적 영향력을 확대할 수 있었을까요? 세잔은 한 캔버스에 두 개의 유효한 지점을 그리겠다고 고집했습니다. 비슷하지만 서로 다른 두 시점을 표현하기 위해 캔버스 하나의 여백을 어떻게 채울 수 있었을까요? 카맥과 그의 팀은 해상도가 낮고 속도가 느린 하드웨어로 작업하는 것을 거부했습니다. 기술을 활용하여 하드웨어의 한계를 (부분적으로) 줄이는 방법은 무엇이었을까요?

창의성을 발휘하는 데 있어 제약은 가장 중요한 요소입니다. 이러한 제약은 하나의 캔버스에 고집스럽게 그림을 그렸던 세잔처럼 스스로 부과할 수도 있습니다. 후대의 예술가들은 차분한 색상 팔레트를 고수하거나, 직사각형만 그리거나, 물감을 전혀 사용하지 않는 등 이러한 방식을 자주 사용합니다. 음악가와 사진작가도 종종 동일한 제약 기법을 사용하여 진정으로 독특한 예술 작품을 만듭니다. 반면에 제약은 '강요된' 것일 수도 있는데, 이런 경우에는 주어진 것을 가지고 작업하거나 그 제약에서 벗어날 방법을 찾아야 합니다.

제약의 영향을 받은 프로세스의 최종 결과는 매우 진보적일 수 있습니다. 제약이 없으면 창의성도 없습니다. 제약은 3장의 집단 창의성과 마찬가지로 창의적으로 문제를 해결하려고 할 때 고려해야 할 여러 가지 중요한 요소 중 하나입니다. 19세기 소설가이자 과학자인 요한 볼프강 폰 괴테는 이에 관해 예리하게 관찰했습니다. "위대한 일을 하려는 사람은 절제해야 합니다. 방만하지 않고 절제해야 비로소 마스터master가 될 수 있으며, 법만이 우리에게 해방을 줄 수 있습니다." 여러분도 언젠가 레거시 코드와 조잡한 기존 데이터베이스 시스템으로 작업해야만 할 때가 온다면 이 점을 기억하기 바랍니다.

4.1.1 그린필드 또는 브라운필드

제약은 창의성을 크게 높여줍니다. 제약 조건은 나쁜 것으로 널리 알려져 있기 때문에 제약으로 인해 창의성이 오히려 향상한다는 것은 우리의 직관과는 맞지 않는 것처럼 보일지도 모르겠습니다. '시간도 없고 비용도 너무 적습니다', '이런 야심 찬 소프트웨어 프로젝트를 하라고 하면서 압박이 너무 심하고 사용할 수 있는 하드웨어도 너무 제한적인 거 아닙니까?', '이런 구식 소프트웨어 아키텍처로 새로운 레이어를 구축하라고요?', '자바 버전이 너무 낮아서 프로그래밍 작업이 불편하군요', '초당 요청이 너무 많아서 이걸 문제 없이 잘 처리하기는 어렵다고요', '네트워크 연결이 너무 불안정하고 대역폭도 너무 적어서 느려터졌군요'. 팀에서 이런 종류의 제약 조건에 대한 불평을 수도 없이 들을 수 있습니다.

그린필드greenfield라고 불리는 프로젝트에서 일하는 것은 분명히 재미있고 창의적일 수 있습니다. 멋진 신기술을 선택할 수 있고, 개발 작업과 배포 파이프라인에 사실상 제약이 없습니다. 무엇보다도, 중요하다는 이유로 들어내지도 못한 채 가지고 있어야만 하는, 오래전에 작성된 썩은 코드를 기반으로 작업해야 하는 불편함이 없습니다. 훌륭하죠!

반면에 이렇게 깨끗한 백지상태에서 시작할 수 없는 **브라운필드**brownfield 프로젝트는 처리해야 하는 제약 덕분에 더 창의적인 행동을 유발할 가능성이 높습니다. 저는 브라운필드 프로젝트가 재미있다고 주장하는 것이 아니라, 제약이 오히려 좋은 요소로 작용할 수 있다는 점을 설득하려는 것입니다. 두 가지 유형의 소프트웨어 프로젝트 중 어떤 쪽을 더 자주 접하게 될까요?

이는 개발자 인터뷰에서도 잘 드러납니다. 몇몇 참가자는 어떤 형태의 제약도 없이 문제를 해결하면 결국 지루함을 느낀다고 말했습니다. 답답하지만 흥미진진한 마감일이나 설득해야 할 관리자, 성가시지만 고려해야 할 고객의 소중한 피드백도 없습니다. 언제든 원하는 시간에 원하는 일을 할 수 있습니다. 이렇게 일하면 재미있을 것 같습니다, 그렇죠? 처음 몇 주 동안은 재미있을지 모르겠지만 시간이 지나면서 곧 지루해질 것입니다.

소프트웨어 개발 학습: 그린필드 아니면 브라운필드

고등 교육 기관에서 소프트웨어 엔지니어링 학생들에게는 일반적으로 깔끔하게 사전 처리되고 신중하게 정의된 프로그래밍 문제, 즉 소규모 그린필드 프로젝트가 제공됩니다. 구문을 훈련하는 것이 목표라면 이 방법이 효과적입니다.

하지만 현실 세계에서 디자인 패턴을 적용하는 방법, 대규모 소프트웨어 프로젝트에 대처하는 방법, 무엇보다도 기존 제약 조건을 영리하게 활용하여 창의적인 솔루션에 도달하는 방법을 배우는 것이 목표라면 이런 방식은 적합하지 않습니다. 50년간의 소프트웨어 엔지니어링 역사를 분석한 마이크로소프트의 베테랑 엔지니어인 애덤 바는 바로 이러한 이유로 학계에서 실제 오픈소스 프로젝트를 사용해야 한다고 주장합니다.

그럼에도 불구하고 컴퓨팅 교육 연구는 이를 외면하고 그린필드 접근법을 충실히 연구하고 적용하는 데만 몰두하고 있습니다. 저도 이 점에 있어서 잘못이 있음을 인정합니다. 그린필드 실험실에서 실습하는 것이 아이디어를 내고, 유지하고, 채점하기가 더 쉽기 때문입니다.

이 이야기는 흥미로운 사고 실험이 될 수 있습니다. 주니어 프로그래머나 인턴을 어떻게 교육하나요? 이들에게 아무것도 잘못될 수 없고 제약 조건에 관해서는 배울 것이 거의 없는 독립된 놀이터를 따로 제공하나요? 아니면 경험이 많은 동료와 함께 코딩하면서 제약 조건을 적절하고 창의적으로 처리하는 방법을 배울 수 있을까요?

제약 조건이 일반적으로 나쁜 것이라면 왜 그렇게 많은 혁신가와 아티스트가 기꺼이 제약 조건을 채택하는 걸까요? 그들은 제약을 활용하여 '상자 바깥에서 생각하기[3]'를 통해 돌파구를 마련합니다. 창의성과 제약의 관계를 더 잘 이해하기 위해 몇 가지 제약의 원형을 살펴봅시다.

4.1.2 제약의 종류

다음 절과 하위 절은 합리성과 제약을 전문으로 연구하는 노르웨이의 사회 및 정치 이론가인 욘 엘스터Jon Elster의 분류법을 적용해 구성했습니다. [그림 4-2]에서 볼 수 있듯이 그의 유용한 제약 조건 분류법을 통해 창의성 학자들뿐만 아니라 우리도 중대한 의사 결정에 있어 가장 중요한 제약이 무엇인지에 대해 더 많은 통찰력을 얻을 수 있습니다.

모든 제약이 당면한 작업에 유익한 것은 아니지만, 소프트웨어 개발에서 창의적인 문제 해결을 목적으로 하는 우리는 그런 제약에만 관심이 있습니다. 엘스터는 당사자가 의도적으로 선택하진 않았음에도 불구하고 여하간의 이점을 제공하는 제약 조건을 **부수적**incidental 제약이라고 부릅니다. 반면에 어떤 창의적인 이익을 위해 스스로 부과하는 제약을 **본질적**essential 제약이라고 부릅니다. 그리고 이들 제약 조건은 **하드**hard(물질적, 기술적, 재정적) 제약과 **소프트**soft(관습) 제약으로 다시 구분할 수 있습니다.

---

3 옮긴이_ 정해진 룰이나 관습에서 벗어나 생각한다는 의미다.

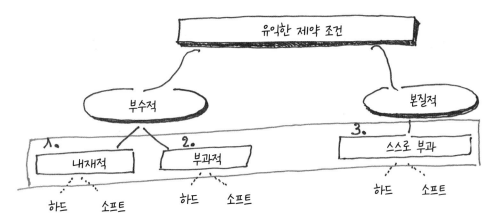

그림 4-2 엘스터의 저서 『Ulysses Unbound』[4]에서 발췌한 유익한 제약 조건의 분류

가장 중요한 개인의 자유는 스스로 부과한 본질적 제약에 속합니다. 하지만 먼저 부수적 제약의 두 가지 범주인 내재적 조건과 부과적 조건을 자세히 살펴보겠습니다.

> **EXERCISE** 소프트웨어 개발자로서 현재 작업의 모든 제약 조건을 일관되게 파악하고 있습니까? 부수적 제약에 대해서는 본질적 제약과 다른 창의적인 사고방식으로 접근하고 있습니까? 그렇다면 그 이유는 무엇이라고 생각합니까?

4.2 내재적 제약 조건

가장 분명한 제약 조건인 내재적 제약 조건은 특정 작업이 속해 있는 문제의 속성에 내재되어 있습니다. 캔버스에 그림을 그리는 화가의 경우 (종류에 상관없이) 캔버스의 물리적 재질과 물감이 내재적 제약 조건입니다. 프로그래머라면 자바스크립트든 어셈블리 계열의 언어든 상관없이 코드로 작업해야 하지만 원리는 동일하게 유지됩니다. 현대 미술을 코드로 변환하는 페인트 코드 이미지 인식기를 개발하지 않는 한, 캔버스에 아크릴 튜브를 뿌린다고 해서 소프트웨어가 만들어지지는 않습니다.

---

4 Ulysses Unbound: Studies in Rationality, Precommitment, and Constraints. Cambridge University Press, 2000.

내재적 제약은 부수적 제약으로 간주되며, 단순히 존재한다는 이유만으로 우리는 그 제약과 함께(또는 그 주변에서) 작업해야 합니다.

4.2.1 하드웨어 제약 조건

〈둠〉 팀은 값비싼 NeXT 하드웨어에 투자함으로써 당시 일반적인 IBM PC 하드웨어에 얽매인 내재적인 제약을 벗어나고자 했습니다. 물론 쿼드 코어 CPU는 아직 발명되지 않았고, NeXT 마더보드는 기가바이트의 DDR RAM 슬롯이 제공되지 않는 등 여전히 본질적인 제약은 어떤 형태로든 있었습니다. 컴퓨팅이라는 놀라운 세계에서 이러한 제약 조건은 끊임없이 개선되지만 완전히 사라지기는 어렵습니다.

당대의 하드웨어의 단점을 수용한 게임 스튜디오도 있습니다. 예를 들어 2장에서 살펴봤던 루카스아츠의 〈원숭이 섬〉 시리즈는 픽셀화된 아트 스타일이 특징입니다. 이는 개발 팀이 차분한 컬러 팔레트로 작업하기로 했기 때문이 아니라 하드웨어의 한계 때문이었습니다.

1984년, 강화 그래픽 어댑터Enhanced Graphic Adapter, EGA가 당시 표준화된 CGA 그래픽 디스플레이 시스템을 대체하여 IBM PC에 탑재되었습니다. 8비트 ISA EGA 카드는 보통 최대 64KB의 작업 메모리를 가졌습니다. 오늘날로 치면 기가바이트급입니다! 도터 보드는 RAM을 확장하여 더 높은 해상도(640×350)를 구현할 수 있었지만, EGA는 팔레트가 고정된 16가지 색상으로만 디스플레이를 구현했습니다.

16가지 색상이랍니다. 16이라는 숫자를 이해하기 위해 잠시 생각해 봐야겠군요. 그럼에도 불구하고 〈원숭이 섬의 비밀〉은 교묘하고 어두운 배경 렌더링 덕분에 매우 카리스마 넘치는 게임입니다. 당시 루카스아츠의 아티스트 중 한 명이었던 마크 페라리Mark Ferrari는 디더링dithering 기법을 통해 EGA라는 내재적 제약을 극복하는 방법을 찾아냈습니다. 그는 바둑판 패턴으로 색상을 번갈아 가며 픽셀을 그림으로써 더 넓은 색상 범위가 눈에 더 잘 띄는 착각을 불러일으키는 방식을 사용했습니다. 투박한 90년대 초의 모니터는 CRT의 자연스러운 픽셀 블렌딩 경향 덕분에 디더링 효과를 더욱 확대했습니다.

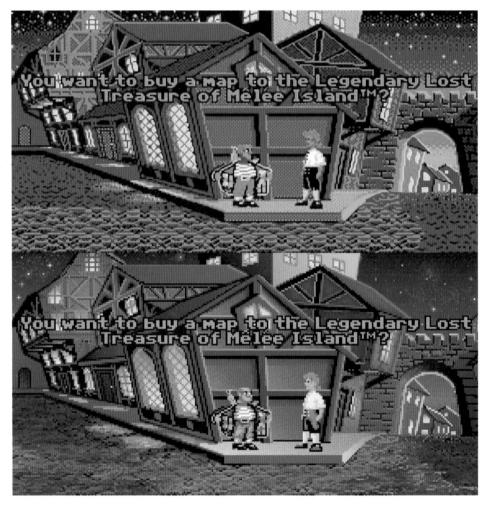

그림 4-3 〈원숭이 섬의 비밀〉의 첫 장면 중 하나. EGA(위)와 VGA(아래)로 촬영한 모습. 연석 주변, 가이브러시 뒤의 집, 하늘을 자세히 보면 약간의 차이와 바둑판무늬를 확인할 수 있습니다. 풍부한 야경 덕분에 더 큰 컬러 팔레트의 필요성을 줄일 수 있었는데, EGA의 블루 틴트는 작업하기에 가장 유연했기 때문입니다. 후속작인 〈원숭이 섬의 비밀 2: 리척의 복수〉에서는 VGA의 256가지 색상을 완전히 수용하여 훨씬 더 밝아졌습니다.

〈룸〉은 전체 디더링 처리를 받은 최초의 게임이었기 때문에 마크는 원숭이 섬의 풍경을 구현하면서 이 기술을 더욱 완벽하게 구현할 수 있었습니다. 개발 팀은 디더링 그래픽을 압축해 더 큰 장면과 캐릭터 아트를 구현할 수 있는 방법을 찾아냈습니다. 출시 당시인 1990년 10월에는 새로운 하드웨어가 여전히 매우 비쌌지만, VGA 그래픽이 EGA를 대체할 수 있었습니다. 구형 EGA 기반 IBM PC에서 어드벤처 게임을 플레이하던 많은 사람은 자신의 컴퓨터가 하룻밤

사이에 업그레이드되었다고 생각했습니다. 하드웨어의 한계에도 불구하고 하드웨어를 창의적으로 사용하여 제약을 극복한 덕분에 VGA처럼 보였습니다. 결국 256컬러를 지원하는 원숭이 섬의 VGA 버전이 출시되어 배경과 캐릭터 아트를 더욱 발전시킬 수 있게 되었습니다.

마크는 원숭이 섬을 '디더링된 EGA 아트워크의 박사 학위 논문'이라고 부르며,[5] 팀의 창의적인 결과물을 만들어 낸 제약 조건에 감사했습니다.

> 이러한 모든 극단적인 제약은 작업하기에 매우 창의적인 환경을 조성했습니다. 자신이 가진 아이디어를 어떻게 해야 최대한으로 발전시킬 수 있을지 고민해야 했거든요.

마크 페라리의 이와 같은 언급은 DPaint로 한 픽셀 한 픽셀 정성스럽게 그려낸 노력을 보여주는 것은 물론이고, 갑작스러운 창의력의 폭발은 내재적 제약에 의해 전파된다는 것도 증명합니다. 마크는 DPaint 툴을 능숙하게 다루면서 불타는 모닥불에 애니메이션을 적용하고 반사된 불빛이 배경의 바위에 춤을 추게 하는 스마트 컬러 사이클링과 같은 더욱 창의적인 기법을 원숭이 섬에 도입했습니다.

마크 페라리와 함께 컬러 사이클 깨기

EGA, DPaint 혹은 마크의 경력에 대해 더 자세히 알고 싶다면 레트로 티 브레이크[Retro Tea Break] 인터뷰(https://youtu.be/e-aJ8YNSYGs)를 시청하세요. 닐 토머스[Neil Thomas]의 『Selected Interviews Vol. 1』(RMC, 2020)에서 한 개의 장으로도 볼 수 있습니다. 그는 '이전에 했던 방식으로 돌아가는 것'으로 자신의 경력을 한 줄 요약했습니다. 이 인터뷰는 우연한 창의성과 이전 장의 천재 클러스터 개념에 대해서도 다루고 있습니다.

4.2.2 소프트웨어 제약 조건

특정 미디어로 작업하여 자신을 표현할 때, 내재적 제약은 원하든 원하지 않든 예술적 결과물을 만들어 내는 데 도움이 됩니다. 예를 들어 페인트의 종류에 따라 고유한 모양이 있을 뿐만 아니라 그림 그리는 방법, 수분의 양과 내광성, 일관성 등에 따른 지속성 등이 달라집니다. 아

---

[5] Retro Gamer 212, The Legacy of Monkey Island, 24p.

크릴 물감은 빨리 마르고 불투명하기 때문에 어두운 색에서 밝은 색으로 칠할 수 있지만 수채화 물감은 그 반대입니다.

소프트웨어에도 같은 원리가 적용됩니다. 소프트웨어를 작성하려면 키보드와 같은 주변기기를 사용하여 기호를 입력하고 컴파일(또는 인터프리트)을 위한 명령을 실행하는 등 소프트웨어 개발 생태계의 본질적인 범위 내에서 작업해야 합니다. 캔버스에 코드를 그린다고 해서 마술처럼 이것이 컴파일되고 실행될 것이라고 기대하지 않습니다.

컴퓨터에 작동 방법을 알려주려면 일련의 지침이 필요하며, 이는 소프트웨어 개발의 본질적인 요소입니다. 프로그래밍 언어는 개발자가 자율적으로 선택할 수도 있고 그렇지 않을 수도 있지만(자율적 제약), 더 큰 차원에서 보면 둘 다 소프트웨어 개발의 본질에 부합해야 합니다. 먼저 다른 사람이 특정 프로그래밍 언어를 사용하라고 지시하면 어떤 일이 발생하는지 살펴봅시다.

> **EXERCISE** 프로그래머의 일상적인 업무에서 어떤 제약이 업무와 본질적으로 연결되어 있을까요? 이러한 제약에 맞서 싸우는 대신 창의적으로 해결할 수 있는 방법을 찾아낼 수 있나요? 예를 들어 일부 임베디드 운영 체제는 자체적으로 스레딩을 지원하지 않습니다. 커널 공간이 아닌 사용자 공간에서 실행되는 코루틴과 유사한 **그린 스레드**green thread(예: Go, Lua, PHP, Perl)는 스레드를 에뮬레이트함으로써 이 단점을 해결합니다. 마치 마크 페라리가 EGA의 제한된 색상 팔레트를 해결한 것처럼 말이죠.

4.3 부과적 제약 조건

내재적 제약은 작업하기로 선택한 자료에 내재되어 있는 제약이지만, 부과적 제약은 이해당사자로부터 발생하는 제약입니다. 본질적으로 이러한 제약 조건은 동일하지만, 이번에는 내가 자료를 선택하는 것이 아니라 다른 사람이 선택한다는 점이 다릅니다. 고객은 다음 주 화요일까지 문제를 해결하기를 원하며, 그 이후에는 (PHP를 사용하는) 유지보수 팀이 인수인계해야 하므로 PHP로 처리해야 합니다. 예산, 시간, 효율성, 관련성 등 여러분이 어려움을 겪는 대부분의 전형적인 프로젝트에서 경험한 제약 조건이 이 범주에 속합니다.

내재적 제약과 부과적 제약의 차이는 미미해 보입니다. 어느 쪽이든 제약은 여전히 부과된 것이며 자유롭게 선택할 수 있는 것이 아니기 때문입니다. 하지만 그 심리적 결과는 팀에 큰 영향을 미칩니다. 우선, 내재적 제약의 경우 (거의) 아무도 불평하지 않습니다. 80년대 PC 개발자라면 수백 킬로바이트의 RAM과 EGA와 같은 매우 제한된 하드웨어 성능으로 작업했습니다. 그 외에는 아무것도 없었습니다. 숙련된 프로그래머이고 2022년 방식에 관심이 있다면 최신 프로그래밍 언어, CQRS, 도메인 중심 디자인 등을 살펴보고 있을 것입니다. 기존의 수평적으로 분할된 PHP 시스템을 확장해야 하고, 노후화된 SQL 데이터베이스를 사용해야 하는 상황은 그다지 창의적이지도 않고 동기 부여도 되지 않습니다.

그렇다고 오래된 프로젝트에 최신 모범 사례를 적용하는 것이 불가능하다는 뜻은 아닙니다. 예를 들어 과거 한 프로젝트에서는 끝없이 많은 오라클 SQL 저장 프로시저로 구현된 난해한 도메인 로직을 이해하느라 애를 먹었던 적이 있습니다. '프로그램'인 C++ 계층은 '도메인 계층'인 저장 프로시저를 통해 데이터를 저장하기 위해 계속해서 데이터를 변환하기만 하는 빈 상자에 불과했습니다. 완전히 낙담한 상태에서 테스트 중심 개발을 적용할 수도 없다는 생각에 우울한 마음으로 SQL문을 분석하던 중에 SQL 디벨로퍼^{SQL Developer}에서 PL/SQL 문을 단위 테스트할 수 있다는 것을 발견했습니다. 명령줄 유틸리티 도구를 사용하면 빌드 시스템에 통합할 수도 있었습니다!

하지만 기쁨은 오래가지 않았죠. 팀에서 단위 테스트의 이점을 깨달은 사람은 저 혼자뿐이었고, 다른 사람들을 설득하려는 저의 미약한 시도는 실패로 돌아갔습니다. 6개월 후, 팀원들의 진전 없는 태도에 좌절감을 느낀 저는 결국 팀을 떠났습니다. 창의성을 발휘하려면 관련된 모든 사람의 공통된 의지가 필요합니다.

또 다른 프로젝트는 비주얼 베이직 6를 사용하여 구축한 무거운 클라이언트 소프트웨어 시스템을 점진적으로 C# 기반의 최신 웹 브라우저 기반 설루션으로 마이그레이션 하는 것이었습니다. 두 시스템 모두 유지보수가 필요했고, 소프트웨어는 복잡한 급여 시스템이었기 때문에 다양하고 새로운 법규가 만들어질 때마다 이를 준수하기 위해 레거시 시스템을 변경해야 하는 경우가 종종 있었습니다. VB6 코드베이스에서 무슨 일이 일어나고 있는지 아는 직원은 몇 명 남지 않았습니다. 폭탄 돌리기 혹은 젠가 게임을 하는 듯한 아슬아슬한 기분이었습니다. 폭탄이 내 손에서 터지거나 잘못된 조각을 뽑는 순간 모든 것이 무너져 버리죠.

이런 상황에서 SimplyVBUnit이 해결사 노릇을 했습니다. 약간의 손질 끝에 완전히 통합되지는 않았지만 작동하는 시스템을 만들 수 있었고, 코드 변경 사항을 비주얼 소스세이프^{Visual}

SourceSafe, VSS에 체크인할 수 있을 정도로 자신감이 높아졌습니다(그림 4-4). 아래 예로 든 것과 같이 단위 테스트 코드도 NUnit의 영향 덕분에 가독성이 상당히 높아졌습니다.

```
Public Sub MyTestMethod_WithSomeArg_ShouldReturn45
    Dim isType As Boolean
    isType = MyTestMethod(arg1)

    Assert.That isType, Iz.EqualTo(45)
End Sub
```

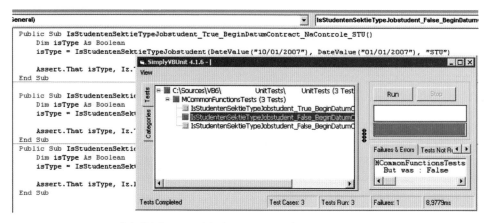

그림 4-4 SimplyVBUnit에서 실행되는 VB6 단위 테스트의 일부 사례(http://simplyvbunit.sourceforge.net).

몇 년 전, 한 직장 동료가 전형적인 데이터 전송 객체[Data Transfer Object, DTO] 관행과 수명 주기 관리에 지쳤다고 말했습니다. '우리가 하는 일이라곤 한 계층에서 다음 계층으로 변환하는 것 말고는 없어요'라고 그는 말했습니다. 데이터가 저장되기 전 마지막 단계는 아마도 또 다른 약어로 표현되는 또 다른 데이터 계층인 객체 관계형 매핑[Object-Relational Mapping, ORM]일 것입니다. 그는 말을 이어 나갔습니다.

> 우리는 하이버네이트[6]의 경고 메시지와 끝없이 지연 로드되는 일대다 매핑 어노테이션이 제대로 작동하지 않는 것에 지쳤습니다. 왜 우리는 항상 아무 생각 없이 이러한 종속성을 가져오는[import] 것일까요? 결국에는 첫 번째 계층에서 바로 데이터베이스에 저장하기로 했고 바로 그렇게 했습니다.

---

6 옮긴이_ 하이버네이트(Hibernate)는 ORM 중 가장 대표적인 것으로 자바에서 사용되나 NHibernate와 같이 C#을 위한 변형도 있다. 스프링 및 스프링 부트는 JPA의 기본 구현으로 하이버네이트를 사용한다.

간단한 직렬화였죠. 그리고 그것은 놀랍게도 잘 작동했습니다![7]

NoSQL 시스템으로 작업할 수 없을 때는 SQL 인스턴스를 문서 저장소라고 가정하세요.[8] 데이터 마이그레이션 문제를 고려하는 것을 잊지 마세요.

부과적 제약 조건에 대한 부정적 관점을 좀 더 긍정적으로 바꾸도록 노력해 보기를 바랍니다. 예를 들면 리소스가 제한되어 있고, 아이디어가 쉽게 거부되고, 따라서 창의성이 억압된다는 생각 대신, 제한된 리소스로도 작업할 수 있고, 아이디어는 어쩌면 좀 더 숙고해야 할 필요가 있으며, 따라서 창의성은 당연한 것을 넘어선다는 생각으로 전환해 보면 어떨까요? 제약 조건이 반드시 우리를 구속하는 것은 아닙니다!

> **EXERCISE** 현재 어떤 제약 조건에 따라 작업해야 하나요? 이러한 제약이 내재적이지 않고 부과적인 조건인 이유는 무엇이라고 생각하나요? 어떤 제약 조건이 여러분의 머리카락을 쥐어뜯고 싶게 만드나요? 여러분과 여러분의 팀은 이러한 제약에 어떻게 대처하고 있나요?

4.4 스스로 부과한 제약 조건

제약 기반 사고가 창의성을 촉발하는 흥미로운 방법이지만, 창의성 및 디자인 연구자들은 내재적 제약과 부과적 제약을 여전히 부수적인 제약 조건으로 간주합니다.[9] 반면, 창의적 프로세스의 제약 전문 연구자인 마이클 모세 비스크야르^{Michael Mose Biskjaer}는 욘 엘스터의 유익한 제약 분류법을 발전시켰는데, 그에 따르면 스스로 부과한 제약은 본질적인 제약 조건으로 볼 수 있습니다. 이러한 유형의 제약 조건은 창의력을 높이고 독창적인 작품을 발명하는 등 기대되는 이익을 위해 의도적이고 자발적으로 부과됩니다.

---

7 옮긴이_ 지나치게 많은 계층으로 나누는 것도 문제지만, 여기서처럼 중간의 계층을 모두 생략하고 바로 지속성 계층으로 넘어가는 것이 바람직한 패턴은 아니다. 저자가 여기서 강조하고자 하는 요점은 생각의 전환, 즉 불필요함에도 당연하게 받아들였던 다계층 구조를 단순하게 만든 것이다.

8 옮긴이_ NoSQL은 관계형 데이터베이스의 레코드에 해당하는 개념을 문서라고 부른다. 즉 문서는 한 레코드로 생각하면 된다.

9 Michael Mose Biskjaer & Kim Halskov. Decisive constraints as a creative resource in interaction design. Digital Creativity, 2014.

그는 스스로 부과한 창의성 제약에 관한 학위 논문에서 이 개념을 명확히 설명합니다.[10]

> 1920년대 전후의 수많은 고전 및 현재의 아방가르드 운동은 신성한 영감과 천재성이라는 개념을 버린 채 스스로 부과한 제약에 기반하여 매우 혁신적이고 효율적인 여러 가지 창의적 개입 기법을 개념화하고 고안하고 적용했습니다. 장애물, '트립와이어',[11] 명령어, 무작위 입력 자극 등을 의도적으로 자체 설정한 많은 예술가는 이러한 전략이 창작 과정을 촉발하고 자극하는 데 상당한 도움이 된다는 사실을 금방 발견하게 되었습니다.

누가 자발적으로 프로젝트에 시간이나 예산의 제약을 가하고 싶겠습니까? 지금까지 사용된 비용의 절반만으로도 프로젝트는 진작에 완료될 수 있었다고 매니저가 내뱉는다면, 그 말을 듣는 팀원들은 누구든지 분개할 것입니다. 빠듯하지만 합리적인 제약과 터무니없이 말도 안 되는 제약 사이에는 큰 차이가 있습니다. 비스크야르가 말하는 '트립와이어'는 전자의 범주에 속합니다.

비스크야르에 따르면, 스스로를 구속하는 행위는 크게 두 가지 범주 중 하나에 속합니다. 하나는 생산성을 높이는 것이고 다른 하나는 창의적인 프로세스 자체에 영향을 미치고 변화시키는 것입니다. 특히 후자의 경우 창의적인 행동을 위한 새로운 기회를 열어주는 수단이며 궁극적으로 더 독창적인 결과물을 만들어 낼 수 있습니다.

코딩과 관련하여 산만함을 차단하고 생산성을 높이기 위해 엄격하게 일상을 유지하는 행위는 첫 번째 범주에 속합니다. 인터넷 액세스를 금지하거나 작업 공간을 깨끗한 흰색 화면으로 바꾸는 것과 같은 생산성 도구는 의도적으로 방해 요소를 차단하여 작업을 완료할 수 있도록 도와줍니다. macOS용 시린^{Serene}과 같은 소프트웨어는 방해가 되는 앱과 소셜 미디어를 차단함으로써 집중력을 높일 수 있도록 설계되었습니다.

늘 켜져 있는 메시징의 위험성

시린 프로모션 동영상(https://sereneapp.com)에서는 슬랙^{Slack}과 스카이프^{Skype}를 집중력을 방해하는 애플리케이션으로 분류하고 있으며, 이는 당연한 결과입니다. 수많은 연구 결과에서 알 수 있듯이 두뇌가 쉬지 못하면 창의성이 크게 파괴됩니다. 하지만 우리는 어떻게든 연구 결과를

---

10 Michael Mose Biskjaer. Self-imposed creativity constraints. PhD thesis, Department of Aesthetics and Communication, Faculty of Arts, Aarhus University, 2013.

11 옮긴이_ 오픈 소스 트립와이어는 시스템의 특정 파일의 변화를 모니터링하고 알림을 보내주는 보안 무결성 도구다.

무시한 채 쉬지 않고 메시징을 주고받습니다.

다양한 기술 웹사이트의 '최고의 생산성 앱 TOP 10' 목록에 시린과 슬랙이 모두 등장하는 것을 보면 재미있기도 합니다. 고용주가 다양한 기업용 커뮤니케이션 앱의 사용을 요청할 때는 주의하세요. 여러분의 생산성과 창의성 또한 고용주의 최대 관심사입니다.

두 번째 범주인 창작 과정의 혁신은 더 독창적인 결과물에 도달할 가능성을 열어줍니다. 사실 프로그래머보다는 예술가들이 자기 주도적 창의성의 이점을 훨씬 더 잘 알고 있습니다. 러시아의 유명한 음악가 이고르 스트라빈스키는 자신을 자유롭게 하기 위해 한계를 설정하는 것에 대해 다음과 같이 말했습니다. "인간의 활동은 스스로 한계를 부과해야 합니다. 예술은 더 많이 통제되고 제한될수록 더 많이 자유로워집니다."[12]

하지만 어떻게 더 많은 제한이 더 많은 자유와 같을 수 있을까요? 창의적 자유와 스스로 부과한 제약에 의한 창의적 자기 구속은 서로 밀접하게 얽혀 있기 때문입니다. 이러한 제약은 제한적이면서 동시에 자유롭기도 합니다. 나중에 예제에서 살펴보겠지만, 시각화를 위해 64KB의 코드만 작성하도록 제한하는 것은 우리가 훨씬 더 창의적이어야 한다는 것을 의미합니다.

파블로 피카소, 피에트 몬드리안, 바실리 칸딘스키 등 모더니즘을 추구한 유명 화가의 초기 작품과 후기 작품을 비교하면 스스로 부과한 제약의 진화를 분명히 알 수 있습니다. 일부는 심지어 제거할 수 있는 모든 요소를 제거하는 데까지 나아갔죠. 1960년 얀 숀호벤Jan Schoonhoven은 네덜란드의 눌 비헤이징Nul-beweging(제로 무브먼트Zero-movement)을 공동 창립하여 '회화적'으로 느껴지고 보이는 모든 것을 금지하면서 예술을 창조했습니다. 물감과 감정은 카드보드와 기하학적 반복으로 대체되었습니다.

숀호벤의 특이한 작품들은 현재 네덜란드 크뢸러 뮐러 미술관, 프랑스 조르주 퐁피두 센터와 같은 저명한 아트 센터에 소장되어 있습니다. 몇 년 전에는 런던의 소더비 경매에서 흰색 질감의 부조 작품이 78만 파운드가 넘는 가격(약 13억 원)에 낙찰되기도 했습니다. 숀호벤은 우체부였고 여가 시간에 이 모든 작업을 했습니다. 그가 스스로 부과한 제약에 감사할 따름입니다.

다음 절에서는 스스로 부과한 제약을 사용하여 창의적인 소프트웨어 개발 프로세스를 의도적으로 변화시킴으로써 어떻게 일상적인 속박에서 벗어날 수 있는지 살펴봅니다.

---

12 Igor Stravinsky, Poetics of music in the form of six lessons (The Charles Eliot Norton Lectures), Rev. ed, Har- vard University Press, 1970.

4.4.1 열정적인 픽셀 아티스트

많은 자기 부과적 제약은 강요된 제약에서 시작되었습니다. 마크 페라리가 2017년에 자신의 마지막 작품으로서 포인트 앤 클릭point-and-click 게임[13]의 베테랑인 론 길버트, 게리 위닉과 공동 제작한 〈팀블위드 파크〉를 살펴봅시다. 〈원숭이 섬의 비밀〉 이후 27년 만에 출시된 〈팀블위드 파크〉는 마치 개봉하지 않은 루카스필름의 고전 어드벤처 게임처럼, 누군가 큰 상자를 다시 발견할 때까지 먼지가 쌓여 있는 모습으로 디자인되었습니다.

하지만 세상은 EGA, 도스, 페인트의 8비트 시대 이후로 계속 발전해 왔습니다. 다행히도 팀원 중 누구도 80년대의 투박한 툴로 돌아가고 싶어 하지 않았습니다. 마크는 〈팀블위드 파크〉의 미술적 측면을 8비트적이라고 불렀습니다. 모든 배경 아트는 포토샵에서 낮은 해상도에, 거친 보간을 적용하고, 안티 에일리어싱anti-aliasing을 비활성화한 상태에서 제작했습니다. 투명도 레이어와 시차 스크롤과 같은 새로운 기능도 향수를 불러일으키는 분위기를 해치지 않으면서 게임에 슬쩍 녹아들었습니다.

론, 게리, 마크뿐만 아니라 이 게임의 사용자들 역시 큰 픽셀을 원했기 때문에 그들은 일부러 〈팀블위드 파크〉를 8비트 게임처럼 보이게 만들었습니다. 킥스타터 후원자 15,623명이 당초 목표의 거의 두 배에 달하는 626,250달러(약 8억 원)를 모금했습니다.

마크에 따르면 픽셀 아트는 하드웨어에 내재된 조잡한 기술로 시작했으나 게임 매체를 뛰어넘는 본격적인 예술 운동으로 발전했습니다.

> 요즘에는 픽셀 아트에 열정을 가진 픽셀 아티스트들이 있는데, 그 이유는 바로 픽셀 때문입니다. 당시만 해도 색연필로 그림을 그리는 것에 비하면 끔찍한 수준이었죠. 하지만 지금은 게임 자체를 초월하는 하나의 예술 운동이 되었습니다.

최근 레트로풍 게임의 부활은 〈팀블위드 파크〉가 일회성에 그친 것이 아니었음을 증명합니다. 게임 디자이너 중에는 새로운 시스템에서 오래된 기술을 완전히 수용한 경우도 있습니다. 예를 들어 1995년에 처음 출시된 〈듀크 뉴켐 3D Duke Nukem 3D〉의 빌드 엔진으로 제작된 2019년 1인칭 슈팅 게임인 〈아이언 퓨리Ion Fury〉와 같은 게임이 있습니다. 다른 게임들, 예를 들어 〈퀘이크〉에서 영감을 받은 〈더스크DUSK〉나 〈울펜슈타인 3DWolfenstein 3D〉에서 영감을 받은

---

13 옮긴이_ 모험, 전략, 탐험을 결합한 어드벤처 게임의 세부 장르. 말 그대로 마우스 포인트를 이용해 장소나 인물, 사물을 클릭해 진행하는 형식의 어드벤처 게임을 말한다.

〈프로젝트 위록Project Warlock〉은 오래된 게임의 스타일과 분위기를 모방하면서도 최신 유니티
Unity 엔진의 편안함과 유연성을 선호합니다.

그림 4-5 디더링 기법이 광범위하게 사용된 〈팀블위드 파크〉의 오프닝 장면. 하지만 이번에는 하드웨어의 한계를 극복
하기 위한 방법이 아니라 의도적인 예술적 선택이었습니다. 마크 페라리의 시그니처인 바둑판무늬가 하늘에 다시 보이
나요?

플레이스테이션 4 소프트웨어를 40년 된 MS-DOS 플랫폼에서 문제없이 돌리기 위해 다운그
레이드하려는 소수의 미친 프로그래머가 있습니다. 브이블랭크 엔터테인먼트Vblank Entertainment
의 브라이언 프로빈치아노Brian Provinciano도 그런 사람 중 하나입니다. 2012년에 최신 플랫폼
기반으로 처음 출시된 〈레트로 시티 램페이지Retro City Rampage〉는 나중에 '프로그래밍 연습용'으
로 사용할 수 있도록 훨씬 더 제한된 환경으로 포팅되었습니다.

이 게임은 원래 닌텐도 엔터테인먼트 시스템(NES)의 〈그랜드 테프트 오토Grand Theft Auto〉에
대한 오마주로 8비트 홈브루로 제작되었습니다. 프로빈치아노는 구형 콘솔의 한계를 극복하
기 위해 직접 NES 개발 키트를 제작하기도 했습니다. 그는 제약 조건에서 작업하는 방법을 분

명히 알고 있습니다. 프로빈치아노는 1.44MB 플로피 디스크 하나에 압축해 저장한 자신의 게임을 486DX2-66 레트로 PC에서 원활하게 실행했습니다. 열정적으로 도전하고 있는 또 다른 프로젝트인 '게임보이 어드밴스' 포트도 곧 출시될 예정입니다. 비트 시프트와 부동 소수점 최적화에 대해 더 자세히 알고 싶다면 https://youtu.be/kSKeWH4TY9Y에서 프로빈치아노의 GDC 2016 강연을 보세요.

창의성은 게임 아트에만 국한된다는 뜻인가요?

물론 아닙니다. 4장에는 실제로 비디오 게임 세계의 다양한 사례가 포함되어 있지만, 여기에는 특별한 이유가 있습니다. 게임 개발에는 매우 분명한 내재적, 부과적, 자의적 제약을 극복해야 하는 다양한 요소가 존재하며, 이러한 사례는 창의적인 소프트웨어 제약의 개념을 설명하는 데 매우 적합하기 때문입니다.

색상이 포함되거나 '예술'이라는 용어가 사용된다고 해서 창의성이 마크 페라리 같은 픽셀 아티스트의 전유물이라고 생각하지 않기를 바랍니다. 이미 알고 계시겠지만 프로그래머라면 누구나 창의적인 프로그래머가 될 수 있으며, 창의성은 예술에만 국한되지 않습니다. 7장에서 창의성의 심리적 사고방식과 창의성 전문가에 대해 자세히 살펴보겠습니다.

4.4.2 한계가 창의적인 설루션의 길잡이가 되게 하라

서비스형 소프트웨어 회사인 베이스캠프Basecamp는 제약의 유용한 효과를 잘 알고 있습니다. 그래서 대부분의 주요 제품 작업에 6주라는 불가능해 보이는 예산budget을 적극적으로 부과할 정도로 제약을 부과합니다. 이 회사는 더 많은 소프트웨어를 작성하여 경쟁사보다 뛰어난 성능을 발휘하는 대신, 더 적은 분량의 코드와 더 적은 수의 기능과 설정을 추가하기로 결정했습니다. 스스로 정한 예산과 비즈니스 제약은 좋은 성과를 거두었습니다. 시장 점유율은 높지 않지만, 현재 베이스캠프는 높은 수익을 올리는 회사로 성장했으며, 소프트웨어 개발에 대한 색다른 접근 방식이 이제는 관행이 될 정도로 유명해졌습니다.

반쪽짜리 제품을 만드세요. 경쟁사보다 적게 개발하세요. 회의는 거부하세요. 잠은 충분히 자야 합니다. 천천히 성장해도 좋고 전혀 성장하지 않아도 됩니다. 그들의 비즈니스 철학은

『Getting Real(37signals, 2006)[14]에 잘 나타나 있는데 제약 기반 사고가 전면에 그리고 중심에 자리 잡고 있습니다.

> 제약 조건은 아이디어를 더 빨리 시장에 내놓을 수 있게 해주며, 이는 또 다른 장점입니다. 일을 시작하고 한두 달이 지나면 자신이 무언가를 제대로 파악하고 있는지 아닌지 꽤 잘 알 수 있을 것입니다. 만약 그렇다면 곧 자립할 수 있고 외부 자금이 필요하지 않을 것입니다. 하지만 만약 아이디어가 잘못되었다면 다시 원점으로 돌아가야 할 때입니다. 이러한 사실을 몇 달(또는 몇 년) 후가 아니라 지금 당장 알 수 있으며, 적어도 쉽게 물러날 수 있습니다. 투자자가 참여하면 엑시트 계획은 훨씬 더 까다로워집니다.

베이스캠프는 제약 조건의 이점을 염두에 두면 제한된 예산과 상대적으로 작은 규모의 개발 팀으로도 제품을 훨씬 더 빨리 출시할 수 있다는 사실을 증명했습니다. 이러한 정략을 '마감일이 아닌 예산에 맞춘 소프트웨어 출시'라고 부릅니다. 베이스캠프의 공동 설립자인 데이비드 하이네마이어 한손은 "제약 조건은 때때로 어려움을 주기도 하지만, 바로 그때 제대로 작동하고 있는지를 알 수 있습니다"라고 말합니다.

4.4.3 게임보이, 제약 조건에 도전하다

1989년에 처음 출시된 '게임보이(GB)'는 8비트 전용 게임기로는 마지막으로 출시되었으며 의심할 여지 없이 동세대 게임기 중 가장 성능이 떨어졌습니다. 이는 설계상의 결함과는 거리가 멀었습니다.

잘 알려져 있듯이 저렴한 기술을 새로운 방식으로 사용하기로 한 결정은 닌텐도의 철학과 잘 맞아떨어졌습니다. 게임 & 워치 기기, 게임보이, D패드, 〈메트로이드〉 시리즈를 개발한 군페이 요코이Gunpei Yokoi는 이를 '시들어버린 기술을 사용한 측면적 사고'라고 불렀습니다. 최첨단 기술 이전에 재미와 게임 플레이를 우선시하는 닌텐도의 철학은 위Wii나 최근의 스위치Switch와 같은 닌텐도의 후기 콘솔을 봐도 여전히 유효합니다.

'한물간' 기술에 의존하는 것은 생산 비용 절감 외에도 견고함과 최대 30시간에 이르는 긴 배터리 수명 등 더 많은 이점을 가져다주었습니다. 세가Sega가 반격을 시도하기는 했지만, 이는 극

---

14 이 책은 https://basecamp.com/gettingreal에서 무료로 제공된다.

복하기 어려운 벽이었습니다.

광고대로 '더 강력해진' 세가 게임기는 실제로는 약하기 짝이 없었지만, 그렇다고 해서 뒷북을 친 것은 아니었습니다. 게임보이에 대한 반격을 서둘러야 했던 세가는 구형 마스터 시스템 하드웨어를 재활용했습니다. 그 결과 게임보이가 출시된 지 1년이 지난 후에야 출시된 게임 기어Game Gear에는 3.5MHz의 낮은 클록으로 작동하는 Zilog Z80 8비트 CPU 변형이 탑재되었습니다. 이상하게도 8KB 작업 RAM도 있고 화면 해상도도 게임보이와 같았습니다. 하지만 게임보이보다 두 개 더 많은 AA 건전지 여섯 개를 가지고 5시간도 버티지 못했습니다.

그림 4-6 그레이 브릭Gray Brick의 견고함을 보여주는 '살아 있는' 증거: 데저트 스톰 작전 중 폭격으로 파괴된 미국 경찰관 스테판 스코긴스Stephan Scoggins의 그레이 브릭[15]은 여전히 〈테트리스〉를 플레이하고 있습니다(출처: 예반 아모스).

닌텐도의 자체적인 디자인 제약으로 인해 게임 개발자는 많은 제약을 겪었을 것입니다. 작업할 수 있는 것이 많지 않았고, 조명이 없는 화면[16]은 고스트 문제로 어려움을 겪었으며, '코딩'은 어셈블리에서 레지스터를 비트 시프트 하는 것이었습니다.

1989년 출시된 게임인 〈슈퍼 마리오 랜드Super Mario Land〉는 GB에 내재된 여러 가지 한계로 인해 많은 어려움을 겪었습니다. 화면에 스프라이트[17]가 거의 표시되지 않고, 모든 스프라이트의 크기가 8×8로 거의 동일하며, 월드가 4개로 짧고, 게임을 저장할 방법도 없습니다. 〈슈퍼 마리오 랜드〉는 마리오 게임 시리즈의 상징과도 같은 게임이었지만, 기술적으로는 매우 평범하고 요즘에는 다시 이렇게 만들기도 어려운 게임입니다.

후속작인 〈슈퍼 마리오 랜드 2 : 6 골든 코인Super Mario Land 2: 6 Golden Coins〉(1992), 〈와리오 랜드: 슈퍼 마리오 랜드 3Wario Land: Super Mario Land 3〉(1994), 〈와리오 랜드 2Wario Land 2〉(1998)는 마치 프로그래머가 다른 하드웨어를 활용하는 것처럼 모든 것을 끌어냈습니다. 이러한 효과는 콘솔이 오래될수록 개발자가 콘솔의 한계에 더욱 익숙해지고 창의력을 발휘하는 일반적인 현상입니다.

---

15 옮긴이_ 당시 출시되었던 닌텐도의 게임보이 게임기(하드웨어)가 마치 회색 벽돌처럼 생겨서 별칭 혹은 애칭으로 이렇게 불렸다.
16 창의적인 하드웨어 액세서리 회사들은 GB의 형편없는 화면을 영리하게 활용해 GB 라이트, GB 돋보기, 핸디 보이, GBA 웜 라이트 등을 만들었다.
17 옮긴이_ 스프라이트란 게임 화면 등에서 움직이는 일정 사이즈의 비트맵 개체(그래픽 데이터)를 가리킨다.

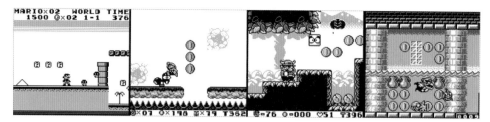

그림 4-7 〈슈퍼 마리오 랜드〉와 〈와리오 랜드〉의 9년간의 진화. 모두 같은 플랫폼에서 출시되었습니다.

〈와리오 랜드〉 게임 시리즈는 창의적인 트릭으로 가득합니다. 스프라이트가 아닌 배경의 일부로 GB가 처리할 수 있는 임의의 최대 스프라이트 수를 우회한 동전, 스프라이트 크기 제한을 피하기 위한 거대한 멀티 스프라이트 보스, 투명도 시스템으로 인해 동전을 일반적인 3색이 아닌 4색으로 그릴 수 있는 멀티 스프라이트 동전, 스마트 팔레트 스와핑을 통해 적의 변형을 만들거나 와리오가 맞았을 때 다른 스프라이트로 VRAM이 복잡해지는 것을 방지하고, GB 렌더 루프 타이밍을 활용하여 시각적으로 매력적인 워프 효과를 만들고, 배경 레이어를 다른 속도로 스크롤하여 물에 떠 있는 듯한 착각을 불러일으키는 것 등이 있습니다.

포켓몬Pokémon과 링크 어웨이크닝 DX[18]와 같은 최근의 GB ROM 역어셈블 프로젝트는 이러한 트릭이 어떻게 구현되었는지에 대한 통찰력을 제공합니다. 2001년 32비트 게임보이 어드밴스를 통해 개발자들이 마침내 C로 프로그래밍할 수 있게 되었을 때 얼마나 기뻐했을지 상상이 됩니다.

게임보이 시스템은 많은 사랑을 받고 있습니다. 최근에는 오픈 소스 크로스 컴파일러인 GBDK와 devkitPro로 인해 GB용 C 컴파일러와 GBA용 C++11 컴파일러를 통해 구형 하드웨어에서 프로그래밍하는 것이 더 즐거워졌습니다. GB와 GBA는 때때로 〈데더스Deadus〉, 〈쉐이프시프터The Shapeshifter〉, 〈굿보이 갤럭시Goodboy Galaxy〉와 같은 새로운 상용 게임 출시도 지원합니다. 어셈블리 기술을 연마하고 싶다면 게임보이 컬러용 심 시티Sim City 클론인 μCity의 소스 코드(https://github.com/AntonioND/ucity)를 살펴보기 바랍니다.

> **NOTE** 게임보이 프로그래밍을 더 자세히 알고 싶다면 다음 URL을 참조하세요.
>
> · https://github.com/gbdk-2020/gbdk-2020

---

18 https://github.com/zladx/LADX-Disassembly

하드웨어/소프트웨어 공동 설계 교육

제가 교수로 재직 중인 공학 기술 학부에서는 학생들에게 저수준 프로그래밍(C언어의 메모리 매핑 IO에 대한 포인터), 고수준 프로그래밍(C++의 OO), 하드웨어 아키텍처(CPU 구현)를 가르치는 데 GB(A) 장치를 교육 도구로 활용하고 있습니다.

수업 시간에 게임 장치를 사용하면 분명 동기 부여가 최고조에 달하지만, 30년 된 8비트 장치의 가장 흥미로운 점은 이것을 사용하면 모든 것을 설명하고 이해할 수 있다는 것입니다. 오늘날의 기술은 너무 많은 전문성specialism을 요구하기 때문에 최신 하드웨어로는 설명이 불가능합니다.

학생들이 엄격한 하드웨어 제약으로 인해 고군분투하는 모습을 보는 것은 언제나 즐겁습니다. "왜 이 사진을 화면에 표시할 수 없죠?" 무의식적으로 GBA의 96KB VRAM을 넘겨서 그런 건 아닐까요? 그러면 제가 묻습니다. "사진 크기가 얼마나 되나요?" "아, 이건 정말 작아요, 2메가 정도요!" 우리는 하드웨어가 발전함에 따라 게을러지고 버릇이 나빠진 것은 아닐까요?

4.4.4 제한된 (판타지) 콘솔

최근의 GB 게임 출시가 오래된 것에 대한 향수에 영향 받은 것이라는 점을 부정하기는 어렵습니다. 하지만 게임 개발자들이 어린 시절의 추억만으로 닌텐도의 레트로 콘솔에 여전히 매력을 느끼는 것은 아닙니다. 하드웨어의 제약으로 인해 독특하고 독창적인 게임을 쉽게 만들 수 있기 때문입니다. 제한된 환경이라면 어떤 것이든 가능합니다.

렉살로플 게임즈Lexaloffle Games는 스스로 부과된 제약의 창의적인 매력을 잘 알고 있었습니다. 2015년에는 브라우저에서 실행할 수 있고 8비트 스프라이트와 맵 편집기가 포함된 루아Lua 가상 머신을 개발하여 1980년대 '판타지 비디오 게임 콘솔'인 PICO−8이라고 불렀습니다.

128×128 해상도, 16가지 색상, 32KB 카트리지 크기, 최대 256개의 8×8 스프라이트 등 사양만 보면 과거의 콘솔 하드웨어를 떠올리게 됩니다. 그들의 철학은 이렇습니다.

> PICO-8의 가혹한 한계를 신중하게 선택한 이유는 작업의 재미를 더하고, 작지만 표현력이 풍부한 디자인을 장려하며, PICO-8로 만든 카트리지에 고유한 모양과 느낌을 부여하기 위해서였습니다.

'카트리지'는 SPLORE라는 카트 브라우저(https://www.lexaloffle.com/pico-8.php)를 통해 쉽게 공유할 수 있습니다. 크리에이티브 환경과 결합된 통합 툴킷의 편리함 덕분에 PICO-8은 게임 잼$^{game\ jam}$과 인디 게임 웹사이트(https://itch.io)에서 자주 선택되는 개발 플랫폼입니다. 비평가들의 호평을 받은 매우 도전적인 2018년 2D 플랫폼 게임인 〈셀레스트^{Celeste}〉의 오리지널 버전은 게임 잼 기간 동안 PICO-8로 단 4일 만에 제작되었습니다.

> **EXERCISE** 다음과 같은 코드가 무슨 일을 하는지 이해할 수 있나요?

```
switch(timeToSpareInDays) {
  case > 5: downloadDevKitProAndCrossCompileForGBAYourself()
  case > 2: downloadGBStudioToDesignA2DJRPGAdventure()
  case > 1: downloadPICO8AndCreateA2DPlatformer()
  default : throw "Drop this book and get back to work,
      this ain't gonna work"
}
```

PICO-8을 몇 시간만 만지작거리면 얼마나 많은 작업을 할 수 있는지, 게다가 얼마나 재미있는지 깨닫고 깜짝 놀라게 될 겁니다. 무료는 아니지만(이 책을 쓰는 현재 14.99달러), 공식 매뉴얼과 비공식 게임 개발 가이드는 무료 버전인 TIC-80의 문서 페이지보다 훨씬 잘 관리되어 있습니다.

앞의 연습을 더 재미있게 즐기고 싶다면 친구나 동료와 함께 해보세요. 게임 개발자가 되고 싶은 마음이 전혀 없더라도 이렇게 함께 연습하면 결과를 서로 공유할 수 있는 훌륭한 해커톤이 될 수 있습니다. 특히 게임 잼이나 해커톤 세션과 같이 마감 기한이 촉박할 경우 게임 디자인이 아닌 제약 조건에서 작업하기 위한 마스터 클래스와도 같습니다.

PICO-8과 같은 판타지 콘솔은 가상 머신이지만, 오래된 기술에서 영감을 받은 실제 하드웨어도 새롭게 존재합니다. 2017년에 출시된 8비트 컴퓨터인 ZX 스펙트럼 넥스트^{ZX Spectrum Next}가 바로 그런 장치입니다(그림 4-8). 이 장치는 1982년 싱클레어 리서치에서 개발한 80년대 영국에서 가장 많이 팔린 가정용 마이크로컴퓨터인 오리지널 ZX 스펙트럼의 모든 소프트웨어 및 하드웨어와 호환됩니다.

오리지널 스펙트럼은 게임보이와 비슷한 성능을 자랑하며, 3.5MHz로 작동하는 Z80 CPU를 탑재하고 있습니다. 이전 모델과 비교했을 때, ZX 스펙트럼 넥스트는 FPGA 기술을 사용하여 8비트 CPU의 변형을 충실히 재구현한 강력한 제품입니다. 즉, 클록 속도를 최대 28MHz까지 동적으로 변경할 수 있으므로 이후 스펙트럼 개정판과 호환성을 유지할 수 있습니다.

그림 4-8 ZX 스펙트럼 넥스트. 싱클레어의 세련된 오리지널 디자인을 계승하면서도 HDMI 포트와 SD 카드 슬롯 등 현대적인 사양을 대거 추가했습니다.

저와 같은 레트로 컴퓨팅 팬들에게 어필하는 것 외에도, 스펙트럼의 새로운 구형 하드웨어의 목표는 '침대에 누워서 창의적으로 코딩하는 신세대를 위한 것'이라고 베테랑 게임 프로그래머이자 ZX 넥스트의 공동 디자이너인 짐 배글리^{Jim Bagley}는 말합니다. NextZXOS 기반 머신은 프로그래머 지망생이 게임을 플레이하고 코딩할 수 있도록 광범위한 NextBASIC 프로그래밍 매뉴얼도 함께 제공합니다.

스펙트럼의 독특한 푸른빛이 도는 4비트 RGBI 외관을 고수할지, 혹은 넥스트의 와이파이 기능을 활용하여 영국식 복고풍 분위기의 소규모 멀티플레이어 게임을 제작할지의 여부 등, 얼마나 많은 제약을 가할지는 사용자가 결정할 수 있습니다.

ZX 스펙트럼 넥스트는 오리지널 스펙트럼의 아이디어와 한계에 충실하면서 넥스트의 최신 하드웨어 사양을 활용해 '새롭고 오래된 게임'을 창의적으로 많이 만들어 냈습니다. 그리고 넥스트에서 개발된 일부 게임은 카세트테이프로 출시되었는데 무려 40년 된 스펙트럼에서도 플레이할 수 있습니다!

코모도어 64나 BBC 마이크로 혹은 암스트라드 CPC와 같이 그 당시에 경쟁했던 제품의 사용자들에게도 기회가 열려 있습니다. 창의적인 레트로 컴퓨팅 커뮤니티는 FPGA를 사용해 클래식 하드웨어를 끊임없이 재창조하고 있으며, 새로운 사용자들이 이 뛰어난 하드웨어를 즐길 수 있도록 개방하고 있습니다. 하지만 8비트 제한에 익숙해지려면 시간이 좀 걸리니 주의하세요.

4.4.5 제한된 프로그래밍 언어

기술적 제약은 하드웨어 요구 사항에만 국한되지 않고 프로그래밍 언어에도 쉽게 적용될 수 있습니다. 대표적인 예로 C와 유사한 정적 타입의 컴파일 언어인 고^{Go}를 들 수 있는데, 메모리 안전성, 가비지 컬렉션, 구조적 타입 등의 장점이 추가되었습니다. 고의 공동 설계자 중 한 명인 롭 파이크$^{Rob\ Pike}$에 따르면 고는 언어 사양의 공간을 '프로그래머의 머릿속에 모든 것을 담을 수 있을 만큼만' 작게 유지하도록 설계되었습니다. 롭과 고 팀은 언어 설계 관점에서 바라본 통찰을 많이 공유합니다(`https://go.dev/blog`).

머릿속에 담을 만큼만 언어 사양을 작게 유지한다는 말은 다른 언어에 있는 익숙한 개념이 없다는 것을 의미합니다. 예를 들어 함수형 `map()`, `filter()`, `reduce()` 유틸리티가 없기 때문에 간단한 `for {}` 루프를 사용해야 합니다. 루프를 구성하는 유일한 방법은 `for {}` 루프이고 `while {}` 이나 `do {}`도 없습니다. 지루하지만 동시에 자유롭습니다! 예외조차 내장되어 있지 않은데, 그 이유는 시스템 수준이 아닌 함수 수준에서 오류 처리를 명시적으로 하기 위해서입니다.

저는 고로 프로그래밍하는 것을 좋아하는데 이 언어가 매우 간단하기 때문입니다. 물론 ANSI C의 사양도 A4 용지 두 장이면 충분하지만, C는 오래된 언어이다 보니 함수가 부족하고 구성^{composition} 기능도 없기 때문에 `malloc(sizeof(x))` 및 `free()` 문이 끝도 없이 남용되면서 코드가 지저분해집니다.

고 언어에 대한 판단은 저의 개인적인 견해만은 아닙니다. 고는 '가장 인기 있는 10대 프로그래밍 언어' 목록에 여러번 등장하기 시작했습니다. 심지어 스택 오버플로$^{Stack\ Overflow}$에 따르면 2020년 가장 사랑받는 언어 순위에서 코틀린^{Kotlin}, 파이썬^{Python}, 타입스크립트^{TypeScript}, 러스트^{Rust}의 뒤를 이어 5위에 랭크됐습니다. C는 '가장 두려운 언어' 목록에서 5위를 차지했습니다.

다만 VBA의 자리를 빼앗을 수 있을지는 모르겠습니다.

고는 엔터프라이즈 소프트웨어 개발 업계에서 천천히, 하지만 확실하게 주목받고 있습니다. 코드 서식 지정 및 테스트 주도 개발 도구가 언어에 내장되어 있고, 병렬 처리가 저렴하고 쉬우며, (고퍼Gopher로 더 잘 알려진) 고 애호가들은 고와 같은 '단순한' 언어가 가독성이 뛰어나 커뮤니케이션 불일치, 코드 검토 불일치를 줄이고 궁극적으로는 프로젝트 비용을 크게 줄인다는 사실을 증명했습니다. 고의 제약 조건 때문에 지루하다고 여겨질 수 있지만, 오히려 그것이 새로운 흥미를 불러일으킵니다.

또한, 고는 (스스로 부과한) 제약 조건으로 인해 창의성을 자극하기도 합니다. 높은 효율성과 독창적인 기능으로 찬사를 받고 있는 최근의 고 프로젝트와 그 소스 코드를 살펴보기만 해도 이를 알 수 있습니다. 사진 컬렉션을 탐색, 공유, 정리할 수 있는 AI 기반 앱인 포토프리즘PhotoPrism, 개인용 음악 스트리밍 서버인 네비드롬Navidrome, 간편한 자체 호스팅 깃 서비스인 깃티Gitea, 지속적 통합 플랫폼인 드론Drone, 빠르고 유연한 정적 웹사이트 생성기인 휴고Hugo, 간편한 자체 호스팅 뉴스레터 솔루션인 리스트몽크Listmonk, 개인 정보 보호 댓글 위젯인 코멘토Commento 등이 이에 속합니다.

4.4.6 크랙 인트로와 데모 장면

오래전에 저는 키젠keygens을 호기심 삼아 가지고 놀아 본 적이 있습니다. 걱정하지 마세요, 눈길을 사로잡았던 8 비트 칩튠 음악을 떨쳐 버리기 어려워 키젠을 사용한 적이 있었지만 지금은 그렇게 하지 않습니다. 저작권 보호를 제거하는 키젠 프로그램이나 크랙된 실행 파일은 보통 어떤 크래킹 크루와 거래하고 있는지 알려주는 사용자 정의 인트로 시퀀스와 함께 제공됩니다.

크래킹하려면 어셈블리에서 복잡한 해킹을 수반하기 때문에(부과적 제약 조건), 장착된 CPU 및 GPU를 사용하여 인트로에도 창의적이고 종종 문서화되지 않은 트릭(자체 제약 조건)이 사용되기 시작했습니다. 때로는 인트로를 크랙하는 것이 소프트웨어 자체를 크랙하는 것보다 훨씬 더 복잡하기도 했습니다. 크래커들은 자신의 해킹 기술을 과시할 수 있는 영리한 방법을 찾았습니다!

결국 크래킹은 유로게이머가 '인터랙티브 아트 경험'[19]이라고 부르는 것으로 발전했고, 다행히도 불법적인 부분은 사라졌습니다. 컴퓨터 아트 서브컬처인 데모씬demoscene에는 많은 암묵적 규칙이 있는데, 예를 들면 다른 사람의 작품이나 자산을 불법 복제하는 것보다 독창성(창의성이라고 부르는 것)을 강조하는 문화가 있습니다.

일반적인 코딩 대회에서는 인트로 바이너리가 최대 64KB, 때로는 4KB를 넘으면 안 됩니다. 이러한 위업을 달성하려면 많은 창의적인 노력이 필요합니다. 데모씬은 제약 조건 기반 프로그래밍의 마스터 클래스입니다. 유튜브에서 '64k 인트로'를 검색하여 직접 확인해 보세요. 해킹에 관심이 있다면 인디 게임 웹사이트(Itch.io)에서도 4KB 게임 대회를 자주 개최하니 확인해 보기 바랍니다.

2020년 핀란드가 데모씬을 유네스코 인류무형문화유산으로 등재했고, 2021년에는 독일이 뒤를 이었습니다. 디지털 서브컬처가 문화유산 목록에 등재된 것은 이번이 처음입니다. 스스로 만든 경계를 엄격하게 준수하지 않으면 이들 작은 인트로는 디지털 아트로 간주되지 않습니다. 데모씬에서는 스스로 만든 엄격한 제약이 독창적인 시각화와 칩튠 음악을 위한 길을 열어주는데, 이러한 것들은 그러한 제약을 준수하지 않으면 결코 빛을 보지 못할 것입니다.

> **EXERCISE** 다음에 창작의 틀에 갇혔을 때는 기존의 제약 조건에 얽매이지 말고 스스로 더 많은 제약 조건을 부과해 보세요. 예를 들어 루프를 사용하지 않고 코드를 작성해야 한다면 어떨까요? 아니면 클라이언트–서버 통신 없이 작성한다면 어떨까요? 아니면 데이터베이스에 질의하지 않아야 한다면요? 상상 속의 제약 조건을 적용해 보면 실제 문제에 대한 아이디어가 한두 가지 떠오를 것입니다. 심지어 구현할 필요도 없습니다.

4.5 스위트 스폿 찾기

제약 조건은 창의성을 위한 비옥한 토양입니다. 하지만 채소밭에 비료를 너무 많이 주면 어떻게 될까요? 토마토 식물 뿌리가 타버립니다. 너무 적게 넣으면 여러분의 소중한 쿠르 드 보프[20]가 시큼한 방울토마토와 비슷해질 가능성이 높습니다. 비료를 너무 많이 주면 식물은 죽습니

---

19 Dan Whitehead. Linger in shadows: Scene but not heard. Eurogamer. URL: `https://www.eurogamer.net/articles/linger-in-shadows-hands-o`

20 옮긴이_ 쿠르 드 보프Coeur de boeuf는 토마토의 한 종류다.

다. 제약 조건도 마찬가지입니다. 마이클 모세 비스크야르 감독은 이러한 최적 조건을 **스위트 스폿**sweet spot이라고 부릅니다.[21] [그림 4-9]에서 볼 수 있듯이 또 다른 역 U-커브가 나타날 때입니다.

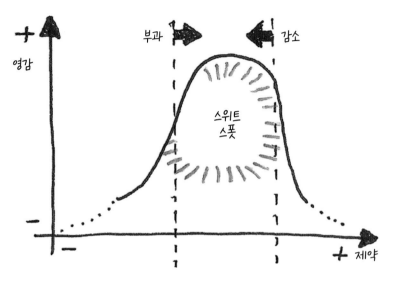

그림 4-9 창의성에 대한 인지된 잠재력을 나타내는 제약의 스위트 스폿

스위트 스폿은 미하이 칙센트미하이의 흐름 개념과 마찬가지로 제약 부족과 제약 초과 사이에 자리잡고 있습니다. 흐름이 너무 적으면 지루한 작업을 계속 반복합니다. 흐름이 너무 많으면 당면한 과제가 너무 어렵게 인식되어 학습 과정을 방해합니다.

y축은 영감의 수준을 나타내며, 이 역시 너무 적음(작업할 아이디어가 전혀 없음)과 너무 많음(혼란스럽고 모든 아이디어를 다 잡아야 하는데 시간이 없음) 사이를 나타냅니다. 비스크야르는 영감의 원천에 대해 언급하는데, 이는 2장에서 공개한 개인 지식 관리(PKM) 시스템, 즉 영감 엔진을 암시합니다.

의도적으로 스위트 스폿에 도달하고 x 팩터를 높이려면 스스로 부과한 제약을 유도해야 합니다. 제약 압력을 완화하고 x를 줄이려면 일시적으로 제약을 제거하거나 무시하는 등의 방법으

21 Michael Mose Biskjaer, Bo T Christensen, Morten Friis-Olivarius, Sille JJ Abildgaard, Caroline Lundqvist, and Kim Halskov. How task constraints affect inspiration search strategies. International Journal of Technology and Design Education, 2020.

로 제약을 줄이면 되는데, 균형을 맞추는 것이 중요합니다.

실제로 이론적 모델로서의 스위트 스폿 개념은 논문에서 정의한 것과 완전히 일치하지 않습니다. 초보자와 창의성 전문가는 제약 조건을 다르게 처리할 가능성이 높습니다. 모든 창의성과 마찬가지로 제약 조건의 한계는 개인적이며 지속적인 변화에 내재되어 있다는 점을 명심해야 합니다.

팀 기반의 스위트 스폿 값은 개인의 균형점에 근접하지 않거나 개인의 한계를 초과할 수도 있습니다. 프로젝트 제약 조건을 잘 파악하고 공유할 수 있는 스위트 스폿은 3장에서 소개한 커뮤니케이션 개념의 중요성을 다시금 환기시켜 줍니다.

4.5.1 적절한 제약 조건으로 추상화 촉진하기

문제 해결에서 적절한 수준의 제약을 가하는 것만으로도 추상화 능력을 향상할 수 있다면 어떨까요? 추상화는 효율적이고 창의적인 문제 해결에 핵심 역할을 합니다. 호주의 컴퓨터 과학자 크루즈 이즈$^{Cruz\ Izu}$는 학생들이 프로그래밍 문제를 해결하는 방법을 연구하여 추상화에 대한 분류법을 개발했습니다.[22] 그녀는 학생들에게 다양한 각도에서 접근할 수 있는 간단한 사례인 달걀 꾸러미$^{Egg\ Cartons}$ 문제를 제시했습니다.

달걀 꾸러미 문제

달걀 꾸러미는 달걀이 6개 혹은 8개가 들어갈 수 있는 두 가지의 크기가 있습니다. 정확히 N개의 달걀을 구매하려고 한다면 몇 개의 꾸러미를 사야 할까요? 정확히 N개의 달걀을 사는 것이 불가능하다면 -1을 반환합니다. 이 문제는 minCartons(N int) int를 구현해야 합니다.

예를 들어 minCartons(20)은 3을 반환해야 하는데, 6개의 달걀이 들어 있는 꾸러미 2개와 8개의 달걀이 들어 있는 꾸러미 1개를 구입하면 되기 때문입니다. minCartons(7)은 -1을 반환해야 하는데 홀수 개의 달걀을 구입할 수 없기 때문입니다.

계속 읽기 전에 먼저 스스로 답을 찾을 수 있는지 확인해 보세요!

---

22 Cruz Izu. Modeling the Use of Abstraction in Algorithmic Problem Solving. In Proceedings of the 27th ACM Conference on Innovative and Technology in Computer Science Education, 2022. 달걀 꾸러미 예는 이 논문에서 발췌한 것이다.

잠시 제약 조건에 대해 걱정하지 않는다고 가정해 봅시다. 이러한 문제에 접근하는 가장 쉬운 방법은 무엇일까요? 그렇습니다. **무차별 대입**brute force 방식입니다. 모든 잠재적 설루션을 대상으로 실현 가능성을 테스트합니다. 이즈는 이를 레벨 제로Level Zero라고 부르는데, 접근 방식을 단순화할 수 있는 흥미로운 속성을 문제에서 아직 발견하지 못했기 때문에 이런 방법을 사용합니다.

하지만 먼저 특정 사례를 찾고 이들을 다른 방식으로 처리한다면 어떨까요? 제약 조건 1번과 추상화 레벨 1을 사용하면 특수 사례를 사용해 문제 공간을 과제에 맞게 어느 정도 조정할 수 있습니다. 달걀 꾸러미 문제의 경우 고려해야 할 상한선 또는 하한선이 있나요? 네! 정확히 N개의 달걀을 구매해야 하므로 6보다 작은 값은 가능하지 않습니다. 또 다른 특별한 경우가 있지만, 스포일러를 하기 전에 잠시 생각해 보겠습니다.[23]

기본적인 무차별 대입 루프와 몇 가지 특수한 경우를 설정했지만 더 좋은 방법이 있습니다. 여기 제약 조건 2가 있습니다. 펜과 종이로 몇 가지 예제를 직접 풀어 보세요. 패턴을 찾을 수 있나요? 이제 추상화 레벨 2에 도달했습니다! 다음 순서를 살펴보세요.

```
12 {6, 6}      -> 14 {8, 6}      -> 16 {8, 8}      -> 18 {6, 6, 6}
20 {8, 6, 6} -> 22 {8, 8, 6} -> 24 {8, 8, 8} -> 26 {8, 6, 6, 6}
```

특이한 점을 발견했나요? 패턴은 두 단계로 요약할 수 있습니다.

1 달걀 6개들이 꾸러미가 한 개 있다면 이것을 8개들이 꾸러미로 교체합니다.
2 그렇지 않은 경우 8개들이 꾸러미 두 개를 6개들이 꾸러미 세 개로 교체합니다.

이 두 단계는 쉽게 코드로 변환할 수 있습니다. 이제 남은 것은 발견한 패턴이 모든 숫자에 대해 작동하는지 확인하는 것입니다(예: 8의 큰 배수로 로직을 테스트하는 등).

아직 끝나지 않았습니다. 달걀 꾸러미 문제는 단일 루프 없이도 해결할 수 있는데, 제약 조건 #3이라고 하죠. 루프 없이 풀 방법을 알아낼 수 있겠습니까? 세 번째 제약 조건의 도입으로 인해 개인적인 스위트 스폿을 넘어섰을 수도 있지만, 괜찮습니다! 3단계 추상화는 **수학적 추상화**라고 하는데, 발견된 패턴이 규칙적인 경우 일반적으로 단계별로 값을 생성하는 대신 모델에서 수학적으로 설명할 수 있습니다. 이렇게 구현한 코드가 유지보수하기 쉬운지는 별개의 문제이

---

23 홀수 개의 달걀은 불가능 즉 −1을 반환해야 한다는 것을 알고 있다. 그렇다면 짝수 개의 달걀 중에 불가능한 경우가 있을까?(힌트: 10)

지만 말입니다.

달걀 상자 문제의 경우 n/8의 나머지 부분을 사용하여 6개들이 달걀 꾸러미의 수를 결정할 수 있습니다. 이는 minCartons(22)와 minCartons(24)가 모두 3을 반환하기 때문에 가능합니다. 결국, 이 문제에서는 전체 상자 수만 구하면 됩니다.

레벨 1과 레벨 3의 일부를 사용하는 설루션은 다음과 같습니다.

```
func minCartons(n int) int {
    switch {
        case n < 6 || n == 10: return -1
        case n % 8 == 0: return n / 8
        default: return n / 8 + 1
    }
}
```

루프을 포함하지 않아야 한다는 제약 조건 #3을 명시적으로 생각해 내지 않았다면 이 해결책을 발견하지 못했을 것입니다.

또 다른 기법은 가능한 모든 시나리오를 포괄하는 단위 테스트를 먼저 작성하는 것입니다. 이 또한 최적의 지점을 향해 나아가는 (스스로 부과한) 제약으로 간주할 수 있습니다. 테스트 사례를 고려하면 프로덕션 코드에서 유용하게 사용할 수 있는 패턴을 거의 자동으로 발견할 수 있습니다.

4.5.2 단맛과 쓴맛

한계를 극복한 승리는 달콤할 수 있지만, 그 달콤함이 쓸쓸한 뒷맛을 남길 수도 있습니다. 제약이 주는 스위트 스폿이 반드시 달콤하지만은 않을 수도 있습니다. 창의성을 발휘하는 데는 극심한 고통과 엄청난 노력이 따릅니다.

역사책은 예술 창작의 과정이 고통스러운 시기와 얽혀 있었던 예술가와 작가들의 이야기로 가득 차 있습니다. 빈센트 반 고흐가 정신분열증과 양극성 장애로 인해 자신의 귀를 자른 일, 버지니아 울프가 정신 건강 악화로 인해 결국 자살에 이른 일, 아우구스트 스트린드베리August Strindberg의 끊임없는 정신 질환과의 싸움 등이 그 예입니다.

제약의 스위트 스팟은 적절한 수준의 창의적 자유를 보상해 주는 매우 바람직한 지점입니다. 그렇다고 해서 무조건 좋은 것만은 아닙니다. 일부 아티스트는 창작 과정을 최적으로 만들기 위해 호기심과 불행을 동시에 키우는 데까지 나아갑니다. 이에 대해 프랑스의 작가이자 사진작가이며 또한 철학자 미셸 푸코의 절친한 친구이기도 했던 에르베 기베르Hervé Guibert는 다음과 같이 명쾌하게 요약했습니다. "자신의 한쪽 발은 어린 시절에 디딘 채 남겨 두고, 다른 한쪽은 무덤에 투영하는 것이 예술가가 아닐까요?"[24]

기베르는 36세가 되기 직전에 에이즈로 죽었습니다. 죽음을 낭만화하면 창의성을 촉진할 수 있는 제약을 끌어낼 수 있을까요? 너무 섬뜩해질 위험도 있습니다. 예술가들은 피할 수 없는 종말에 대해 생각하면 작품에 도움이 된다는 것을 보여주었습니다. 일반적으로 그림에서 꽃, 해골, 모래시계로 묘사되는 삶과 죽음, 시간을 상징하는 메멘토 모리Memento mori (죽음을 기억하라)는 이러한 사실을 상기시켜 줍니다.

중세 예술가들은 바니타스vanitas 그림[25]을 그려 인생의 무가치함과 쾌락의 허무함을 보여줌으로써 이 개념을 조금 지나치게 끌고 나갔습니다. 또한 전형적인 기독교적 장면 대신 두개골, 책, 시들어 가는 꽃을 그리는 데 있어 도덕적 정당성을 제공하기도 했습니다.

연구자들은 창의성과 사망률 사이의 병적인 연관성으로 인해 공포 관리 이론terror management theory이라고 하는, 듣기만 해도 무서운 이론을 깊이 연구하려는 동기를 갖게 되었습니다. 이는 창의성이 존재론적 관심사를 관리하는 데 중요한 역할을 한다는 개념을 뒷받침했습니다. 무덤에 한 발을 디디면 창의력이 높아지고 창의력은 실존적 불안에 대한 저항력을 높입니다.[26] 우리의 연약한 육체보다 오래 지속되는 무언가를 창조하는 것은 불멸을 지향하는 시도로 볼 수 있습니다.

창의적인 사람들은 때때로 자기 일에 너무 집착한 나머지 정신 건강에 해로운 영향을 미칠 수 있으며, 자기 자신뿐만 아니라 가까운 사람들에게도 영향을 미칠 수 있습니다. 일은 단지 일에 불과할 뿐, 우리 삶에는 창의적인 흐름 속에서 끊임없이 도파민을 분비하는 것 이상의 더 많은 이벤트가 있다는 것을 기억해야 합니다.

---

24 Herve Guibert. The mausoleum of lovers: Journals 1976-1991. Nightboat Books, 2014.

25 옮긴이_ 바니타스(vanitas)는 라틴어로 허무, 허영, 덧없음을 뜻하며 이 주제의 정물화가 17세기 네덜란드 및 플랑드르 지역에서 많이 그려졌다.

26 Rotem Perach and Amaud Wisman. Can creativity beat death? A review and evidence on the existential anxiety buffering functions of creative achievement. The Journal of Creative Behavior, 2019.

4.6 실제 제약 조건으로 작업하기

소프트웨어 개발 프로젝트에 수반되는 많은 내재적, 부과적, 자의적 제약을 어떻게 초월할 수 있을까요? 제약의 스위트 스폿은 영감이 부족할 때 제약 조건을 더 부과하거나 줄일 것을 제안합니다. 이를 위한 실용적인 방법이 몇 가지 있는데, 다음 절에서는 발산적 사고와 순진함에 대해 살펴보고자 합니다. 이후의 장에서 더 많은 예시를 소개하겠습니다.

4.6.1 발산적 사고

창의성 연구가 학문의 새로운 분야였던 70년대에 연구자들은 제약을 극복하는 유일한 방법이 틀에서 벗어난 사고를 하는 것이라고 생각했습니다. 그 당시 연구원이었던 폴 토런스Paul Torrance는 창의적 사고에 대한 토런스 테스트Torrance Test of Creative Thinking(TTCT)를 개발했습니다.[27] 학계에서는 항상 창의성을 포함한 모든 것을 측정하고 정량화하고자 합니다. TTCT 테스트의 높은 점수는 높은 창의적 잠재력을 나타내는 훌륭한 지표로 여겨졌지만, 사실 이 테스트는 오늘날 심리학자들이 창의성을 정의할 때 고려하는 사항 중 하나인 '발산적 사고 능력'만을 측정합니다.

안타깝게도 대다수의 컴퓨팅 교육 연구자와 교육자들은 여전히 TTCT와 같은 낡은 개념을 고수하고 있는데, TTCT가 가장 일반적으로 인용되고 또 쉽게 구할 수 있는 창의성 측정 도구 중

---

27 E Paul Torrance. Predictive validity of the torrance tests of creative thinking. The Journal of creative behavior, 1972.

하나이기 때문입니다.[28] 하지만 창의성은 지루한 브레인스토밍 세션을 통해 얻어지는 것만이 전부가 아님을 기억해야 합니다.

발산적 사고는 사실 (부과된) 제약 기반 사고입니다. 즉, 엄격한 제약 조건에 따라 즉흥적으로 많은 독창적인 용도를 생각해 내는 것입니다. 예를 들어 TTCT에서는 원과 같은 기본적인 시작 도형이 주어지고 이를 그림에 사용하거나 조합하라는 요청을 받습니다. 동그라미를 보고 다른 수천 명이 그린 것과 마찬가지로 웃는 얼굴이나 지구를 그린다면 창의적이지 못한 것으로 여겨 집니다. 반면에 [그림 4-10]에서처럼 원으로 코코넛 나무를 그리기로 했다면 더 창의적인 것 으로 간주됩니다.

그림 4-10 실제 TTCT 테스트. 제가 이 테스트를 잘 해냈으면 좋겠네요! 여기서 여러 가지 요소를 평가할 수 있습니다. 얼마나 많은 독특한 그림을 그릴 수 있는지, 평균적인 그림에서 벗어난 그림이 얼마나 많은지 등을 평가합니다.

여기서 드는 의문은, 우리가 정말 체계적이고 사회문화적인 개념으로서의 창의성을 테스트하 고 있는가 하는 점입니다. 저는 그렇게 생각하지 않습니다. 하지만 예를 들어 면접 등에서 개발 자들에게 창의성을 어떻게 평가하는지 물었을 때, 그들은 한결같이 발산적 사고 기법이라고 대 답했습니다. 물론 즉흥적인 연습에서 어떤 성과를 내는지 보는 것이 유동적인 네트워크 내에서 얼마나 잘 연결되어 있는지를 보는 것보다 훨씬 더 확실하긴 합니다.

많은 기술 면접에는 주어진 제약 조건을 어떻게 처리하는지 물어봄으로써 창의적 잠재력을 측

---

28 Wouter Groeneveld, Brett A Becker, and Joost Vennekens. How creatively are we teaching and assessing creativity in computing education?: A systematic literature review. In Proceedings of the 2022 ACM Conference on Innovation and Technology in Computer Science Education, 2022.

정하는 행동 질문이 포함됩니다. 궁금하면 엄선된 인터뷰 질문 목록이 깃허브에 많이 있으니 찾아보기 바랍니다.

인터뷰에서 한 개발자는 홀거 보쉬$^{\text{Holger Bösch}}$의 카드 게임 〈블랙 스토리$^{\text{Black Stories}}$〉를 언급한 적이 있는데, 이 게임은 틀을 벗어나 창의적인 사고를 통해 어둡고 음산한 내용의 수수께끼를 풀도록 합니다. 각 카드에는 비극적인 살인 사건에 대한 이야기가 담겨 있으며, 제목과 한 문장으로만 상황을 설정해 풀어야 합니다. 그런 다음 독창적이고 적합한 사망 원인을 생각해 내는 것은 그룹원의 몫입니다. 카드 뒷면에는 해결 방법이 설명되어 있는데, 다소 억지스러울 때도 있습니다.

〈블랙 스토리〉는 18개 이상의 회사에서 출판되었으며, 최근 보드게임 정보 사이트(Board GameGeek.com)에서 집계한 결과에 따르면 21가지 버전이 있습니다. 사람들은 미스터리에 끌리기 마련이고, 게임이 매우 쉽고, 규칙이 거의 없으며, 누구나 극단적인 죽음 시나리오를 떠올리는 것을 좋아하기 때문에 그다지 충격적이지 않을 수도 있습니다. 심지어 프로그래밍의 세계에 적응하기도 쉽습니다! 예를 들어 다음과 같은 것은 어떨까요?

제목: 블로그^{29}

바우테르는 최신 블로그 게시물을 깃 저장소에 푸시하고 빌드 시스템에 의해 게시되기를 기대했다. 5분 후, 바우테르의 블로그는 다운됐다.

> **EXERCISE** 갑작스럽게 서비스가 중단되는 원인 중에 예외적이지는 않으면서 좀 더 가능성이 높은 원인을 생각해 볼 수 있습니까? 기술적으로 문제가 될 수 있는 다섯 가지 이상의 원인을 생각해 보세요. 또 다른 다섯 가지 원인으로는 어떤 것이 있을까요?

이런 게임을 50개 정도 만들어서 **크래시 스토리**$^{\text{Crash Stories}}$라고 부르면 어떨까요? 이 게임을 한다면 제가 항상 이길 것이라고 자신합니다!

---

29 답: 우터가 사용하는 가상 서버가 있는 데이터센터에 불이 났다. 이 일이 실제로 일어났고 나는 모든 데이터를 백업해놓지는 못했다. 여기서 배운 점이 있었다.

그림 4-11 〈블랙 스토리〉 카드. (왼쪽: 앞면) 보름달이 떴기 때문에 하이디는 범인이 누구인지 알아내지 못했습니다. (오른쪽: 답) 하이디는 해변에 누워 탐정 이야기를 읽다가 잠이 들었습니다. 그 사이 파도가 밀려와 책을 휩쓸어 가 버렸습니다(자료: © Holger Bösch, Moses 등 발행).

4.6.2 순진함과 제약

제약이 지나치게 많으면 더 탐구할 가치가 있는 아이디어를 거부할 수 있습니다. 브레인스토밍을 위한 회의에서 아이디어가 제시되자마자 "불가능하다" 또는 "서버가 감당할 수 없다"는 이유로 바로 퇴짜맞은 경험이 있나요? 이럴 때는 어느 정도의 순진함[naivety]이 도움이 됩니다. 기존 시스템과 그 제약을 바로 떠올리는 대신, 아무것도 모른다고 생각하고 단순하게 아이디어를 떠올려 보세요. 아이디어가 모인 후에 어떤 아이디어를 구현할지 결정하세요.

연구자들이 창의성의 중요한 요소로 순진함을 인식하는 경우는 별로 없습니다. 심리학 연구자인 존 게로[John Gero]와 메리 루 마허[Mary Lou Maher]는 창의성이 순진함의 결과라기보다는 고도로 지능적인 사람이 서로 다른 아이디어를 조합하고 그 가치를 인식하는 능력에서 비롯된다고 말합니다.[30] 다행히도 90년대 초반에 나온 창의성에 대한 낡은 정의는 최근 순진함의 잠재력을 인정하는 학자들에 의해 반박되기 시작했습니다.

교육 철학자이자 창의성 비평가인 카테리나 모루치Caterina Moruzzi는 창의성의 중요한 특징으로 문제 해결problem-solving, 평가evaluation 다음으로 순진함을 언급합니다.[31] 그녀는 순진함을 창의성의 핵심 특성인 자발성, 무의식적 사고 처리, 영역 규범에 대한 도전, 경직된 사고 구조로부터의 독립성 등 다양한 측면과 연관 짓습니다.

순진함은 창의성에 대한 어린아이 같은 장난기 어린 특성일 수 있습니다. 또는 당면한 상황의 속성에 대한 사전 노출이 부족하여 무지에 기대고 있음을 나타낼 수도 있습니다. 때로는 무지가 행복일 수 있습니다! 순진함에 대한 이러한 두 가지 해석 덕분에 제약을 극복한 사례 두 가지를 간략하게 살펴보겠습니다.

4.6.3 순진한 시인: 힐데 도민

미하이 칙센트미하이가 인터뷰한 독일의 유명 시인 힐데 도민Hilde Domin은 남성적인 시의 세계에서 인정받기 어려웠다고 이야기합니다. 그녀는 자신 주변에서 벌어지는 숨겨진 문학적 권력투쟁을 잘 몰랐기 때문에 오히려 버틸 수 있었다고 생각합니다.[32]

> 저는 매우 순진했어요. 이유는 모르겠지만 그게 제 모습이었습니다. 저는 문학적 음모나 그런 것들, 문학 마피아 같은 걸 믿지 않았어요. 저에게 일은 일이었고 그것은 지금도 마찬가지입니다.

그녀의 시는 출판되기까지 6년이 걸렸습니다. 1950년대 문학계에서 여성으로서 성공하기란 매우 어려운 일이었습니다. 특히 그녀의 남편은 처음에는 도민을 질투하고 그녀의 성공 가능성을 받아들이지 못했지만, 결국에는 도민을 지원해주었습니다. 당시 젊은 도민은 예술계에서 여성의 취약성에 매우 민감했습니다.

천재나 예술가는 어떤 좌절에 직면하더라도 항상 돌파한다는 낭만적인 시나리오는 현실보다는

30 John S Gero and Mary Lou Maher. Modeling creativity and knowledge-based creative design. Psychology Press, 2013.

31 Caterina Moruzzi. Measuring creativity: an account of natural and artificial creativity. European Journal for Philosophy of Science, 2021.

32 Mihaly Csikszentmihalyi. Creativity: Flow and the psychology of discovery and invention, HarperPerennial, New York, 1997.

허구에 가까웠고 그것은 지금도 마찬가지입니다. 그러나 도민은 좌절(또는 제약)로 인해 포기하는 대신 순진하게도 끈질기게 노력했고 결국 당대 가장 중요한 독일어 시인 중 한 명이 되었습니다. 그녀는 계속해서 이렇게 말합니다. "말라르메는 시는 로켓 발사와 같다고 말했어요. 그의 말이 맞을지도 모르죠. 하지만 질투에 의해 방해받을 수도 있습니다. 그게 맞는 말인 것 같아요."

4.6.4 순진한 주인공: 제임스 본드

순진함은 때때로 획기적인 결과를 낳을 수 있습니다. 소프트웨어 세계에서 또 다른 훌륭한 예는 제임스 본드(코드명 007)를 테마로 한 닌텐도 64 게임 〈골든아이GoldenEye〉입니다. 레어Rare 사가 개발하고 닌텐도를 통해 1997년 출시된 이 일인칭 슈팅 게임(FPS)은 모션 캡처를 통한 신체별 타격 반응, 저격 소총과 쌍권총, 환경 반사 매핑, 분할 화면 데스매치 등 슈팅 장르의 표준이 될 기능을 선구적으로 도입한 게임입니다. 이 게임은 무려 800만 장이라는 판매량을 기록하며 거물급 게임인 〈슈퍼 마리오 64Mario 64〉와 〈마리오 카트 64Mario Kart 64〉에 이어 닌텐도의 상징적인 게임인 〈젤다의 전설: 시간의 오카리나The Legend of Zelda: Ocarina of Time〉를 제치고 닌텐도 64 게임 톱 3에 올랐습니다!

당시 레어 사의 007 팀 대부분은 개발 경험이 전혀 없었기 때문에 게임 디자인이나 닌텐도 64의 하드웨어에서 무엇이 가능하고 무엇이 불가능한지 전혀 알지 못했습니다. 그 대신 좋은 아이디어가 떠오르면 바로 구현을 시도했습니다.

프로듀서이자 디렉터인 마틴 홀리스Martin Hollis는 레트로 게이머 인터뷰에서 약간의 순진함과 미숙함이 골든아이의 미래를 만드는 데 도움이 됐을 수도 있다고 인정했습니다. 골든아이가 첫 게임이었던 만큼 팀에서 무엇이 가능하고 무엇이 불가능한지 모르는 데서 오는 이점이 있었느냐는 질문에 홀리스는 이렇게 대답했습니다.

> "물론이죠. 저도 우리가 무엇을 할 수 없는지 몰랐어요. 3명이 총 9개월 정도 걸리는 프로젝트였거든요. 아무도 3년이 걸릴 거라고, 10명 정도 필요할 거라고 말해 주지 않았으니까요."

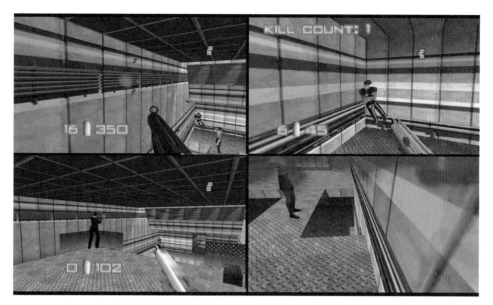

그림 4-12 4인 분할 화면 액션의 정신없는 〈골든아이〉 데스매치. 수많은 욕설을 내뱉거나 흥분해 날뛰고, 심지어 컨트롤러를 던지거나 피하는 모습을 상상해 보세요. 이것이 바로 의도한 바는 아니었지만 〈골든아이〉의 진정한 유산입니다!

멀티플레이어 광기

많은 게이머가 애정을 갖고 기억하는 〈골든아이〉의 멀티플레이어 기능은 출시 6개월 전에 급하게 만드느라 게임에 추가되지 못할 뻔했다는 후일담이 있습니다. 레어 사에서는 점심시간에 직원들이 〈봄버맨Bomberman〉과 〈슈퍼 마리오 64〉의 초기 프로토타입을 플레이하는 와중에 정신없는 화면 분할 슈팅 액션에 대한 아이디어를 얻었습니다. 개발을 시작할 때까지만 해도 이 게임이 제대로 작동할지 알 수 없었고, 거의 즉시 프레임 속도 제약에 부딪혀 멀티플레이어 맵을 대부분 작은 로우폴리low-poly 영역으로 제한하여 부분적으로만 문제를 해결했습니다. 노련한 게임 개발자라면 아마 시도조차 하지 않았을 것입니다. 하지만 레어 사가 이런 시도를 하지 않았다면 〈골든아이〉가 좋은 기억으로 남았을지는 의문입니다.

〈골든아이〉는 〈둠〉이 대중화한 FPS 장르를 발전시켰습니다. 예를 들면 퍼즐 같은 맵에서 컬러 키 카드를 수집하고 몬스터를 쏘는 방식, 제임스 본드가 사용하는 것과 같은 장치, 스토리 중심의 목표가 그렇습니다. 무시되었을지도 모를 아이디어를 구현하려 했던 팀의 순진한 접근 방식이 없었다면 기억에 남는 〈하프라이프Half-Life〉나 다른 대형 FPS 히트작도 없었을 것입니다.

순진함은 생각한 것보다 더 멀리 갈 수 있습니다. 주어진 프로젝트의 제약 요인을 알고 있더라도 순진한 사고방식을 채택하여 제한된 디자인 공간의 미개척 영역에서 무엇이 가능한지 발견하고자 하면 노력에 대한 보상을 받을 수도 있습니다.

4.6.5 순진한 알고리즘 구현

수년에 걸쳐 구현된 많은 알고리즘은 매우 복잡하게 시작됩니다. 프로그래밍 전문가인 우리가 실제로는 (거의) 발생시키지 않는 가능한 결과를 바로 생각해 내기 때문입니다. 이전의 실패가 여전히 우리를 괴롭히므로 이번에는 회복력이 필요합니다! 이때 순진한 사고방식을 채택하지 않으면 해결책은 과도하게 설계되기 쉽습니다. 예를 들면 만일을 대비해 두 개의 캐싱 레이어를 도입한다든지, 동일한 코드를 중복해서 갖는 대신 재사용을 위해 라이브러리로 만들어 의존성으로 추가한다든지, 부하가 어느 정도인지 테스트해 보지도 않고 부하를 분산한다든지 할 수 있습니다. 어디선가 많이 들어본 익숙한 이야기 아닌가요?

알고리즘은 일반적으로 다양한 형태로 제공되며, 그중 순진한 접근 방식이 보통 가장 간단하고 가독성이 높습니다. 물론 때로는 이런 단순한 구현이 스트레스 테스트를 통과하지 못하는 경우도 있습니다. 간단한 예로 피보나치수열을 생각해 볼 수 있습니다. 각 숫자는 앞의 두 숫자를 더하여 계산되며, 수열은 0과 1로 시작합니다. 0 + 1 = 1, 1 + 1 = 2 등입니다. 피보나치 수를 구하기 위해 다음과 같이 재귀 함수를 사용해 구현한 코드는 순진하지만 여전히 매우 유용합니다.

```
func Fibonacci(n int) int {
    if n <= 1 return n
        return Fibonacci(n - 1) + Fibonacci(n - 2)
}
```

이 코드는 간단하고 가독성이 좋습니다. 우리가 원하는 함수와 정확히 일치합니다. 다만 50과 같은 큰 숫자를 입력하면 이미 알고 있는 피보나치 수를 계속 재계산하기 때문에 스택의 크기가 폭발적으로 증가하여 결과(12586269025)를 얻는 데 1분 정도 걸린다는 단점이 있습니다. 가능한 해결책은 **메모화**memoization 또는 **꼬리 재귀**tail recursion라는 기술을 사용해 함수를 최적화하는 것입니다.

```
func fibonacciTail(n, a, b int) int {
    if n <= 1 return b
        return fibonacciTail(n - 1, b, a + b)
}
func Fibonacci(n int) int {
    return fibonacciTail(n, 0, 1)
}
```

이 코드는 스택이 n번만 증가하기 때문에 피보나치 함수의 성능을 획기적으로 개선합니다. 하지만 가독성 측면에서 보자면 (논란의 여지는 있지만) 코드가 좀 더 복잡해졌음에도 그런대로 읽을 만합니다. 여러 가지 제약이나 과거의 악몽으로 인한 압박감 때문에 처음부터 이러한 최적화부터 시작하면 특정 사고방식에 갇히게 되고, 그 결과 불필요하게 복잡한 솔루션이나 혹은 더 나쁜 경우에는 아예 솔루션이 아닌 무언가를 만들어 낼 수도 있습니다. 여기서 중요한 점은 창의적인 흐름을 이어가려면 항상 순진한 접근 방식에서 시작해야 한다는 것입니다. 그런 다음 한 걸음 물러나서 개선점을 고려해야 합니다.

> **EXERCISE** 매일 작성하는 프로그래밍 작업에서 전문가의 판단을 즉시 따르는 대신 약간의 건강한 순진함을 도입할 수 있다면 어떨까요? 다음에 어떤 문제에 직면했을 때 제약 조건을 모른다고 가정하고 상상력을 마음껏 발휘해 보세요. 그러면 문제를 해결하기 위한 더 흥미로운 접근법이 나올 수도 있습니다.

4.7 요약

- 창의적인 문제 해결 능력에 도움이 되는 유익한 제약은 부수적 제약(내재적/부과적 제약)과 본질적 제약(스스로 부과한 제약)으로 분류할 수 있습니다.
- 자신에게 불리하게 작용할 것 같은 가혹한 내재적 하드웨어 제약이 실제로는 오히려 창의력을 발휘하는 데 유리하게 작용할 수 있습니다.
- 오래된 비주얼 베이직 브라운필드 프로젝트에서 조금 어색하더라도 최신 소프트웨어 개발 모범 사례와 이상을 준수할 수 있습니다. 부과적 제약을 완화할 방법만 찾아내면 됩니다.
- 식별된 제약 조건에 대해 침묵하는 것은 결코 좋은 생각이 아닙니다. 팀과 소프트웨어, 궁극적으로는 고객에게 영향을 미칠 수 있습니다.

- 같은 맥락에서, 아이디어가 실현 불가능한지 파악하기 전에 '불가능하다'는 이유로 너무 빨리 아이디어를 폐기해서는 안 됩니다.

- 제약에는 적당한 지점이 있습니다. 제약에 얽매이면 창의적인 잠재력을 발휘하지 못하게 됩니다. 스스로 제약을 가할 때는 그 스위트 스폿을 지나칠 수 있다는 점을 염두에 두어야 합니다.

- 스스로 제약을 가하면 창의적인 해결책에 더 가까워질 뿐만 아니라 지루함이나 평범함과도 싸울 수 있습니다.

- 내면에 있는 순진한 아이와 같은 흥분을 항상 억압하기만 해서는 안 됩니다. 그 목소리는 특히 어려운 제약을 해결하는 데 도움이 될 수 있습니다.

- 발산적 사고도 제약 조건에서 작업할 때 도움이 될 수 있습니다. 다만 다양한 발산적 사고 테스트에 너무 많은 관심을 기울이지 않도록 주의해야 합니다. 창의력은 단순한 측면적 사고 그 이상입니다.

비판적 사고

이 장에서는 다음과 같은 내용을 다룹니다.

- 일반적인 창의적 과정의 5단계
- 집중적 사고 모드와 확산적 사고 모드
- 의도에 따라 창의성을 수단 또는 목표로 사용하기
- 흔히 볼 수 있는 비판적 사고의 오류

고대 아테네 제국의 중심지였던 아고라의 아침이 밝았습니다. 시끄러운 목소리와 향기로운 향신료가 뒤섞인 채 혼란스러운 가운데 또 다른 바쁜 하루가 시작됩니다. 상점 주인들은 건어물, 올리브, 샌들, 항아리, 염소젖, 무화과, 빵을 팔기 위해 치열한 전쟁을 벌이고 있습니다. 소송과 증인에 대한 이야기와 정치인들에 대한 험담을 섞어 가면서 말이죠. 여기서는 원하는 것은 무엇이든 얻을 수 있습니다. 고함과 욕설이 난무하는 가운데, 맨발에 코가 납작하고 단정함이라고는 거의 찾아보기 어려운 뚱뚱하고 나이 든 한 남자가 이런 소란통 속에서도 자기 집인 양 편안한 분위기로 걸어갑니다. 소크라테스는 매일 이렇게 아고라 근처를 산책하는 동안 마주치는 모든 사람에게 성가신 질문을 퍼부었습니다. 그의 모토는 '모르는 것을 알라'였습니다.

아테네 반대편에서는 수학, 음악, 철학, 또는 신이 금지한 공예와 같은 과목을 전문으로 가르치는 소피스트 교사들이 여유 있는 소수의 부유한 그리스인들에게 미덕을 가르치느라 바빴습니다. 여행 전문가이자 숙련된 연설가였던 소피스트들의 한 가지 공통점은 청중을 감동시키거나 설득하기 위해 모르는 것을 아는 척했다는 것이었습니다. 심지어 몇몇 궤변가들은 모든 질문에 대한 답을 알고 있다고 주장하기도 했습니다.

지식이 절실히 필요할 때는 누구에게 의지해야 할까요? 아무것도 모르는 척하며 계속 질문을 던지는 이상한 노인일까요, 아니면 모든 답을 알고 있다고 확신하는 기만적인 말재주꾼일까요? 소크라테스의 '모르는 것을 알라'는 말은 그의 살아생전 대부분의 사람에게 조롱받았습니다. 아테네 사람들은 소피스트들의 남성적인 수사학적 연설에 쉽게 현혹되었습니다. 소크라테스조차도 한때 진정한 소피스트들보다 실력이 떨어진다는 것을 인정하고 제자 중 한 명을 그들에게 배우도록 보냈습니다. 플라톤은 훗날 소피스트들을 속임수만 가르치는 인색한 스승으로 묘사했습니다.

그로부터 20세기 후, 프랑스 파리의 한 연구실에서는 빈 병이 서로 부딪치는 소리만 들렸습니다. 시큼한 와인 한 잔에 정신이 팔린 루이 파스퇴르는 알코올 발효에 대한 자신의 생각을 정리하기까지 몇 주가 더 필요했고, 멸균되고 밀폐된 플라스크에서 발효가 이루어지지 않는 것에 대한 생각도 정리해야 했습니다. 파스퇴르는 발효를 단순히 '유기 분해'의 결과라고 생각한 동료 화학자 유스투스 폰 리비히Justus von Liebig의 의견에 동의하는 대신, 설탕에서 알코올을 생산하는 것은 자연적으로 존재하는 효모라는 것을 증명했습니다.

1850년대에는 효모나 유산균과 같은 미생물의 존재에 대해 격렬한 논쟁이 벌어졌습니다. 눈에 보이지도 않고 냄새도 맡을 수 없는 것이 어떻게 고대의 중요한 현상이면서 한때 신이 내려 주신 것으로 여겨졌던 발효 과정에 관여할 수 있을까요? 루이 파스퇴르는 멸균 병을 통해 19세기의 놀랍도록 정교하고 편협한 사고방식을 뒤흔들었고, 그 과정을 시연함으로써 수많은 상과 재정적 지원을 받아 자신의 실험실을 지금의 파스퇴르 연구소로 확장할 수 있게 되었습니다. 파스퇴르의 시연은 사람들을 설득하는 데 성공했는데, 그보다 몇 년 전에 다른 사람들은 하지 못했던 일입니다.

미생물을 믿지 않으려는 사람들만이 (자기)기만에 가담한 것은 아니었습니다. 지금은 전설적인 천재로 알려진 파스퇴르도 숨겨야 할 더러운 비밀이 있었는데, 이 비밀은 제럴드 L. 가이슨이 『Private Science of Louis Pasteur』[1]을 출판하기 전까지 한 세기 동안 그의 실험실 노트 안에 감추어져 있었습니다. 몇 가지 오해의 소지가 있긴 하지만, 이 책을 통해 파스퇴르가 아이디어와 발견을 훔치는 등 경쟁자보다 앞서기 위해 사용했던 기만적인 수법이 밝혀졌습니다. 이로 인해 발효에서 미생물의 역할을 최초로 발견한 사람이 자신이라고 생각했던 몽펠리에의 화학과 교수 앙투안 베샹Antoine Bechamp과 평생 표절 논쟁을 벌였습니다.

한 세기 더 뒤로 가볼까요? 최면에 걸린 듯한 고출력 컴퓨터 팬의 윙윙거리는 소리가 느리지만 꾸준히, 별다른 특징이 없는 사무실을 열기로 가득 채우고 있습니다. 플로리다주 게인즈빌에 위치한 그로브 스트리트 게임즈의 컴퓨터와 직원들은 록스타 게임즈와 함께 곧 출시될 게임 〈그랜드 테프트 오토: 트릴로지-데피니티브 에디션Grand Theft Auto: The Trilogy - The Definitive Edition〉의 촉박한 마감일을 맞추기 위해 초과 근무를 하고 있습니다. 텍스처를 늘리고, 메시를 정리하고, 번개를 개선하면서, 뛰어난 날씨 효과를 도입하고 있습니다.

---

1 Gerald L Geison. The private science of Louis Pasteur. Princeton University Press, 2014.

하지만 주로 AI 업스케일러[2]가 자동으로 수행한 작업으로 인해 텍스처가 더 추악해지고, 메시가 너무 많아 원활하게 실행되지 않으며, 게임 분위기를 깨는 거친 대비와, 마치 우유가 몇 주전자는 쏟아진 듯한 비 효과rain effect가 만들어졌습니다. 클래식 〈그랜드 테프트 오토〉 게임(GTA III, GTA 바이스 시티, GTA 산 안드레아스)의 에셋을 렌더웨어에서 언리얼 엔진 4로 포팅하여 리마스터하는 작업은 처음에 큰 기대를 모았습니다. 하지만 향수에 취해 무턱대고 시도했다가는 10만 개의 AI 기반 업스케일 에셋을 비판적으로 검토하지 않는 것과 마찬가지로 치명적인 결과를 초래할 수 있습니다.

그림 5-1 샌 안드레아스 스크린샷 원본(왼쪽 사진)에 도넛 오른쪽의 볼트('너트')가 보이나요? 이 볼트가 어떻게 된 일인지 타이어 모양으로 바뀌면서 '터프 너트'라는 농담을 더 이상 할 수 없게 됐습니다.[3] 이것이 AI 업스케일러의 결과인지, 아니면 단순히 거친 모서리를 둥글게 다듬어야 한다고 생각한 디자이너의 실수인지는 아직 밝혀지지 않았습니다(스크린샷: RockmanBN, ResetEra).

이 게임은 2년 넘게 개발된 것으로 알려졌으나 출시 후 게임 비평가와 게이머 모두의 부정적인 반응에 부딪혔습니다. 〈데피니티브 에디션〉은 완성도와는 거리가 먼 것으로 밝혀졌습니다. 설상가상으로 록스타 게임즈는 온라인 스토어에서 오리지널 GTA 게임을 철수하기로 결정했고, 80년대풍의 플래시 FM을 들으며 해변에서 자동차를 몰던 추억을 가진 게이머들은 중고 시장을 뒤지는 수밖에 없었습니다. 말 그대로 터프 너트Tuff Nut와 같은 상황이 만들어졌습니다.

---

2 '더 게이머The Gamer'가 유명한 프로듀서인 리치 로사도와 한 인터뷰를 보라. https://www.thegamer.com/gta-remastered-trilogy-rockstar-interview

3 옮긴이_ 이 도넛 가게의 지붕 위에 너트 모양의 도넛 형상물과 그 옆에 너트 형상물이 있어서 '도넛이 아니라 터프 너트', 즉 딱딱하고 거칠다는 의미의 터프한 넛이라는 농담을 했는데, 게임 화면에서는 모두 둥글게 처리되어 이런 농담을 할 수 없게 됐다는 것을 의미한다.

5.1 창의적인 비판적 사고

소크라테스의 과도한 (자기) 질문과 소피스트들의 부족한 질문, 미생물의 발견 이후 중요하지만 잘못된 수용, 비디오 게임에서 생성된 자산을 비판적으로 검토하지 않아 완전히 실패한 그로브 스트리트 게임즈의 사례가 갖는 가장 큰 공통점은 무엇일까요? 이 세 가지 사례는 모두 다양한 수준의 비판적 사고 혹은 비판적 사고가 아예 없었음을 보여줍니다.

새로운 발명품이나 새로운 방식을 처음 접하는 사람들은 보통 회의적인 반응을 보입니다. 아테네 사람들은 소크라테스의 끝없는 질문 방식을 이상하게 여겼습니다. 소피스트들의 오만한 태도와 축적된 부가 그들의 관행에 대한 분노로 이어지기까지는 오랜 시간이 걸렸습니다. 루이 파스퇴르가 살아있는 미생물을 최초로 발견한 것이 아니었음에도 처음에는 사실을 인정하지 않는 편이 더 쉬웠습니다. 그의 천재성을 인정한 후에야 비로소 그가 다른 사람의 창의적인 아이디어를 훔친 사기꾼에 가까웠다는 사실이 밝혀졌습니다.

그로브 스트리트 게임즈는 불완전한 AI 기술에 의존했을 뿐만 아니라 록스타 게임즈의 막대한 마감 압박까지 더해져 완성도가 떨어진 게임을 출시했고, 비평가들의 혹평을 받았습니다. 개발 팀이 쏟아부은 많은 창의적인 노력은 잠재성을 보여 주었지만, 출시일에 대한 무비판적인 고집 때문에 완전히 실현되지 못했습니다. 한 달 정도의 시간을 더 들여서 집중적으로 플레이 테스트를 시행했다면 GTA 트릴로지를 다듬을 수 있었을 것입니다. 그 작업은 꼭 했어야만 했습니다. 출시 후 하루가 지나자 게이머들은 [그림 5-1]과 같은 어이없는 버그, 망가진 농담, 예상치 못하게 불쑥불쑥 발생하는 크래시 등의 동영상을 게시하여 이러한 문제를 찾는 것이 그리 어렵지 않다는 것을 증명했습니다.

창의적 사고만으로는 충분하지 않습니다. 창의적 사고와 비판적 사고는 모두 창의적 노동의 결실을 거두기 위한 필수 조건입니다. 창의적 사고는 독창적인 아이디어를 창출합니다. 비판적 사고는 아이디어를 검증하거나 거부하고, 창의적인 프로세스를 적시에 조정하고, 피드백을 요청하고 올바르게 해석하며, 우리 머릿속에 형성된 많은 인지적 편견을 극복하게 해줍니다. 창의성과 비판적 사고의 관계를 더 잘 이해하기 위해 일반적인 창의적 프로세스에 대해 좀 더 자세히 살펴봅시다.

EXERCISE 소프트웨어 개발 팀의 행동과 결정에 대해 자주 의문을 제기하는 소크라테스 같은 팀원이 있나요? 그렇지 않다면 그런 사람이 한 명쯤 있어야 하지 않을까요? 그런 팀원이 있다면 그 사람이 짜증 나는 사람으로 인식되는 이유는 팀이 답을 두려워하기 때문인가요, 아니면 그 소크라테스의 화신이 코드 리뷰어로서의 자신의 역할을 과장해 여러분의 짜증을 유발하기 때문인가요?

5.2 창의적인 프로세스

이전 장에서 소개한 저명한 창의성 연구자인 피터 반 스트라이언과 미하이 칙센트미하이는 1921년 그레이엄 월라스$^{Graham\ Wallas}$가 처음 제시한 창의적 프로세스의 5단계에 모두 동의합니다.[4]

1 **참여**^{participate} : 창의적인 결과물은 어느 날 갑자기 번뜩이며 떠오르는 통찰력보다는 90%의 오랜 기간에 걸친 준비 작업과 10%의 조명을 통해 만들어질 가능성이 높습니다.

2 **배양**^{incubate} : 참여하기를 잠시 멈춘 채 거리를 두고 프로세스를 중단하는 가변적인 기간으로, 무의식적으로 통찰의 속도를 높입니다.

3 **조명**^{illuminate} : 1단계의 땀과 눈물 없이는 결코 이루어질 수 없는 단계입니다.

4 **검증**^{verify} : 결과물을 인식하는 단계로, 효과가 있는지 그만한 가치가 있는지 확인하고 그렇지 않다면 폐기하고 다시 시작해야 합니다.

5 **발표/수용**$^{present/accept}$: 창작물을 동료들에게 발표하고 수락한 후에야 진정으로 창의적이라고 할 수 있습니다 (서두의 사회문화적 정의 참조).

단계마다 번호가 매겨져 있으면 일반적으로 그 프로세스가 순차적임을 나타내지만, 창작 프로세스는 이와는 달리 재귀적입니다. 창의적 발상은 언제든지 1단계와 4단계 사이를 오갈 수 있습니다. 좋은 아이디어(3단계)가 나요? 1단계로 돌아가서 시도해 보세요. 매너리즘에 빠졌나요? 잠시 휴식을 취하고(2단계), 다른 주제로 넘어가거나, 개를 산책시키거나, 달리기를 하세요. 단, 전구가 켜져 있을 때를 대비해 포스트잇을 가져가세요(3단계). 이제 단위 테스트를 컴파일하고 실행할 시간입니다(4단계)! 성공하지 못했나요? 다시 1단계로 돌아가세요. 마지막 5단계는 분명히 검증을 거친 후에만 적용할 수 있습니다.

---

4 Graham Wallas, Creative process. New American Library. Disponível em, 1921.

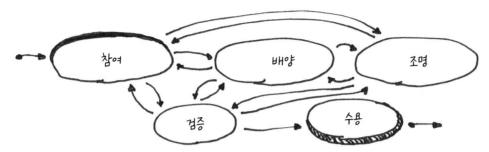

그림 5-2 창의적 프로세스의 5단계. 화살표가 많이 표시된 것은 단계 간의 상호 관련성을 강조합니다. 일반적으로 참여가 1단계이지만, 갑작스러운 아이디어가 프로세스를 시작하게 할 수도 있습니다. 아이디어를 재작업할 수 있는 충분한에너지가 남아 있다면 설령 거절당하더라도 반드시 끝난 것은 아닙니다.

많은 사람은 창의성이 하나의 거대한 통찰력을 개발하는 문제라고 생각합니다. 하지만 창의성은 [그림 5-2]의 화살표로 표시된 것처럼 모든 단계 간의 미묘하지만 지속적인 상호 작용에 관한 것입니다. 겨우 한 번 정도의 **유레카!** 만으로는 멀리 갈 수 없습니다. 독일의 심리학자 칼 빌러Karl Bühler는 이러한 아하! 순간을 가리켜 **'아하ー에를레브니스**Aha-Erlebnis'라고 불렀습니다.

월라스의 비선형적 창작 프로세스는 테스트 주도 개발 사이클인 레드(1~3단계), 그린(4단계), 리팩터링(1~3단계)을 연상시킵니다.[5] 테스트가 실패한 상태에서, 혹은 더 나쁜 경우로아예 테스트 없이 `git push` 명령(5단계)을 실행하는 사람은 아무도 없습니다. 모든 독자가진정으로 고개를 끄덕이며 동의할 거라고 생각합니다. 혹시라도 여기에 동의하지 않는 독자는없겠지요?

첫 번째 단계인 참여에는 데이터 수집을 통한 준비 작업이 포함됩니다(2장). 사물을 들여다보는 데 필요한 궁금증과 호기심(6장)이 없다면 이 과정은 여기서 끝날 것입니다. 제약 조건에대한 지식(4장)은 당면한 과제와 관련된 설루션을 구축하는 데 도움이 됩니다.

올바른 창의적 마음가짐을 가지고 있으면 배양과 조명 과정이 쉬워집니다(7장). 다른 사람들도 이 과정에서 큰 역할을 감당하게 되고, 여러분의 마음과 세계를 열어 아이디어의 교차 수분가능성을 높여 줍니다(3장).

---

5 옮긴이_ 테스트 주도 개발의 한 가지 방식으로 레드(기능 구현), 그린(테스트 통과), 리팩터링(기존 코드의 개선)의 사이클을 통해 소프트웨어 개발을 진행한다. 보통 IDE에서 테스트가 실패하면 빨간색으로, 테스트가 통과하면 초록색으로 표시되는데, 첫 번째 단계에서는 (의도적으로) 테스트가 실패하도록 최소한의 코드만으로 시작하기 때문에 이 단계를 레드라고 한다.

5.2.1 비판적 검증

창의적 프로세스에서 비판적 사고는 어느 단계에 적합할까요? 칙센트미하이는 통찰력을 **검증**하는 것은 한 걸음 물러나 지금까지의 창작물을 비판적으로 살펴보는 행위와 같다고 말합니다.

> 통찰력이 떠오르면 그 통찰력을 끌어낸 연결 고리들이 정말 올바른지 확인해야 합니다. 화가라면 몇 걸음 뒤로 물러나서 구도가 좋은지 확인해야 합니다. 시인이라면 비판적 사고방식으로 시를 다시 읽어봐야 합니다. 과학자라면 계산하거나 실험해 봐야 합니다. 가장 아름다운 통찰도 이성의 냉철한 빛 아래서 단점이 드러나면 추악해질 수 있습니다.

그는 프로그래머를 인터뷰하지 않았지만, 인터뷰했다면 아마도 "프로그래머는 단위 테스트를 실행하기 위해 [F10] 키를 누르고, 테스트가 실패하면 욕할 것이다"라는 식으로 글을 썼을 것입니다. 실제로 우리는 소프트웨어 개발자와의 인터뷰를 통해 검증 단계가 창의적인 프로그래머의 삶에서 중요한 역할을 한다는 사실을 확인했습니다.

예전에 동료와 함께 페어 프로그래밍 세션을 진행하던 중 너무 빠른 의사 결정 과정에 대해 지적을 받았던 기억이 아직도 생생합니다. "왜 이 컬렉션을 데이터베이스에 저장하지 않죠?" 그가 물었습니다. "그거야 간단하죠, 이게 집계된 루트$^{aggregate\ root}$잖아요, 그렇죠? 그걸 저장하면 여기 두 번째 매개변수로 자동으로 캐스케이드 되잖아요."라고 대답했습니다. 그러자 그는 고개를 저으면서 말했습니다. "추측만 하지 마세요! 코드를 확인해 보셨나요? 통합 테스트는 어디 있죠? 당신이 생각하는 대로 작동하나요?" 저는 아무 말도 하지 않고 침묵을 지키고 있었는데, 제가 이렇게 할 때는 보통 부정을 의미합니다. "그럴 거라고 미리 추측하지 마세요! 추측하다가 잘못하면 망측해질 수 있어요."[6]

'추측하다가 망측해진다'라는 표현이 오랫동안 제 기억에서 사라지지 않았습니다. 가정을 검증하는 것에 대해 재미있는 말장난으로 가르쳐 준 그 방법은 항상 생동감 있게 기억됩니다. 그 후 우리는 좋은 친구가 되었고 저는 그에게 많은 빚을 졌습니다. 진지하게 말하지만, 가정해서는 안 됩니다. 몇 가지 중단점^{breakpoint}을 설정하고 그 지점에서 메모리에 뭐가 있는지 꼭 확인해야 합니다. 불분명한 코드는 단계적으로 분석해 안개를 걷어 내야만 합니다. 단위 테스트를 통해 동료와 미래의 자신을 위해 이러한 검증을 확고히 하기 바랍니다. 필요하다면 오실로스코프를 들고 전압 파동을 검사하세요. 확인하고, 확인하고, 또 확인해야 합니다. 확인이 되지 않더

6　옮긴이_ 원문은 "Don't ASS-ume! You'll make an ASS out of U and ME"이다.

라도 걱정하지 마세요. 창작 과정은 반복적이니까요. 카페인을 더 섭취하거나 조깅하면서 쉬는 시간을 좀 더 많이 가져야 할지도 모릅니다.

검증 과정을 용이하게 만들었던 카메라타

3장에서 언급했듯이 상호 학습은 같은 생각을 가진 사람들로 구성된 사회 집단 내에서 공동의 목표를 달성하고자 노력하는 과정에서 일어납니다. 다양한 인지적 편견(5.4절 참조)은 때때로 우리 자신의 아이디어를 검증하는 것을 복잡하게 만듭니다.

이럴 때 동료들의 비판적인 피드백을 기꺼이 받아들이고 처리할 의지만 있다면 큰 도움이 될 수 있습니다. 자신의 아이디어를 검증할 때 다른 사람의 건설적인 비판을 면밀히 검토한 후에 그것을 중요한 퍼즐 조각처럼 취급해야 합니다.

5.2.2 집중적 사고

프로그래밍할 때는 코드 줄, 메서드, 멤버, 인수, 괄호, IDE의 측면에 배치된 패널, 생성자, 유형, 예외 등에 주의를 집중해야 합니다. 〈둠〉의 첫 번째 쉐어웨어 에피소드의 제목처럼 '죽음에 무릎 꿇다Knee-deep in the Dead'가 아니라 코드에 무릎 꿇어야 합니다.

이 자명한 사고 단계를 **분석적 문제 해결** 또는 **집중적 사고**라고 합니다. 즉, 성취해야 할 것과 해결책에 집중해야 합니다. 심리학 연구자들에 따르면 이 단계는 점진적이고 대부분 의식적인 과정을 포함하며, 창의성의 필수적인 부분이라고 합니다.[7] 집중된 행동 없이는 그림 한 장도 그릴 수 없고, 시 한 구절도 쓸 수 없으며, 코드 한 줄도 프로그래밍할 수 없습니다.

집중적 사고는 낮은 수준의 문제를 해결하는 데는 유용하지만, 때로는 여기저기서 몇 가지 지름길을 찾거나(전체 시스템에 큰 영향을 미치지 않을 테니 여기서는 그냥 static을 쓰자), 개요를 놓치거나(이 방법이 고객의 문제와 어떤 관련이 있을까?), 비판적 사고를 충분히 했음에도 불구하고 잘못된 결정을 내릴 수 있습니다. 따라서 확산적 사고와 같은 다른 사고 모드를 사용해야 할 때가 종종 있습니다.

---

7 Claire M Zedelius and Jonathan W Schooler. The richness of inner experience: Relating styles of daydreaming to creative processes. Frontiers in psychology, 2016.

5.2.3 확산적 사고

비판적 사고가 항상 환영받는 것은 아니며, 때로는 거센 저항에 부딪혀야 할 때도 있습니다. 예를 들어 아이디어를 떠올릴 때 기발하고 특이한 아이디어가 많이 떠오른다면 이런 것들을 즉시 거부할 필요는 없습니다. 오클랜드 대학교와 맥마스터 대학교의 공대 교수인 바버라 오클리Barbara Oakley는 아이디어 발상 단계를 **확산 모드 사고**diffuse-mode thiniking라고 부릅니다. 그녀는 어려운 주제를 숙달하는 데 도움이 되는 강력한 정신적 도구로서 집중 모드와 확산 모드를 소개하는 'Learning How to Learn'이라는 제목의 코세라Coursera 교육 영상을 만들었습니다. [8]

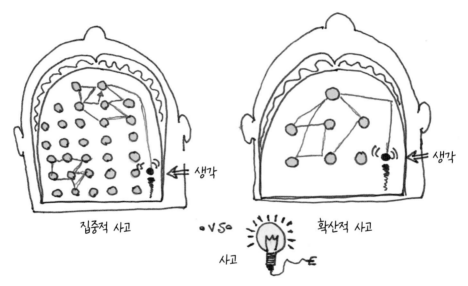

그림 5-3 바버라 오클리는 뉴런을 통과하는 핀볼을 통해 집중적 사고와 확산적 사고를 표현합니다. 집중형 핀볼 기계의 공은 완벽하게 분류된 관련 범퍼를 맞출 확률이 높은 반면, 확산형 핀볼 기계의 공은 사방으로 튕기면서 전혀 관련이 없어 보이는 아이디어를 맞출 확률이 높습니다.

집중적 사고는 현재 당면한 문제를 세밀하게 들여다 보면서 분석하는 것이지만, 확산적 사고는 멀리서 더 큰 그림으로 바라보고 문제 자체로부터 잠시 벗어나 문제의 다양한 측면을 더 높은 수준에서 접근하는 것입니다.

확산적 사고는 아이디어가 '갑자기' 떠오르는 자발성과 더 연관되는데, 이런 사고는 좀 더 관련성 있는 통찰력으로 이어지고 이는 다시 더욱 집중적인 사고와 합쳐져 해결책에 도달할 수 있

---

8 https://www.coursera.org/learn/learning-how-to-learn

습니다. 실제로는 이 두 가지 사고 모드 사이에서 끊임없이 전환하는데, 대니얼 카너먼^{Daniel} Kahneman의 빠른 사고/느린 사고 모드와 다르지 않습니다.[9] 판단과 의사 결정의 심리학에 관심이 많은 연구자인 카너먼은 두 가지 사고 모드 사이에 이중성이 있음을 발견했습니다. 빠르고 본능적이며 감정적인 '시스템 1'과 느리고 신중하며 논리적인 '시스템 2'입니다. 카너먼에 따르면 우리는 자신의 판단에 지나치게 자신감을 가지고 있으며, 이는 대개 무의식적으로 잘못된 사고 모드를 통해 이루어집니다.

학습에 대한 연구자인 조너선 스쿨러^{Jonathan Schooler}와 그의 동료들은 확산적 사고를 **마음 방황** mind-wandering이라고 부릅니다.[10] 마음 방황이 특별한 일을 수반하지는 않습니다. 실제로는 아무 일도 일어나지 않으며, 외부 환경에 주의가 분산되는 일상적인 경험입니다.

산만하게 창밖을 바라보면서도 길 건너편 공사 현장을 점검하고 있다고 둘러대는 동료는 아마 마인드 방황을 하고 있을 것입니다. 그의 동료들은 아마 짜증이 날 테지요. 스쿨러의 연구 팀은 정신적 방황이 사회적, 인지적 비용을 수반한다는 사실을 인정하면서도(집중력 회복에 대해서는 7장에서 자세히 설명합니다), 아직 **배양**incubation 단계에 머물러 있다면 창의적 성과가 크게 향상한다는 사실도 측정해 냈습니다.

지나친 방황은 정신 건강에 해로울 수 있습니다. 마음 방황과 부정적인 기분 사이의 상관관계를 입증하는 보고서가 최근에 쏟아져 나오고 있는데, 마음 방황은 우리의 전반적인 행복 수준에 지속적인 영향을 미칩니다. 너무 자주 멍하니 창밖을 바라보는 것은 확산적 사고를 촉진하는 방법이 아니라 직무 불만족의 신호일지도 모릅니다.

5.2.4 집중적 사고와 확산적 사고의 결합

스쿨러의 연구 팀은 집중력을 높이는 '마음챙김^{mindfulness}'과 확산적 사고를 촉진하는 '마음 방황' 사이의 아리스토텔레스적 중간 방식을 옹호하며 두 가지 사고 모드의 결합을 암시합니다.[11]

---

9 Daniel Kahneman. Thinking, fast and slow. Macmillan, 2011.

10 Jonathan W Schooler, Michael D Mrazek, Michael S Franklin, Benjamin W Mooneyham, Clair Zedelius, and James M Broadway. The middle way: Finding the balance between mindfulness and mind-wandering. Psychology of learning and motivation, 2014.

11 옮긴이_ '마음챙김'에 관해서는 7.3.4절에서 다시 설명한다.

미국의 생화학자이자 다작[12] 학술 출판인인 라이너스 폴링Linus Pauling은 한 학생에게 어떻게 그렇게 많은 좋은 아이디어를 생각해 낼 수 있느냐는 질문을 받은 적이 있습니다. 폴링은 이렇게 대답했습니다. "글쎄요, 그건 쉬워요. 많은 아이디어를 떠올리고 그중에서 나쁜 아이디어는 버리면 됩니다." 그러기 위해서는 많은 아이디어를 떠올리는 확산적 사고와, 나쁜 아이디어는 거르는 집중적/비판적 사고가 모두 필요합니다.

폴링과 동시대 인물인 조너스 소크Jonas Salk는 확산적 사고와 집중적 사고를 현명하게 결합하여 최초로 효과적인 소아마비 백신을 개발했습니다(그림 5-4). 노벨상 후보에 여러 번 올랐지만 (노벨상을 두 번이나 수상했던) 폴링과는 달리 수상은 하지 못했습니다. 그는 소아마비 백신에 대한 특허를 내지 않기로 결정했고, 70억 달러 이상의 이익을 얻을 기회를 포기했습니다. 그 결과 소아마비 백신을 누구나 저렴하게 접종할 수 있게 되었습니다. 코딩 용어로 말하자면, 그는 백신을 **오픈 소스**로 공개했습니다. "우리의 가장 큰 책임은 좋은 선조가 되는 것입니다"라고 소크는 말했습니다. 하지만 안타깝게도 루이 파스퇴르의 개인 실험실 노트는 창의적인 천재도 탐욕에서 자유롭지 않다는 것을 보여줍니다.

그림 5-4 1952년 피츠버그 대학교에서 최초의 소아마비 백신을 자랑스럽게 선보이는 조너스 소크(출처: 공개 도메인, 위키미디어 커먼즈).

---

12 그는 논문과 책을 합쳐 1200여 편을 발표했는데 이것은 니클라스 루만보다도 많은 분량이다.

아이디어를 생성하고(창의적 프로세스의 **배양/조명** 단계), 가장 좋은 아이디어를 고르는(**검증/수용** 단계) 개념은 많은 인지 심리학 이론에 반영되어 있습니다. 인지 심리학 연구자인 로버트 스턴버그의 창의성에 대한 정의[13]에도 이러한 이중성이 존재합니다. "창의성은 아이디어의 세계에서 낮은 가격에 사고 높은 가격에 파는 결정이다."

이는 무엇을 사고 무엇을 팔아야 하는지, 그리고 더 중요한 것은 언제 팔아야 하는지에 대한 비판적 사고의 형태를 나타냅니다. 스턴버그에게 창의성은 대부분 위험한 결정입니다. 비판적 판단이 없는 창의적 사고는 공상적이거나(낮은 가격 대신 높은 가격에 구매), 비실용적이거나(잘못된 물건 구매), 말도 안되는 엉터리 아이디어(잘못된 물건 판매)로 향하기 쉽습니다.

과매도 코드

저가에 매수하고 고가에 매도하는 결정은 **추측성 일반화**speculative generality라는 특정 코드 스멜을 떠올리게 합니다. 자신의 코딩 작업을 남들에게 창의적으로 보이고자, 그리고 자신과 동료에게 깊은 인상을 주기 위해 과도하게 엔지니어링하는 것입니다. 예를 들면 이런 것들입니다. 이 두 가지 날짜 유틸리티 메서드는 나중에 재사용될 수밖에 없을 테니 이것을 별도의 유틸리티 패키지로 릴리스해 다른 프로젝트에서 의존성 라이브러리로 사용하도록 하자! 왜 여기 정적 싱글톤 인스턴스에서 뮤텍스 잠금mutex lock을 사용하지 않을까? 어떻게 될지 알 수 없으니, 복잡하긴 하겠지만 스레드에 안전한 병렬 시스템으로 리팩터링 해야겠다! 높은 가격에 팔리는 것은 많지만, 고르디우스의 매듭Gordian knot[14]은 시장에서 관심을 받지 못합니다.

스턴버그의 창의성 상업화는 도박적 요소가 존재함을 암시합니다. 에릭 와이너는 위험 감수성과 창의적 천재성은 뗄 수 없는 관계라고 말하면서 그 예로 마리 퀴리를 들었습니다. 퀴리는 생명을 위협하는 방사능 수치를 잘 알고 있었지만 죽을 때까지 고집스럽게 독성 물질 연구를 계속했습니다.

상황에 따라 어느 정도의 확산적 사고와 집중적 사고가 요구됩니다. 확산적 사고를 너무 많이 하게 되면 실행되지 못할 이상한 아이디어를 많이 만들어 내기 십상입니다. 지나치게 집중된 사고는 터널 비전과 추측성 일반화로 이어집니다. 문제 공간은 체계적이며 모든 것이 서로 연

---

13 Robert Sternberg. Investment theory of creativity. URL: `http://www.robertjsternberg.com/investment-theory-of-creativity`

14 옮긴이_ 알렉산드로스 대왕이 칼로 잘랐다는 전설의 매듭으로, '대담한 방법을 써야 풀 수 있는 문제'라는 뜻의 속담으로 쓰인다.

결되어 있다는 것을 기억해야 합니다. 따라서 사고 모드를 자주 전환하는 것이 가장 바람직한 접근 방식일 수 있습니다. 스쿨러의 연구에 대해 파남 스트리트^{Farnam Street}가 다음과 같이 깔끔하게 요약한 것에서도 알 수 있듯이 말입니다.

> 정신적 진동이 중요합니다. 집중적 사고 모드에 너무 오래 머무르면 좋은 결과물이 줄어들고 사고가 정체됩니다. 새로운 아이디어를 얻지 못하고 인지 터널링을 경험할 수 있습니다.

그림 5-5 정신적 진동: 집중적 사고와 확산적 사고 사이를 번갈아 오가야 하고, 물론 휴식도 필요합니다.

> **EXERCISE** 일상의 업무에서 주로 집중적 사고를 하는 편인가요, 아니면 확산적 사고를 하는 편인가요? 당면한 업무에 따라 차이가 있나요? 그렇다면 그 이유는 무엇인가요? 자신에게 덜 익숙한 사고 프로세스에 더 많이 의존하거나 두 가지를 적절히 조합할 기회를 찾을 수 있나요?

5.3 창의성은 목표가 아닌 수단

창의성이 항상 긍정적인 의미로만 사용되는 것은 아니라는 점에 유의해야 합니다. 매우 '창의적'이지만 전혀 사용할 수 없는 설루션이 나올 수도 있습니다. 단순히 JRuby를 사용해서 스크립트를 실행하는 대신 자바 네이티브 인터페이스를 사용해 C로 작성된 사용자 지정 루비 인터프리터를 호출한다든지, 더 나아가 스크립트를 자바로 마이그레이션하는 것은 어떨까요? 우리모두는 이상하게 작성된 코드가 기적처럼 돌아가는 것을 본 적이 있겠지만, 저는 이것이 실행가능한 해결책으로 받아들여질지 의문입니다.

소프트웨어 개발에서 창의성의 활용에 대해 인터뷰 대상자들과 논의하던 중 흥미로운 논제가떠올랐습니다. 누군가 "창의성은 목표가 아니라 수단이다"라고 말했습니다. 인터뷰 참가자들은 문제의 맥락과 제약을 고려하여 아이디어 창출과 비판적 사고 사이의 적절한 조합을 강조했습니다. 창의성은 아이디어 발상 그 이상이며 비판적 성찰도 포함합니다. 두 가지 개념 모두 기존의 모범 사례로는 해결할 수 없는 문제를 해결하거나 애초부터 문제를 인식하고 분리하는 데 필요합니다.

창의성을 위한 창의성은 위험해지기 시작하는 지점입니다. 미학에 눈이 멀어 갑자기 모든 것을 '아름답게' 만들고 싶은 충동을 느끼면서 무의식적으로 관념적인 일반성을 더 많이 도입합니다. 프로그래머는 장인일까요? 우리 중 많은 사람이 자신의 아름다운 코딩 기술을 강조하는 것을 좋아합니다. 잘 작동하는 소프트웨어가 아니라 **잘 작성한 소프트웨어**well-crafted software를 말이죠. 이 책을 쓰는 현재 기준 자칭 장인 3만 2천여 명 이상이 서명한 '소프트웨어 장인 정신 선언문Manifesto for Software Craftsmanship'에 존재하는 가치 중 하나입니다.[15]

소프트웨어 장인 정신의 문제점은 기능 대신 미학에 대한 불균형적인 강조입니다. 저는 자신만의 코딩 방식에 빠진 프로그래머들과 페어 프로그래밍을 한 적이 있었는데, 이들은 함께 작업하는 상대방, 마감일, 팀 기반의 코드 스타일을 완전히 무시한 채 오로지 아름다움만을 위해 자신들이 마주치는 모든 코드 줄을 미친 듯이 재작성하는 데 열중했습니다. 이러한 장인들은 최종 사용자가 코드의 미적 감각에 관심이 있는 것이 아니라 의도한 대로 작동하고 제시간에 전달되는지 여부에 관심이 있다는 사실을 잊은 듯합니다. 소프트웨어 장인 정신에 대한 열띤 토론에 관심이 있다면 댄 노스Dan North의 '프로그래밍은 장인이 아니다'라는 글을 읽어 보길 권합니다.[16]

비판적 사고를 건강하게 수행하면 장인 정신을 일깨울 수 있습니다. 물론 깔끔한 코드가 가장 중요하다는 것은 감히 부정할 수 없는 사실입니다. 코드는 (재)작성되는 것보다 읽히는 것이 10배는 더 많습니다. 간단하고 읽기 쉬우며 깔끔한 코드는 유지보수가 쉽습니다. 보기 흉한 스파게티 코드는 그 반대입니다. 하지만 복사와 붙여넣기를 즐기는 평범한 프로그래머로부터 자신을 차별화하기 위해 창의성을 무기 삼아 휘두르는 것은 결국 코드베이스, 자존감, 동료에게 해를 끼치게 됩니다. 창의력은 목표가 아니라 수단입니다.

그럼에도 불구하고 창의성이 목표가 될 수도 있습니다. 코딩의 창의성을 오로지 자신을 표현하는 데만 사용하는 **창의적 코딩**creative coding의 경우가 그 예입니다. 이때는 돈을 지불하는 고객을 위해 해결해야 하는 소프트웨어 문제는 없으며, 단지 빈 여백을 창의성 발휘만을 목적으로 하는 코드로 채우려는 것뿐입니다. 창의적 코딩은 창의적인 자기표현을 촉진하고 컴퓨팅에 대한

---

15 http://manifesto.softwarecraftsmanship.org.

16 https://dannorth.net/2011/01/11/programming-is-not-a-craft

관심을 불러일으키기 위해 고등 교육에서 자주 사용됩니다.

학생들은 유연한 소프트웨어 스케치북이자 시각 예술의 맥락에서 코딩하는 방법을 배울 수 있는 언어인 **프로세싱**processing의 도움을 받으면서 창의적 코딩을 배울 수 있습니다.[17] 프로세싱은 전통적으로 JVM에서 실행되지만, 최근에는 자바스크립트(p5.js)와 파이썬(Processing.py) 버전도 등장했습니다.

캔버스를 시각적으로 인상적인 장면으로 채우는 것은 재미있지만, 창의적인 자기표현은 체계적이고 창의적인 문제 해결이라는 큰 그림에 대해서는 별로 가르쳐 주는 것이 없습니다. p5.js 편집기와 같은 환경은 4장의 PICO-8 시스템과 함께 제약 기반 창의적 사고를 가르치는 데 훌륭한 수단입니다. 안타깝게도 제가 문헌 검토 중에 접했던 대부분의 관련 학술 논문은 컴퓨팅에 대한 소개와 프로그래밍에 대한 관심을 불러일으키는 동기 부여 도구로 그 용도를 제한해 활용하고 있습니다.

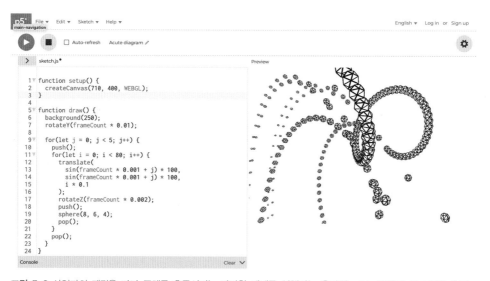

그림 5-6 사인파의 궤적을 따라 구체를 충돌시키는 간단한 예제를 실행하는 온라인 p5.js 편집기. 로그인한 후에는 URL을 복사하기만 하면 프로젝트를 쉽게 공유할 수 있습니다. P5.js는 sphere()와 같이 잘 문서화되어 있는 처리 관련 함수를 사용하기 때문에 자바스크립트 지식이 거의 필요하지 않습니다.

창의적 코딩이라는 용어는 주로 학계에서 자기표현과 연관되므로 그다지 적합한 용어는 아닌 듯

---

17 Ira Greenberg, Processing: creative coding and computational art. Apress, 2007.

합니다. 창의적인 프로그래머는 창의적인 코더가 아니지만, 창의적인 코더는 창의적인 프로그래머가 될 수 있습니다. 잠깐만, 뭐라고요? 이 문장을 교정하면서 머리가 어질어질해졌습니다.

> **EXERCISE** 프로그래밍의 맥락에서 문제 해결의 영역을 넘어 창의성을 발휘하는 것이 언제 의미가 있다고 생각하나요? 현재 개발 팀에서 창의성을 너무 자주 사용하나요, 아니면 너무 적게 사용하나요?

6장에서는 호기심이 창의성의 주요 원동력이 되는 창의적 탐구에 대해 계속 논의할 것입니다.

5.4 일반적인 비판적 사고 오류

나는 생각한다, 그러므로 나는 존재한다je pense, donc je suis. 르네 데카르트가 쓴 이 유명한 말은 17세기 합리주의와 인식론의 토대를 마련했으며, 이후 스피노자와 라이프니츠에 의해 더욱 확장되었습니다. 철학의 명언은 이성적인 사고를 촉진하는 한 줄짜리 명언으로 인기가 많습니다. **과감히 알려고 하라**Sapere aude![18]

데카르트의 꿈 이론은 그의 존재를 증명했지만(나는 존재한다je suis), 이 프랑스 철학자의 다른 엉뚱한 아이디어에 대해서는 의문을 품는 사람이 많았습니다. 그는 심신 이원론의 문제를 해결하기 위해 이성적 사고와 영혼의 불멸 사이의 연관성을 뇌의 송과선 때문이라고 주장했습니다. 독실한 가톨릭 신자였던 데카르트의 극단적인 합리주의는 어딘가에서 신과 접점을 가져야 했고, 신의 존재에 대한 문을 열어두었습니다.

우리 문명에서 가장 비판적인 사상가 중 한 사람의 작품에서 너무나 명백한 사고의 오류를 발견하는 것은 이상한 일입니다. 송과선을 통해 들어오는 신의 뜻에 따라 물건을 원하거나 좋아하는 동물의 영혼이라고요? 설명이 창의적이라는 점은 인정합니다. 사실 데카르트뿐만 아니라 플라톤이 리퍼블릭Republic에서 보여주는 정의에 대한 신념이나 아리스토텔레스의 성차별에 대한 논란의 여지가 있는 견해 등, 존경받는 철학자 중에서 이상한 사상을 가진 철학자도 많습니다.

지금은 반박되고 있는 이러한 세계관들은 각자의 고유한 시대정신을 고려하여 접근해야 합니

---

18 옮긴이_ 로마의 시인 호라티우스가 처음 사용했고 이후에 칸트 역시 이 구절을 사용해 유명해졌다.

다. 그럼에도 불구하고 위대한 철학자들의 사고 오류는 그들이 단지 인간이었음을 증명하고, 어쩌면 우리 비천한 인간에게는 오류가 있을 수밖에 없다는 핑계를 제공한다는 점에서 안심이 되기도 합니다.

인지 심리학자 스티븐 핑커Steven Pinker가 말하는 비판적 사고, 즉 **합리성**[19]은 결코 완벽하지 않습니다. 사회적 환경의 영향을 받는 인지적 편견은 우리의 사고 패턴을 끊임없이 왜곡합니다.

예를 들어 예일 대학교 학부생을 대상으로 실시한 다음의 간단한 테스트를 살펴봅시다. 닌텐도 3DS의 가격은 케이스 포함해서 110유로입니다. 이때 3DS가 케이스보다 100유로 더 비싸다면 케이스 가격은 얼마입니까? 정답인 5유로가 아닌 10유로라고 답한 학생이 압도적으로 많았습니다. 정답이 10유로라면 3DS는 케이스보다 100유로 더 비싼 110유로가 됩니다. 이 경우 케이스 10유로와 3DS 가격 110유로를 합하면 120유로가 됩니다!

순간적으로 떠오른 금액이 정말로 맞는지 검증해 봤다면 자신의 답이 틀렸다는 것을 알고 당황하는 일이 일어나지 않았을 것입니다. 핑커는 이러한 행동을 대니얼 카너먼의 이중성 사고방식 때문이라고 설명합니다. 당면한 과제를 철저히 분석하고 생각하는 대신(시스템 2), 에너지를 많이 써서 생각하기에는 너무 사소한 일이라고 확신하면서(시스템 1) 숫자를 재빨리 떠올리는 것이죠. 시스템 1은 생명을 위협하는 상황에서 빠른 결정을 내리는 데는 필수적이지만, 비판적 사고에는 거의 도움이 되지 않습니다. 핑커에 따르면 대부분의 사고 오류는 카네만의 시스템 1을 오용할 때 발생한다고 합니다.

다음 절에서는 인지적 편향 중에서 프로그래머로서 우리가 자주 빠지는 편향에 대해 강조하고 싶습니다. 이 목록이 모든 것을 다 포함하지는 않습니다. 위키피디아에는 수백 가지의 편견이 나열되어 있으며, 모두 과학적 근거를 가지고 있습니다.[20]

프로그래밍과 관련된 더 많은 사례에 관심이 있다면 애자일 선언문의 공동 작성자인 앤디 헌트가 그의 책 『실용주의 사고와 학습』에서 인지적(프로그래밍) 편향에 대해 한 장 전체를 할애했고, 최근에는 소프트웨어 공학 교육 연구자인 펠리너 헤르만스Felienne Hermans가 저서 『프로그래머의 뇌』(제이펍, 2022)[21]에서 코딩 및 디버깅 시 흔히 저지르는 사고 실수를 소개했으니 참고

---

19 Steven Pinker. Rationality: What It Is, Why It Seems Scare, Why It Matters. Allen Lane, 2021.

20 https://en.wikipedia.org/wiki/List_of_cognitive_biases

21 Felienne Hermans. The Programmer's Brain: What every programmer needs to know about cognition. Manning, 2021.

하기를 바랍니다.

5.4.1 언어 간 충돌

개발자가 다른 프로그래밍 언어를 배우기 어려운 이유는 무엇일까요? 대부분의 연구가 언어를 배우는 초보자(더 구체적으로는 학생)에 초점을 맞춘 것이지만, 전문 프로그래머도 다른 언어를 배우는 데 어려움을 겪을 수 있다는 지적과 관련해 소프트웨어 공학 연구자인 니샬 슈레스타[Nischal Shrestha]와 동료들이 제기한 질문입니다.

슈레스타의 연구 팀은 언어 간 간섭과 촉진이 모두 발생한다는 사실을 발견했습니다.[22] 이 논문에서 발췌한 촉진의 간단한 예는 코틀린을 배우는 자바 개발자에게 다음 표현식을 단순화하는 방법을 묻는 것입니다.

```
val boundsBuilder: LatLngBounds.Builder =
  LatLngBounds.Builder()
```

당연히 개발자는 이 선언이 필요 이상으로 장황하다고 생각하고, 유형을 파악한 후, 자바의 지역 변수 유형 추론에 대해 알고 있기 때문에 다음과 같이 단순화합니다.

```
val boundsBuilder = LatLngBounds.Builder()
```

여기서 크게 놀랄 일은 없습니다. 코틀린은 JVM을 기반으로 구축되었으므로 당연히 이전 자바 지식이 중요할 것입니다. 이를 일반적으로 **학습 중 전이**[transfer during learning]라고 합니다.

안타깝게도 이 방법이 항상 효과가 있는 것은 아닙니다. 최신 자바 코드가 마침내 익명 내부 클래스를 통한 인터페이스 구현을 없애고 함수 참조를 사용하게 되었음에도 불구하고, 프로토타입 상속과 비동기 함수형 프로그래밍을 이해하지 못해 자바스크립트를 사용하는 데 어려움을 겪는 자바 개발자가 주변에 많습니다.

프로그래밍 언어가 아닌 인간의 말을 새로 배울 때도 언어 간 간섭이 장애가 될 때가 있습니다.

---

22 Nischal Shrestha, Colton Botta, Titus Barik, and Chris Parnin. Here we go again: Why is it difficult for developers to learn another programming language? In 2020 IEEE/ACM 42nd International Conference on Software Engineering (ICSE), 2020.

한 언어의 단어가 다른 언어의 단어와 유사하다고 해서 반드시 같은 의미는 아닐 수 있습니다. 예를 들어 스페인어 '엠바라자다embarazada'는 단어는 겉으로 보기에는 '당황한embarrassed'처럼 보이지만 실제로는 '임신'을 의미합니다. 엠바라자다를 너무 자신 있게 말하면 반드시 당황하게 될 거예요!

언어 간 간섭이 항상 언급할 만한 가치가 있는 것은 아닙니다. 구문상의 차이만으로도 누구나 실수할 수 있지만, 노련한 프로그래머라면 대부분 바로 극복할 수 있습니다. 스칼라Scala나 엘릭서Elixir의 불변성과 같은 근본적인 개념의 차이가 이해하기에는 훨씬 더 어렵습니다.

숙련된 개발자를 대상으로 새로운 언어를 배우는 방법에 대해 인터뷰를 진행한 결과 드러난 또다른 문제는 오래된 습관을 버리기 어렵고 패러다임을 전환할 때 사고의 전환이 필요하다는 점입니다. 그럼에도 좋은 점이 나쁜 점보다 더 많다고 할 수 있을까요? 촉진facilitation에 대한 경험과 여러 개의 프로그래밍 언어 사용에 대한 옹호자로서 저는 감히 그렇다고 말씀드릴 수 있습니다. 소규모 사례 연구에 따르면 정기적인 전환은 실제로 생산성에 영향을 미칠 수 있다고 합니다.[23] 6장에서 다국어 사용의 장단점에 대해 더 자세히 살펴보세요. 언어 간 간섭을 어떻게 극복할 수 있을까요? **검증하고, 검증하고, 또 검증해야** 합니다.

수업 중 문맥 전환

정기적으로 언어를 전환하는 것은 문맥 전환을 수반하며, 이는 때때로 전기 합선과 같은 현상을 두뇌에도 일으킬 수 있습니다(적어도 제 머릿속에서는 그렇습니다). 저는 C/C++, 자바, 코틀린, 파이썬을 가르치면서 틈틈이 자바스크립트와 고 코드를 작성하는데, 그 과정에서 VB6와 PHP를 사용했던 경험을 잊어버리려고 최선을 다합니다. 충돌은 발생하기 마련입니다. 저는 수업 시간에 종종 당황하곤 하는데, 최악의 경우 간단한 for 루프 데모를 시연하는 도중에 갑자기 구문을 완전히 잊어버린 경우도 있습니다. 반복문? foreach? 잠깐만, 그건 아니지. 이건 C이니까 포

---

23 Phillip Merlin Uesbeck et al. A randomized controlled trial on the impact of polyglot programming in a database context. Open access series in informatics, 2019.

인터를 역참조한 다음에... 그다음 뭐더라?

아니면 컬렉션의 올바른 사용법을 보여주려다가 .push_back() 대신 .add()를 입력하고 컴파일 오류로 머리가 멍해지는 것은 어떤가요? 제로 기반 인덱싱과 R의 1 기반 배열을 혼동하고, 포인터로 작업할 때 가비지 컬렉션에 잘못 의존하는 등(C++는 고Go가 아닙니다)... 제 학생들은 제가 프로그래밍을 정말 못한다고 생각하겠죠.

비판적 사후 분석을 해보면 과신을 버리고 데모를 제대로 준비해야 한다는 것을 알 수 있습니다. 다음번에는 그렇게 하도록 약속드리겠습니다!

5.4.2 급격히 떠올린 아이디어

창의적 프로세스의 조명 단계에서는 충분히 발전시킬 가치가 있는 통찰력을 얻을 수 있지만, 먼저 '갑작스럽게' 떠오른 아이디어를 비판적으로 검증하는 것을 잊지 말아야 합니다. 통찰력에는 편견이 따르기 마련입니다. 번쩍이는 영감으로 얻은 아이디어는 논리적 단계로 얻어낸 아이디어보다 더 진실된 것으로 여겨질 때가 많습니다. 아하—에를레브니스의 신성한 힘을 생각해 보세요! 하지만 이러한 아이디어도 다른 아이디어와 마찬가지로 **검증하고, 검증하고, 또 검증해야** 합니다.

5.4.3 무지와 의도적 발견

2010년에 저명한 엔터프라이즈 소프트웨어 개발자인 댄 노스Dan North는 소프트웨어 계획 및 추정에 대한 가정에 도전하기 위해 **의도적 발견**deliberate discovery이라는 개념을 도입했습니다.[24] 프로그래머는 소프트웨어를 만드는 동안 끊임없이 가정을 세웁니다. "이 정적 변수는 그다지 영향을 미치지 않을 거야", "이 중단점은 디버깅 중에 부딪히지 않을 거야", "이 서비스는 기존 코드를 복사하는 것이 처음부터 서비스를 새로 만드는 것보다 빠르겠지", "이 버튼은 중복되어 우리 고객은 사용하지 않을 거야"와 같은 가정이죠. 익숙한 이야기 아닌가요?

가정을 세우는 것의 문제점은 대부분의 경우 그 가정이 완전히 틀렸다는 것입니다. 대부분의

---

[24] https://dannorth.net/2010/08/30/introducing-deliberate-discovery

가정은 우리가 이전에 가지고 있던 신념과 가치관에 맞춰져 있기 때문입니다. 이를 **확증 편향** confirmation bias이라고 하는데, 사실을 비판적으로 조사하는 대신 반론을 무시하고 자신의 주장을 뒷받침하기 위해 상황을 해석하는 것입니다. 프로그래머는 논리적 추론이 필요한 직업임에도 불구하고 프로그래머들 사이에서 확증 편향이 만연해 있습니다.[25] 안타깝지만 심각합니다!

예상치 못한 일이 발생했을 때만 우리는 진정으로 무언가를 배웁니다. 모든 것이 계획대로 진행된다면 우리는 단순히 이전에 작성했던 코드를 그대로 다시 작성할 것입니다. 그렇게 함으로써 학습하고 있다고 착각할 수 있지만, 이미 익숙한 일련의 동작을 더 잘 수행하는 것일 뿐입니다.

예상치 못한 동작이 발생하면 우리는 작업을 멈추고 생각하게 되고 디버깅하게 됩니다. 노스는 이를 **우연한 발견**accidental discovery이라고 부릅니다. 우리는 이러한 학습의 순간이 일어나기를 의도하지는 않습니다. 성가신 `NullPointerException`은 애초에 발생하지 않았어야 합니다.

그러나 우리는 이러한 우연한 학습의 순간을 **의도적인** 학습의 순간으로 바꾸려는 노력을 거의 하지 않습니다. 저 버튼은 정말 불필요한 것일까요? 저희도 모르니 고객에게 물어보면 어떨까요? 액세스 로그는 무엇을 알려 줄까요? 프로젝트가 진행되는 동안 예상치 못한 예외와 그 외에도 우연히 이루어진 학습 덕분에 우리의 무지가 줄어들 가능성이 높습니다.

그러나 무지는 다차원적입니다. 사용 중인 기술에 대해 무지할 수도 있고, 더 적합한 다른 기술에 대해 무지할 수도 있고, 도움이 될 만한 동료의 기술 지식에 대해 무지할 수도 있고, 클라이언트의 희망 사항에 대해 무지할 수도 있고, 회사가 고객과 소통하는 방식에 대해 무지할 수도 있습니다.

4장에서 과도한 제약을 완화하기 위한 일시적인 조치로 **고의적인** 무지, 즉 순진함에 대해 다루었지만, 우리는 대부분 자신의 무지에 대해 알지 못하며, 이는 또 다른 보이지 않는 제약으로 작용합니다. 노스에 따르면 무지는 단지 일을 추진하는 데 있어서의 제약이 아니라, **올바른 방향으로** 추진하는 데 있어서 제약이 됩니다. 다행일 수도 있고 불행일 수도 있는 사고로 인해 무지를 줄이고 배우기보다는, 무지가 자신과 동료, 프로젝트를 어떻게 방해하고 있는지 의도적으로 파악하는 것이 더 나을 수 있습니다.

스코틀랜드의 물리학자 제임스 클러크 맥스웰James Clerk Maxwell이 즐겨 언급했듯이 소크라테스

---

25 Gul Calikli and Ayse Bener. Empirical analysis of factors affecting confirmation bias levels of software engineers. Software Quality Journal, 2015.

의 '철저하게 의식적인 무지'는 모든 진정한 과학 발전의 전주곡이자 창의적인 돌파구의 서곡입니다. 저는 제 동료와 페어 프로그래밍을 하며 가짜로 가정을 지어내면서, 추측을 잘못하면 망측해진다는 농담을 캐치프레이즈처럼 던지며 즐거워했습니다. 하지만 '의도적 발견'은 문제가 발생했을 때 가끔 비판적으로 점검하는 것 이상의 의미가 있습니다. 그 캐치프레이즈는 대부분의 경우 우연한 발견의 결과로 사용되었습니다.

창의적인 프로그래머는 자신의 무지에 대해 주의를 기울입니다. 진정한 소크라테스적 방식으로, 그들은 자신이 무엇을 모르는지 알고, 그것이 앞으로 나아가는 데 도움이 된다면 적극적으로 수정합니다.

> **EXERCISE** 이 연습 문제는 면접 시 제출되는 일반적인 비판적 사고 테스트를 각색한 것입니다. 브레인 베이킹Brain Baking Inc 사는 5년 전 〈마이 리틀 베이커My Little Baker〉를 출시했고 베스트셀러 비디오 게임이 되었습니다. 속편인 〈마이 리틀 쇼콜라티에My Little Chocolatier〉는 베스트셀러 상위 5개 게임 중 하나가 되었습니다. 몇 년 후에 인더스트리얼 베이크Industrial Bakes Inc 사는 브레인 베이킹 사의 두 번째 속편인 〈마이 볼더 베이커리My Bolder Bakery〉가 큰 수익을 가져다줄 것으로 판단해 이 회사를 인수했습니다. 〈마이 리틀 베이커〉는 여전히 브레인 베이킹 사의 베스트셀러 비디오 게임인가요?

답은 모른다는 것입니다. 〈마이 리틀 쇼콜라티에〉가 당시 베스트셀러 차트에서 다섯 번째에 불과했더라도, 몇 년 후 〈마이 리틀 베이커〉보다 더 많이 팔렸을 수도 있습니다. 인수에 대한 정보는 우리를 방심하게 만드는 쓸모없는 정보입니다. 소크라테스도 이 질문에 올바르게 대답했을 것입니다. 네가 무엇을 모르는지 알라!

5.4.4 이기적 편향

프로젝트의 성공을 자기 자신에게 돌리는 것을 **이기적 편향**이라고 합니다. 축하해요, 여러분! 드디어 내가 해냈어요! 잠깐, 우리가 해냈다는 표현이 맞지 않나요? 3장에서 창의성을 시스템적인 것이라고 설명했으니, 여러분의 창의적 천재성은 더 큰 생태계의 일부라는 점을 명심하세요. 여러분이 시스템에 영향을 미치는 만큼 시스템도 여러분에게 영향을 미칩니다.

물론 프로젝트가 큰 실패로 끝나면 우리는 보통 가장 먼저 '내 잘못이 아니야'라고 외칩니다! 심리학자들은 이러한 행동을 대부분 무의식적인 자기 보호 메커니즘으로 파악합니다. 이러한 편견에서 벗어날 수 있는 좋은 방법은 3장에서 소개한 크리스토퍼 에이버리^{Christopher Abery}의 공유 책임 모델의 여러 단계를 통해 편견을 인식하는 것입니다.

5.4.5 최신 기술에 대한 열망

우리는 이력서와 구인 광고에 가능한 한 많은 최신 프레임워크, 라이브러리, 프로그래밍 언어를 추가하는 것을 좋아합니다. 가장 최신 기술로 작업하고 싶다는 열망은 엄청난 리팩터링 시도와 기술 부채로 이어져 결국 최종 사용자에게는 별로 도움이 되지 않습니다. 하지만 어쨌든 우리는 리액트^{React}, 리덕스^{Redux}, 그래프QL^{GraphQL}을 도입할 수 있었습니다!

이 책에서 특정 프레임워크를 언급하기가 꺼려지는 이유는 이 책이 출판될 즈음이면 아마 '더 나은' 프레임워크가 나왔을 것이기 때문입니다. 해마다 최신 정보를 얻으려고 관련 사이트 (https://stateofjs.com 등)에 가보면 새로운 것이 너무 많아 기운이 빠지곤 합니다.

우리는 왜 반짝반짝 빛나는 새로운 것에 마음을 빼앗길까요? 왜 우리는 같은 소프트웨어를 기술 스택만 바꾸면서 계속 반복해 재구축할까요?[26] 저는 여러 가지 웹 기반 엔터프라이즈 소프트웨어 제품에 관여했는데, 그중 많은 경우는 웹이 아니라 그냥 무거운 클라이언트 애플리케이션으로 만드는 편이 더 나았습니다(불경스러운 말이군요!). 제가 아는 대부분의 엔지니어는 여전히 복잡한 클라우드 기반 설루션을 무비판적으로 숭배하고 있습니다.

서양에서 창의성은 **급진적인 발명**과 연관되어 있습니다. 하지만 동양에서는 창의성을 수십 년의 전통에 뿌리를 둔 순환적인 것으로 보는 경우가 더 많습니다. 디자인 연구자인 콘롱 왕 ^{Conron Wang}과 치두안 첸^{Qiduan Chen}은 서양의 창의성은 영원히 독창적인 인공물을 구상하는 인간의 상상력에 힘을 실어주는 반면, 동양의 창의성은 자연에 내재된 인간 본성 또는 기의 영적인 힘에 맡겨진다고 설명합니다.[27] 아마도 서구 문화에서는 어떤 것이 혁신적이 되려면 모든 것이 반짝이고 새로워야 한다는 편견에 세뇌된 게 아닐까요?

---

26 최소한 이 연구 질문은 새로운 것이 아니다. 기술 수용과 기술 매력의 영향은 광범위하게 연구되었지만 소프트웨어 개발과 관련해서 만족할 만한 답을 찾지 못했다.

27 Conron Wang and Qiduan Chen. Eastern and Western creativity of tradition. Asian Philosophy, 2021.

5.4.6 구글 검색 코딩

때때로 우리 모두는 '구글 코딩'의 잘못을 범합니다. 익숙하지 않은 API를 사용해 작업해야 할 때 사용법을 재빨리 구글링한 후, 검색 결과의 첫 페이지에 뜨는 결과에 나오는 내용을 더 이상 질문하지 않고 그대로 받아들입니다. 문제는 때때로 성급한 검색어가 잘못된 검색 결과를 보여 준다는 점입니다. 스택 오버플로에서는 기술적인 답변에 동의 또는 반대함으로써 문제를 조금 완화할 수 있었지만, 전혀 관련 없는 내용임에도 자세히 설명되어 있기 때문에 '수락된' 답변으로 나오는 경우도 많습니다.

검색 결과에 일치하는 항목이 두 개밖에 없다면 어떻게 해야 하나요? 그 내용을 확인하려는 경향이 어느 정도 있나요? 의사 결정을 내릴 때 교차 확인하는 대신 한 가지 정보에만 크게 의존하는 것을 **기준점 편향**anchoring bias이라고 합니다.[28]

4장에서 처음 살펴봤던 비디오 게임 〈레트로 시티 램페이지〉의 제작자인 프로그래머 브라이언 프로빈치아노Brian Provinciano도 이 문제로 어려움을 겪었습니다. 그는 자신의 게임을 구식 도스 DOS 환경으로 포팅하는 작업을 검토하던 중 대부분의 기술 정보가 유실되었다는 사실을 알게 되었습니다.

우선 1990년 당시에는 지금과 같은 인터넷이 존재하지 않았습니다. 특별한 도스 VGA 사용 설명서도 사라졌습니다. 현재의 많은 프로그래머는 플로피 디스크가 어떻게 생겼는지조차 모릅니다. 잘 알려지지 않은 레트로 프로그래밍 포럼 몇 군데에서만 힌트를 찾을 수 있었지만, 프로빈치아노가 이를 구현하려고 시도하는 가운데 그 내용들이 완전히 잘못되었다는 사실이 밝혀졌습니다.

---

28 옮긴이_ '기준점 편향'은 닻을 내린 배가 크게 움직이지 않듯이, 처음 제시된 정보가 기준점이 되어 판단에 크게 영향을 미치는 현상을 가리키는 용어다. 경험에 의한 비논리적 추론으로 잘못된 판단을 내리는 인지 편향(cognitive bias)의 일종이다.

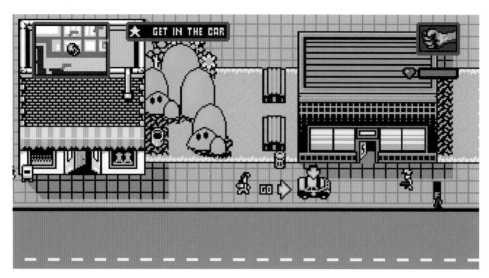

그림 5-7 프로그래밍 포럼과 매뉴얼의 제약 조건을 교묘하게 해결하고 교차 검증을 통해 구현한 〈레트로 시티 램페이지〉의 도스 포트. 왼쪽 상점의 회색 벽돌에 로고가 없는 점에 주목하기를 바랍니다. 3.5인치 플로피 한 장에 맞게 잘라낸 것입니다. 현재 오픈 소스로 완전히 문서화되어 있으며, 게임 컴파일에 사용된 오픈 왓컴 C/C++ 툴킷은 〈둠〉, 〈듀크 뉴 켐 3D〉, 〈풀 스로틀〉에도 사용되었습니다.

다음의 예제 코드는 코프로세서^{co-processor}의 존재를 감지하는 방법에 대한 해결책으로 게시됐지만 실제로는 잘못된 코드입니다.

```
finit
mov cx,3
.wait:
loop .wait
mov word [test_word],0000h
fnstcw word [test_word]
cmp word [test_word],03FFh
jne .no_fpu
```

이 게시물은 8087 FPU 코프로세서가 **test_word**를 03FFh로 초기화하는 것이 확실하다고 말합니다. 대부분의 프로그래머가 이 코드를 복사 및 붙여넣기 하는 이유를 쉽게 알 수 있습니다. 앞의 예제 코드처럼 오래되고 이해하기 어렵게 작성된 어셈블리 코드가 정말로 맞는지를 올바르게 확인하기란 거의 불가능하기 때문입니다. 프로빈치아노에 따르면 일부 **cmp** 문은 코프로세서의 존재를 성공적으로 감지하지 못하는 것으로 밝혀졌습니다.

세대 간 기술 격차

몇 년 전, 저는 장인어른의 80486 IBM PC를 예전의 영광스러운 모습으로 복원했습니다. 30년 된 컴퓨터를 업그레이드하기 위해 정품 ISA 사운드블래스터 카드(요즘은 최소 80유로 이상입니다!)를 추가하고 AMD 486DX2-66 CPU를 장착하기도 했습니다. 제 작품이 자랑스러워서 저보다 몇 살 위인 친한 하드웨어 엔지니어링 동료에게 보여주기 위해 학교에 가져갔습니다.

기계식 키 입력과 OPL3 칩의 삐삐거리는 소리가 복도에서 몇 칸 떨어진 장소에 있던 박사 과정 학생들의 관심을 끌었습니다. 저는 그들이 마더보드를 볼 수 있도록 케이스를 열었습니다. "저게 뭐죠?" 학생들이 8비트 ISA 슬롯을 가리키며 물었습니다. "저건 뭐예요?" 학생들이 VLB 컨트롤러 카드를 가리키며 물었습니다. 파란색 바이오스 화면에서 7424K의 확장 메모리 영역을 테스트하자 그들은 "와우!"라고 말하며 감탄했습니다. 제가 탠디 1000 SX[29]를 가져오지 않은 것이 그들에게는 천만다행이었죠.

인터넷 아카이브 디지털 라이브러리는 프로빈치아노와 같이 고전적인 볼랜드 인터내셔널 도서의 디지털 버전을 찾고 있는 사람들에게는 축복입니다. 『C++ Programmer's guide』[30]에는 291페이지에 「파트 II: Borland C++ DOS Programmer's guide」도 포함되어 있습니다! 바이오스 인터럽트 13h, 여기 있군요!

기준점 편향을 극복하는 방법은? 여러 정보 소스를 사용하여 교차 확인한 다음 **검증하고, 검증하고, 또 검증해야** 합니다. 이 말을 계속 반복하고 있군요.

5.4.7 초보자의 프로그래밍에 대한 많은 오해

string 변수와 int 변수를 연결하면 문자열 변수는 당연히 정수로 변환되지! 이 루프 안에서 큰 수를 가지고 있으면 복싱[boxing] 효과 때문에 성능 문제가 발생할 텐데, 정말 그런지 확인해 볼 필요도 없다고. 매개변수 이름을 변경해야 하는데, 필드명과 같으면 컴파일이 안 되기 때문이지. 조건이 거짓이 되자마자 루프는 멈추므로 그 아래에 로직을 반복해야 해.

이러한 모든 오해는 테무 시르키아[Teemu Sirkiä]와 주하 소르바[Juha Sorva]의 연구 결과에서 드러났

---

29 옮긴이_ 탠디 사가 1984년에 출시한 IBM 호환 개인용 컴퓨터를 말한다.

30 https://archive.org/details/cprogrammersguid00borl/page/n9/mode/2up를 보라.

습니다. 그들은 몇 가지 프로그래밍 언어를 처음 배우는 학부생들이 흔히 갖기 쉬운 100가지 이상의 프로그래밍 오해를 확인했습니다. [31]

일부 오해는 학생들의 신념에 깊이 뿌리박혀 있어 바로잡기가 매우 어렵습니다. 어떤 오해는 잘못됐다는 것을 확인한 후에도 계속 의심하기도 합니다. 이런 경우 개념을 새롭게 이해하려면 사고의 전환이 필요합니다. 때로는 **학습**하는 것만큼이나 **탈학습**unlearning 하는 데도 긴 시간이 걸립니다.

학생들이 수학, 통계 또는 기본적인(그러나 잘못된) 프로그래밍 기술에 대한 사전 경험을 바탕으로 신념과 오해를 이미 지닌 상태에서 수업에 참여할 때 이들이 내용을 잘못 배우지 않도록 만들기란 어렵습니다. 학생들이 JDK API의 수많은 메서드를 배우고 학점을 받으면 유능한 자바 개발자가 될 것이라고 자기 기만하는 대신, 학생들에게 자신의 가정에 의문을 제기하는 방법을 가르치는 편이 더 나을 수 있습니다. 네, 우리 가르치는 사람들 역시 많은 오해를 가지고 있습니다!

5.4.8 편견을 통찰력으로 전환하기

누군가 "우리 기술로는 불가능하다"고 단호하게 말할 때 어떻게 해야 할까요? 그들의 전문 지식을 받아들여야 할까요, 아니면 반항적으로 거부하고 어떻게 할 수 있는지를 보여줄까요? 더 현명한 방법은 그 사람이 왜 불가능하다고 말하는지 먼저 이해하려고 노력하는 것일 수도 있습니다. 이전에도 같은 맥락에서 효과적으로 시도된 적이 있었나요, 아니면 학문적인 주장인가요? 현재 기술 스택이 마음에 들지 않아서 내린 결론인가요? 아니면 다른 사람들이 불가능하다고 말했기 때문에 나온 말일까요?

앞에서와 같은 곤란한 상황에서는 비판적 사고를 적용하기 어려우며 무엇보다도 섬세한 커뮤니케이션이 필요한 문제입니다. 상대방이 틀렸다는 것을 증명한다고 해서 그 사람의 편견이 통찰력으로 바뀌지는 않으며, 오히려 여러분을 오만한 사람으로 보이게 만들어 향후 갈등을 더욱 복잡하게 만들 수 있습니다. 창의력을 발휘하기 전에 오해를 해소하는 것이 더 나을 수도 있습니다.

---

31 Teemu Sirkiä and Juha Sorva. Exploring programming misconceptions: an analysis of student mistakes in visual program simulation exercises. In Proceedings of the 12th Koli Calling International Conference on Computing Education Research, 2012.

우리 뇌의 투쟁-도피 시스템은 신속하지만 종종 잘못된 판단을 내리는 데 매우 능숙합니다. 다른 사람의 편견을 통찰력으로 전환하도록 돕는 가장 좋은 방법은 그들의 입장이 되어 보는 것이며, 소프트웨어 개발의 경우 페어 프로그래밍을 하는 것입니다.

> **EXERCISE** 코드를 작성하는 동안 팀에서 발견한 일반적인 비판적 사고 오류의 목록을 작성해 보세요. 흔하게 빠지는 함정은 어떤 것들이고 가끔 빠지는 함정은 어떤 것들이 있나요? 향후 실수를 방지하기 위해 어떤 조치를 취해야 할까요? 목록을 업데이트하여 진행 상황을 추적해 보기 바랍니다. 다른 사람을 비난하기 위한 것이 아니라 개선을 위한 방법으로 사용해야 한다는 것을 잊지 마세요!

5.5 지나친 자기비판

우리 자신의 작업을 지나치게 비판적으로 바라보면 '창의적 고집'이라는 결과를 얻을 때가 있습니다. 예술가이자 교사인 줄리아 캐머런Julia Cameron은 세계적 베스트셀러인『아티스트 웨이』(경당, 2012)에서 계곡에서 벗어나 내면의 창조적 비평가를 다룰 수 있는 방법을 설명합니다.[32] 캐머런에 따르면 내면의 예술가를 해방하는 것은 단순히 보자면 우리가 스스로에게 가하는 비판을 다루는 문제입니다.

> 많은 예술가에게는 내면의 비평가가 있고, 저 역시 마찬가지입니다. 저는 제 내면의 비평가를 엄격한 영국 인테리어 디자이너 나이절Nigel이라고 부릅니다. 제가 작품을 만들 때면 나이절은 즉시 이렇게 외칩니다. "너무 지루해, 너무 유치해, 너무 형편없어!" 그러면 저는 "나이절, 말해 줘서 고마워요"라고 말하고 작업을 계속합니다.

나이절은 우리 스스로, 또는 나쁜 선생님이 지속해서 건네는 부정적인 말들을 먹고 자랍니다. "포기해, 넌 절대 못 할 거야!" 또는 "다른 취미를 찾아봐, 프로그래밍은 네 적성에 안 맞아"라는 말이 익숙하게 들리나요? 캐머런은 우리 스스로 창의성에 영양분을 공급하는 법을 배워야 한다고 말합니다. "우리가 창의적인 자원을 사용할 때는 이런 자원을 의식적으로 보충할 수 있도록 주의를 기울여야 합니다." 나이절의 끊임없는 잔소리는 정신적으로 지치게 하고, 창의적

---

[32] Julia Cameron, The Artist's Way: A Spiritual IPath to Higher Creativity, Tarcher, 1992.

인 에너지를 서서히 고갈시켜 마침내 우리가 할 수 있는 것이라곤 그저 순응하고 작업을 포기하는 것뿐입니다.

캐머런에 따르면 창의력 회복을 위한 가장 중요한 도구는 **매일 아침 글쓰기**(눈을 뜨자마자 여과 없이 생각나는 것을 적는 것)와 **자신과의 예술적 데이트**(영감을 얻기 위해 몇 시간 동안 여행을 떠나는 것)입니다. 이러한 방법으로 캐머런은 자신의 삶을 창의적으로 만들었고, 그뿐만 아니라 『아티스트 웨이』의 수백만 독자들의 삶 역시 창의적으로 만들어 주고 있습니다.

캐머런의 고전적인 제안(박람회, 갤러리, 콘서트, 일몰 감상 등)을 코딩 상상력을 자극하는 것(강연, 깃허브^{GitHub}에서 멋진 저장소 탐색, 야마하 OPL 사운드 칩 리버스 엔지니어링, 게임 플레이, C++ 책 찢기, 게임보이 카트리지 분해 등)으로 자유롭게 바꿔 보기를 바랍니다.

정신적 모호함으로 가득 찬 아티스트의 길은 저나 여러분처럼 논리적으로 생각해야 하는 프로그래머에게는 특별히 매력적이지 않습니다. 그럼에도 불구하고 이 책이 전하는 메시지는 강력합니다. 때때로 우리는 스스로에게 너무 가혹한 잣대를 들이밀 때가 있습니다. 창의성 연구자인 다리아 자벨리나^{Darya Zabelina}와 마이클 로빈슨^{Michael Robinson}도 비슷한 결과를 발견했는데, 자기 스스로에게 엄격하게 판단하는 사람은 창의적 독창성 수준이 낮다는 것입니다.[33] 이들의 연구는 86명의 학부생을 대상으로 한 TTCT를 통한 창의성 평가에 국한되었지만(2장 참조), 점점 더 많은 학술 문헌에서 내면의 나이절의 목소리를 무시할수록 창의성이 높아진다는 데 동의하는 것으로 보입니다.

'어차피 너무 복잡해서 이해하지 못할 것'이라는 이유로 스택 오버플로에 나온 코드를 맹목적으로 따라한 적이 몇 번이나 있었나요? '동료가 자신보다 더 똑똑하다'는 이유로 깊이 생각해 보지도 않고 동료가 제안한대로 구현한 적은 없었나요? '픽셀을 잘 만들지 못해서' 또는 '루아^{Lua}로 프로그래밍하는 방법을 몰라서' 4장의 PICO-8 제약 조건 연습을 건너뛴 분도 많을 겁니다.

내면의 나이절이 당신을 이기도록 내버려 두지 마세요. 다시 말해, 자신의 작업과 나이절의 발언을 비판적으로 살펴보세요.

---

33 Darya L Zabelina and Michael D Robinson. Don't be so hard on yourself: Self-compassion facilitates creative originality among self-judgemental individuals. Creativity Research Journal, 2010.

5.6 타인의 비판적 사고가 중요한 이유

이 장에서는 주로 자신 또는 집단의 생각과 창의적인 아이디어를 연마하기 위한 (자기) 비판을 중심으로 설명했습니다. 또한 다른 사람들과 아이디어를 공유할 때의 장점에 대해서도 간략하게 언급하면서 비판적 사고와 커뮤니케이션 사이의 중요한 연결고리를 살펴봤습니다.

자신의 창의적인 아이디어를 되짚어 보려면 다른 사람의 피드백이 필요하지만, 이것이 다른 사람의 비판적 사고가 중요한 유일한 이유는 아닙니다. 철학자이자 창의성 비평가인 카테리나 모루치Caterina Moruzzi는 창의력 계발 외에 창의성에 대한 우리의 **이해**가 어떻게 관련되는지 썼습니다.[34] 그녀는 아이디어를 개발하는 사람에 대해서뿐만 아니라 그 사람 주변의 사람들에 대해서도 이야기합니다. 창의성은 사회문화적 판단이라는 점을 기억하세요. 누군가 여러분의 작업을 창의적이라고 인정하지 않는다면 여러분의 작업은 창의적인 것으로 인식되지 않을 것입니다. 이는 또한 타인의 비판적 평가와 검증이 아이디어 개발 단계를 넘어 우리 자신의 작업을 타인이 받아들이는 데에도 영향을 미친다는 것을 의미합니다. 사람들에게 강하게 압력을 가하라는 권유가 아닙니다. 대신 이렇게 생각하세요. 여러분이 작성한 코드를 아무도 이해하지 못한다면 코드를 단순화하는 것을 생각해 봐야 합니다.

창의성과 관련하여 관습과 부적합성은 종이 한 장 차이입니다. 어느 쪽에 속하든 어디까지 허용할지는 여러분이 결정할 문제입니다. 다만 비판적인 반응에 대비하세요. 창의성은 공허한 곳에 존재하지 않습니다.

---

34 Caterina Moruzzi. On the relevance of understanding for creativity. Philosophy after AI, 2021.

5.7 요약

- 일반적인 창의적 과정은 **참여, 배양, 조명, 검증, 발표/수용**과 같은 상호 연관된 단계로 이루어져 있습니다. 따라서 아이디어와 구현을 검증하는 비판적 사고는 창의적 프로그래머의 필수 요소입니다.

- 창의적 과정은 여러 단계에서 다양한 사고방식, 즉 확산적 사고와 집중적 사고가 필요하며, 이 두 가지를 적절히 혼합하는 것이 이상적입니다. 아이디어가 떠오르지 않는다면 사고 모드를 바꿔 보세요.

- 소프트웨어 문제 해결의 맥락에서 창의성은 일반적으로 목표가 아닌 수단으로 사용됩니다. 그러나 창의성은 그 자체로 자기표현, 미화, 새로운 기술 탐색 및 활용 등의 목표가 될 수 있습니다. 수단으로서의 창의성과 목표로서의 창의성 사이의 경계를 잘 인식해야 합니다. 제품이 아닌 코드를 위한 코드, 아름답기만 한 코드는 작성하지 말아야 합니다.

- 비판적 사고에 많은 오류가 있다는 것을 알면 가장 고치기 어려운 오류일지라도 극복하는 데 도움이 될 것입니다. 소크라테스가 말했듯이 '무엇을 모르고 있는지' 알아야 합니다.

- 비판적 사고는 다른 사람이나 자신을 너무 힘들게 만들고 궁극적으로 창의적인 흐름을 방해할 수 있습니다. 창의성은 체계적이며 여러분은 상호 학습 생태계의 일부라는 점을 기억하세요.

- 비판적 사고를 자신의 작업에만 국한하지 마세요. 다른 사람의 창의적인 작업에도 피드백이 필요합니다. 피드백이 상대방에게 어떻게 받아들여질지 먼저 고려하는 것이 좋습니다. 따라서 다른 사람의 비판적 피드백을 받을 때는 열린 마음가짐을 가져야 합니다.

CHAPTER 6

호기심

이 장에서는 다음과 같은 내용을 다룹니다.

- 고정 및 성장 사고방식과 창의성에 미치는 영향
- 호기심을 유지하기 위한 다양한 유형의 동기 부여
- 다중 잠재성의 개념
- 일반성generalism과 전문성specialism에 대한 토론

고대 이집트 사막에 펼쳐진 모래가 바람에 흩날리는 소리가 끝도 없이 들리지만, 길을 걷고 있는 한 여행자의 기분에는 별다른 영향을 미치지 않습니다. 지팡이와 가벼운 배낭 하나만 걸친 이 이방인은 거친 바다와 모래사막, 먼지가 가득한 도로를 지나 반쯤 버려진 또 다른 마을에 도착합니다. 그는 침착하게 지팡이를 야자수에 기대고 옷에 묻은 모래를 털어낸 후 망설임 없이 현지인과 대화를 시작합니다. 긴 대화를 나누고 소박한 식사를 함께한 뒤, 그는 부분적으로 완성된 원고를 펼쳐서 상징적인 단어부터 쓰기 시작합니다. "내가 들은 바에 따르면…"

그 사람은 헤로도토스Herodotus였고, 그는 세계의 역사를 기록하는 임무를 수행 중이었습니다. 그의 저서 『역사』(동서문화사, 2016)는 문화, 지리, 역사적 사건, 특히 그리스−페르시아 전쟁에 대해 최초로 상세하게 조사한 책으로 평가받고 있습니다. 헤로도토스는 위험을 무릅쓰고 먼 길을 기꺼이 여행한, 진정으로 두려움을 몰랐던, 세계 최초의 역사가입니다. 헤로도토스는 자신이 사랑하는 그리스의 관점뿐만 아니라 자신이 태어난 페르시아 제국의 관점에서도 세계관을 기록했습니다.

헤로도토스는 당대의 평범한 주민들에게 무슨 일이 일어나고 있는지에 관한 호기심과 재치, 예리한 감각을 바탕으로 오늘날에도 여전히 필수적인 독서 자료로 여겨지는 문학 작품을 남겼습니다. 그의 체계적인 인류학 발굴 조사는 300년 후 키케로에게 깊은 인상을 남겼고, 키케로는 헤로도토스를 '역사학의 아버지'라고 불렀습니다.

20세기 후, 돛대가 삐걱거리고 선원들이 고함을 지르는 가운데 파도가 출렁이는 등 혼란스럽지만 일상적인 모습은 배가 곧 출항할 것임을 알려줍니다. 영국 해군 장교이자 과학자인 로버트 피츠로이Robert FitzRoy가 지휘하는 비글호는 남아메리카 해안선의 지도를 작성하는 임무를 맡게 됩니다. 스물두 살의 한 영국 청년이 피츠로이를 설득해 동식물 연구자로서 승무원 일행에 합류했습니다. 그 청년의 이름은 찰스 다윈이었습니다.

선장은 다윈을 해변으로 보내 지역 지질학을 조사하도록 했고, 비글호는 해안을 계속 조사하고 해도를 작성했습니다. 다윈의 호기심은 지질학에만 국한되지 않았으며, 배로 돌아와 현지 동식물의 표본을 탐사하고 수집하면서 자신이 본 것뿐만 아니라 이론적 추측에 대해서도 방대한 메모를 남겼습니다.

다윈은 생물학의 전문가가 아니었습니다. 약간의 지질학 지식을 가지고 있었고 집에는 딱정벌레 수집품이 있을 뿐이었죠. 다른 모든 분야에서 초보자였지만 그렇다고 해서 호기심이 줄어들지는 않았고 오히려 정반대의 일이 일어났습니다. 장기간의 뱃멀미에 시달렸음에도 불구하고 그는 흥미를 끄는 것은 무엇이든 거의 모든 내용을 기록해 두었습니다. 적어도 종이가 다 떨어질 때까지는 말입니다.

1836년, 비글호는 5년간의 여정을 마치고 마침내 플리머스 항으로 돌아왔습니다. 이 위대한 모험이 끝난 지 6개월 후, 다윈은 느리지만 확실하게 점들을 연결하기 시작했습니다. 그의 끝없는 호기심의 결과물, 즉 노트에 수집한 방대한 증거를 논문과 일기로 정리했고 이로부터 '한 종이 다른 종으로 변한다'는 자신의 생각을 차츰 발전시켜 나갔습니다. 1859년에 출간된 그의 중요한 저서 『종의 기원』(사이언스북스, 2019)은 23년이라는 긴 세월이 흐른 뒤에야 비로소 완성될 수 있었으며, 여러 편의 에세이와 동료 과학자들과의 대화, 더 많은 수정, 그리고 매우 길고 사려 깊은 과정이 필요했습니다.

그로부터 160년이 지난 후, 런던 콜린데일의 작은 사무실 공간에는 녹아내린 주석의 지글거리는 소리와 함께 작은 연기가 가득합니다. 바닥에는 DIY로 인쇄한 회로 기판과 나사가 풀린 테트리스 게임보이 카트리지가 널려 있습니다. 두 명의 소프트웨어 및 전자공학 엔지니어가 〈테트리스Tetris〉를 리버스 엔지니어링해 게임보이 개발 키트를 조립하고 있습니다.

영국의 비디오 게임 개발사 아르고노트 게임즈Argonaut Games의 창립자 제즈 산Jez San은 1989년 전자제품 박람회에서 닌텐도의 게임보이를 우연히 보게 되었습니다. 그는 즉시 스펙트럼Spectrum [1]과 아미가Amiga [2]의 프로그래밍 작업을 이 독특한 휴대용 기기로 옮기기로 결정했습니다. 하지만 닌텐도는 특히 일본 외 지역에서는 공식 개발 키트를 배포하는 데 매우 인색했습니다. 게임보이 개발이 불가능해 보였기 때문에 산은 아이디어를 포기할 수도 있었지만, 그의 호기심은 개발 키트를 처음부터 해킹해 카트리지의 전선을 집에서 만든 회로 기판의 칩에 연결함

---

1 옮긴이_ 싱글레어 리서치가 개발한 8비트 가정용 컴퓨터로 1982년 영국에서 출시됐다(출처_위키피디아).
2 옮긴이_ 코모도어가 1985년에 출시한 개인용 컴퓨터로 획기적으로 개선된 그래픽 성능을 선보였다(출처_위키피디아).

으로써 심각한 제약을 극복하고 앞으로 나아갈 수 있는 원동력으로 삼았습니다.

프로그래머로 새로 입사한 딜런 커스버트Dylan Cuthbert는 (이후에 〈X〉 또는 에쿠수Ekkusu라 불리게 된) 아르고노트 게임즈의 첫 번째 게임보이 게임의 개발 임무를 맡게 되었습니다. 제즈 산은 스타글라이더 시리즈로 다른 플랫폼에서 이미 성공한 바 있는 게임보이용 3D 우주 시뮬레이터를 개발하면 멋질 것이라고 생각했습니다. 하지만 제한된 게임보이 기술에는 3.5MHz로 작동하는 빈약한 Z80 CPU가 탑재되어 있었습니다. 더 나쁜 점은 4가지 회색 음영만 표시할 수 있다는 사실이었습니다. 다행히도 커스버트는 이 문제를 해결했습니다. 게임의 풀 3D 렌더링 메시가 닌텐도에 깊은 인상을 남겼고, 닌텐도는 팀을 일본으로 초대했습니다.

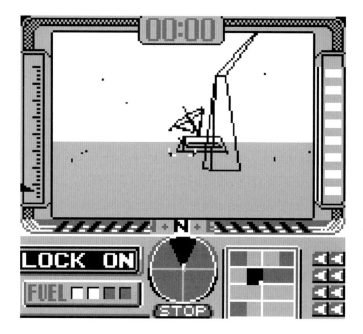

그림 6-1 1992년에 출시된 게임보이의 비행 슈팅 게임 〈X〉. 멋진 UI 테두리가 눈에 띄며, 적절한 프레임 속도에 도달하기 위해 해상도를 영리하게 더 낮췄습니다.

〈X〉는 아르고노트 게임즈와 닌텐도가 함께한 역사의 시발점이 됐습니다. 이 영국인들의 대담함에 대한 닌텐도의 관심으로 인해 아르고노트과 커스버트는 슈퍼 FX RISC 코프로세서 개발에 깊이 관여하게 되었고, 이 프로세서는 〈요시 아일랜드Yoshi's Island〉(2D 스프라이트 스케일링), 〈둠〉 슈퍼 닌텐도 포트(이진 공간 파티셔닝), 그리고 아르고노트 역시 개발했던 〈스타 폭스Star Fox〉(진정한 3D 폴리곤)를 구동하는 데 사용되었습니다. 커스버트는 3D 하드웨어 경험을 바탕으로 소니에 입사해 개발자들이 1세대 및 2세대 플레이스테이션을 개발하는 데 도움을 주었습니다. 이후 일본에 〈픽셀정크〉 시리즈로 잘 알려진 개발 스튜디오인 Q-Games를 설립했습니다.

6.1 호기심은 창의력의 원동력

사람들을 만나고 그들의 이야기를 기록하기 위해 엄청난 노력을 기울인 헤로도토스, 지질학과 생물학에 대한 방대한 메모를 남긴 찰스 다윈, 그리고 〈테트리스〉 카트리지 내부를 들여다보기 위해 납땜 해킹을 시도한 아르고노트 게임즈의 가장 큰 공통분모는 무엇일까요? 세 가지 사례 모두 다른 사람들의 이야기와 제국의 역사, 자연의 진화와 종의 기원, 하드웨어의 내부 작동에 대한 많은 호기심을 보여줍니다.

이들의 호기심과 끈기가 없었다면 우리는 고대 그리스와 페르시아에 대한 지식을 더 많이 잃어버렸을 것이고, 진화론의 관점에서 바다 생물이 육지로 올라오면서 자연이 어떻게 진화하는지 여전히 알지 못했을 것이며, 슈퍼 닌텐도의 수명을 연장할 슈퍼 FX 칩이 제때 출시되지 못했을지도 모릅니다. 어쩌면 세가가 16비트 콘솔 전쟁에서 승리했을지도 모르죠!

미하이 칙센트미하이가 창의적인 천재들을 인터뷰한 결과, 창의적인 성공을 위한 가장 중요한 두 가지 성격 특성으로 **호기심**과 **인내심**을 꼽았습니다. 호기심이 없으면 무언가를 배우거나 만들려는 동기가 거의 없습니다. 인내심이 없으면 작업을 효과적으로 마무리할 가능성이 거의 없습니다. 모든 것을 시작하게 하는 처음의 호기심이 없다면 창의성은 창의성이 아닙니다.

호기심이 유전자에서 비롯된 것인지 어린 시절의 자극적인 경험에서 비롯된 것인지는 알 수 없지만, 호기심의 존재를 인정하고 소중히 여기며 창의적인 삶으로 성장할 기회를 제공하는 것이 중요합니다. 이처럼 성격 특성을 강조한 칙센트미하이의 말로 인해 프로그래머의 창의성은 호기심에서 시작된다고 생각하게 되었습니다.

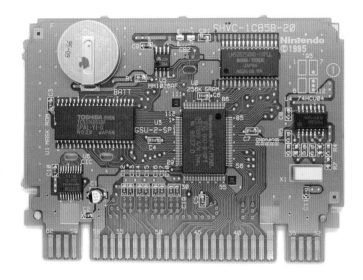

그림 6-2 〈요시 아일랜드〉 PAL 버전의 PCB. 가운데에 강화된 SuperFX(GSU-2) 칩이 있고 왼쪽에는 2MB ROM이, 오른쪽 상단에는 256KB 프레임 버퍼와 세이브 게임 SRAM이 있습니다.

6.2 커져 가는 호기심과 방랑벽

찰스 다윈이 증명했듯이, 최고의 호기심은 모든 것을 아우르는 호기심입니다. 무언가가 어떻게 작동하는지에 대한 궁금증은 진정한 호기심으로 발전하고, 이는 다시 동기 부여의 주요 원동력이 됩니다. 창의적인 프로그래머가 되려면 어떻게 시작해야 할까요? 무엇보다도 먼저 호기심을 키우세요. 그렇지 않으면 5장에서 설명한 창의적 과정 중 **참여 단계**에서 새로운 흥미로운 경험과 정보를 거의 얻을 수 없습니다. 여기저기 흩어져 있는 점들을 연결하여 참신한 아이디어를 창출하려면 먼저 2장에서 설명한 대로 아이디어를 수집하고 이를 **시스템**에 저장해야 합니다.

때때로 우리는 매너리즘에 빠져 새롭고 흥미로운 것을 발견하지 못할 때가 있습니다. 때로는 불안이 방랑의 욕구를 가두기도 합니다. 어느 때는 터널 비전이 우리의 관심사를 고착화하기도 합니다. 다행히도 **성장 사고방식**growth mindset이라는 탈출구가 있습니다.

6.2.1 고정된 사고방식과 성장 사고방식

저명한 심리학자이자 사회학자인 캐롤 드웩Carol Dweck은 성취와 성공에 대한 수십 년간의 연구

끝에 우리의 잠재력을 최대한 발휘하는 힘은 모두 마음에 달려 있다는 결론을 내렸습니다. 그녀는 최고의 성과를 내는 사람들의 사고방식에 대한 연구를 통해 우리의 사고방식을 크게 고정된 사고방식fixed mindset과 성장 사고방식growth mindset의 두 가지로 분류할 수 있다는 사실을 밝혀냈습니다.[3]

고정된 사고방식은 자신의 재능과 능력이 이미 정해져 있다는 믿음입니다. 자신이 창의적이든 아니든 상관없습니다. 고정된 사고방식을 가진 사람들은 대개 자신에게는 부족하고 결코 습득하지 못할 자질을 가진 다른 사람을 부러워하거나, 그 반대의 경우, 즉 어떤 사람이 자질이 부족하고 결코 그런 자질을 갖지 못할 것처럼 보이면 거만해지고 경멸합니다. 고정된 사고방식은 고정된 특성과 같습니다. 그들의 모토는 '똑똑한 사람이 성공한다'입니다.

성장 사고방식은 자신의 재능과 능력은 시간이 지남에 따라 노력을 통해 배양하고 성장할 수 있다는 믿음입니다. 성장 사고방식을 가진 사람들은 자신이 아직 창의적이지 않으며 연습이 좀 더 필요하다는 것을 인식합니다. 성장 사고방식은 유연한 특성과 같습니다. 이들의 모토는 '사람은 더 똑똑해질 수 있다'입니다.

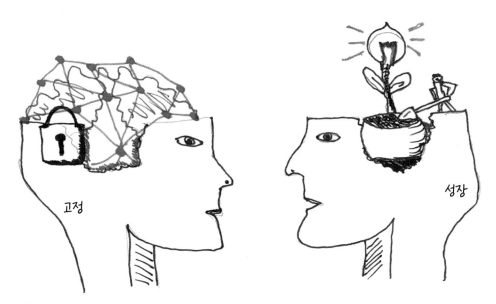

그림 6-3 고정된 사고방식과 성장 사고방식. 보호(제한)를 위해 자물쇠를 구입하겠습니까, 아니면 성장(자유)을 위해 비료를 구입하겠습니까?

---

3   Carol S. Dweck. Mindset: Changing the way you think to fulfill your potential. Revised edition. Robinson, 2017.

실제로 이 두 가지 스펙트럼의 정반대 끝은 상대방을 나타내 보여줍니다. 검은색과 흰색 사이에는 오십여 가지 정도의 회색 음영이 존재합니다. 요리 실력을 키워 유능한 요리사가 될 수 있다고 생각할 수도 있지만, 초라한 코더에 지나지 않을 것이라고 확신할 수도 있습니다. 드웩의 연구에 따르면, 특정 분야에 대해 어떤 사고방식을 가지고 있느냐에 따라 해당 분야에서의 성공 여부가 결정됩니다. 코딩을 절대 잘할 수 없을 거라고 스스로 확신하시나요? 그렇다면 절대 코딩을 잘 할 수 없습니다.

비판을 소중한 피드백으로 받아들이는 것은 성장 사고방식의 핵심 특성 중 하나입니다. 에릭 와이너는 전 세계를 여행하며 과거에 살았던 천재들의 기이한 지리적 집단을 추적한 결과, 이들은 부정적인 피드백을 통해 번성했다는 사실을 발견했습니다. 부정적인 피드백은 그들의 창의력을 불태우는 데 더 많은 연료를 공급할 뿐이었죠. 비판은 결코 즐거운 일이 아니지만, 비판에 어떻게 대처할지는 여러분이 결정할 문제입니다. 고정된 사고방식에 따라 자신이 형편없다는 말을 들었다고 해서 정말 포기할 셈인가요?

교사의 자극적 또는 해로운 영향

놀랍게도 많은 창의적인 천재가 학창 시절 선생님과의 특별한 유대감을 전혀 기억하지 못하거나 아니면 반대로 매우 친밀한 유대감을 가졌습니다. 아이들의 성적이 좋지 않다고 부주의하게 비판하는 교사가 끼치는 해로운 영향에 대해 읽은 적이 있고, 진정한 호기심을 불러일으키는 은사로 기억되는 선생님에 대해서도 읽은 적이 있습니다. 심지어 일부 노벨상 수상자들은 고등학교 선생님을 전반적으로 부정적으로 평가하기도 했습니다.

저는 솔직히 그들을 비난할 수 없습니다. 저는 고등학생 시절 아주 우수한 학생들만 지역 대학으로 진학하는 직업 학교로 전학했습니다. 모든 선생님의 만류에도 불구하고 대학에서 컴퓨터 공학과에 등록한 것은 저뿐이었죠. "넌 절대 졸업하지 못할 거야." 그들은 경고했습니다. 4년 후 저는 졸업했습니다. 이 글을 쓰는 지금 저는 박사 학위를 마무리하고 있습니다. 그분들에게 캐롤 드웩의 『마인드셋』(스몰빅라이프, 2023)을 보내드려야 할 것 같습니다.

6.2.2 신념은 행동이다

드웩은 성장 사고방식을 '새로운 모험으로 가는 여권'이라고 부릅니다. 저는 이 표현을 창의적인 삶을 살도록 상기시키기 위해 스스로에게 나눠주는 '창의성 프리패스'로 바꾸고 싶습니다. 우리가 그것을 믿는다면 말입니다. 드웩은 우리가 삶을 어떻게 바라보느냐에 따라 삶을 영위하는 방식에 큰 영향을 미친다고 말합니다. "20년 동안의 연구 결과, 자신에 대한 관점이 삶을 영위하는 방식에 큰 영향을 미친다는 사실이 밝혀졌습니다."

누구나 창의적인 프로그래머의 삶을 살 수 있습니다. 높은 IQ가 필요하지도 않고 높은 지위에 있는 친구가 필요한 것도 아닙니다. 물론 3장에서 살펴본 것처럼 정보를 빠르게 처리하는 능력과 영감을 주는 사람들 속에 있는 것이 도움이 됩니다. 하지만 드웩은 가장 중요한 것은 자신을 믿는 것이라고 말합니다. 간단하면서도 믿을 수 없을 정도로 강력한 메시지이지만, 이를 실현하려면 많은 용기가 필요합니다. 이러한 믿음은 우리가 좌절에 대처하는 방식에 영향을 미치며, 종종 탁월함과 평범함의 차이를 만들기도 합니다. 레오나르도 다 빈치도 다음과 같은 글을 쓸 때 이 사실을 본능적으로 알고 있었습니다. "장애물은 나를 무너뜨릴 수 없다. 모든 장애물은 결심을 더욱 굳세게 할 뿐이다. 하늘의 별에 시선을 고정한 사람은 마음을 바꾸지 않는다."

6.2.3 안전지대를 벗어나 성장하기

때때로 우리는 새로운 것을 배우는 것, 즉 한계를 뛰어넘는 것을 두려워할 때가 있습니다. '자바는 잘 알고 있으니 그냥 자바에만 계속 머물러 있는 게 낫겠어. 괜히 얘기해 봐야 아는 척한다고 생각할테니 자바스크립트를 아예 배우지 말아야지', '철학자가 아니니까 소설을 읽는 편이 낫겠어', '내 동료들은 나의 도메인 지식을 존중하기 때문에 새로운 프로젝트를 하는 일은 절대 없을 거야', '컴퓨터 공학을 전공한 사람이 심리학에 대해 읽을 필요는 없지'(지금 무엇을 하고 있는지 알겠나요?).

이러한 모든 진술은 매우 고정된 사고방식과 비슷합니다. 성장 사고방식을 키우려면 미지의 세계에 대한 두려움을 직면하고 극복해야 합니다. 연구 결과에 따르면 창의적인 소프트웨어 엔지니어링 학생은 창의적이지 않은 학생보다 자신의 안전지대에서 더 자주 벗어나는 것으로 나타났습니다.[4] 한 공개 프로그래밍 과제에서 전문가 심사위원단은 1장에서 설명한 아마빌레의 합의적 평가 기법(CAT)을 사용해 최종 결과물의 창의성을 평가했습니다. 맥락 정보를 수집한

---

4 Wouter Groeneveld, Dries Martin, Tibo Poncelet, and Kris Aerts, Are undergraduate Creative Coders Clean Coders? A Correlation Study. In Proceedings of the 53rd ACM Technical Symposium on Computer Science Education, 2022.

설문조사에 따르면 성적이 훨씬 우수한 학생은 가르친 내용에 국한하지 않고 창의력을 발휘한 것으로 나타났습니다. 호기심에 이끌려 자신의 안전지대를 벗어난 학생들은 처음에는 더듬거리며 실패했지만, 계속 도전해 결국에는 더 독창적이고 창의적인 디자인을 제출했습니다. 흥미롭게도 심사위원들이 창의적이라고 평가한 프로젝트일수록 정적 코드 분석 도구에서 더 많은 코드 문제를 발견할 수 있었습니다. 의외로 마감 기한이 촉박한 상황에서 미지의 코드 영역을 탐구하다 보니 학생들이 코드 품질에 소홀해지는 것 같았습니다.

현재 진행 중인 또 다른 연구에서는 소프트웨어 공학부 학생들이 다른 대학의 디자인학부 학생들과 함께 시각적으로 매력적인 디지털 예술 작품을 코딩해야 했습니다. 이때 많은 학생이 프로젝트가 끝난 후의 인터뷰에서 파트너가 자신들로 하여금 평소보다 더 많이 탐색하고 안전지대에서 벗어나게 했다고 언급했습니다. 한 학생은 이렇게 증언합니다.

> 파트너는 제가 더 많은 [구현 옵션]을 탐색하도록 만든 것 같습니다. 보통 저는 그룹에서 알고 있는 지식 안에 편안하게 머무르는 편이었습니다. 하지만 파트너와의 상호 작용을 통해 제 안전지대에서 벗어나게 되었습니다.

이러한 긍정적인 피드백 루프는 커뮤니케이션이 창의성에 미치는 영향을 살펴본 3장의 연구 결과와도 일맥상통합니다. 어떤 학생들은 낯선 사람을 알아가는 초기의 불편함을 극복하기 위해 귀중한 프로젝트 시간을 희생해야 했다고 언급했습니다. 의도한 것을 완성하지는 못했지만, 그들이 목표로 한 핵심 개념은 공대 내로 제한된 기존 프로그래밍 프로젝트와 비교해 보면 확실히 더 야심 찼습니다. 이 연구에서 디자인대 학생과 짝을 이룬 공대생의 창의성 척도에 대한 자가 보고에서는 다른 공대생과 짝을 이룬 대조군보다 창의성을 더 높이 평가했습니다.

결론은 안전지대에서 벗어나는 것이 프로그래머의 창의력을 재충전하는 데 도움이 될 수 있다는 것입니다. "안전지대를 벗어나라!"고 외칠 때의 문제점은 안전지대가 정확히 무엇을 의미하는지 모호하다는 점입니다. 어떤 사람에게는 시스템의 백엔드 대신 프론트엔드를 더 많이 배우기 위해 다른 개발 팀으로 전환할 가능성을 신중하게 탐색하는 것을 의미할 수 있습니다. 다른 사람에게는 프레젠테이션하고 지식을 공유하는 것을 의미할 수도 있습니다.

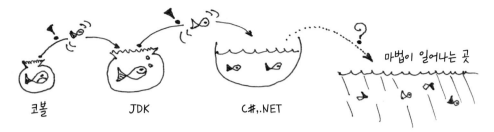

그림 6-4 안전지대를 벗어난 것은 잘한 일입니다! 하지만 잠깐만요, 단지 어항만 바뀐 건 아니겠죠?

많은 프로그래머가 자바에서 C#으로 전환함으로써 내면의 두려움을 떨쳐버렸다고 말합니다. 인터넷에는 '프로그래머, 안전지대에 머물지 말라', '코딩할 때 안전지대를 벗어나는 힘', 또는 매우 대담한 '워드프레스의 안전지대를 벗어나면서 배운 교훈'과 같은 화려한 제목으로 사람들을 클릭하게 만드는 평범한 글들이 넘쳐납니다.

직설적으로 말하겠습니다. 언어, 팀, 기술을 바꾸고 지식을 공유하는 것은 **프로그래밍**의 안전지대에서 벗어나는 게 아닙니다. 연구와 실무 모두에서 이러한 특성은 여러분이 유능한 프로그래머가 되기 위한 최소한의 요건일 뿐입니다. 안전지대의 의미를 기술적인 프로그래밍 지식으로 제한하면 훨씬 더 비옥한 교차 수분 아이디어를 미처 못 보고 넘어갈 위험이 있습니다. 창의적인 프로그래머는 그보다 훨씬 더 잘 할 수 있습니다.

6.2.4 성장 사고방식과 창의성

성장 사고방식을 개발하는 노력이 창의성과 관련이 있는 이유는 무엇일까요? 성장 사고방식은 도전을 피하기보다는 포용하고, 좌절이 닥쳤을 때 포기하지 않고 끈기를 갖고, 노력을 에너지 낭비가 아닌 숙달을 향한 길로 여기며, 비판을 무시하기보다는 비판에서 배우고, 다른 사람의 성공에서 위협을 느끼기보다는 영감을 얻기 때문입니다. 이러한 모든 피드백 루프는 창의적인 프로세스의 필수적인 부분입니다.

로버트 스턴버그는 143명의 창의성 연구자를 대상으로 설문조사를 실시한 결과 창의적 성취의 가장 중요한 요소에 대해 폭넓은 동의가 있었다고 결론지었습니다.[5] 스턴버그는 **끈기**라는 용어를 사용했지만, 캐롤 드웩이 그녀의 연구에서 언급했듯이 그것은 바로 '성장 사고방식이 만들

---

5 Robert Sternberg. Handbook of creativity. Cambridge University Press, 1990.

어 내는 인내와 회복력'이었습니다.

드웩의 논문은 심리학 연구에서 가장 많이 인용되는 논문 중 하나입니다. 최근에는 창의성을 연구하는 수많은 연구에서 성장 사고방식 개념을 자연스럽게 통합했습니다. 행동 심리학자인 진 프레츠Jean Pretz와 대니얼 넬슨Danielle Nelson은 사고방식이 창의성에 긍정적 혹은 부정적 영향을 미칠 수 있는 핵심 요소 중 하나인 것으로 파악했습니다.[6] 또 다른 예로, 교육학 전공에 재학 중인 학부생이 창의성을 발휘하려는 동기는 성장 사고방식을 갖는 것과 관련이 있었습니다. 성장 사고방식을 더 많이 가진 사람일수록 창의적인 사람을 더 잘 인식했습니다.[7] 이 연구에서 가장 고무적인 내용은 다음과 같은 결론 부분입니다.

> 이러한 연구 결과가 시사하는 바는 창의성과 창의적 역할 모델에 대한 유연한 관점의 함양을 비롯해 유망한 창의성 동기 부여 전략을 수립할 수 있다는 것입니다. 이는 결과적으로 학생들이 새로운 일을 하고, 배우고, 성취하도록 장려함으로써 창의적 성취를 촉진할 수 있습니다.

학생들(여기서는 프로그래머가 되겠죠)은 창의력이 배울 수 있는 기술이며, 고정된 것이 아니라 얼마든지 창의력을 꽃피울 수 있다는 것을 알아야 합니다. 이 책이 독자들의 마음속에 그런 유연한 시각을 심어줄 수 있다면 더할 나위 없이 기쁠 것입니다. 그렇지 않다면 언제든지 비판을 보내주세요!

책임감과 성장 사고방식

고정된 사고방식을 가진 사람들은 끊임없이 자신의 가치를 증명해야 할 필요성을 느낍니다. 일이 잘못되었을 때 실수를 인정하는 것은 계획의 일부가 아닙니다. "내가 안 그랬어!" 또는 "저 사람들 잘못이야!"라는 반응은 전형적인 고정된 사고방식의 행동입니다. 3장에서 살펴본 것처럼 부정하거나 책임을 전가하는 것도 책임을 공유하는 데 방해가 됩니다.

우리는 노력을 통해 지적 능력을 키워 나갈 수 있으며 창의력도 마찬가지입니다. 하지만 그렇게 하기에 앞서, 창의력도 다른 기술처럼 우리 노력에 따라 발전시킬 수 있다는 생각에 대해 마

---

6 Jean E Pretz and Danielle Nelson. Creativity is influenced by domain, creative self-efficacy, mindset, self-efficacy, and self-esteem. In the creative self. Elsevier, 2017.

7 Pin Li, Zhitian Skylor Zhang, Yanna Zhang, Jia Zhang, Miguelina Nunez, and Jiannong Shi. From implicit theories to creative achievements: The mediating role of creativity motivation in the relationship between stereotypes, growth mindset, and creative achievement. The Journal of Creative Behavior, 2021.

음을 열어야 합니다. 고등 교육 컴퓨팅 학생의 사고방식과 학습 성과 간의 관계에 대한 최근 연구[8]에서 연구원 미코–빌 아피올라^{Mikko-Ville Apiola}와 에르키 수티넨^{Erkki Sutinen}은 컴퓨팅에 대한 사고방식은 성장 지향적이지만 창의성에 대한 사고방식은 모든 척도 중에서 가장 고정적이라는 것을 발견했습니다. 즉, 컴퓨팅 학생들은 자신이 창의적이거나 혹은 창의적이지 않다고 생각하지만 창의성을 키울 수 있다는 생각은 하지 못한다는 것을 의미합니다. 저자들은 다음과 같이 결론을 내립니다.

> 이는 흥미로우면서도 놀라운 결과입니다. 컴퓨터 과학은 본질적으로 창의적인 영역이고 기술을 구축하려면 창의성이 필요하기 때문에, 창의성에 대한 고정된 사고방식이 미래 기술을 구축하는 데 부정적인 결과를 초래할 수 있다고 추측할 수 있습니다.

문제는 이러한 결과를 숙련된 프로그래머에게도 적용할 수 있는지 여부입니다. 컴퓨팅 사고방식에 대한 연구는 아직 초기 단계에 머물러 있습니다. 몇몇 파일럿 연구에서는 컴퓨팅 1학년 학생들의 프로그래밍 능력을 향상하기 위해 성장 사고방식을 도입해서 성공을 거두었다는 보고가 있습니다.[9] 한 연구에서 실시한 성장 사고방식 실험은 세 부분으로 구성됐는데, 성장 사고방식을 개발하기 위한 초석을 다지는 강의와 증언, 드웩의 연구에서 발췌한 사례 연구, 빈번한 피드백 루프 이렇게 세 가지의 구성요소로 이루어졌습니다.

그러나 평균적인 사고방식은 크게 변하지 않았습니다. 한 학기 동안 도입한 것으로 성적이 (약간) 올라갈 수는 있지만 사고방식은 그렇게 쉽게 바뀌지 않았습니다. 이는 지능뿐만 아니라 특히 창의성과 관련하여 고정된 사고방식을 열린 사고방식으로 전환하려는 노력을 지속하는 것이 중요하다는 사실을 다시 한번 보여 줍니다.

EXERCISE 프로그래밍 작업과 관련하여 안전지대에서 벗어나야 했던 마지막 순간이 언제였나요? 미지의 영역에 발을 들여놓게 된 계기는 정확히 무엇이었나요? 본인이나 프로젝트 혹은 향후 미지의 영역으로 떠날 모험에 대해 창의적인 결과는 어떤 것이었나요?

---

8 Mikko–Ville Apiola and Erkki Sutinen. Mindset and Study Performance: New Scales and Research Directions. In Proceedings of the 20th Koli Calling International Conference on Computing Education Research, 2020.

9 Keith Quille, Susan Bergin. Promoting a Growth Mindset in CS1: Does One Size Fit All? A Pilot Study. In Proceedings of the 2020 ACM Conference on Innovation and Technology in Computer Science Education, 2020.

6.3 호기심에 대한 끈기 유지하기

인내심은 호기심 다음으로 주요한 창의적 특성으로 꼽힙니다. 호기심이 없었다면 찰스 다윈은 자신의 노트에 유용한 정보를 많이 수집하지 못했을 것입니다. 그러나 수집한 자료를 계속 연결하고, 파헤치고, 재작업하고, 검토하는 인내심이 없었다면 비글호를 타고 떠난 지 23년이 지난 후에 『종의 기원』을 집필할 수는 없었을 것입니다.

6.3.1 끈기와 근성

캐롤 드웩이 말하는 **사고방식**은 자신과 다른 사람의 학습 능력을 인식하는 방식을 변화시키는 관점입니다. 성장 사고방식은 호기심을 키우는 것과 역경에 직면했을 때 인내하는 것 두 가지 모두에 중점을 둡니다. 심리학자 앤절라 덕워스Angela Duckworth는 드웩의 뒤를 이어 연구를 수행했습니다. 그녀는 성공의 비결이라고 부르는 열정과 끈기의 특별한 조합인 **그릿**Grit이라는 용어를 만들었습니다. 성장 사고방식과 마찬가지로 그릿 역시 자라나게 할 수 있다는 것이 과학적으로 뒷받침되고 있습니다. 재능에 대해서는 잊어버리고 계속 벽에 머리를 부딪히다 보면 결국에는 돌파구를 찾을 수 있습니다.

그릿과 학업 성공 사이의 연관성은 수많은 연구를 통해 입증되었습니다. 실패율이 높기로 악명 높은 프로그래밍 과정에서도 마찬가지입니다. 제임스 울프James Wolf와 로니 지아Ronnie Jia 연구원은 그릿이 높은 학생이 그릿이 낮은 학생에 비해 더 높은 성적을 받는다는 사실을 발견했습니다.[10]

물론 그릿은 여기까지만 도움이 될 수 있습니다. IQ나 재능으로 설명되는 타고난 요소는 여전히 잠재력의 척도로 중요합니다. 이 문제는 심리학 분야에서 아직 해결되지 않은 열띤 논쟁거리이기 때문에 여기에 대해서는 더 이상 자세히 언급하지 않겠습니다.

그릿과 성장 사고방식은 둘 다 호기심과 인내라는 특징을 분명하게 보여 줍니다. 열정은 호기심에서 발전할 수 있으며, 약간의 열정도 없이 코드 문제를 풀려고 애쓰는 사람은 없습니다. 23954번째 시도를 할 즈음에는 열정이 없어지고 심한 두통이 올지도 모르지만 말입니다.

---

10 James R. Wolf and Ronnie Jia. The role of grit in predicting student performance in introductory programming courses: An exploratory study. In Proceedings of the Southern Association for Information Systems Conference, 2015.

앤절라 덕워스는 파남 스트리트Farnam Street와의 인터뷰에서 피드백을 요청하고 올바르게 처리하는 것의 중요성을 강조하기도 했습니다.[11] "피드백은 선물이지만 우리 대부분은 그 선물의 포장지를 뜯는 방법을 모릅니다. 그리고 피드백을 받고 싶어 하지도 않습니다." 그릿은 용기, 성실성, 회복력, 인내심과 같은 일련의 특성으로 정의되는 더 넓은 의미의 성장 사고방식의 일부로 볼 수 있습니다. 어려움이 있다고 해서 바로 포기하고 새로운 것으로 눈을 돌려 도전하지는 말 것을 드웩과 덕워스 두 사람 모두 촉구한다는 점이 눈에 띕니다. 알베르트 아인슈타인의 말처럼 말이죠. "내가 똑똑한 것이 아니라 문제를 오래 붙잡고 있었을 뿐이다."

우리 대부분은 방향과 결단력 사이에서 어려움을 겪습니다. 일이 잘못되면 곧바로 다른 방향을 택하고 서둘러 실수를 덮어 버립니다. 하지만 그릿은 실수로부터 배우고 계속 밀고 나가도록 가르칩니다. 다윈은 심한 뱃멀미로 고생했습니다. 제정신인 사람이라면 왜 5년 동안 일부러 뱃멀미에 시달리며 버텼을까요? 생각만 해도 속이 울렁거리는군요. 다윈이 덕워스의 그릿 척도를 재 봤다면 매우 높은 점수를 받았을 것입니다.

빌 게이츠의 그릿

프로그래밍 세계에는 인내의 성공 사례가 무수히 많지만, 그중 빌 게이츠의 사례가 가장 유명할 것입니다. 빌 게이츠는 어렸을 때부터 컴퓨터 프로그래밍에 관심을 보이기 시작했습니다. 당시 프로그래밍은 중앙 컴퓨터와 연결된 터미널에서 이루어졌기 때문에 컴퓨터를 사용할 수 있는 시간이 제한적이었습니다. 제한 시간이 다 됐으나 여전히 코딩을 더 하고 싶었던 그는 결함을 악용하여 더 많은 컴퓨터 시간을 얻었습니다. 결국 권한이 취소되자 그는 학교의 스케줄링 프로그램을 해킹해 내부의 작동 방식을 알아냈습니다.

1970년대에 게이츠와 그의 파트너 폴 앨런은 마이크로소프트를 설립하기 전에 교통량 계산을 위한 소프트웨어를 만들었습니다. 트라프-오-데이터Traf-O-Data라는 그 프로젝트는 실패작으로 여겨졌지만, 사업을 접고 학업을 계속하는 대신 하버드를 중퇴하고 결국 수십억 달러를 벌어들였습니다.

빌 게이츠는 앤절라 덕워스와의 인터뷰에서 마이크로소프트 입사 지원자를 선별할 때 가장 근성이 강한 지원자를 뽑았다고 밝혔습니다. 어려운 프로그래밍 문제를 접하더라도 좌절감에 포기하지 않고 계속 노력하는 지원자를 선호했습니다.

---

11 https://fs.blog/knowledge-podcast/angela-duckworth에 나오는 인터뷰를 들어 보라.

6.3.2 의지력은 고갈되기 쉬운 자원

이론적으로 성장 사고방식을 키우고 그릿을 높이는 것은 충분히 쉬워 보입니다. 하지만 실제로는 부정적인 피드백을 받으면 자존심이 상하기 마련인 만큼 그렇게 되지 않으려면 많은 의지력이 필요합니다. 특히 그날 자전거 타이어가 펑크가 났다든지 갑작스러운 폭우로 인해 기분이 저하된 상태라면 더욱 그렇습니다. 그런 날은 기분 전환을 위해 초콜릿을 많이 먹고 '그냥 그런 날 중 하나겠지'라고 생각하겠죠.

하지만 이것은 단순히 그런 날 중의 하나가 아니라 우리가 **의지력**^{willpower}이라고 부르는 것으로, 사회심리학자 로이 바우마이스터$^{Roy\ F.\ Baumeister}$는 의지력이 유한한 자원이라는 사실을 발견했습니다.[12] 우리가 내리는 대부분의 결정은 우리도 모르게 의지력을 조금씩 소모합니다. 갑작스러운 폭우나 부정적인 피드백에 대처하는 것과 같은 중대한 결정이나 사건은 의지력을 많이 소모합니다. 하루가 끝나면 간식을 먹지 않고는 배길 수가 없습니다.

창의적인 천재들은 본능적으로 이 사실을 알고 있었습니다. 지그문트 프로이트와 임마누엘 칸트는 모두 하루의 일정을 엄격하게 지켰습니다. 아인슈타인과 다 빈치는 매일 같은 옷을 입었습니다. 미국 대통령도 어떤 정장을 입을지는 자신이 선택하지 않고 참모들이 결정합니다. 결정할 일이 하나 줄어들면 창의적이거나 생명을 좌우할 수 있는 중요한 결정을 내릴 때 의지력을 조금 더 발휘할 수 있기 때문입니다. 우스꽝스럽게 들리지만, 작은 부분이 모두 합쳐지면 의미가 있습니다. 바우마이스터가 말하는 **자아 고갈**$^{ego\ depletion}$이 일어나면 자제력(성취 통제력)을 잃고 욕구(충동 통제력)에 굴복하게 될 수 있습니다.

인내심을 갖고 고정된 사고방식에서 성장하는 사고방식으로 전환하기 위해서는 의지력을 희생하더라도 자제력은 반드시 필요합니다. 사고방식의 변화는 여기저기서 몇 가지 팁을 얻는 것이 아닙니다. 새로운 방식으로 사물을 보기 위한 노력을 지속하는 것입니다. 그 일이 쉬울 것이라고 아무도 말하지 않았습니다! 다행히도 바우마이스터에 의하면 의지력은 근육과 같아서 충분히 훈련하면 점차 더 무거운 것을 들어 올릴 수 있다고 합니다. 그는 존 매리언 티어니와 함께 쓴 『의지력의 재발견』(에코리브르, 2012)의 마지막 부분에서 의지력을 높이고 의지력 낭비를 피할 수 있는 몇 가지 팁을 제안합니다. 예를 들면 습관 만들기, 방향 설정을 위한 길잡이 찾기, 목표를 설정하고 도전하기 등입니다.

---

12 Roy F Baumeister and John Marion Tierney. Willpower: Rediscovering the greatest human strength. Penguin, 2012.

다음 사이트(https://angeladuckworth.com/grit-scale)에서 10가지 질문에 대한 답을 작성해 그릿 척도 테스트를 해보기 바랍니다. 결과는 0.0에서 5.0 사이의 그릿 점수로 표시됩니다. 이 점수에 대해 어떻게 생각하나요? 현재의 자신을 반영하는 점수인가요? 약간 거부감을 느낀 질문이 있었나요? 그렇게 느낀 질문이 있었다면, 가까운 시일 내에 그에 관해 다시 생각해 보면 흥미로울 수도 있습니다. 결과가 확정된 것은 아니라는 점에 유의하기 바랍니다!

6.4 호기심에서 동기 부여까지

호기심은 모든 학습의 원천입니다. 호기심은 학습을 지속하려는 동기로 발전할 수 있습니다. 그렇다면 내재적 동기 부여와 외재적 동기 부여에 관한 전통적인 논쟁에서 창의성은 어디에 속할까요? 이에 대해 자세히 살펴보겠습니다.

6.4.1 내재적 동기 부여

외부에서 강요하지 않고 스스로 무언가를 하도록 동기 부여하는 것을 **내재적**intrinsic 동기라고 합니다. 1장에서 처음 언급했듯이, 움베르토 에코가 말한 것처럼 우리 안에 있는 **창의적 충동**을 충족시키는 것은 내재적 동기일 가능성이 높습니다. 우리는 창의적이 되고 싶기 때문에 창의적입니다. 빈센트 반 고흐는 그림을 그리고 싶어서 그랬을 뿐, 부유해지고자 그림을 그린 것이 아닙니다. 만약 그랬다면 그는 네덜란드 개혁교회의 목사였던 아버지의 발자취를 따랐을 것입니다. 사실 반 고흐의 원래 소망은 목사가 되는 것이었습니다.

인지 심리학자 테레사 아마빌레의 연구에 따르면 내재적 동기 부여를 받은 학생이 더 많은 창의성을 발휘하는 것으로 나타났습니다. 한 그룹의 학생들에게는 자신의 작품을 예술가들이 평가할 것이라고 말했고, 다른 그룹에는 그냥 즐기라는 말을 들었습니다. 그 결과는 놀라웠습니다. '그냥 즐기라'는 그룹은 대조군에 비해 CAT 테스트에서 훨씬 높은 점수를 받았습니다. 아마빌레는 이를 **동기 부여의 내재적 이론**이라고 부릅니다. "사람들은 외부의 압력이 아니라 주로 흥미, 즐거움, 만족감, 업무 자체의 도전에 의해 동기를 부여받을 때 더 창의적으로 일할 수 있다."[13]

지금까지만 봐서는 이런 내재적 동기는 좋은 것 같습니다. 이에 대한 연구 결과가 놀랍다고 생각하지는 않습니다. 그러나 이러한 내재적 이론이 현실 세계에서 항상 좋은 징조로만 나타나는 것은 아닙니다.

6.4.2 외재적 동기 부여

외부에서 무언가를 하라고 지시하는 것을 **외재적**external 동기라고 합니다. 여기에는 고용주가 부여한 과제나 돈, 권력의 약속이 포함될 수 있습니다. 은행에서 투자 권유 전화를 받았다면 그것은 전화를 건 사람이 커미션을 받고 있기 때문일 수 있습니다.

앞에서 예로 들었던 아마빌레의 실험 대상은 학부생으로 제한됩니다. 다시 말해, 그녀는 경험이 거의 없는 초보자를 골랐습니다. 숙련된 창의성을 보이는 사람들을 포함했더라면 결과가 달라졌을까요? 다른 연구에 따르면 그렇다고 합니다.[14] 이를 증명하려면 경쟁이 치열한 저명한 과학자들의 세계를 살펴보기만 해도 됩니다. 5장에서 소개한 루이 파스퇴르의 질투를 기억하시나요? 그는 자신의 경쟁자들이 연구비를 통해 더 많은 명성과 돈을 벌지 못하게 만들고자 자신이 할 수 있는 모든 방법을 동원했습니다. 노벨상 수상자인 제임스 왓슨James Watson과 프랜시스 크릭Francis Crick은 노벨상 자체로 동기 부여가 됐다고 말했습니다.

외적 경쟁은 숙련된 과학자들에게 분명 동기를 부여합니다. '논문이나 저서 출간 아니면 도태 publish or perish'[15]의 영향이 아니더라도, 보상의 매력은 창의적인 작업에 긍정적인 영향을 미치는 것으로 보입니다.

지금쯤 여러분은 시스템적인 사고에 익숙해졌을 것입니다. 환경을 고려하지 않고 동기 부여에 대해 이야기할 수는 없습니다. 외적 압박은 다양한 형태로 나타나는데, 외부에서 지속해 성과에 대해 모니터링하는 것은 분명히 창의성을 저해하는 요소입니다. 다음 장에서 환경에 대해 자세히 설명합니다.

---

13 Teresa M Amabile. Motivation synergy: Toward new conceptualizations of intrinsic and extrinsic motivation in the workplace. Human resource management review, 1993.

14 Barry Gerhart and Meiyu Fang. intrinsic motivation, extrinsic motivation, performance, and creativity in the workplace: Revisiting longheld beliefs. Annu. Rev. Organ. Psychol. Organ. Behav., Annual Reviews. 2015.

15 옮긴이_ 학문적 경력에서 성공하려면 학문 저작물을 출판해야 한다는 압력을 묘사한 상용구다.

6.4.3 내재적 동기와 외재적 동기의 결합

하지만 잠깐만요, 수많은 소프트웨어 시스템과 예술 작품도 커미션을 받고 제작되었습니다. 그렇다면 여기서 결정적인 요인은 내재적 동기일까요, 아니면 외재적 동기일까요? 물론 정답은 두 가지 모두입니다.

예를 들어 모차르트는 외재적 동기와 내재적 동기가 모두 있었습니다. 그는 누군가가 요구할 때만 「기적miracles」을 연주했습니다. 곡을 의뢰받을 때에만 비로소 창작 과정이 시작되었고 뛰어난 음악 작품이 탄생했습니다. 모차르트는 탐욕으로 잘 알려져 있으며 상업 정치에 참여하는 것을 좋아했습니다. 르네상스 시대에도 비슷한 예가 있습니다. 교회와 메디치 가문의 의뢰로 수많은 놀라운 창의적인 예술 작품과 건물이 탄생했습니다. 우리의 눈길을 사로잡는 필리포 브루넬레스키의 피렌체 대성당 돔은 내재적 동기가 아니라 황금 때문에 지어진 것입니다.

때로는 지루한 코딩 작업으로 시작한 프로젝트가 점차 동기를 불러일으키고 결국 큰 열정을 쏟는 프로젝트가 되기도 합니다. 제가 아는 어떤 프로그래밍 컨설턴트는 일주일에 며칠씩 '정말 지루한 .NET으로 무언가를 만드는' 회사에 서비스를 제공합니다. 하지만 그에게 그렇게 지루한 일을 왜 여전히 하고 있는지 물었더니 두 가지 대답이 돌아왔습니다. '보수가 좋고, 소프트웨어 자체는 흥미롭지 않지만 회사에서 창의력을 마음껏 발휘할 수 있는 자유를 많이 허용하기 때문입니다. 마치 실험을 위해 돈을 받는 것 같아요!' 또 다른 전직 동료는 C++와 스마트 포인터 사용법을 배우기 위해 모두가 기피하는 C++ 유지보수 팀으로 옮기는 것을 직접 요청했습니다. 저는 이런 것을 헌신이라고 부르고 싶습니다.

때로는 그 반대의 경우도 있습니다. 제 전 동료 두 명은 엔터프라이즈 자바 개발에 지루함을 느껴 플레이Play 프레임워크에 손을 댔다가 스칼라Scala와 아카Akka를 배우기 시작했습니다. 퇴근 후 무언가 가시적인 결과물을 만들기 위해 이들은 지역 합창단을 위한 좌석 예약 시스템을 만들었습니다. 1년 후, 그들은 직장을 그만두고 영업 전문가의 도움을 받아 스타트업을 설립했으며, 그 이후로 자체 클라우드 기반 제품을 발전시켜 왔습니다.

소프트웨어 기업가인 제이슨 프리드Jason Fried와 데이비드 하이네마이어 한손은 이러한 현상을 '가려운 곳을 긁어주는 것'이라고 부릅니다. 베이스캠프는 원래 고객 작업을 내부적으로 관리하기 위한 방법으로 설계된, 철저히 가려운 곳을 긁어준 제품입니다. 먼저 자신을 위해 빌드한 다음(내재적), 다른 사람에게 확장하는(외재적) 방식이었습니다. '가려운 곳을 긁어주라'는 모토는 처음에 스스로 멋진 무언가를 만들 때 창의적인 호기심을 자극하는 데 매우 효과적입니다.

일부 소프트웨어 시스템은 내재적 열정 프로젝트로 시작하지만, 시간이 지남에 따라 이러한 동기가 점차 약해질 수 있으므로 외재적 동기를 강화하는 것도 나쁘지 않다는 점은 흥미롭습니다. 결국 우리 중에 얼마나 많은 사람이 돈을 받지 않고도 프로그래밍 문제를 풀려고 할까요? 심각하게 낮은 임금을 받으면서도 여전히 열정적으로 코딩하는 사람은 몇 명이나 될까요? 명성, 경쟁, 돈은 숙련된 사람에게는 동기를 부여하지만 경험이 없는 사람에게는 방해가 되는 것이 사실입니다. 여러분의 급여를 인상해 달라고 할 이유가 여기에 있군요.

> **EXERCISE** 프로그래밍할 때 **창의적 충동**을 느끼나요? 예를 들어 혼자서 재미를 위해 개발하는 프로젝트가 많은 편인가요? 그중 무엇이 프로덕션에 배포되어 효과적으로 사용될 수 있는 결과물로 발전할 수 있을까요? 아니면 외적인 수단에 더 쉽게 이끌리나요? 그렇다면 현재 직장에서 틀에 박힌 일을 처리하는 데 도움이 되는 내재적 수단을 찾아낼 수 있나요?

6.5 다중 잠재력

진정으로 창의적인 사람들의 호기심은 한 분야에만 국한되지 않습니다. 이 말이 우리의 직관에 어긋나는 것처럼 들릴 수도 있습니다. 정신분석학 분야를 창시한 지그문트 프로이트와 같은 사람들이 평생에 걸쳐 한 분야에서 헌신했다는 것을 생각하면 말이죠. 진정으로 창의적인 사람들은 한 우물만 판 사람들이 아닐까요? 프로이트 같은 경우에는 심리학이 되겠지요. 드레퓌스 모델Dreyfus model과 마법의 1만 시간의 법칙은 분명히 프로이트에게 해당되지만, 그가 아마추어 고고학자이기도 했다는 사실을 잊지 말아야 합니다. 프로이트는 사무실을 장식하기 위해 독특하고 오래된 유물을 수집하는 것을 좋아했습니다. 고고학에 대한 그의 사랑은 심리학에 접목된 '정신의 발굴'에 대한 아이디어를 제공했습니다.

프로이트는 여러 가지 **다양한 경험**을 했는데, 이러한 경험들은 인지적 유연성을 높여 주는 것으로 밝혀졌습니다.[16] 시스템 사상가인 노라 베이트슨은 호기심을 한 가지 영역으로만 제한하는 것은 마치 농업에서 밀, 콩, 아몬드 나무 같은 단일종만을 끝없이 재배하는 것과 비슷하며, 이는

---

16 Simone M Ritter, Rodical Ioana Damian, Dean Keith Simonton, Rick B van Baaren, Madelijn Strick, Jeroen Derks, and Ap Dijksterhuis. Diversifying experiences enhance cognitive flexibility. Journal of experimental social psychology, 2012.

장기적으로 생물 다양성에 치명적인 결과를 초래할 수 있다고 말합니다. 이와 유사하게 **정신적 단일 작물 재배**mental monocropping(그림 6-5)는 우리의 인지 건강에 좋지 않은 영향을 미칩니다.

그림 6-5 이것을 거대한 밀밭이 아닌, 뇌의 사진이라고 상상해 보세요. 뿌린 대로 거둡니다. 밀, 밀, 더 많은 밀이 수확됩니다. 빵을 굽는 데는 좋겠지만 아이디어를 키우는 데는 재앙과도 같습니다(출처: Bence Balla-Schottner, Unsplash).

6.5.1 여러 가지 진정한 소명

레오나르도 다 빈치는 창의적 개인의 교과서와도 같은 인물입니다. 그의 모나리자는 수백만 명의 관광객을 루브르 박물관으로 끌어들입니다. 그는 해부학, 생리학, 공학, 생물학을 공부하고, 장치를 설계하고, 비행하는 UFO에 대한 이론을 세웠으며, 모든 아이디어에 과학적 엄밀성을 적용했습니다. 다 빈치는 여러 영역에 걸친 지식을 한데 모아 복잡한 문제를 해결하거나 새로운 연결고리를 찾아낼 수 있는 다원적 지식인, 즉 '르네상스적 인간'의 전형이었습니다.

지금 같이 고도로 복잡한 시대에 진정한 **우오모 유니버살레**Uomo Universale [17]가 되라고 하는 것은 너무 무리한 요구일 수 있습니다. 그래서 창의적 제너럴리스트인 에밀리 와프닉Emilie Wapnick은 여러 관심사를 가진 사람을 가리키는 자신만의 단어인 **멀티포텐셜라이트**multipotentialite를 생각해

---

17 옮긴이_ '르네상스적 인간'과 같은 의미로 사용되는 이탈리아어 용어로, 영어로는 Universal man이며 많은 분야에서 다재다능한 사람을 일컫는다.

냈습니다.[18] 법을 공부하고, 웹사이트를 만들고, 예술에 입문하려던 그녀는 지루함을 느껴 또 다른 관심 분야로 넘어갔습니다. 칵테일파티에 갈 때마다 "무슨 일을 하세요?"라는 질문에 뭐라고 딱히 대답할 수 없어 당황스러웠던 경험을 통해 자신이 **다재다능한**multipo 사람, 즉 제너럴리스트generalist임을 발견했습니다.

와프닉이 발견한 더 큰 문제는 현재 우리 사회가 다중성multipotentiality을 쉽게 받아들이지 않는다는 점입니다. 전문성은 높이 평가하지만 다양한 관심사를 가진 사람들은 옆으로 밀어내는 사회입니다. 더 큰 문제는, '커서 무엇이 되고 싶으냐'는 질문에 와프닉 같은 사람들이 '제빵사와 프로그래머와 철학자'라고 대답하면 분위기가 어색해지고 이상한 사람 취급을 당한다는 점입니다. 우리 문화에서는 여러 분야에 다재다능한 사람보다는 한 가지 분야에 정통한 사람을 기대합니다.

멀티포텐셜라이트는 전문가specialist에 비해 몇 가지 장점이 있습니다. 다음은 와프닉의 연구를 요약한 것입니다.

- **아이디어 종합**idea synthesis : 창의성은 한 영역 내에서 발생하는 대신 여러 영역 사이에서 발생합니다.
- **빠른 학습**rapid learning : 제너럴리스트는 초보자 역할에 익숙하며 새로운 것을 배우는 데 탁월합니다.
- **적응력**adaptability : 각각의 상황은 그 상황에 맞는 다른 접근 방식이 필요하며, 상황에 적응하면 가장 효과적입니다.
- **큰 그림을 보는 사고**big picture thinking : 전문가는 터널 비전이 강화되는 경향이 있는 반면 제너럴리스트는 더 넓은 시야를 유지합니다.
- **연관 및 변환**relating and translating : 제너럴리스트는 여러 분야에 익숙하기 때문에 자신이 알고 있는 다른 전문 분야와 연관 짓기가 더 쉽습니다.

에밀리 와프닉이 학자가 아님에도 불구하고 제가 연구하는 동안 접한 많은 다른 논문에 그녀의 아이디어가 반영되어 있었습니다. 저널리스트인 데이비드 엡스타인David Epstein이 자신의 최근 저서[19]에서 보여주듯이, 일반성에 동의하는 비학문적 작가로 와프닉만 있는 것은 아닙니다.

처음부터 다시 시작한다는 것은 상당히 벅찬 일일 수 있습니다. 사진 전문가로서의 편안한 자리를 버리고 전문 주방에서 완전히 초보자가 되는 이유는 무엇일까요? 미국에서 최초로 선Zen

---

18 Emilie Wapnick. How to be everything: A Guide for Those who (still) Don't Know what They Want to be when They Grow Up. HarperOne, 2017.

19 『Range: Why generalists Triumph in a Specialized World』(Riverhead Books, 2019)

수도원을 설립한 불교 수도승 스즈키 슌류Shunryu Suzuki로부터 가져온 다음과 같은 인용문이 그 질문에 대한 답을 찾는 데 도움이 될지도 모르겠습니다. "초보자의 마음속에는 많은 가능성이 있다. 하지만 전문가의 마음에는 가능성이 거의 없다."

4장에 나오는 순진하게 프로그래밍된 제임스 본드 비디오 게임인 〈골든아이〉를 기억하시나요? 전문가들은 구현이 불가능하다고 생각했던 가능성을 게임 개발의 초보자인 레어 사에서는 발견했습니다. 이는 다중 잠재력이 제약 조건을 다루는 데도 더 능숙할 수 있음을 시사합니다.

수학 박사 학위를 취득한 마이크로소프트의 전 최고기술책임자(CTO)였던 네이선 미어볼드 Nathan Myhrvold는 자신의 엔지니어링 경험, 과학적 엄밀성, 음식 사진에 대한 애정을 적용해 제 빵의 바이블 격인 책 『Modernist Bread』(The Cooking Lab, 2017)를 썼습니다. 이 거대한 백과사전 같은 책에서 그는 반죽의 미생물학적 과정, 오븐의 화학적 과정, 맛있는 빵 한 조각을 씹을 때 우리 뇌에서 일어나는 심리적 과정 등 우리가 빵 굽기에 대해 알고 있는 모든 것을 세 심하게 풀어내고 있습니다. 와프닉이 멀티포텐셜라이트의 장점으로 제시한 항목 중 많은 항목 이 미어볼드에게 해당합니다.

제빵사로 변신하여 자신의 경험을 살려 베이킹 프로세스를 세밀하게 조정하는 다른 엔지니어 들도 몇 명 알고 있습니다. 예를 들어 라즈베리 파이에서 컴퓨터 비전을 사용하여 천연 발효종 을 위한 발효 모니터링 시스템을 구축한 저스틴 리암Justin Liam이 있습니다.[20] 또는 동반 모바일 앱과 복잡한 웹 액세스 대시보드가 포함된 스마트 발효종 추적기인 브레드위너Breadwinner를 개 발한 소프트웨어 및 하드웨어 듀오 프레드 베넨슨Fred Benenson과 세라 파비스Sarah Pavis도 있습 니다.[21] 이들의 적응력, 아이디어 종합, 다양한 잠재력의 연관 및 변환 능력이 없었다면 이런 제품은 존재하지 못했을 것입니다.

당장 코딩 일을 그만두고 제빵사가 될 계획이 없다면, 좀 더 제너럴리스트적인 관점을 취하는 것이 프로그래밍 영역에서 더 창의적이고 상업적인 문을 열어줄 수 있습니다. 애덤 톤힐Adam Tornhill이 바로 이런 목표를 세웠습니다. 그는 공학과 심리학 학위 과정에서 자신이 배운 모든 지식을 쥐어짜낸 프로그래머입니다. 그는 코드 분석 도구인 코드씬CodeScene을 만들었는데, 이 것은 PMDprogramming mistake detector와 같은 다른 많은 정적 코드 분석기가 단순히 잠재적인 코 드 스멜을 보여주는 반면 자신의 심리학적 경험과 범죄학자와의 협업을 바탕으로 코드에 숨겨

20 https://www.justinmklam.com/posts/2018/06/sourdough-starter-monitor
21 https://breadwinner.life

진 사회적 패턴을 탐지합니다. 코드씬(범죄 현장으로서의 코드)은 애덤의 공동 관심사가 아니었다면 존재하지 않았을 행동 코드 분석 툴입니다.

6.5.2 다중 관심사에 접근하는 방법

모든 멀티포텐셜라이트가 같은 방식으로 호기심을 유발하는 것은 아닙니다. 어떤 사람들에게는 순차적인 심층 분석이 놀라운 효과를 발휘합니다. 와프닉은 이를 **불사조 접근법**phoenix approach이라고 부르는데, 다른 사람보다 한 가지 관심사에 더 오래 머물며 깊이 파고들지만 시간이 지나면 시야를 넓히기 위해 다른 관심사로 넘어가는 연속적인 전문가를 말합니다.

다른 가능성으로는 다음과 같은 것이 있습니다.

- **슬래시 접근법**slash approach : 관심사를 병렬적으로 처리하는 방식. 저는 제빵사/프로그래머/교사/연구자/작가이고, 애덤 톤힐은 심리학자/프로그래머입니다.
- **그룹 허그 접근법**group hug approach : 다양한 분야를 아우르는 다면적인 직업을 갖는 것입니다. 학계의 소프트웨어 개발자는 여러 과학 영역에 관여하고, 교훈을 가르치고, 데이터를 분석하기 위해 코딩하고, 결과를 발표하는 데 도움을 주는 글을 쓰는 등의 여러 가지 일을 합니다.
- **아인슈타인 접근법**Einstein approach : 안정적이지만 지루한 낮 업무와 밤의 창의적인 발견을 결합하는 것입니다. 이를 통해 재정적 안정성을 확보하는 동시에 대부분의 일터에서 어쩔 수 없이 해야만 하는 타협을 하지 않으면서도 자신만의 가려운 곳을 긁어줄 수 있는 자유를 누릴 수 있습니다.

그리고 언제나 그렇듯이 이러한 여러 가지 접근 방식을 혼합한 하이브리드 설루션이 가장 적합할 수 있습니다.

창의성의 어두운 면

사회심리학 연구자인 프란체스카 지노Francesca Gino와 댄 아리엘리Dan Ariely는 독창적인 사고방식을 가진 사람이 더 정직하지 못할 수 있다고 말합니다.[22] 이들은 창의적인 사고방식으로 인해 자신의 행동을 정당화하는 능력을 높이고 이것이 다시 비윤리적인 행동으로 이어질 수 있다는 사실을 발견했습니다. 창의적 성격 척도에서 높은 점수를 받은 학생일수록 실험 중 부정행위를 할 가

---

22 Francesca Gino, Dan Ariely. The dark side of creativity: Original thinkers can be more dishonest. Journal of Personality and Social Psychology, 2012.

능성이 더 높았습니다. 또한 창의적으로 사고할 준비가 된 학생은 통제 조건에 있는 학생보다 부정직하게 행동할 가능성이 더 높았습니다.

동료, 고객, 기타 이해관계자에 대한 책임감보다 창의적인 프로그래밍 기술을 우선시해서는 안 됩니다. 다크 사이드로 가는 길을 조심하세요, 젊은 파다완[23] 여러분!

6.5.3 전문성이 창의성을 죽일까요?

에릭 와이너는 그의 저서 『천재의 지도』에서 전문화에 대한 압력이 커지면서 창의성을 새로운 차원으로 끌어 올리기는커녕 오히려 억누르고 있다고 한탄합니다. 모든 분야가 너무 복잡해져서 이제는 한 사람이 모든 측면을 파악하기란 거의 불가능해졌습니다. 저는 1989년형 게임보이 내부를 모두 설명하는 데 아무런 문제가 없습니다. 하지만 제 2020년형 맥북에서 M1 칩이 어떻게 작동하는지는 모릅니다. 많은 시간을 투자해서 알아내더라도 모든 세부 사항을 작은 것까지 하나하나 파악하기란 어렵습니다. 프로그래밍도 마찬가지입니다. 게임보이에서 각 어셈블리 라인은 CPU가 문자 그대로 해석하는 명령어일 뿐입니다. 하지만 자바 가상 머신에서 `Collections.sort(myClientList, Collections.reverseOrder())`를 실행하면 실제로 어떤 일이 일어날까요? 추상화를 통해 복잡성이 없어지고 편리해졌지만, 문제가 발생하면 디버깅을 통해 문제를 정확히 찾아내기가 정말 어려운 일이 될 수 있습니다.

---

23 옮긴이_ 파다완(Padawan)은 스타워즈 시리즈에서 제다이 기사 혹은 제다이 마스터의 제자를 뜻하는 고유명사를 가리킨다.

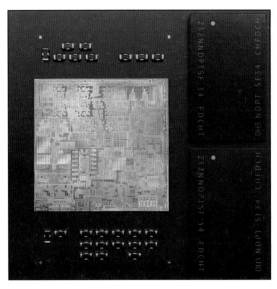

그림 6-6 애플의 M1 SoC(시스템 온 칩): 160억 개의 트랜지스터, 최대 8코어 GPU 및 CPU, 통합 메모리 아키텍처(UMA)를 통한 빠른 캐시 및 DRAM이 결합되어 있습니다. 이 문장을 읽으니 영국 시트콤 〈파울티 타워〉의 마누엘[24]이 된 기분입니다. 무슨 말인지 전혀 이해하지 못하겠군요. 어째서일까요? 약 1만 개의 트랜지스터가 탑재된 8비트 게임보이의 Z80 CPU 버전과 비교해 보세요. 창의적인 천재성을 부정할 수는 없지만, 요점은 이를 구현하려면 수백 명의 고도로 전문화된 하드웨어 및 소프트웨어 엔지니어와 막대한 자금이 필요하다는 것입니다.

전문성의 부상은 컴퓨팅 분야에서만 나타나는 것이 아닙니다. 제빵 업계의 구인 광고를 예로 들어 보겠습니다. 보통은 '제빵사 구함'이라는 구인 광고로 충분합니다. 그 사람은 빵, 누룩을 넣은 과자, 타르트 등을 굽고, 푸딩을 만들고, 새로운 프랄린[25] 맛을 발명하는 등의 일을 할 것이라고 생각합니다. 하지만 현실은 그렇지 않습니다. 소규모 베이커리에서도 전담 제빵사와 페이스트리 셰프를 고용하고 있는데, 이 두 영역을 엄격하게 분리하기 때문에 두 가지 일을 같이 할 여지를 거의 남겨두지 않습니다.

제빵사나 쇼콜라티에로서 전문성을 갖는 것에 자부심을 느끼는 것은 잘못된 일이 아닙니다. 문제는 전문화가 거기서 멈추지 않는다는 점입니다. 대규모 제빵 업계에서 대부분의 구인 광고는 운영 관리자로 엔지니어링 전문가를 요구하거나 '믹서'를 요구합니다. 여기서 믹서는 믹서 기계가 아니라 반죽을 섞는 일을 전담하는 사람입니다. 그게 다입니다. 조립 라인에서 고도로 전문화되고 완전히 정신이 없는 직업입니다. 이것이 바로 전문성을 향한 길입니다.

---

24 옮긴이_ 이 시트콤의 마누엘이라는 등장인물은 영어에 서툴다는 특징 때문에 여러 에피소드에서 웃음을 주는 역할을 한다.
25 옮긴이_ 프랄린(praline)은 견과류를 설탕 시럽에 조린 과자다.

영국의 정치 운동가 켄 로빈슨Ken Robinson은 그의 책과 TED 강연을 통해 이에 대해 명쾌하게 다루었습니다. '교육은 창의성을 죽인다.'[26] 사람들의 창의적인 능력을 박탈하도록 교육함으로써 미래의 불확실성에 대처할 수 있는 능력도 빼앗는다고 그는 주장했습니다. 고등학교에서는 수학, 역사, 생물학, 라틴어, 정보학이 정성스럽게 포장된 패키지로 제공됩니다. 교사는 당면한 과목의 범위 내에서 안전하게 가르치기 위해 최선을 다하지만, 학습과 흥미는 이 패키지들 사이에서만 일어납니다.

고등 교육에서 전문화를 장려하면 상황이 더욱 악화됩니다. 대학 프로그램은 '학제 간 학습'을 선전하지만 불행히도 거의 이루어지지 않습니다. 3장의 사이버네틱스와 시스템 사고 연구에서 그레고리 베이트슨이 그랬던 것처럼 생물학, 인류학, 역사를 공부하는 것은 한 분야를 전공하는 것보다 훨씬 더 어려운 일이며, 과학적으로 숙달하기가 훨씬 더 까다롭습니다. 앞길이 불투명한 상황이라면 호기심 많고 끈기 있는 사람, 다양한 관심사를 가진 사람이야말로 그렇지 않은 다른 사람들이 실패하는 일에서 성공할 것입니다.

2008년 벨기에의 컴퓨터 과학 석사 학위는 업계에서 요구하는 더 많은 전문 과정을 포괄하기 위해 5학년이 추가되었습니다. 모든 공학 학위에 대해 동일한 조치를 취하려는 논의가 진행 중입니다. 한편, 정년은 계속 올라가고 있고 학교에서 보낸 시간은 경력으로 인정되지 않습니다.

전문가의 원형인 박사 과정 학생 수는 지난 세기 동안 4배로 증가했습니다. 창의성과 관련해서는 박사 학위를 가지고 있다고 해서 더 창의적이 되는 것은 아닙니다. 심지어 통계적으로는 창의적인 돌파구를 찾을 확률이 오히려 **줄어든다**고 합니다! 와이너의 연구에서 인용된 내용이지만 정확한 출처를 찾을 수 없었습니다. 어떤 논문은 창의성의 결과이지만, 안타깝게도 그 창의성이 다른 분야로부터 도출된 경우는 드뭅니다.

6.5.4 기술의 일반성 대 전문성

모든 프로그래머는 기술 세계가 고도로 전문화되어 있다는 것을 알고 있습니다. 프래그매틱이나 매닝 출판사가 출판하는 서적의 거의 90%는 프로그래머가 일반적이 되기보다는 전문화하도록 돕기 위한 책입니다. 기술 분야는 변동성이 매우 커서 프로그래머가 끊임없이 스스로를

---

26 Ken Robinson and Lou Aronica. Creative schools: Revolutionizing education from the ground up. Penguin UK, 2015.

재창조해야 하기 때문에 기술 전문화는 위험할 수 있습니다. 상황이 달라져 다른 영역으로 전환해야 하는데도 그렇게 할 방법을 찾지 못하면, 전문성은 어렵게 얻은 많은 기술과 지식을 낭비하는 결과를 낳습니다. 하지만 5장에서 설명한 언어 간 충돌은 지식 이전이 결코 쉬운 일이 아니라는 것을 알려줍니다.

최고의 창의적인 프로그래머는 다재다능한 인재입니다. 그럼에도 불구하고 기술 기업들은 '자바 전문가', 'BI 전문가', '오라클 데이터베이스 관리자'와 같이 사기를 떨어뜨리는 구인 광고를 계속해서 시장에 쏟아내고 있습니다. 오라클 데이터베이스 구문을 전문적으로 다루는 것은 MS SQL로 전환하지 않는 한 좋은 수입을 올릴 수 있는 확실하고 올바른 방법입니다.

스택 오버플로 연례 개발자 설문조사[27]에 따르면 기술 전문가는 풀 스택 개발자에 비해 더 높은 보수를 받기도 합니다. 이런 전문성에 의지하는 것은 도박에 불과합니다. [그림 6-7]의 그래프는 전문가가 특정 기회에서 제너럴리스트보다 쉽게 성과를 낼 수 있지만 다른 직무에서는 쓸모없기 때문에 최고의 직무 적합성이 아니라는 것을 보여줍니다.

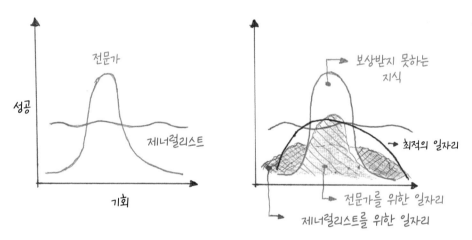

그림 6-7 전문가에게도 과잉 자격이 발생할 수 있습니다. 가치를 만들지 못하면 그에 상응하는 대우를 받을 수 없습니다(출처: https://blog.ipspace.net/2015/05/on-i-shaped-and-t-shaped-skills.html의 IT 기술 토론에 기반한 자료).

기업은 전문가를 찾고 있지만, 실제로 가장 적합한 직무는 전문성과 일반성이 조화를 이루는 것입니다. 자바 전문가가 C# 전문가가 되기 위해 필요한 것은 사고의 전환뿐이며 그 차이는 의

---

27 https://insights.stackoverflow.com/survey

외로 크지 않습니다. 그럼에도 불구하고 한 기술을 맹신하고 다른 기술을 조롱하는 동료들이 있습니다. 자존심과 두려움이 발견을 가로막을 뿐만 아니라 (회사) 문화도 종종 원인이 되기도 합니다.

풀 스택 개발자의 등장이 우리를 전문성 지옥에서 구해줄까요? 그렇지 않습니다. **풀 스택**이라는 용어를 접했을 때 가장 먼저 떠오르는 것은 무엇일까요? 프론트엔드 스택으로는 앵귤러를 쓰고 백엔드 스택으로는 스프링 부트를 쓴다는 말일까요? 아니면 완전히 다른 것, 피닉스Phoenix 프레임워크와 엘릭서Elixir로 구현한 몇 개의 레스트 엔드포인트를 의미할까요? 물론 일반성과 전문성에는 여러 가지 수준이 있습니다. 기본 사항(이 경우 HTTP, JS, HTML, REST)을 마스터하면 전문 프레임워크(이 경우 앵귤러나 피닉스)를 더 빨리 익힐 수 있습니다. 문제는 자신의 앵귤러 혹은 피닉스 기술에서 벗어나 다른 언어나 프레임워크를 익히려는 노력을 하지 않기 때문에 스택 간 전환이 더 어려워진다는 점입니다.

최신 트렌드를 파악하는 가장 좋은 방법은 3장에서 소개한 것처럼 기술 레이더를 활용해 업계의 동향에 주의를 기울이는 것입니다. 새로운 경험에 열린 자세로 임하고, 고도로 전문화된 직무에 갇히지 않도록 노력해야 합니다.

다른 모든 시도가 실패하면 그때 가서 다른 관심사를 쫓거나 여러 관심사를 결합해 브레드위너와 같은 새로운 제품을 개발해도 늦지 않습니다. 3D 모델링의 등장으로 마크 페라리가 자신의 2D 픽셀 아트 경력을 그만두게 됐을 때, 그는 판타지 소설을 쓰기 시작했습니다. 그의 색연필 작품은 이제 그의 책을 멋지게 장식하고 있습니다.

자격증의 위험성

기업들은 직원 교육을 위해 워크샵을 개최하고 고가의 전문 교육 과정에 사람들을 보내기도 합니다. 더 심각한 것은 많은 컨설팅 회사에서 프로그래머에게 자격증을 취득하도록 의무화하는 것입니다. 저는 젠드Zend 공인 PHP 아키텍트, 썬Sun 공인 자바 개발자, 공인 스크럼 마스터입니다. 좋은 일이죠! 이제 저의 고용주는 제가 클라이언트에게 제공하는 PHP/자바 서비스에 대해 더 큰 비용을 청구할 수 있습니다.

자격증을 통한 전문화는 다른 사람들의 주머니와 이력서에 많은 용어를 채우는 것 외에는 '경력을 시작'하는 데 거의 도움이 되지 않습니다. 저는 상사에게 제 관심 분야가 엔터프라이즈 자바 개발보다 더 넓다는 것을 증명하기 위해 PHP 자격증을 취득했습니다. 하지만 소용이 없었습니다. PHP 프로젝트가 주어지지 않았기 때문이죠. 벨기에 브뤼셀 지역에서는 자바 컨설턴트의 시급이 훨씬 높습니다(물론 저는 그렇게 높은 시급을 받은 적이 거의 없었습니다).

자격증도 학위와 마찬가지로 가치가 있을 수 있습니다. 다만 다양화시키고 그 자격증의 궁극적인 목표가 개인적 이익인지, 회사 이익인지에 대해 고려해야 합니다.

EXERCISE 회사 문화가 일반성을 지지하나요, 아니면 전문성을 선호하나요? 역량 매트릭스, 직책, 팀 구성에 대해 생각해 보세요. 전문성(백엔드 팀에서 일하는 선임 자바 엔지니어)을 장려하나요, 아니면 일반성(제품팀에서 일하는 선임 프로그래머)을 장려하나요? 동료와 본인의 선호도는 어떤가요?

6.6 우연한 발견

책이나 레코드 가게에서 그냥 둘러보던 중에 흥미로운 무언가를 발견한 적이 있나요? 그렇다면 '우연'이 무엇을 의미하는지 알게 될 것입니다. 꼭 찾던 것이 아니었던 것을 발견하는 일이죠. 저는 이런 행복한 우연을 좋아합니다. 운이 좋다면 공학적 우연은 (부분적으로) 가능합니다. 이러한 순간에 적극적으로 귀를 기울일 수 있도록 시스템을 미세 조정(2장 참조)하면 즐거운 발견의 횟수를 늘릴 수 있습니다.

적절한 시기와 순간에 우연히 만난 사람들의 갑작스러운 혁신은 신비주의에 가려져 있습니다. 뉴턴이 오로지 사과 때문에 중력의 법칙을 발견한 것은 아닙니다. 아르키메데스가 우연한 기회에 유레카를 발견한 것도 목욕 때문만은 아니었습니다. 그럼에도 불구하고 연구에 따르면 적어도 이 전설같이 전해지는 이야기들은 어느 정도 사실인 것으로 드러났습니다. 사람들을 회의실에 억지로 몰아넣는 것보다 물놀이하며 나누는 가벼운 대화가 더 많은 생각을 자극하는 경우가 많습니다. 이것이 바로 3장에서 살펴본 스티븐 존슨의 유동적 네트워크가 의미하는 바입니다.

6.6.1 우연히 발견하는 방법

법학 교수인 캐스 선스타인Cass Sunstein에 따르면, 신문에 실리는 내용은 우연히 발견한 것이어야 한다고 합니다.[28] 기사의 헤드라인은 독자의 관심을 끌기 위해 고안된 것으로, 독자는 그 내용에 자신의 관심이 있는지 알지 못한 채 자신의 세계관을 바꿀 수도 있는 정보를 제공받습니다. 안타깝게도 현대의 뉴스 업계는 진정으로 흥미로운 정보를 제공하기보다는 클릭 수와 데이터에 더 관심이 많습니다. 바로 이때 2장의 RSS 리더가 유용합니다!

위키피디아에는 '무작위 기사' 링크가 있습니다. 옵시디언 역시 '무작위 노트 열기' 버튼이 있습니다. 하지만 젯브레인JetBrains IDE 플러그인 중에 무작위로 소스 파일을 열 수 있는 플러그인이 없다는 것은 믿기지 않습니다. 코딩 세션을 시작할 때 이 기능으로 시작한다고 상상해 보세요! 데본씽크DEVONThink는 '참조' 창에서 관련성은 있지만 링크는 되지 않은 문서를 제안합니다. 한때 인기를 끌었던 스텀블어폰StumbleUpon의 대안인 디스큐버Discuvver는 매주 무작위로 선택한 유용한 사이트를 이메일로 보내줍니다. 인디웹 디스커버리 페이지(`https://indieweb.org/discovery`)에서는 콘텐츠, 웹사이트, 커뮤니티 또는 사람을 찾는 '우연한 방법'에 대해 언급하고 있습니다. 검색과 소셜 미디어 알고리즘이 세상을 지배하지 않던 90년대, 야후가 지오시티GeoCities를 인수하기 전의 웹링webring을 기억하시나요? 타임라인에 표시되는 콘텐츠를 결정하는 숨은 알고리즘이 당시에는 없었기 때문에 잘 알려지지 않았더라도 흥미로운 콘텐츠가 여전히 발견될 기회가 있었지만, 지금은 동일한 콘텐츠만 계속해서 보거나 더 심하게는 가장 인기 있거나 유료인 콘텐츠만 접하게 됩니다.

이질성은 우연성을 촉진합니다. 기존 뉴스 사이트를 레딧Reddit과 같은 사용자 생성 뉴스 수집기로 대체하면 흥미로운 스토리를 발견할 수는 있지만 우연한 발견을 기대하기는 어렵습니다. 레딧 사용자층은 여전히 압도적으로 남성이 많고, 기술 업계에 종사하며, 미국에 거주하기 때문입니다.[29] 이는 특정 스토리가 다른 스토리보다 지지를 얻을 가능성이 더 높다는 것을 의미합니다. 여기서 더 자세한 내용은 다루지 않겠지만, 메시지는 분명합니다. 우연히 발견할 수 있는 정보를 모두 유사한 출처로부터 가져오지 말라는 것입니다.

이 책을 비롯해 『Art as Therapy』(Phaidon Press, 2016), 『The Go Programming Language』(Addison-Wesley Professional, 2015), 『Sophie's World』(FSG, 2007)를 읽어

---

28 `https://bloggingheads.tv/videos/1615`에서 우연의 설계(the architecture of serendipity)에 대한 대화를 들어 보라.

29 Statista. Distribution of reddit users worldwide as of october 2021, by gender. URL: `https://statista.com/statistics/1255182/distribution-of-users-on-reddit-worldwide-gender`

보세요. 블로그 '프래그매틱 엔지니어'[30]와 '마지널리언'[31], '프로그래밍 다이그래션'[32]과 '파남 스트리트'[33]를 팔로우하세요.

6.6.2 경험에 대한 개방성

대기업에 프로그래밍 직군으로 지원하려면 일종의 성격 특성 검사를 받아야 할 수도 있는데, 이때 받는 검사는 심리학자 세바스티안 로트만Sebastiaan Rothmann과 그의 동료들이 직무 수행 검사로 대중화시킨 빅 파이브 테스트the Big Five test일 때가 많습니다.[34] 다섯 가지 성격 특성은 **성실성, 외향성, 동의성, 신경증, 경험에 대한 개방성**입니다.

빅 파이브 모델은 그 범위가 제한적이고 이론적, 방법론적 근거가 일관적이지 않다는 비판을 받아왔지만, 여전히 산업계와 창의성 연구에서 널리 사용되고 있습니다. 이들 다섯 가지 특성과 창의성 사이의 상관관계를 조사한 여러 연구에 따르면 '경험에 대한 개방성과 참가자의 '업무'와 관련된 창의성 평가 사이에는 중간 정도에서 약간 긍정적인 관계'가 있는 것으로 나타났습니다.[35] 여기서 창의성은 다시 아마빌레의 CAT 시스템을 사용해 평가되었습니다.

창의적인 프로그래머를 정의하려는 우리의 탐구와 관련해, 앞서 언급한 것과 같은 연구는 기껏해야 무언가 시사하는 바가 있을 뿐입니다. 이러한 연구들은 서론부터 카우프만과 스턴버그의 오래된 창의성 정의를 고수하거나, 토런스 테스트Torrance Test와 같이 발산적 사고만을 예측하는 측정 지표를 사용하거나, 쉽게 구할 수 있다는 이유로 실험 대상을 학부생으로 제한합니다. 개인의 경험 수준에 따른 내재적 동기와 외재적 동기의 차이를 기억하나요? 학부생은 초보자입니다. 이러한 연구 결과는 시사점을 줄 수는 있지만 전체 프로그래밍 종사자에 대해 쉽게 일반화할 수는 없으므로, 저는 설문조사, 포커스 그룹 및 인터뷰를 통해 소프트웨어 엔지니어링에서 창의성의 역할을 탐구하기 위해 업계로 눈을 돌렸습니다. 그 결과 수많은 학술 논문, 그리고 좀 더 실용적인 가이드인 이 책이 탄생했습니다.

---

30 옮긴이_ https://blog.pragmaticengineer.com

31 옮긴이_ https://www.themarginalian.org

32 옮긴이_ https://programming-digressions.com

33 옮긴이_ https://fs.blog

34 Sebastiaan Rothmann and Elize P Coetzer. The big five personality dimensions and job performance. SA Journal of Industrial Psychology, 2003.

35 Jason Homberg and Roni Reiter-Palmon. Creativity and the big five personality traits: Is the relationship dependent on the creativity measure? 2017.

그럼에도 불구하고 몇 가지 특정한 성격적 특성이 합쳐져 창의적인 작업을 촉진한다는 것은 당연합니다. 비합리적이고 어리석은 사람은 카메라타가 되는 데 도움이 되지 않습니다. 경험에 대한 개방성도 마찬가지입니다. 다른 사람의 경험에 대해 알지 못한다고 해서 꼭 호기심이 발동하는 것은 아닙니다.

EXERCISE 다음에 누군가가 자신의 취미에 대해 이야기할 때, 특히 그것이 본인의 취미가 아니더라도 진심으로 관심을 보여 주세요. 열렬한 독서가가 아니더라도 다음 기회에 서점에 들러 보세요. 책장을 손가락으로 훑어보세요. 색상, 타이포그래피, 제목을 신경 써서 보기 바랍니다. 아마 더 풍요로워진 경험을 하고 집에 돌아갈 수 있을 것입니다.

우연한 발견은 어느 정도의 개방적인 경험을 요구합니다. 우연한 만남에 대해 감사하세요. 관련 기사를 제안하는 영리한 알고리즘은 편리하지만 우연과는 거의 관련이 없습니다.

6.7 재미에 대해

프로그래머들에게 동료가 창의적인지 평가하는 방법에 관해 물었을 때 다음과 같은 매우 놀라운 답변이 돌아왔습니다. "저는 바디랭귀지를 봅니다", "그들이 행복해하고 농담을 많이 하나요?", "창의적 영역에 속해 있나요?"와 같은 것이었죠. 그중 마지막 답변은 (비유하자면) 우체국에서 우편물을 분류할 때 우표에 직인이 찍혀 있으면 이미 검증된 우편물이므로 무사 통과하는 것이나 마찬가지라는 이유로 다른 참가자들로부터 동의를 받지 못했습니다. 제가 우표 애호가를 인터뷰한 게 틀림없군요. 토론 끝에 내린 결론은 다음과 같습니다. 프로그래머인 여러분은 가끔 멈춰서 생각하나요? 일시 정지가 너무 길면 멈춰 버립니다. 일시 정지가 없으면 창의적인 작업이 아닌 조립 작업일 가능성이 높습니다. 생산성(가시적, 실행적)을 측정하는 것은 창의성을 측정하는 것과는 다른 문제입니다.

두 번째 답변은 훨씬 더 흥미롭습니다. 왜 농담이 창의성의 지표가 될 수 있을까요? 참가자들은 확신하지 못했지만 무언가를 알아챘습니다. 재미는 반복과 지루함을 상쇄하고 기분을 고양시키며 동기를 부여합니다.

1976년, 행동 심리학자 아브너 지브^Avner Ziv^는 한 그룹의 청소년들에게 이스라엘에서 가장 인기 있는 코미디언의 음반을 듣게 했습니다. 그 후 토런스의 창의적 사고력 테스트를 작성하도록 했습니다. 그 결과 레코드를 듣지 않은 그룹의 성적이 현저히 떨어졌습니다.[36] 가장 크게 웃는 10대들이 가장 창의적인 결과를 만들어 냈습니다. 4장의 토런스 테스트가 모든 것을 포괄하지는 않지만, 최근 연구에서는 유머러스한 자극에 대한 웃음 반응이 창의적 사고를 증가시킨다는 효과를 성공적으로 재현했습니다. 그 효과는 제한적이지만 유머의 전염성 효과는 그룹의 응집력을 높이는 좋은 방법이며, 이는 창의성에도 중요한 역할을 합니다.

인지 및 창의성 연구자인 베스 남[Beth Nam]은 농담이 무의식적으로 통찰력을 촉발하는 촉매제로 사용될 수 있다는 사실을 발견하기도 했습니다.[37] 유머 이해력은 언어 및 의미 관련 뇌 영역과 양쪽 반구의 측두엽 및 전전두엽 영역(통찰력을 개발하는 데 사용되는 뇌 영역과 동일)을 더 많이 활성화하는 것으로 나타났습니다.

농담을 하나 해볼까요? 두 개의 바이트[Byte]가 평양의[38] 어느 술집에 들어왔습니다. 바이트 11111111이 바이트 11101111에게 '너 안색이 안 좋은데 어디 아프니?'라고 물었더니 다른 바이트가 '아뇨, 일(1)없습네다'라고 대답했답니다.[39] 비트로 말장난한 것인데 이해했나요? 아브너 지브는 또한 농담의 질이 중요하다는 글을 썼는데, 아마도 그게 문제일 것입니다.

정말 재미있는 농담은 (전문 코미디언에게 맡기겠습니다) 예상치 못했지만 논리적인 요소를 전달하기 때문에 재미있으며, 이는 우연성과 창의적인 통찰력과 관련이 있습니다.

6.7.1 장난치기

5장에서 살펴본 것처럼 창의성을 위한 창의성은 학습을 위해서는 좋습니다. 단순히 장난을 치면서 재미있게 놀면 됩니다. 통찰력은 환영받을 만한 것이지만 그것이 목표가 되어서는 안 됩니다. weirder.earth 인스턴스의 마스토돈[40] 사용자가 '그냥 해보는 것'에 대한 열정을 다음과 같이 표현한 것이 마음에 듭니다.

---

36 Avner Ziv. Facilitating effects of humor on creativity. Journal of educational psychology, 1976.

37 Beth Nam. Hacking the creative mind: An insight priming tool to facilitate creative problem-solving. In Creativity and Cognition, 2021.

38 옮긴이_ '평양의'는 원문에 없는 내용을 각색해 추가해 넣은 것이다.

39 옮긴이_ 역시 각색한 것으로 원문은 "no, man I'm just feeling a bit off(아니, 아픈 건 아니고, 약간 컨디션이 안 좋네)"다.

40 마스토돈(Mastodon)은 트위터의 대안으로 개인 사생활 보호와 제어를 최우선으로 하는 분산 서비스다.

명심해야 할 가장 좋은 아이디어 중 하나는 '토끼굴로 내려가라'는 것입니다. 무언가에 흥미가 생기면 그냥 토끼굴로 내려가세요. 그렇게 하면 자신만의 판타지 에뮬레이터, 장난감 언어, 멋진 그래픽을 만들 수 있고, 무력하게 '생산성을 유지'하려고 애쓰는 대신 컴퓨터와 함께 즐거운 시간을 보낼 수 있습니다.

특별한 목적 없이 그저 재미를 위해 토끼를 쫓아다니다 보면 새로운 것을 발견하게 되고, 그 과정에서 더 많은 호기심을 불러일으킬 수 있습니다. 저 역시 그러한 과정에서 제빵, 게임보이 개발, 철학, 창의성 연구, 만년필, 블로깅의 세계에 뛰어들게 되었습니다. 생각해 보면 그때가 제가 가장 온전하고 살아 있다고 느꼈던 때이기도 합니다.

작은 문제를 창의적으로 해결하려다 보면 관심사를 발견하고 이를 통해 창의적 충동을 불러일으키게 됩니다. 단 한 가지 문제가 있다면 도약을 위해서는 배짱이 필요하다는 점인데, 다시 캐롤 드웩의 성장 사고방식으로 돌아가 보겠습니다.

토끼 쫓기는 '야크 털깎기'가 아닙니다

토끼를 쫓는다는 말은 히말라야의 야크 털깎기yak shaving라는 표현과 매우 비슷하게 들립니다. 무작위로 코드를 선택해서 리팩터링하면 그것이 어떤 문제를 해결할 것이고 이 문제 해결은 또 다른 문제를 해결할 것이며 이러한 과정이 계속 반복되면 결국 실제 문제를 해결한다는 것입니다.

토끼를 쫓다 보면 필연적으로 다른 아이디어를 쫓아다니게 되고 주의가 산만해집니다. 이번만큼은 배우고 재미있게 노는 것 외에는 다른 목표가 없어야 합니다. 문제를 해결하고자 야크의 털을 깎는 것은 좋은 방법이 아닙니다.

6.7.2 재미로 해보기: 악당 찾기 보너스 챌린지

토끼굴로 내려갈 준비가 되셨나요? 여기 흥미로운 수수께끼가 있습니다. [그림 6-8]에는 9명으로 구성된 두 가지 예가 있는데, 그중 일부는 '착한 사람'이고 일부는 '나쁜 사람'입니다. 우리는 나쁜 사람을 식별하는 데 관심이 있습니다.

착한 사람 옆에 나쁜 사람이 한 명 이상 있는 경우 착한 사람은 나쁜 사람 중 한 명을 가리킵니다. 그렇지 않으면 팔짱을 끼고 있습니다. 나쁜 사람은 좋은 사람이든 나쁜 사람이든 항상 누군가를 가리킵니다. 두 명의 악당을 찾아보세요!

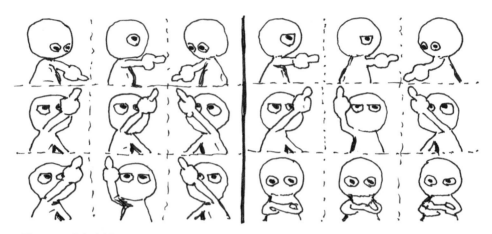

그림 6-8 두 명의 악당은 누구일까요? 두 개의 개별 퍼즐입니다. 레벨 5 인터랙티브LEVEL 5 Interactive의 퍼즐을 기반으로 한 아이디어입니다.

재미있지 않나요? 자, 이제 이 문제를 코드로 변환하고 해결책을 프로그래밍해 봅시다. 그림을 화살표로 포인팅이 모델링된 3×3 행렬로 변환할 수 있습니다. [그림 6-8]의 두 가지 상황은 다음과 같이 설명할 수 있습니다.

```
1->5,2->3,3->5
4->2,5->3,6->2
7->5,8->5,9->5

1->2,2->3,3->5
4->2,5->2,6->2
7,8,9
```

예상 출력 결과는 각 상황에 대해 악당에 해당하는 두 개의 숫자입니다. 그냥 재미 삼아 하는 일임을 잊지 마세요. 이 입력에 대해 작동하나요? 결과를 하드 코딩할 수 있기 때문에 어렵지는 않습니다. 퍼즐 입력 생성기를 작성해 보는 것은 어떨까요? 행렬 크기를 3×3으로 제한하면 그리 어렵지 않을 것입니다.

다른 프로그래밍 언어로 다시 구현하면 또 다른 재미를 느낄 수 있습니다. 100개의 퍼즐을 푸는 데 걸리는 시간을 측정하는 성능 분석을 통해 최적화의 기회를 발견할 수도 있습니다. 그 후에도 여전히 퍼즐에 흥미를 느낀다면 웹 인터페이스나 친구에게 도전할 수 있는 앱도 나쁘지 않을 것입니다.

더 많은 퍼즐 도전을 찾고 계신가요? 이 퍼즐의 기반이 되는 닌텐도 (3)DS와 스위치에서 레이튼 교수 시리즈를 플레이해 보세요. 게임의 해결책을 코드로 구현하는 과정은 언제나 재미있습니다!

퍼즐을 좋아하지 않는다면 코딩할 수 있는 멋진 무작위 미로가 있습니다. 프로그래머 제이미스 벅Jamis Buck은 "프로그래밍이 재미있었던 시절을 기억하나요?"라는 문장과 함께 미로 생성에 대한 내용만으로 책 한 권을 썼습니다.[41] 베이스캠프에서 일하는 동안 벅은 번아웃과 씨름했고, 1년을 쉬고 난 후 다시는 코드를 작성하지 않으리라 생각했습니다. 그러던 중 미로 찾기 같은 코딩을 하면서 다시 동기를 찾았습니다. 벅의 말처럼 코딩은 '프로그래머가 더 이상 진행하지 못하는 상황에 빠졌을 때, 번아웃이 왔을 때, 우울감에 빠졌을 때 처방하기 가장 좋은 약'입니다. 재미로 코딩하는 것은 긴장을 풀고 알고리즘 문제에 대한 흥미로운 접근 방식을 발견하고 궁극적으로 이러한 아이디어를 일상적인 프로그래밍 루틴에 다시 적용할 수 있는 좋은 방법입니다.

6.8 요약

- 어려운 프로그래밍 문제에 대한 창의적인 해결책을 찾으려고 할 때 아는 것을 안전하게 고수하는 것은 거의 도움이 되지 않습니다.

- 별다른 성과 없이 머리를 싸매고 고민하다가 포기하는 것도 마찬가지입니다. 호기심과 인내의 조합이 훨씬 더 멀리 나아갈 수 있다는 것을 기억하세요.

- 항상 서둘러서 다음 문제로 넘어가는 대신 시간을 내서 고민하고 궁금해하세요. 그 해결책이 왜 그런 식으로 작동하는지 이해했나요?

- 이 책에서 소개하는 개념은 프로그래밍 분야 외의 분야에도 물론 적용할 수 있습니다. 호기심을 따라가세요. 새로운 관심사를 추구하세요. 가끔은 멈춰서서 새로운 관심사가 어떻게 잠재적인 프로그래밍 솔루션으로 이어질 수 있는지 생각해 보세요.

---

41 Jamis Buck, Mazes for Programmers: Code Your Own Twisty Little Passages, Pragmatic bookshelf, 2015.

- 창의력도 지식과 마찬가지로 성장할 수 있는 기술입니다. 다음에 "나는 그다지 창의적이지 않아"라고 말할 때는 아직 창의적이지 않을 수 있음을 기억하세요. 개발할 수 있다는 사실을 깨닫는 순간 고정된 사고방식에서 성장하는 사고방식으로 전환하는 것입니다.

- 비판을 받으면 스킬셋을 더욱 향상하기 위한 방법으로 받아들이세요. 비판은 결코 즐거운 일이 아니지만, 이를 통해 무언가를 배우고 다시 창의적인 프로그래머로 성장하는 것은 여러분의 몫입니다.

- 어쩔 수 없이 자신의 안전지대를 벗어나야 할 때까지 기다리지 마세요. 그렇게 함으로써 여러분의 툴셋에 추가될 수 있는 새로운 사람과 기술을 만날 수 있다는 점을 인정하세요. 프로그래밍 언어를 바꾸거나 새로운 취미를 찾는 것처럼 간단한 일일 수도 있습니다.

- 어떤 사람들은 제너럴리스트 또는 에밀리 와프닉이 말하는 멀티포텐셜라이트로서 성공하기도 합니다. 이런 사람들은 일반적으로 빠른 학습, 아이디어 종합, 적응력 등에서 더 뛰어납니다. 슬래셔, 피닉스, 그룹 허거, 아인슈타인처럼 다양한 관심사에 접근해 볼 수도 있습니다.

- 여러분은 다방면에 뛰어날 수 있습니다. 프로그래밍 경험을 한 가지 언어에만 국한하지 마세요. 많을수록 좋습니다. 지나치게 전문화하면 시야가 좁아질 수 있습니다.

- 동기를 계속 유지하는 가장 좋은 방법은 내재적 수단과 외재적 수단을 모두 결합하는 복합적인 방법입니다. 현재 자신에게 동기를 부여하는 요소(또는 그렇지 않은 요소)를 인식하면 창의적인 노력에 더 집중하는 데 도움이 될 수 있습니다.

- 항상 진지하게만 생각하지 마세요. 프로그래밍도 재미있어야 합니다! 재미로 코딩하는 것은 일상적인 프로그래밍 작업에서 어려운 문제를 해결하는 데 도움이 될 수 있는 흥미로운 접근 방식을 발견할 수 있는 좋은 방법입니다.

창의적 마인드셋

이 장에서는 다음과 같은 내용을 살펴봅니다.

- 흐름 또는 창의적인 분위기를 만드는 방법
- 깊은 작업과 얕은 작업
- 방해 요소 다루기
- 창의적 통찰력을 촉발하는 방법

"유레카, 유레카, 내가 드디어 찾아냈어!" 고대 그리스의 과학자이자 수학자였던 아르키메데스가 시칠리아 섬의 시라쿠사 거리를 알몸으로 뛰어다니며 외쳤던 말입니다. 주변 사람들은 이 일에 신경 쓰지 않았습니다. 벌거벗은 미치광이를 못 본 척하는 데 이미 익숙해졌기 때문이죠. 아르키메데스는 서둘러 집으로 돌아와서 글을 쓸 준비를 시작했습니다. 아니, 하던 일을 다시 시작했습니다. 로마의 작가 비트루비우스에 따르면, 아르키메데스는 왕 히에로 2세로부터 새로 만든 왕관이 정말 순금으로 만들어졌는지를, 왕관 자체는 손상하지 않으면서 알아내라는 임무를 받았습니다. 아르키메데스는 어려운 문제와 씨름할 때마다 목욕을 했는데, 이번에는 욕조에 들어갈수록 욕조의 수위가 올라가는 것을 발견했습니다. 물에 잠긴 왕관의 부피와 흘러넘친물은 같을까요? 유레카!

"유레카!" 일화는 현대에 이르러 전설적인 이야기가 되었습니다. 그런데 이상하게도 아르키메데스의 논문 「부유하는 물체에 관하여On Floating Bodies」에는 황금 왕관에 대한 언급이 없습니다. 사실인지 아닌지는 알 수 없습니다. 하지만 분명한 것은 히에로 2세가 아르키메데스(그림 7-1)에게 거대한 배를 만들도록 의뢰했다는 사실입니다. 600명 이상의 승객과 체육관, 여러개의 신전을 실을 수 있는 배를 만들라는 것이었죠. 그야말로 고대 그리스인들의 타이타닉이었습니다.

'그거였네!' 20세기 후 앙리 푸앵카레는 노르망디의 쿠탕스 인근에서 대중버스를 타면서 이렇게 생각했습니다. 어려운 수학 문제를 풀기 위한 푸앵카레의 노력은 몇 주 동안 결실을 맺지 못했습니다. 진전이 없어 좌절감을 느낀 푸앵카레는 휴식을 요청하고 당시 고향인 캉 근처의 지질 탐험에 참가했습니다. 탐험 버스는 뜻밖에도 그의 방정식에 대한 증명에 영감을 주었지만, 푸앵카레는 논리에 능통한 사람이었으므로 갑작스러운 영감을 설명할 때 신의 뜻으로 돌리지 않았습니다. 그는 진정한 과학적 방식으로 패턴을 발견하기로 결심했기 때문에 창조적인 마음

상태에 대한 자신만의 이론을 정립하고, 창조 행위에는 의식적인 작업 기간 뒤에 일어나는 무의식적 작업이 포함된다는 결론을 내렸습니다. 무의식이 만들어 내는 것은 완전한 해결책이 아니라 올바른 방향을 향한 힌트일 뿐이므로 무의식적인 작업 후에는 다시금 더 많은 의식적인 작업이 필요합니다. 이러한 힌트 중 일부는 우아하고 매력적으로 보일 수 있지만 철저한 분석을 거치면 무의미해질 수도 있습니다.

그림 7-1 도메니코 페티의 「아르키메데스」 또는 「학자의 초상」(출처: 퍼블릭 도메인).

창의성에 대한 이론을 개발한 푸앵카레가 노르망디의 절벽이나 나중에 그가 학생들을 가르쳤던 소르본 대학 캠퍼스 주변을 산책하는 모습이 자주 목격되었습니다. 푸앵카레의 산만한 행동은 다른 교수들과 마찬가지로 정신이 없었습니다. 차이점이 있었다면 그의 행동은 의식적인 작업의 무의식적 처리를 부트스트랩하기 위한 의도적인 시도였다는 점이었습니다. 푸앵카레는 무의식 상태에서 기하학의 산술적 변환에 대한 복잡한 증명, 아이디어, 논문을 구상했습니다.

"와, 시간이 벌써 이렇게 됐네!" 필립은 쌍둥이 동생 앤드류의 배에서 나는 꼬르륵 소리에 시계를 보며 말했습니다. 두 사람은 야근을 이어 가며 비디오 게임인 〈판타지 월드 디지Fantasy World Dizzy〉 프로그래밍에 몰두하느라 시간이 훌쩍 지난 것도 모르고 있었습니다. 세 번째 〈디지〉 게임은 이 쌍둥이 형제가 첫 코드를 작성한 지 불과 6주 만인 1989년 10월 게임 개발사인 코드마스터즈Codemasters에 의해 출시되었습니다.

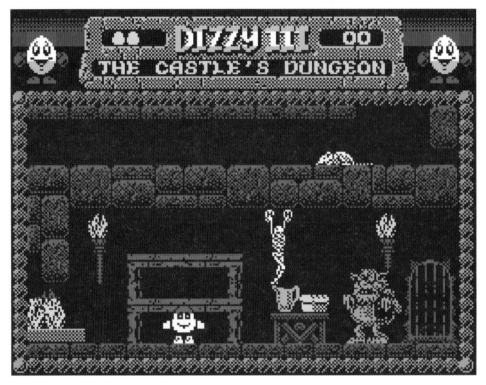

그림 7-2 ZX 스펙트럼의 〈디지 III: 판타지 월드 디지〉

영국의 상징적인 달걀 머리 캐릭터는 처음에 〈고스트 헌터스Ghost Hunters〉라는 다른 게임에서 다양한 애니메이션 사이에 잠깐 등장하는 방해 요소로 그려졌습니다. 필립은 24×32픽셀의 제한된 스프라이트 세트에서 최대한 많은 표정을 표현하려고 노력했습니다. 팔과 다리를 표현할 공간이 충분하지 않았기 때문에 투박해 보이는 빨간 권투 글러브를 사용해야 했습니다. 결과물에 만족한 필립은 이를 보관하고 고스트 헌터 개발을 재개했습니다.

몇 달 후, 올리버 쌍둥이는 아케이드 게임과 어드벤처 게임의 독특한 조합으로 암스트래드 CPC와 ZX 스펙트럼에서 즉각적인 베스트셀러가 된 〈디지〉를 발명했습니다. 필립과 앤드류는 5년 동안 암스트래드 25개, 스펙트럼 17개, NES 11개의 게임을 출시해 기네스 월드 레코드에 '가장 많은 8비트 비디오 게임 개발자'라는 타이틀을 얻었습니다. 컴퓨터 앞에 앉아 코드에 몰두하다 보면 시간 가는 줄 몰랐습니다.

하지만 이 형제가 성공으로 향하는 길에는 장애물이 많았습니다. 아이디어가 떠오르지 않을 때는 일부러 텔레비전 프로그램을 보거나 다른 게임을 하고, 스프라이트 에디터에서 실험을 하고, 고전 우화와 동화를 읽으며 휴식을 취했습니다. 〈드라큘라 백작Count Duckula〉, 〈조크Zork〉, 〈철학자의 탐구Philosopher's Quest〉, 〈잭과 콩나무Jack and the Beanstalk〉, 〈건틀렛Gauntlet〉 등의 작품은 모두 디지 게임에 다양한 영향을 미쳤습니다.

7.1 올바른 창의적 분위기 만들기

아르키메데스의 편안한 목욕 시간, 앙리 푸앵카레의 무작정 버스를 타거나 긴 산책을 하는 동안의 깨달음, 올리버 쌍둥이의 생산성 사이의 가장 큰 공통점은 무엇일까요? 세 가지 사례 모두 사색과 휴식을 결합하고, 의식적인 사고에 이어 무의식이 작동하도록 했으며, 매너리즘에 빠졌을 때 영감을 주는 휴식을 취하는 등 특정한 창의적 마인드셋을 보여준다는 점입니다.

앙리 푸앵카레는 박학다식했고 수학, 물리학, 공학, 철학 분야에서 탁월한 재능을 발휘했습니다. 그는 '잠재의식'을 활용함으로써 창의적 마인드셋을 연출하는 데도 달인이었습니다.[1]

> 잠재의식 속의 자아는 의식적인 자아보다 결코 열등하지 않으며 온전히 자동적이지도 않다. 분별력 있고, 재치와 섬세함을 지니고 있으며, 선택하는 방법과 영감을 얻는 방법을 알고 있다. 뭐라고 해야 할까? 그것은 의식적인 자아가 실패한 곳에서 성공하기 때문에, 영감을 얻는 방법에 관해 의식적인 자아보다 더 잘 알고 있다.

올리버 쌍둥이는 침실을 사무실로 개조한 공간에 스스로를 가둠으로써 짧은 시간에 많은 일을

---

1 Henri Poincare, The Foundations of Science: Science and Hypothesis, The Value of Science, Science and Method. University Press of America, 1982.

해냈습니다.[2] 일단 코드에 집중하기 시작하자 시간이 매우 빠르게 흐르는 듯했습니다. 일이 너무 고될 때는 약간의 장난을 치는 것만으로도 다시 기력을 되찾고 아이디어의 흐름을 이어갈 수 있었습니다.

올바른 마음가짐 없이는 창의력을 발휘할 수 없습니다. 벌거벗은 채로 뛰어다니다가 "아하!"라고 외칠 수 있으려면 의식적인 노력이 필요합니다. 사전에 의도적인 노력을 기울이고 이를 받아들일 수 있도록 마음을 준비하지 않으면 아하! 순간은 오지 않습니다.

이 장에서는 이전에 접했던 여러 개념을 다시 한번 살펴보고, 이를 제가 개인적으로 '**창의적 마인드셋**'이라고 부르는 것에 대한 설명으로 결합해 보겠습니다. 인터뷰에 응한 소프트웨어 개발자들은 개인의 마인드셋(창의적인 흐름, 생산성 도구 사용, 아하! 순간, 샤워하는 동안 드는 생각)과 집단적인 마인드셋(환경의 영향으로 자유와 유연성이 촉진되어야 함)을 명확하게 구분했습니다.

그럼, 즐겁게 코딩하면서도 시간에 대한 통제력을 잃지 않으려면 무엇이 필요한지 살펴보는 것부터 시작하겠습니다.

7.2 딥 워크의 흐름

하루가 지나가는 속도에 기분 좋게, 혹은 불쾌한 기분으로 놀라신 적이 있나요? 시계를 10번이나 들여다봤는데도 겨우 몇 초밖에 지나지 않은, 참을 수 없는 느림의 연속에 놀랐을 수 있습니다. 아니면 몇 시간이 불과 몇 분처럼 느껴질 만큼 하루가 순식간에 지나갔을 수도 있습니다. 우리 모두는 두 가지 상황에 다 처해 본 적이 있으며, 업무와 관련해 시간이 멈춘 듯한 착각보다 더 끔찍한 상황은 없습니다.

---

2 이 내용은 레트로 게이머 리뷰 및 볼레틱과의 인터뷰에 근거한 것이다.

7.2.1 최적의 경험

심리학자 미하이 칙센트미하이는 이러한 현상을 **최적의 경험**, 즉 **플로**^{flow}라고 부릅니다.[3] 그는 스포츠, 과학, 비즈니스, 엔지니어링, 예술 분야에서 성공한 수백 명의 사람들을 인터뷰하면서 이들이 단순히 무언가를 잘하는 것이 아니라는 사실을 발견했습니다. 그들은 **탁월**했고 어떻게든 그 일을 깊이 즐겼습니다. 필요한 통계를 기록하고, 분석하고, 적용한 끝에 칙센트미하이는 다음과 같이 '플로에 관한 9가지 원칙'을 도출해 냈습니다.

1. 명확한 목표를 염두에 둔다.
2. 모든 활동에는 즉시 피드백이 뒤따른다.
3. 도전과 기술 사이에 균형이 있다.
4. 행동과 인식은 하나다.
5. 방해 요소는 의식에서 추방된다.
6. 실패를 두려워하지 않는다.
7. 자기 인식이 거의 없거나 전혀 없다.
8. 시간 감각이 혼란스럽다.
9. 활동이 자동으로 이루어진다(내부적 주도: 프로그래밍을 위한 프로그래밍).

창의성에 대한 관심에 앞서 플로에 대한 유명한 연구를 수행한 칙센트미하이의 직감은 맞았고, 수많은 연구 결과에 따르면 두 개념은 서로 밀접하게 얽혀 있습니다. 다른 사람의 피드백을 수용하고, 도전하고, 실패에 좌절하지 않고, 집중적 사고로 산만함을 없애고, 호기심을 자유롭게 발산하는 등 앞서 살펴본 원칙의 흔적을 이전 장에서 살펴봤습니다. 이제 이 목록에 '몰입하기'를 추가할 수 있습니다!

플로는 깊은 즐거움, 창의성, 삶에 대한 전적인 참여를 유발하는 것으로 보입니다. 칙센트미하이는 플로를 삶에 의미를 더하는 방법 중 하나라고까지 말합니다. 그렇다면 플로를 경험하기 위해 어떻게 해야 할까요? 현실적인 목표, 행동 기회에 맞는 기술, 활동에 대한 완전한 집중이라는 세 가지가 필요합니다. 과제에서 제시하는 도전에 비해 자신의 기술 수준이 너무 높으면 주의가 산만해지고 지루해집니다. 반대로 과제가 너무 어려우면 불안해하거나 좌절하고 포기하게 됩니다. 플로를 둘러싼 다양한 심리 상태를 설명하는 칙센트미하이의 플로 모델은 [그림 7-3]에서 볼 수 있습니다.

---

3 Mihaly Csikszentmihalyi. Flow: The psychology of optimal experience, 1990.

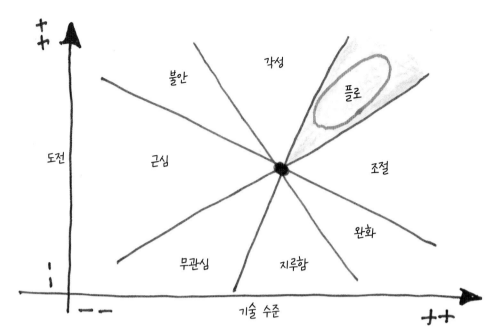

그림 7-3 높은 기술 수준과 어려운 도전은 플로의 정신 상태로 이어집니다. 쉬운 도전은 만족도를 낮추고 낮은 기술 수준은 불안을 유발할 수 있습니다. 이 흐름 모델에 묘사된 정신 상태는 미하이 칙센트미하이에 의해 통합되었습니다.

사소한 문제에 자신의 창의적인 프로그래밍 기술을 발휘하고 싶은가요? 물론 아니겠죠. 그런 사소한 문제는 이전에 이미 열 번도 더 해결된 문제입니다. 구현의 반복일 뿐, 창의력은 거의 필요하지 않습니다. 반면에 여러분의 창의적인 기술이 어느 정도의 수준에 도달했다면 진정으로 도전적인 문제를 해결하기 위해서는 창의적인 접근 방식이 필요합니다. 지금쯤이면 여러분의 창의력도 어느 정도 수준까지 올라와 있으리라 생각합니다.

사람들은 직장에서 어려운 문제에 몰두하기를 좋아합니다. 칙센트미하이는 실험 참가자의 54%가 직장에서 플로를 경험한 반면, 여가 시간에는 18%만이 플로를 경험했다고 언급합니다. 여가 시간은 일반적으로 쉬는 시간과 같기 때문에 이는 놀라운 일이 아닙니다. 회사 생활이 도전적이라고 느끼는 숙련된 직장인은 더 행복하고, 강하고, 창의적이며, 만족감을 느낀다고 합니다.

칙센트미하이가 우리에게 가르쳐 주는 두 가지 중요한 사실은 플로는 통제할 수 있으며, 대가들이나 영적 리더의 전유물이 아니라는 것입니다. 실력이 부족하다고 느끼면 더 배우기 시작하면 됩니다. 하지만 도전 정신이 생기지 않는다면 어떻게 해야 할까요? 업무 자체를 바꿔야 할 때일 수도 있습니다.

더 많은 플로는 더 많은 창의성과 같습니다. 프로그래머들에게 창의력을 발휘하기 위해 무엇이 필요한지 물었을 때 응답자 중 한 명이 이렇게 대답했습니다.

정말 모든 것이 옳다고 느껴지면 저는 창의적이 됩니다. 말하자면 무언가를 해내기 위해, 무언가를 하기 위해 더 이상 생각할 필요가 없는 분위기, 즉 플로 속에 있다는 느낌이 필요합니다.

더 자세히 설명해 달라는 부탁에 이 응답자는 계속 말을 이어갔습니다.

제 개인적으로는, 제가 혼자서 또는 여러 사람과 함께, 마감에 대한 압박감 없이 매우 편안한 분위기에서 무언가 집중할 수 있을 때, 즉 마감일이 다가왔다는 느낌이 들지 않을 때를 말합니다.

지나친 압박은 플로를 걱정과 불안으로 바꿉니다.

최근 연구에서는 '즐거운 탐구'에 대해 논의하면서 플로는 호기심의 각 차원과 창의성을 연결한다고 결론지었습니다.[4] 아마도 다윈이 갈라파고스 제도에서 새로운 종을 만났을 때 느꼈던 것이 바로 즐거운 탐험일 것입니다. 다음에 시계를 보고 3시간이 어떻게 그렇게 빨리 지나가 버렸는지 궁금하다면, 스스로를 대견하게 여겨도 됩니다. 여러분은 플로를 경험한 것입니다!

> **EXERCISE** 프로그래밍하면서 마지막으로 플로를 경험한 게 언제였나요? 그 작업이 즐거웠던 이유는 정확히 무엇이었나요? 질문을 반대로 바꿔서, 플로에 빠져보지 못한 것은 언제가 마지막이었나요? 이 질문들과 답을 바탕으로, 여러분의 삶에서 플로가 더 자주 일어나도록 할 수 있는 방법이 있나요?

7.2.2 딥 워크

칙센트미하이가 순간적으로 흐름에 빠져드는 것을 **플로**라고 부른다면, 칼 뉴포트는 깊고 집중된 상태를 **딥 워크**^{deep work}라고 부릅니다.[5] 딥 워크는 우리가 무언가 차별화된 결과를 얻고자 할 때 매우 중요합니다. 컴퓨터 과학 이론가이자 생산성 비평가인 뉴포트는 우리의 업무 활동을 얕은 업무(인지적 요구가 없는 물류 스타일 작업)와 깊은 업무(인지적 요구가 있고 한계에

---

4 Nicola S Schutte and John M Malouff. Connections between curiosity, flow and creativity. Personality and Individual Differences, 2020.

5 Cal Newport. Deep Work: Rules for focused success in a distracted world. Grand Central Publishing, 2016.

도전하는 활동)의 두 가지로 분류합니다. 깊은 업무는 가치를 창출하는 반면, 얕은 업무는 별로 중요하지 않은 결과를 만들어 냅니다.

프로그래머를 포함한 거의 모든 정보 근로자가 직면하는 문제는 **주의 산만**distraction입니다. 주의 산만과 방해는 인지적으로 까다로운 작업을 할 때, 얕은 업무를 처리할 때와 동일한 방식으로 처리하게 만듭니다. 상상할 수 있듯이 (그리고 아마도 직접 경험해 보셨겠지만) 이는 생산성과 창의성 모두에 치명적인 결과를 초래합니다. 얕은 업무와 깊은 업무 모두 우리를 바쁘게 만들지만, 활동과 생산성 또는 생산성과 창의성을 혼동하지 마세요!

딥 워크와 플로

딥 워크와 플로의 차이점은 무엇일까요? 플로에 있는 사람들도 방해받지 않고(예: '플로의 9가지 원칙' 참조) 인지적으로 까다로운 작업(예: [그림 7-3] 참조)에 몰입하고 있지 않나요?

뉴포트에 따르면 딥 워크는 플로 상태를 만드는 데 매우 적합한 활동입니다. 즉, 딥 워크가 플로 상태를 보장하지는 않지만, 이 영역에 있다는 것은 '깊이' 일한다는 의미이기도 합니다. 플로는 만족스러운 경험에 관한 것이지만, 딥 워크는 오랜 시간 집중할 수 있게 해주는 부분입니다.

칼 뉴포트의 『딥 워크』(민음사, 2017)는 본질적으로 우리의 주변 환경에서 오는 소음과 방해를 최소화할 수 있는 방법에 대해 문화적 비판과 실행 가능한 조언을 합쳐 놓은 책입니다. 우리 모두는 회의를 더 많이 한다고 해서 이 어려운 문제가 해결되지 않는다는 사실을 알고 있으며 푸시 알림, 열린 메일함, 사무실 책상에 전략적으로 배치한 스마트폰 등이 얼마나 파괴적인 특성을 지니는지 잘 알고 있습니다. 하지만 우리는 이에 대해 아무런 대응도 하지 않습니다. 오히려 기술이 발전할수록 상황은 더 악화되는 듯합니다. 그럼에도 불구하고 학계는 책이나 논문을 발표하지 않으면 망한다고 외치고, 업계는 생산이 없으면 번성도 없다고 외칩니다. 뉴포트는 이러한 업무 문화의 역설을 밝히고자 합니다.

> 딥 워크를 수행할 수 있는 능력은 우리 경제에서 점점 더 가치가 높아지는 동시에 점점 더 희귀해지고 있습니다. 결과적으로 이 기술을 배양하고 이를 직장 생활의 핵심으로 삼는 소수의 사람만이 성공할 것입니다.

5장에서 소개한 '집중적 사고'는 모든 방해 요소를 제거할 수 있다는 전제하에 깊이 있는 업무에 도움이 됩니다.

메시지 알림을 끄는 것 외에 딥 워크를 시작하기 위한 가장 좋은 방법은 무엇일까요? 뉴포트는 집중력을 높이는 좋은 습관을 간단한 습관으로 바꿀 것을 권장합니다. 관찰력이 뛰어난 독자라면 놀라지 않을 겁니다. 의지력은 유한한 자원이라는 사실은 이미 호기심에 관해 다룬 6장에서 살펴본 바 있습니다. 로이 바우마이스터의 의지력 연구에 따르면, 좋은 습관은 궁극적으로 무의식 속으로 가라앉아 의지력을 덜 소모하고 성가신 방해 요소를 금지하기 때문에 에너지를 덜 사용한다는 사실이 입증되었습니다.

매일 조금씩 집중해 습관으로 만들고, 집중 상태에 머무는 시간을 점차 늘려 보세요. 어느새 여러분도 책 한 권을 집필하고 있을 겁니다!

'집중하는 것이 성장하는 것'이라는 말은 유치하지만 사실입니다. 내성적인 작가인 위니프레드 갤러거Winifred Gallagher는 그녀의 작품『몰입, 생각의 재발견』(오늘의책, 2010)[6]에서 이에 대한 과학적 증거를 깔끔하게 요약했습니다. 우리의 뇌는 우리가 무엇에 주의를 기울이는지에 따라 세계관을 구성합니다. 그녀는 다음과 같이 결론을 내립니다. "주의력을 능숙하게 관리하는 것은 좋은 삶의 필수 요소이자 경험의 거의 모든 측면을 개선하는 열쇠다."

여기에는 창의력도 포함됩니다. 만약 아르키메데스가 생각에 잠기는 시간을 계속 방해받았다면 여전히 고대를 대표하는 과학자이자 엔지니어로 인정받을 수 있었을까요? 앙리 푸앵카레가 대학에서 깊은 생각에 잠기는 시간이 허용되지 않았다면 그의 정리에 대한 증명을 찾을 수 있었을까요? 올리버 쌍둥이의 〈디지〉 개발 시간을 관리자가 지나치게 간섭했다면 쌍둥이가 많은 성공을 거둘 수 있었을까요? 토머스 에디슨이 무의미한 행정 업무와 뉴스레터 메일로 정신이 산만해졌다면 대중에게 전등을 보급할 좋은 방법을 고안하기 위해 계속 노력할 수 있었을까요? 90년대 초의 comp.os.minix 뉴스 그룹이 오늘날의 인스턴트 메시징 시스템으로 대체되었다면 리누스 토르발스가 리눅스 운영 체제를 설계하고 다듬을 시간을 가질 수 있었을까요? 저는 그렇게 생각하지 않습니다.

---

6   Winifred Gallagher. Rapt: Attention and the focused life. Penguin, 2009.

7.2.3 이동 중의 딥 워크와 플로

플로에 참여할 때 환경이 중요할까요? 소프트웨어 엔지니어링 응답자들은 "당연히 그렇다"라고 답했습니다. 한 인터뷰에서 어떤 응답자는 어려운 문제는 모두 차 안에서 해결한다고 말했습니다. "차 안에서 이미 생각을 다 끝내고 회사에 도착하면 한 시간 정도 타이핑만 하면 되는 경우가 많습니다."

다른 참가자들도 생각은 창의적인 부분이고 타이핑 작업은 단지 '그것을 밖으로 내보내는 것'이라고 중얼거리며 동의했습니다. 참가자들은 그 외에도 걷기, 샤워하기, 가까운 실내 수영장에서 운동하기 등 창의적 마인드셋을 촉진할 수 있는 다른 활동에 대해 이야기했습니다. 한 그룹은 차 안에서 창의적인 사고를 하고 있는 사람을 발견할 방법을 농담 삼아 생각해 냈습니다. "신호등이 초록색으로 바뀐 뒤에도 차가 움직이지 않아 뒤에 있는 사람이 경적을 울린다면 그 운전자는 지금 창의적인 생각을 하고 있을지도 모릅니다."

푸앵카레의 무의식적 창의성 이론이 그리 멀지 않은 것 같네요! 창의적인 천재들을 인터뷰한 칙센트미하이의 주장에 따르면 "자동차는 '생각하는 기계'다. 운전할 때면 문제를 성찰하고 좀 더 멀리 떨어져서 그 문제를 바라볼 수 있을 만큼 편안함을 느끼기 때문이다"라고 합니다.[7] 그는 다음과 같이 계속 말을 이어갑니다.

> 인터뷰에 응했던 어떤 사람은 한 달에 한 번 정도 걱정이 너무 많아지면 퇴근 후 차를 타고 시카고에서 미시시피강까지 반나절 동안 운전한다고 말했습니다. 그는 주차하고 30분 정도 강을 바라보다가 다시 운전해서 새벽이 밝아올 무렵 시카고에 도착합니다. 장거리 운전은 그에게 정서적 문제를 해결하는 데 도움이 되는 치료제 역할을 합니다.

업무 공간의 주관성

창의적 사고를 가장 잘 발휘할 수 있는 작업 공간은 지극히 주관적입니다. 뻔한 이야기 같지만 반복할 필요가 있습니다. 예전에 다녔던 회사에서는 매일 출퇴근 시간을 왕복 3시간으로 늘리라는 '권고'를 받았습니다. 제 매니저는 "기차에서 무언가 진짜 일을 할 수 있는 좋은 기회입니다!"라고 열변을 토했습니다. 그는 제 항의를 귀담아듣지 않았고 저는 결국 그 지침에 따라야만 했습니다.

---

7 Mihaly Csikszentmihalyi. Creativity: Flow and the psychology of discovery and invention. HarperPerennial, New York, 1997.

기차로 출퇴근하면서 실제로 생산적인 일을 한 적은 거의 없었던 것 같습니다. 전국 소설 쓰기의 달을 맞아 기발한 이야기를 쓴 것을 빼곤 말이지요. 저는 멀미가 심하기 때문에 좁은 기차 좌석에 갇혀서 일하는 것을 좋아하지 않습니다. 설상가상으로 벨기에 철도 시스템은 시간을 잘 지키지 않습니다. 레일 위에서 노는 아이들, 얼어붙은 전선, 불이 난 길가, 자살, 단순한 고장과 같은 온갖 사건 사고가 다 일어났습니다.

기차 안에서 창의적인 작업을 하는 것은 개인적으로 악몽입니다. 여러분에게 적합하다면 다행이죠! 하지만 제게 '생산적'이라는 말로 장거리 출퇴근을 설득하려고 하지 마세요.

칼 뉴포트와 세스 고딘은 장거리 비행을 정말 깊이 있는 작업을 할 수 있는 이상적인 기회로 낭만화했습니다. 하지만 생산성과 창의성을 높이기 위해 지구를 희생해서는 안 됩니다. 푸앵카레만이 탄소 중립을 위한 걷기를 장려한 것은 아닙니다. 고대 그리스 철학자들도 토론하고 생각하며 동시에 걷는 것을 좋아했습니다. 실제로 이 철학자들은 (3장의 도입부에서도 소개한 것처럼) 소요학파^{Peripatetics}라는 이름을 지을 정도로 사색과 걷기를 좋아했습니다.[8] 유명한 계몽주의 사상가 임마누엘 칸트는 고향 쾨니히스베르크를 한 번도 떠나지 않고 산책하면서 외부 세계에 대한 많은 통찰을 얻었습니다. 칸트는 '쾨니히스베르크의 시계'라는 별명이 붙을 정도로 매일 규칙적으로 산책하는 것으로 유명했습니다.

아마도 가장 흥미로운 걷기 습관을 보여준 사람은 프리드리히 니체일 것입니다. 그는 하루에 8~10시간을 걸으며 독일의 울창한 검은 숲을 헤집고 다니면서 나중에 종이에 옮겨 적을 목적으로 자신의 생각을 정리했습니다.[9] 그의 시대를 초월한 작품에는 걷기 철학이 깃들어 있습니다.[10]

우리는 오로지 책 속에서만 어떤 자극을 받아 아이디어를 얻지 않습니다. 야외에서, 가급적이면 깊이 생각할 수 있는 외로운 산이나 바다 근처 산책로에서 걷고, 뛰고, 오르고, 춤추면서 생각하는 것이 우리의 습관입니다.

걷기는 그의 철학의 중심이 되었습니다. 니체는 "가만히 앉아 있는 것은 성신$^{Holy Ghost}$에 대한

---

8 옮긴이_ 아리스토텔레스가 아테네에 있는 리케움(Lyceum) 학원 안의 복도(peripatos)에서 소요하며(peripatetés) 가르쳤다는 데서 소요학파(Peripatetics)라는 명칭이 붙었다.

9 니체의 정신병의 원인이 된 진행성 치매는 아마도 혼자 걷기에 대한 집착과 관련 있을 수 있다.

10 Friedrich Nietzsche. The Gay Science: With a Prelude in Rhymes and an Appendix of Songs. Vintage, 1974.

진정한 죄악이다"라고 결론지었습니다. 프랑스 현대 철학자 프레데릭 그로스Frederic Gros는 『걷기, 두 발로 사유하는 철학』(책세상, 2014)에서 '긴 산책은 '숭고한 것'과 교감할 수 있게 해준다'고 말합니다.[11] 푸앵카레의 잠재된 자아와의 대화와 놀랍도록 유사한 것은 우연이 아닙니다!

최근 연구에 따르면 걷기는 하이킹 도중과 직후 모두 창의적인 아이디어를 촉진하는 것으로 나타났습니다.[12] 저자들은 "걷기는 아이디어의 자유로운 흐름을 열어준다"고 말하며, 창의력과 신체 활동을 모두 높일 수 있는 좋은 방법이라고 제안합니다. 그렇다고 하니 이제 여러분도 걷기를 시작해 보면 어떨까요?

> **EXERCISE** 일어나서 혼자 걸으며 휴식을 취하세요. 펜과 종이를 준비하세요. 지금까지 읽은 내용을 프로그래머로서 일상 업무에 어떻게 적용할 수 있을지 생각해 보세요. 다녀오세요. 기다릴게요.

7.2.4 걷기 지원 또는 미지원

직장에서 감히 걷기 운동을 하지 못하더라도 걱정하지 마세요. 하고 싶지만 못하는 사람들이 많습니다. 고용주는 **생산적인** 직원을 보고 싶어 합니다. 귀가 먹먹할 정도의 기계식 키보드 두드리는 소리가 듀얼 스크린 너머로 들리는 프로그래머를 좋게 보기 마련입니다. '이야, 정말 열심히 일하네! 모두들 수고가 많군!' 반대로 **창의적 사고 모드** 속에서 복도를 배회하는 직원을 본다거나, 더 심하게는 몇 시간 동안 갑자기 사라지는 팀원이 있다면 아주 싫어합니다.

생각하기 위해 산책한다고 하면 보통 의심을 받기 마련인데 이는 매우 슬픈 일입니다. 제가 다니는 대학에서도 칸트나 푸앵카레처럼 산책하는 일은 거의 찾아볼 수 없습니다. 대신 학자들은 고인이 된 인류학자이자 아나키스트인 데이비드 그레이버David Graeber가 즐겨 말했듯이 온갖 잡다한 행정 업무를 보느라 정신이 없습니다.[13]

몇 년 전, 동료와 저는 긴급한 핫픽스hotfix를 배포하기 위해 열심히 일하고 있었습니다.[14] 정말

---

11 Frederic Gros. A philosophy of walking. Verso Trade, 2014.

12 Marily Oppezzo and Daniel L Schwartz. Give your ideas some legs: the positive effect of walking on creative thinking. Journal of experimental psychology: learning, memory, and cognition, 2014.

13 Joan P Guilford. A longitudinal study of exceptional giftedness and creativity. Creativity Research Journal, 1999.

14 옮긴이_ 핫픽스는 실제 서비스에서 발생하는 중대한 결함이나 오류, 문제점을 긴급하게 수정하는 것을 의미하며 보통 예정된 배포 스케줄을 따르지 않고 바로 배포된다.

로 어떤 '창의적인 해결 방법'이 필요한 종류의 문제였죠. 우리는 쉬는 시간도 잊은 채 계속해서 일했고, 마침내 실행 가능한 해결책을 찾아냈습니다. 스스로를 격려한 후 카페테리아에서 카드놀이를 하며 잠시 휴식을 취하기로 했습니다. 5분여 후에 상사가 지나가는 길에 우리를 보더니 화를 냈습니다. 오후 3시인데 카드놀이를 하고 있다고 말이죠! 점심 휴식 시간을 늦게 갖는 바람에 게으른 사람처럼 보였지만 우리는 실제로 평소보다 더 열심히, 더 창의적으로 일했습니다. 다만 기존의 근무 규칙에 맞지 않았을 뿐입니다.

생산적인 척하기

데이비드 그레이버는 『불쉿 잡』(민음사, 2021)에서 상사를 기쁘게 하기 위해 생산적인 척하는 직원들의 재미있으면서도 불안한 이야기를 들려줍니다. 예를 들어 어떤 직원은 명령줄 브라우저인 링스Lynx를 설치했습니다. 이 때문에 그는 터미널에서 스크립트를 작성하는 전문가처럼 보였지만, 사실은 하루 종일 위키피디아 기사를 편집하고 있었습니다.

기술 기업의 많은 관리자는 프로그래밍을 전적으로 지지한다고 주장하지만 여전히 프로그래밍을 창의적인 자유가 거의 필요 없는 사무직처럼 생각합니다. 올리버 쌍둥이는 일이 막히면 텔레비전 쇼를 보거나 다른 비디오 게임을 했습니다. 그것은 영감을 주기도 하고 긴장을 풀어주기도 합니다. 만약 그들이 칸막이 안에 갇혀서 일했다면 어떤 일이 일어났을까요?

그렇기 때문에 프리랜서가 가장 창의적인 경우가 많습니다. 그들도 여전히 마감일이 있고 퍼블리셔와 함께 일하지만, 무엇을 할 수 있고 무엇을 할 수 없는지 알려주는 사람은 아무도 없습니다. 독립성은 창의력을 개발하는 데 기여하는 것으로 오랫동안 인정받아 왔습니다. 70년대 심리학자 조언 길포드는 창의성의 특성으로 호기심과 성찰에 이어 독립성을 언급했습니다.[15] 20년 후, 창의성 연구자인 마크 런코는 높은 IQ를 가진 영재 학생의 독립성과 발산적 사고의 상관관계를 긍정적으로 연구했습니다.[16] 같은 주제에 대한 최근의 모든 논문은 '자유', '자율성' 또는 '독립성'을 언급하는 것 같습니다.

소프트웨어 개발의 세계에서 대부분의 복잡한 문제는 컴퓨터 앞이나 회의실 안에서 해결되는 것이 아니라 체육관, 자동차, 걷는 동안에 해결됩니다. 물론 설루션을 구현하려면 여전히 키보

---

15 Joan P Guilford. Characteristics of creativity. 1973.
16 Mark A Runco. A longitudinal study of exceptional giftedness and creativity. Creativity Research Journal, 1999.

드가 필요합니다.

창의적 자유에 대한 지원을 늘리려면 어떻게 해야 할까요? 여러분의 상사를 이 책의 독서 클럽에 초대해 보세요! 이후 7.5절에서 기업 문화의 영향에 대해 더 자세히 살펴볼 것입니다.

7.3 인터럽트!

컴퓨터 아키텍처에서 인터럽트interrupt는 현재 프로그램이 완료될 때까지 기다리지 않고 이벤트를 처리할 수 있도록 프로세서가 실행 중인 명령어를 중단하도록 요청하는 역할을 합니다. 예를 들어 직렬 링크 인터럽트 0x0058은 인터럽트 플래그가 켜져 있는 경우 들어오는 네트워크 데이터를 알리기 위해 Sharp LR35902 CPU를 중지합니다. 인터럽트 핸들러가 정의되어 있으면 CPU는 해당 기능을 일시적으로 실행한 뒤에 중단된 프로그램의 명령어 실행을 재개합니다.

창의적 마인드셋도 이와 비슷하게 작동합니다. 갑자기 머릿속에서 떠오르는 아이디어나 수많은 외부 요청 때문에 현재 진행 중인 작업이 예기치 않게 중단될 때가 있습니다. 2장에서 언급했던 엘리자베스 길버트라면 [그림 7-4]과 같이 우리의 뇌가 이전에 중단된 작업을 재개하기로 했을 때, 해당 작업을 중단시킨 아이디어가 영구적으로 사라지기 전에 빨리 낚아채야 한다고 말할 것입니다.

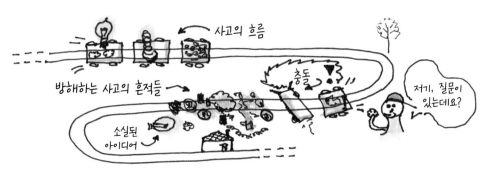

그림 7-4 여러 생각의 흐름이 충돌하면서 아이디어는 소실될 가능성이 있습니다.

CPU와 마찬가지로, 인터럽트가 기다리고 있다면 인터럽트의 유형과 원인을 파악하고, 어떻게 처리할지 결정한 후, 맥락을 효율적으로 전환하고, 결국 중단된 작업을 재개해야 합니다. 이전에 무엇을 하고 있었는지를 알아야 합니다.

갑작스러운 중단은 열차의 탈선에 비유할 수 있을 정도로 급격하게 우리 생각의 흐름을 끊을 수 있습니다. 비트랜잭션 관계형 데이터베이스 쓰기 작업이 중단되면 데이터가 손실될 가능성이 있습니다. 지식 업무에서 창의적인 아이디어를 잃는 것보다 더 나쁜 일이 있을 수 있을까요?

사고는 생각의 열차를 추락시켜 화물(소중한 아이디어)을 흩어놓을 뿐만 아니라 철저한 뒷수습도 뒤따릅니다. 기차선로는 잔해로 뒤덮여 있습니다. 더 많은 아이디어를 얻고 싶다면 그 잔해들을 빨리 치워야 합니다. 작업에서 작업으로 맥락 전환을 할 때 바로 이런 일이 발생하는데, 다시 정상으로 되돌아가려면 약 20분의 쿨다운 시간이 필요합니다.

소프트웨어 개발자의 생산성에 대한 인식을 조사한 한 연구에서 거의 모든 응답자(379명)가 큰 방해나 맥락 전환 없이 작업을 완수한 날은 생산적인 하루라고 답했습니다.[17] 그러나 관찰 작업이 수반된 이 연구의 두 번째 부분에 따르면 매일 엄청난 수의 중단과 맥락 전환이 발생한다고 합니다. 맥락 전환 효과는 창의적인 작업을 할 때 더욱 심해집니다. 작업 사이의 전환을 일상적인 작업과 창의적인 작업에 대해 비교해 보면, 좀 더 많은 집중이 필요한 창의적인 작업이 다른 작업으로 전환할 때 더 큰 비용이 듭니다.

스택 오버플로의 공동 창업자인 조엘 스폴스키[Joel Spolsky]가 기술 블로그에 쓴 것처럼, 모든 개발자는 프로그래밍이 "단기 기억에 있는 많은 세부 사항을 한꺼번에 처리하는 능력에 달려 있다"는 것을 알고 있습니다.[18] 중단은 생산성뿐만 아니라 창의성에도 해를 끼칠 위험이 있습니다! 프로그래밍에 관한 대부분의 책에서는 중단이 생산성에 미치는 부정적인 영향에 대해 언급하지만, 중단이 실제로 혼란을 야기할 수 있는 창의성에 대해서는 침묵하고 있습니다. 따라서 기차가 궤도에서 이탈하는 것을 피할 수 없다면 이 사고에 어떻게 더 잘 대비할 수 있을까요?

---

17 Andre N Meyer, Thomas Fritz, Gail C Murphy, and Thomas Zimmermann. Software developers' perceptions of productivity. In Proceedings of the 22nd ACM SIGSOFT International Symposium on Foundations of Software Engineering, 2014.

18 https://www.joelonsoftware.com/2000/04/19/where-to-these-people-get-their-unoriginal-ideas

7.3.1 방해 요소에 대한 인식 높이기

앞서 언급한 연구는 개발자의 작업을 더 잘 관리하고 개선해 생산성 수준을 높일 기회에 대한 논의로 마무리합니다. 연구진은 다음과 같은 세 가지 기회를 인식했습니다.

첫 번째 기회는 **회고적 분석을 위한 도구**입니다. 프로그래밍 활동을 모니터링 해보면 작업이 중단되는 패턴을 예상할 수 있고 발견할 수 있습니다. 인식이 항상 첫 번째 단계입니다. 포모도로 Pomodoro 앱(박스 설명 참조), 시간 추적 소프트웨어, 핏빗Fitbit 활동 추적 장치와 같은 간단하고 인기 있는 도구를 사용해 볼 가치가 있습니다.

코딩 생산성을 높여주는 주방 타이머

포모도로 기법에서는 고전적인 주방 타이머(기왕이면 포모도로나 토마토 모양의 타이머)를 사용해 약 25분 간격으로 작업을 나누고 5~10분 간격으로 휴식 시간을 갖습니다. 4번의 포모도로가 끝나면 더 긴 휴식 시간이 이어집니다. 이 기법은 중단이 업무 흐름에 미치는 부정적인 영향을 줄이는 데 도움이 되며, 내부 및 외부의 방해에 대처하는 고유한 방법도 제공합니다.

이 기법은 80년대 후반에 시간 관리 방법으로 처음 소개되었지만 최근에는 프로그래머들 사이에서도 인기를 얻고 있습니다.[19] 물론 코딩 작업에 집중할 수 있도록 도와주는 토마토 모양의 다른 앱도 많이 나와 있으며, 그중 일부는 방해 요소와 인터넷 연결을 비활성화하기도 합니다.

두 번째 기회는 **맥락 전환 줄이기**입니다. 인터뷰 참여자들에 따르면 빌드를 기다리는 동안 이메일을 읽는 등의 빠른 맥락 전환은 생산성에 영향을 미치지 않는 반면, 사고의 전환이 필요한 맥락 전환은 훨씬 더 큰 비용이 든다고 합니다. 받은 이메일의 주제가 빌드에 대한 것이 아니라면 이메일 답장 역시 사고의 전환이 필요한 것 아니냐는 반론에는 선뜻 동의하기 어렵습니다. 물론 메일함을 닫아 두면 이 문제를 완전히 피할 수 있습니다. 아니면 빌드 시간을 단축하거나 아예 빌드하지 않을 수도 있겠죠.

세 번째 기회는 **목표 설정**입니다. 목표 설정과 자가 모니터링을 결합하면 행동 변화에 동기를 부여하는 데 효과적이라는 사실은 이미 입증된 바 있습니다. 하지만 일부 참가자는 (기업의) 목표에는 일반적으로 더 많은 (엄격한) 모니터링이 수반되므로 오히려 더 많은 오버헤드가 발

---

19 Pomodoro Technique Illustrated: The Easy Way To Do MOre in Less Time. Staffan Noteberg, The Pragmatic Bookshelf, 2009.

생한다고 언급했습니다.

7.3.2 중단에 대비하기

방해 요소를 완전히 피하는 것 외에 방해 문제에 대한 가장 간단한 해결책 하나가 이상하게도 설문조사에서 언급되지 않았는데요, 그것은 바로 메모하는 것입니다! 전속력으로 달려오는 기차가 있으면 기차 안에 어떤 내용물이 있는지 재빨리 훑어보고 적어 둔 다음, 기차는 그냥 충돌하도록 내버려 두세요.

다만 그 사고의 피해를 입은 관광객처럼 되지 않도록 주의해야 합니다. 열차가 정기적으로 충돌하면 선로가 불안정해집니다. 연구에 따르면 장기간에 걸쳐 중단이 자주 일어나면 작업 기억과 정신 건강에 해로울 수 있다고 합니다.

연구 결과와 제 업무상 경험에 따르면 업무가 중단될 때 작업 기억의 중요한 정보가 손실되는 것으로 나타났습니다. 따라서 작업을 재개하기 어려울 수 있습니다. 내가 무엇을 하고 있었지? 어떤 테스트 코드를 작성하려고 했나? 내 머릿속에는 어떤 아이디어가 떠오르고 있었더라? 앞서 언급했듯이 이러한 워밍업과 쿨다운 시간은 최대 20분이 소요될 수 있습니다!

펠리너 헤르만스는 저서 『프로그래머의 뇌』 5장에서 중단과 이를 처리하는 방법에 대해 한 장 전체를 할애해 설명합니다. 그녀의 조언은 간단하면서도 효과적입니다. 바로 메모하세요. 다른 사람이 방해하기 전에 자신의 정신 모델을 저장하세요. 자신을 위해 흔적breadcrumbs을 남겨 두세요. 화면이나 종이에 빠르게 머릿속을 정리하세요. 컴파일되지 않더라도 생각하고 계획하던 모든 내용을 타이핑하세요. 구문이나 공백에 신경 쓰지 마세요. 이렇게 하면 훨씬 더 빨리 정상 궤도로 돌아올 수 있습니다.

급하게 작성된 스티커 노트의 문제점은 맥락이 부족하다는 점입니다. 앞서 2장에서 개인 지식 관리(PKM) 시스템의 아이디어는 독립적이어야 한다고 했던 점을 기억하기를 바랍니다. 며칠 후에 그 '할 일' 항목을 다시 읽으면 아무리 기억하려 해도 그 의미를 잃어버릴 수밖에 없습니다. 저도 몇 가지 키워드를 너무 빨리 적어 놓고 다른 일로 돌아갔다가 나중에 그 메모를 해독하지 못하는 실수를 몇 번이나 반복했습니다.

중단이 해결된 후에는 즉시 해당 항목에 대한 작업을 계속하거나 충분한 맥락을 추가해야 합니다. 유명한 소설가들의 조언은 우리에게도 똑같이 적용됩니다. '하루를 백지상태로 끝내지 말라'는 것입니다. 한 장이 끝나면 그다음 장을 시작하는 문장 몇 개를 써 놓으라고 합니다. 이렇게 하면 다음 날의 업무 시작에 도움이 되는 지속적인 정신 상태를 유지할 수 있습니다. 엔지니어와 작가에게서 들을 수 있는 더 실용적인 조언은 8장에서 다룰 예정입니다.

7.3.3 주의해야 할 방해 요소 파악하기

모든 방해 요소가 창작 흐름에 똑같이 해로운 것은 아닙니다. 슬랙이나 왓츠앱^{WhatsApp}의 인스턴트 메시지 확인은 나중에 해도 됩니다. 상사가 긴급한 문제를 즉시 해결하라고 소리치는 것도 마찬가지입니다. 우리는 대부분 방해 요소를 외부의 골칫거리로 생각하지만, 이것이 전부는 아닙니다.

2018년에 소프트웨어 개발 중 어떤 중단 요인이 다른 중단 요인보다 더 큰 방해가 되는지를 조사한 대학 간 종단 연구 결과가 발표되었습니다.[20] 그 결과 우선순위와 같은 명백한 **작업별 요인** 외에도, 중단 유형 및 시간대와 같은 **상황적 요인**이 잠재적으로 더 큰 피해를 주는 것으로 밝혀졌습니다! 응답자들은 외부의 방해가 업무 흐름에 가장 방해가 된다고 생각했지만, 분석 결과 실제로는 자발적인 작업 전환이 더 파괴적이라는 사실이 밝혀졌습니다.

또 다른 행동 실험에서 연구원들은 실험자들의 동공 확장을 면밀히 관찰해 자기 스스로 방해를 하는 데 걸리는 추가적인 시간을 측정할 수 있었습니다. 각각의 자기 중단은 약 1초가 소요됐습니다.[21] 1초는 무시할 수 있는 시간처럼 보이지만, 연구진은 이메일을 열고 부분적으로 읽는 것만으로도 평균 5번의 중단이 일어나는 것으로 측정했습니다. 매일 얼마나 많은 창의적인 시간을 낭비하고 있는지 생각해 보세요.

> **EXERCISE** 예를 들어 한 시간 정도의 프로그래밍 세션이 진행되는 동안 방해받는 횟수를 기록해 보기 바랍니다. 내부적인 방해와 외부적인 방해는 별개로 표시하세요. 스스로 중단한 경우에는 솔직하게 기록해야 합니다. 이 연습을 몇 번 더 반복해 보세요. 예를 들어 월요일과 화요일 오전과 오후에 이 연습을 해보세요. 결과는 어떤가요? 놀랍지 않나요? 언제 가장 창의적인 작업이 많이 이루어졌나요?

---

20 Zahra Shakeri Hossein Abad, Oliver Karras, Kurt Schneider, Ken Barker, and Mike Bauer. Task Interruption in software development projects: What makes some interruptions more disruptive than others? In Proceedings of the 22nd International Conference on Evaluation and Assessment in Software Engineering, 2018.

21 Ioanna Katidioti, Jelmer P Borst, Marieke K Van Vugt, and Niels A Taatgen. Interrupt me: External Interruptions are less disruptive than self-interruptions. Computers in Human Behavior, 2016.

6장에서 설명한 대로 자기 방해의 횟수를 줄이려면 의지력에 의존해야 합니다. 물론 마음이 방황할 때는 휴식을 취해야 할 때일 수도 있습니다. 하지만 이미 2분 전에 쉬었다면, 그런 경우에는 새로운 방법을 찾는 것이 도움이 될 수 있습니다.

모든 중단을 낭비로 간주해서는 안 됩니다. 2장에서 만났던 다작의 사회학자 니클라스 루만은 막막한 상황에 부닥쳤을 때 작업 중이던 다른 일로 상황을 전환했습니다. 루만은 항상 여러 개의 작업을 동시에 진행했는데, 이 전략은 서로 다른 영역 간에 아이디어가 교차 번식할 가능성까지 높였습니다.

2018년 종단적 행동 연구에 참여한 한 참가자의 말처럼, 의도적으로 서로 방해하여 아이디어를 교환하는 것도 생산성을 높이는 한 가지 방법으로 볼 수 있습니다.

> 저와 똑같은 프로젝트를 진행 중인 다른 사람과 서로 아이디어를 교환할 수 있다면, 이는 생산적인 업무 전환이 될 수 있습니다. 또한 신속한 버그 해결과 같은 긴급한 상황에서도 생산성을 높일 수 있습니다.

페어 프로그래밍을 중단의 관점에서 설명하는 것은 다소 우스꽝스럽게 들릴 수 있습니다. 더 흥미로운 것은 시간대에 따라 중단이 미치는 악영향이 다르다는 점입니다. 일부 개발자는 중단 후에 다시 일을 시작하는 데 있어 오후에 더 많은 어려움을 겪지만, 다른 개발자는 오전에 더 많은 어려움을 겪습니다.

'방해하지 마세요' 조명

함께 일하는 공간에서 다른 사람에게 질문이 있는데 그 사람의 시간대별 선호도까지 고려해 살피기란 어려운 일입니다. 이전 직장에서는 개인용 '업무용 조명'을 도입해 불이 켜져 있으면 방해 금지 시간으로 설정하기도 했습니다.

안타깝게도 방해 금지 표시등에 대한 관리자의 지속적인 무시와 이 조명이 오용된다는 의혹 때문에 밝게 켜져 있던 사무실 풍경은 금세 우울한 회색빛으로 돌아갔습니다.

7.3.4 마음챙김으로 집중력 높이기

순전히 의지력으로 자기 방해에 맞서 싸우는 것은 슈퍼맨만 해낼 수 있는 위업처럼 들립니다. 5장에서 처음 소개했듯이 조너선 스쿨러는 마음 방황을 조사하는 과정에서 집중력도 의지력과 마찬가지로 훈련할 수 있는 근육이라는 사실을 발견했습니다. 가장 쉬운 방법은 **마음챙김**이라는 아주 오래되고 놀라울 정도로 간단한 방법을 사용하는 것입니다.

> 연구 결과에 따르면 주의 집중력을 향상하는 훈련이 최근까지 불변하는 것으로 여겨졌던 인지 능력을 높이는 열쇠가 될 수 있습니다. 지각, 인지, 행동에서 발생하는 것으로 보고된 비용의 상당 부분이 마음챙김이라는 오래된 해독제를 적용함으로써 해결될 수 있는 것으로 나타났습니다.

방금 마음챙김과 창의성을 연결시켰나요? 마음챙김을 통한 집중력 향상은 이미 2008년에 앤디 헌트가 『실용주의 사고와 학습』에서 언급한 바 있습니다. 창의성과 마음챙김의 양가적인 관계는 최근 학계의 관심을 불러일으켰습니다. 발표된 89개의 상관관계에 대한 메타 분석에 따르면 두 개념 사이에는 약하지만 통계적으로 유의미한 상관관계가 있는 것으로 나타났습니다.[22]

이는 무엇을 의미할까요? 측정하고자 하는 창의성(통찰력 대 발산적 사고)과 마음챙김의 유형(관찰 대 인식하고 행동하는 것)에 따라 상호 관련도가 달라지는 듯 보였습니다. 마음챙김을 연습하면 실제로 창의성을 지원**할 수도 있는** 마음의 기술이나 습관이 개선된다는 조심스럽지만 낙관적인 연구 결과도 있습니다.[23] '할 수도 있다'라고 강조한 점에 주목하세요. 마음챙김 전문가가 된다고 해서 창의적인 성공을 보장하지는 않습니다. 단지 집중력을 높일 뿐입니다. 창의적인 통찰력을 얻으려면 여전히 많은 노력이 필요합니다.

---

22 Izabela Lebuda, Darya L Zabelina, and Maciej Karwowski. Mind full of ideas: A meta-analysis of the mindfulness-creativity link. Personality and Individual Differences, 2016.

23 Danah Henriksen, Carmen Richardson, and Kyle Shack. Mindfulness and creativity: Implications for thinking and learning. Thinking skills and creativity, 2020.

7.4 창의적인 통찰력 도출

제 아내는 범죄 드라마에 푹 빠져 있습니다. 그녀는 살인 사건을 소재로 하는 모든 웰메이드 드라마를 즐겨 봅니다. 각 에피소드의 가장 좋은 부분은 당연히 마지막에 형사가 갑자기 번뜩이는 통찰력을 보여주는 대목입니다. 여전히 의아해하는 동료들을 뒤로한 채 서둘러 달려가 모든 사람이 보는 앞에서 범인을 체포하고 그의 사악한 계획을 까발립니다. 통찰력을 낭만적으로 묘사한 또 다른 고전적인 사례입니다. 특히 영국과 프랑스의 〈데스 인 파라다이스Death in Paradise〉 시리즈를 추천하는데, 유머와 멋진 카리브해 풍경이 어우러져 있습니다. 이 드라마는 갑작스러운 깨달음의 순간과 용의자들이 모여 증거를 통해 이야기하는 것으로 유명합니다.

지금쯤이면 5장의 참여, 배양, 조명, 검증, 발표/수용 등 창작 과정의 모든 단계에 대해 잘 알고 있을 것입니다. 아르키메데스, 푸앵카레, 올리버 쌍둥이의 예를 통해 조명이 있기 전에 배양 단계가 중요하다는 점을 강조했습니다. 푸앵카레의 잠재의식 창의성 이론은 잠재의식적 통찰에 앞서 의식적인 작업(참여)의 중요성을 강조합니다. 그의 업적은 90%의 땀과 10%의 조명으로 이루어졌습니다.

관찰력이 뛰어난 범죄 드라마 시청자들은 천천히, 그러나 확실하게 여러 단서를 수집하고 연결하는 수사관을 주의 깊게 좇아갑니다(땀 흘리기에 해당합니다). 어떤 단서들은 큰 그림에 맞춰지기 전까지는 거의 의미가 없습니다. 번갈아 가며 집중하는 시간이 지나면 피날레를 장식할 시간이 됩니다(조명에 해당합니다).

통찰력은 **갑자기** 떠오른다는 동화 같은 이야기를 시간 효율성에 집착하는 관리자는 쉽게 믿을 수 있을지 모르지만, 창의적인 프로그래머는 그렇게 쉽게 속지 않습니다. 오히려 갑자기 떠오르기보다는 차츰 떠오른다는 말이 더 적절할 것 같군요. 미국의 소설가 잭 런던Jack London은 이렇게 말했습니다. "영감이 떠오르기를 기다릴 수 없습니다. 몽둥이를 들고 좇아가야 합니다."

다음 절에서는 **통찰력**이라는 황금 새를 찾을 때 고려할 몇 가지 사항을 살펴보고자 합니다.

7.4.1 혼자 또는 함께

니체, 칸트, 푸앵카레와 같은 저명한 학자들의 사상적 행보는 고독 속에서 이루어진 듯 보였습니다. 의도적인 결정이었을까요? 니체와 같은 시대에 살았던 사람들이 과연 이 반사회적 나르시시스트와 함께 하이킹을 할 의향이 있었을지 의문입니다. 3장의 커뮤니케이션에 대한 통찰을 염두에 두고 생각 걷기의 많은 장점을 종합해 볼 수 있습니다. 현대 소프트웨어 개발은 공동의 노력으로 이루어지는 만큼 어려운 문제를 혼자서 고민한다는 것은 말이 안 됩니다. 3장의 도입부에서 언급했듯이, 아리스토텔레스와 그의 추종자들도 아테네를 산책하면서 다양한 철학적 주제에 대해 토론하는 것을 좋아했습니다. 이때 혼자서 산책하는 것과 여럿이 함께 산책하는 것 중 어느 쪽이 궁극적으로 더 많은 통찰력을 줄 수 있을까요?

이 책의 모든 답이 그렇듯이 이 질문에 대한 답도 이분법적으로 나눌 수 없습니다. 명쾌하게 딱 떨어지지 않는 모호한 부분에 대해 너무 신경 쓰지 않기를 바랍니다. 제가 의미하는 바를 시각화해 보겠습니다.

[그림 7-5]는 생각을 표현하는 다섯 가지 방법을 보여줍니다. 첫 번째인 데이터의 경우, 우리가 가진 것은 느슨한 조각들뿐입니다. 그냥 놔두면 쓰레기에 불과할 이 데이터를 분류하면 데이터가 정보로 진화합니다. 어떤 조각들은 x이고 어떤 조각들은 y입니다. 좋습니다. 일단 뭔가는 찾았습니다! 이제 경험과 연습을 통해 개별 조각을 연결해 보는 것은 어떨까요? 모든 관계형 데이터베이스는 외래 키 제약 조건을 사용하여 **지식**을 표현합니다.

그러나 지금까지의 관계는 부모-자식 관계와 같은 명백한 관계였습니다. **통찰**을 얻으면, 단절된 듯 보이는 정보 조각들을 새롭게 연결할 수 있습니다. 마지막으로, 통찰을 보여주는 서로 다른 노드 간의 특정 경로가 합리적일 때 우리는 진정한 **지혜**를 창출한 것입니다.

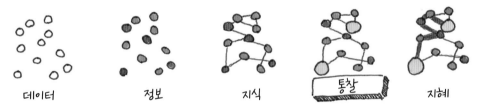

데이터 　 정보 　 지식 　 통찰 　 지혜

그림 7-5 느슨해 보이는 데이터가 통찰과 지혜로 진화하는 과정입니다. 개핑보이드 문화 디자인 그룹의 아이디어에 기반해 그렸습니다.

저는 다른 조직이 기업 문화를 혁신할 수 있도록 돕는 업체인 개핑보이드 문화 디자인 그룹 Gapingvoid Culture Design Group의 웹 사이트에서 [그림 7-5]와 비슷한 그림을 처음 접했습니다. 개핑보이드는 이 그림을 활용하여 기업 문화의 징후와 프로세스를 연구하고 설명하지만, 개인적인 통찰력을 설명할 때도 똑같이 사용할 수 있습니다.

물론 이 그림은 부분적으로만 완성된 것입니다. 여기에는 외부 영향, (거의) 아무것도 없는 상태에서 시작하는 역피드백 등이 추가될 수 있습니다. 3장의 시마테시 개념을 떠올려 보세요. 제 모자란 그림 실력으로 그 두 요소까지 그려 넣었다면 분명히 그림을 망쳤을 것입니다.

그래도 [그림 7-5]가 전하고자 하는 메시지의 핵심은 그대로 남아 있습니다. 새로운 통찰력을 얻으려면 다음 두 가지 작업을 수행해야 합니다.

1 점을 **수집**한다.
2 점을 **연결**한다.

점을 모으기 위해서는 다른 사람의 의견을 포함한 입력이 필요합니다. 활발한 토론은 분명 도움이 됩니다. 반면에 점을 연결하는 것은 좀 더 개인적인 과정입니다. 모든 사람의 사고 기차 thinking train가 같은 방식으로 설계되거나, 같은 속도로 달리거나, 같은 선로 위를 달리지는 않습니다. 페어 프로그래밍이 실패로 끝나는 경우는 바로 이런 이유 때문입니다. 전문가와 초보자를 함께 배치하는 것이 지식을 전달하는 데 항상 최선의 방법은 아닙니다. 전문가는 보통 열 걸음 앞서 있고 자신이 알고 있는 모든 세부 사항을 설명하지 않으려 하며, 초보자는 기차의 속도를 유지하려고 애쓰다가 귀중한 화물을 잃어버리기도 합니다.

다른 사람들과 함께 점을 수집하세요. 그리고 혼자서 그 점들을 연결하세요. 최소한 다른 사람들이 각자의 주파수에 맞춰 새로운 정보를 생각하고 처리할 수 있도록 숨 쉴 공간을 충분히 제공해야 합니다. 저는 하루 종일 페어 프로그래밍을 강요하는 회사에서 일한 적이 있습니다. 그것은 풍요로운 경험이었지만 한편으로는 지치기도 했습니다. 짧은 시간에 그렇게 많은 것을 배운 적은 없었습니다. 하지만 진정한 통찰은요? 그것은 주로 근무 시간 전후에 일어났습니다. 깊이 생각할 시간이 없었으니까요! 제 페이스를 유지하지 않았다면 선로에서 이탈했을 것입니다.

그 이후의 다른 회사에서는 페어 프로그래밍을 산발적으로만 적용했기에 자신의 속도에 맞춰 새로운 지식을 처리하기 위한 숨 쉴 틈을 충분히 가질 수 있었습니다. 하지만 이러한 방식은 진정한 동료애를 느끼기 어렵고 모범 사례를 빠르게 배포할 수 없다는 단점도 있습니다. 한편, 100% 페어 프로그래밍 업무는 내성적인 사람에게 치명적입니다. 저는 페어 프로그래밍을 옹호하지만, 창의적인 프로그래머의 경우 가끔 서로에게 휴식을 주는 것이 두 사람 모두에게 도움이 된다는 점은 분명합니다.

학계 연구원이 된 이후에는 보통 혼자서 일을 해야 하는데, 이는 양날의 검과도 같습니다. 한편으로는 점과 점을 연결하는 연구에 대한 대가로 돈을 받으니 해방감이 느껴지기도 합니다. 반면에 다른 동료가 발견해 줄 수도 있었던 점들을 간과할 때면 외로움을 느끼기도 합니다.

다가오는 마감에 대한 공포에서 벗어나 창의력을 발휘하기 위한 특성 중 하나로 흐름과 집중력을 언급한 인터뷰 참가자를 기억하시나요? 사실 그는 직장에서의 진정한 창의성에 대해 상당히 비관적이었습니다.

> 진정으로 창의성을 발휘하는 것은 우리 직업에서 정말 제한적인 일이라고 생각합니다. [...] 저에게 창의성이란 그 순간 머릿속으로 들어가서 자신만의 세계에 빠져드는 느낌에 더 가깝습니다.

그가 실제로 하고 싶었던 말은 '창의력에는 점과 점을 연결하는 작업이 포함되며, 이를 위해서는 나만의 시간(또는 다운타임)이 필요하다'는 것이었습니다. 토론을 이어가면서 그는 창의성의 궁극적인 증거로 아하 에를레브니스를 언급했는데, 대부분의 참가자에 따르면 책상에 있을 때는 보통 이런 일이 일어나지 않는다고 합니다.

제가 대화를 나눈 모든 프로그래머는 10%의 조명을 추앙했지만, 이상하게도 거기까지 도달하기 위해 흘렸던 90%의 땀에 대해서는 아무도 언급하지 않았습니다. 코드베이스에 뿌리를 내리고, 테스트되지 않은 메서드를 찾아내고, 잘못 사용된 패턴을 반복해서 살펴보고, 버그 보고서를 해독하고, 같은 기능을 위해 6번씩이나 토론하는 등과 같은 일 말입니다. 점을 모으지 못하면 연결할 수도 없습니다.

7.4.2 수면과 통찰력

상당수의 저명한 창의적인 사람들은 통찰력이 숙면과 관련 있다고 말합니다. 실제로 (좋은) 수면이 창의성을 촉진한다는 사실은 경험적 근거를 통해 충분히 확인되었습니다. 잠을 자는 동안에는 시간의 흐름에 따른 자아의 연속성과 공간 탐색을 담당하는 뇌 영역인 해마가 자유롭게 활동하며 낮 동안의 인상을 연결할 수 있습니다. 신경과학자 매트 윌슨은 이를 의도적인 행동으로 설명합니다.[24]

---

24 MR O'Connor. Wayfinding: The science and mystery of how humans navigate the world. St. Martin's Press, 2019.

수면 중에는 이미 배운 것을 이해하려고 노력합니다. [...] 방대한 경험 데이터베이스로 들어가 새로운 연관성을 찾아내고 새로운 경험을 설명하는 모델을 구축하려고 합니다. 지혜는 경험을 바탕으로 한 규칙으로, 미래의 새로운 상황에서 올바른 결정을 내릴 수 있게 해줍니다.

수면이 제 역할을 하기를 수동적으로 기다릴 필요는 없습니다. 행동 과학자 시몬 리터와 그녀의 연구 팀은 냄새를 맡는 것이 창의력을 촉진한다는 사실을 발견했습니다.[25] 그들은 실험 참가자들을 대상으로 잠들기 전 저녁 시간에 창의적인 해결책이 필요한 문제를 제시했습니다. 문제가 제시되는 동안 숨겨진 향기 확산기를 통해 향기를 퍼뜨렸습니다. 수면하는 동안 한 그룹은 같은 향기를, 다른 그룹은 다른 냄새를, 한 그룹은 아무런 냄새도 맡지 않도록 했습니다. 다음 날 아침 기상 직후 해결책을 발표했을 때 첫 번째 그룹이 훨씬 더 창의적인 것으로 나타났습니다.

리터는 이를 '수면 중 작업 재활성화'라고 부릅니다. 비록 참가자 수가 매우 제한적이었고 60년대의 구식 창의성 평가 방법이 사용되었지만, 이전에는 연관성이 없던 정보가 수면을 통해 연결될 수 있으며 어느 정도까지는 적극적으로 촉발될 수 있다는 메시지는 분명합니다. 어떤 향기를 사용했는지 궁금하신 분들을 위해 알려드리자면, 오렌지 바닐라 향을 사용했습니다.

애니메이션 시리즈 〈덱스터의 실험실Dexter's Laboratory〉의 한 에피소드에서 덱스터가 "이봐, 따로 공부할 필요가 있어? 내 천재성으로는 자는 동안에도 공부할 수 있다고!"라고 선언한 게 어쩌면 맞을지도 모르겠습니다. 잠을 자는 동안 '무의식 음반 최면술사'가 여러분에게 필요한 프랑스어 어휘를 외울 수 있도록 돕는 것이죠(http://mng.bz/D4oV). 다만 여러분도 덱스터처럼 레코드가 '오믈렛 뒤 프로마쥬'에서 멈추지 않도록 주의하세요.[26]

7.4.3 각성제에 대한 참고 사항

프로그래머들이 커피를 좋아한다는 것은 여러 포커스 그룹을 통해 내린 결론입니다. 커피가 창의력에 미치는 영향은 두 가지로 보입니다. 첫째, 무엇보다도 (한 참가자가 설명한 것처럼) 커피 머신이나 정수기 근처로 걸어가는 행위만으로도 창의력을 자극할 수 있습니다.

---

25 Simone M Ritter, Madelijn Strick, Maarten W Bos, Rick B Van Baaren, and AP Dijksterhuis. Good morning creativity: task reactivation during sleep enhances beneficial effect of sleep on creative performance. Journal of sleep research, 2012.

26 옮긴이_해당 에피소드에서 덱스터는 자는 동안 프랑스어 단어를 공부하기 위해 프랑스어 어휘 학습 레코드를 틀어 놓고 잠들었으나, 레코드가 오믈렛 뒤 프로마쥬(치즈 오믈렛) 부분에 멈추는 바람에 계속 이 단어만 반복해 플레이됐다.

[...] 커피란, 어떤 일을 하다가 막막할 때 일어나서 커피를 마시고 돌아오는 길에 문제를 해결할 수 있는 무언가가 떠오른다는 의미입니다.

또 다른 참가자는 커피를 많이 마시면 화장실에 가는 횟수가 늘어나기 때문에, 커피를 마시는 행위가 기분 전환 외에 다른 무언가를 유발할 수도 있다고 농담처럼 말했습니다. 프로그래머가 커피나 다른 음료를 마시는 것은 마치 아르키메데스가 목욕하는 것과 같습니다.

하지만 커피의 카페인에는 한 프로그래머가 언급했듯이 "뇌를 더 빨리 작동하게 한다"는 또 다른 잘 알려진 효과도 있습니다. 실제로 카페인은 집중력을 높여줍니다. 그러나 커피를 너무 많이 마시면 독창적인 아이디어를 떠올리는 데 필수 도구인 확산적 사고 모드(5장 참조)가 차단될 수 있다는 사실은 잘 알려져 있지 않습니다.

각성제와 예술 분야의 창의성 간의 연관성에 대한 문헌 검토에서 아인 스미스는 "수렴적 사고를 촉진하는 각성제의 능력이 주요한 작동 메커니즘이지만, 이는 발산적 사고를 감소시키는 대가가 따른다"고 결론지었습니다.[27] 고대 그리스인들은 철학적 토론을 할 때 인지적 벽을 허물기 위해 희석된 와인을 마셨다고 합니다. 니코틴과 카페인은 종종 작가들이 종이에 글을 적고 창작물을 평가할 때 사용합니다. 하지만 아이디어를 떠올리고 숙고할 때 가장 좋은 방법은 맑은 정신입니다.

각성제에 대한 연구와 각성제가 뇌에 미치는 영향은 그 자체로 하나의 연구 분야입니다. 최근 연구 결과를 요약하는 것은 이 책의 범위를 훨씬 벗어납니다. 더 자세히 알고 싶다면 환각의 과학에 대한 개인적인 여정을 담은 마이클 폴란의 『마음을 바꾸는 방법』(소우주, 2021)을 읽어 보기 바랍니다.[28]

7.5 기업의 창의적인 마음가짐

건축가들의 말을 믿는다면, 회사 건물의 외관과 내부 디자인이 중요하다고 할 수 있습니다. 인터뷰에 응한 프로그래머들의 말을 믿는다면, 말 그대로 자극적인 환경에서 일하면 창의력을 향

---

27 Iain Smith, Psychostimulants and artistic, musical, and literary creativity. International review of neurobiology, 2015.
28 Michael Pollan. How to Change Your Mind: What the new science of psychedelics teaches us about consciousness, dying, addiction, depression, and transcendence. Penguin Books, 2019.

상할 수 있습니다. 3장에서는 도시 및 산업 커뮤니티를 세심하게 계획하여 천재적인 클러스터를 재현하려는 현대 기술 현장을 소개했습니다. 업무 환경은 우리가 인정하고 싶은 것보다 더 많은 영향을 미칩니다. 여러분은 전략적으로 배치된 사무실 책상과 당구대가 번갈아 가며 무성한 녹지로 둘러싸인 정글을 선호하나요, 아니면 매일 회색 벽돌 벽을 마주하는 것을 선호하나요?

모두에게 완벽한 오피스를 디자인하기란 불가능합니다. 어떤 프로그래머는 분주한 활동을 선호하고, 어떤 프로그래머는 닫힌 문 안의 개인 공간을 좋아합니다. 어떤 사람은 함께 일하는 것을 싫어하기도 하죠. 이상적인 기업의 창의적 업무 환경이 어떤 모습이어야 하는지 살펴봅시다.

7.5.1 환경적 창의성

창의적인 환경 디자인에 대해 생각할 때 가장 먼저 떠오르는 것은 (이론상) 우발적인 창의성을 촉진하는 개방형 공간과 깊이 있는 업무를 촉진하는 폐쇄형 오피스 공간 사이의 충돌일 것입니다. 열린 공간은 구조와 경계를 허물고 예상치 못한 충돌을 허용하여 더 나은 아이디어를 창출할 수 있어야 합니다.

저희 연구를 포함한 수많은 연구 결과에 따르면 실제로 개방형 오피스의 소음이 창의성을 **저해**한다는 사실이 확인되었습니다![29] 반대로 좁은 칸막이에 사람들을 고립시키는 것도 마찬가지로 우울한 결과를 초래합니다. 개방형 공간과 폐쇄형 공간 모두 창의성을 저해한다면 건축가는 업무공간을 어떻게 설계해야 할까요? 유일한 해결책은 타협하는 것입니다.

칼 뉴포트는 『딥 워크』에서 폐쇄된 하위 환경 클러스터를 긴 복도와 결합할 것을 제안합니다. 이렇게 하면 구현 세부 사항으로 씨름하는 동료들의 흐름을 방해하지 않으면서도, 커피 머신으로 걸어가는 동안에 서로 마주치며 아이디어를 교환할 수 있습니다. 함께 일하는 공간은 팀의 필요에 따라 더 세분화할 수도 있습니다.

뉴포트는 서로 나란히 위치한 기계 공장과 피아노 수리 시설처럼, 잘 어울릴 것 같지 않은 학과들이 같은 건물을 공유하는 예로 MIT의 빌딩 20을 언급합니다. 처음에 모자란 공간을 임시로 해결하기 위해 급조로 만들어졌던 이 공간은 벽이 없다 보니 필요에 따라 재배치할 수 있고, 학제 간 토론과 고독한 집중의 순간을 모두 허용합니다. 이후 더 체계적으로 계획된 다른 건물에

---

29 Torkild Thanem, Sara Varlander, and Stephen Cummings. Open space = open minds? The ambiguities of pro-creative office design. International Journal of Work Organisation and Emotion, 2011.

서도 빌딩 20과 동일한 디자인 철학이 적용되었습니다. 뉴포트는 벨 연구소의 설계에 대한 존 거트너의 메모를 인용합니다.

> 수많은 지인, 문제점, 전환점, 아이디어와 마주치지 않으면서 복도를 따라 이동하기란 거의 불가능 했습니다. 실제로 점심을 먹기 위해 카페테리아로 걸어가던 한 물리학자는 마치 철제 파일 사이로 굴러다니는 자석이라도 된 듯이 보였습니다.

인터뷰에 응한 한 프로그래머는 사무실 공간이 "방해가 되지 않으면서도 우대 받는 느낌이 있어야 하고, 상상력을 자극해야 한다"고 말했습니다. 프로이트는 자신에게 영감을 주는 고고학적 경이로움에 둘러싸이는 것을 좋아했습니다. 아마도 이러한 반짝이는 장신구들이 없었다면 그의 작업은 그다지 빛을 발하지 못했을 것입니다.

5장에서 언급한 조너스 소크가 소크 생물학 연구소를 의뢰할 때 구상했던 것이 바로 혼합된 하이브리드hybrid 형태로 함께 일하는 공간이었습니다. 건축가 루이스 칸Louis Kahn은 서로의 작업을 방해하지 않으면서 아이디어를 주고받을 수 있도록 대담하게 빛을 바꾸는 외관과 자유롭게 흐르는 연구실을 선택했습니다. 그 결과 [그림 7-6]에서 볼 수 있듯이 멋진 현대 미술 작품이 탄생했습니다.

그림 7-6 전략적으로 배치된 실험실, 태평양이 내려다보이는 사무실 공간, 학습 공간이 전부 포함된 소크 연구소의 안뜰. 대칭 구조가 돋보입니다(출처: 애덤 비그널, Unsplash).

(하이브리드) 창의성 공간의 특징과 구성은 정확히 무엇일까요? 행동 공학 연구자인 카티아 토링Katja Thoring과 동료들은 문헌을 통해 그 해답을 찾으려고 노력했습니다. 앞서 언급한 소크 연구소와 같은 대부분의 색다른 업무 환경은 다양한 요구 사항에 따라 별도의 공간을 제공합니

다. 실제로 다음과 같은 공간 유형이 있는 것으로 파악됐습니다.

- 개인/집중 공간
- 협업 공간
- 제작/실험 공간
- 전시 공간
- 프레젠테이션/공유 공간
- 휴식 공간
- 특별/유희 공간
- 가상 공간
- 배양 및 사색 공간

대기업들은 새로운 인재를 유치하기 위해 '유쾌한' 공간을 자랑하곤 합니다. 제가 봤던 어떤 면접에서는 고용주가 점심시간에 이루어지는 엑스박스^{Xbox} 토너먼트에 대해 자랑스럽게 언급했던 기억이 납니다. 하지만 나중에 듣기로 그 회사는 점심시간을 엄격하게 통제하고 있었습니다. 저는 정중하게 그 회사의 합격 통보를 거절했습니다(만약 슈퍼 닌텐도에 대한 언급을 했다면 또 모르겠네요).

어떤 곳은 프로그래머에게 업무뿐만 아니라 회사 건물 내 거주까지도 요구합니다. 토링의 논문에서 배양 공간을 별도의 독립된 실체로 보는 관점은 흥미롭습니다. 어쩌면 아르키메데스도 호화로운 욕실을 요구하지 않았을까요?

창의적인 환경은 사교적이고, 자극적이고, 매력적이고, 편안하고, 건강하고, 안전하고, 놀랍고, 유연하고, 접근하기 쉽고, 장난기 넘치고, 넓고, 멀리 떨어져 있고, 아늑하고, 영양가 있고, 유익한 공간이어야 합니다. 또한 우연한 만남을 촉진하고, 회사의 정체성을 반영하며, 충분한 녹지를 포함하고, 경이로움을 불러일으키는 건축물이어야 하고, 카페가 많고, 프로젝트 작업을 쉽게 전시할 수 있어야 합니다.

대부분의 업무 공간이 기대에 부응하지 못하는 것은 당연한 일입니다. 에릭 와이너는 이를 직설적으로 표현합니다. '창의성은 환경에 대한 반응이다'라고 말입니다. 전 세계적인 코로나19 팬데믹으로 인해 원격 근무가 의무화되면서 이러한 환경이 갑작스럽게 바뀌었습니다. 이러한 변화가 창의성에 긍정적인 영향을 미쳤는지 여부는 아직 밝혀지지 않았습니다.

업무 공간 디자인에 대한 우리의 영향력은 제한적일 수 있지만, 프로이트가 그랬던 것처럼 여기저기에 영감을 주는 오브제를 몇 개 추가하는 것이 불가능하지는 않습니다. 저는 회사에서 업무 공간의 레이아웃과 장식을 공동 책임지는 '최고 행복 책임자'를 채용하는 것을 본 적이 있습니다. 회사에 이러한 역할이 있다면, 여러분도 적극적으로 참여해 창의성 연구를 소개하거나 이 책을 빌려주세요! 회사에 인테리어 디자인이나 직원 복지에 관심을 기울이는 전담 인력이 부족하다면 창의성을 키울 수 있는 환경을 놓치고 있는 셈입니다. 우리는 환경이 창의적 성과에 미치는 영향에 대한 인식을 높이는 데 도움을 줄 수 있습니다.

> **EXERCISE** 집이든 사무실이든 자신의 책상을 둘러보세요. 지루하기 짝이 없나요? 영감을 주는 책이나 포스터, 화분을 몇 개 추가해 보는 건 어떨까요? 오래된 마더보드에 스프레이 페인트를 칠하거나 사용하지 않는 아이팟을 분해하여 벽에 걸어 보세요. 자신을 정의하고 영감을 주는 것들로 무드 보드를 만들어 보세요. 언제나 그렇듯이 인터넷에서 더 창의적인 예시를 찾아보기 바랍니다.

수도복 입어 보기

때로는 일시적으로 다른 환경에서 일하는 것이 도움이 될 때가 있습니다. 제 동료 중에는 논문을 완성하기 위해 수도원에서 지낸 사람도 있습니다. 집에서 끊임없이 소리를 지르는 아이들로 인해 그의 창의적인 흐름에 방해를 받아 그렇게 했을지도 모릅니다.

미하이 칙센트미하이는 저서 『창의성의 즐거움』(북로드, 2003)을 집필할 때 방대한 분량을 이탈리아 북부의 코모 호수 동쪽 지점이 내려다보이는 외딴 방에서 썼습니다. 록펠러 재단은 매년 학자들을 아름답지만 외딴 지역으로 파견함으로써 탁 트인 전망과 인근 유적의 역사적 무게가 창의력을 폭발시키기를 희망합니다. 대개 그들의 창의성은 높아집니다.

7.5.2 창의적인 작업실로서의 직장

초심자의 눈에 예술가들의 작업실은 밝고 지저분하며 쓰레기가 널려 있는 공간일 뿐입니다. 작업실의 가장 중요한 측면인 맥락^{context}은 눈에 보이지 않습니다. 모든 시스템과 마찬가지로, 작업실 자체도 창의적인 결과물을 결정하고 변화시키는 시스템의 일부입니다. 2021년 워크숍 콘퍼런스 '1 + 1 = 3'[30]에서 플랑드르의 비주얼 아티스트인 요나스 반스틴키스트[Jonas Vansteenkiste]와 조크 레이스[Joke Raes]는 자신의 작업이 물리적 작업 공간과의 관계 속에서 어떻게 발전하고 형성되었는지에 대해 이야기했습니다. 논리를 거스르는 '1 + 1 = 3' 공식은 3장에서 언급한 노라 베이트슨이 '**시마테시**'라고 부르는 것, 즉 합이 각 부분보다 크다는 것을 의미합니다.

각 작업실은 최종 결과에 큰 영향을 미칩니다. 예를 들어 공방에는 목재 선반이나 세라믹 재료와 같은 특정 기술 옵션이 갖추어져 있습니다. 공방에 상주하는 전문 목공예가나 조각가의 지도 또한 결과물에 영향을 미칩니다.

조크 레이스의 예술은 아틀리에 안팎에서 우연히 발견한 재료, 즉 버려진 산업 잔재물이나 자연물에서 영감을 얻습니다(그림 7-7).[31] 그녀의 예술은 환경의 변화에 따라 변화합니다. 그녀는 또한 우연의 중요성을 강조합니다. 그녀의 작품은 유기적으로 진화하며 때로는 순전히 우연에 의해 강화되지만, 계획된 경로에서 벗어날 때를 의도적으로 선택합니다. 그녀에 따르면 창의적인 작업을 위한 단 하나의 비결 같은 건 없다고 합니다.

그림 7-7 조크 레이스의 아틀리에 내부. 벽면은 그녀의 조각품으로 장식되어 있습니다. 스케치북, 설명서, 다양한 재료가 손이 닿는 곳에 있지만 숨을 쉬고, 생각하고, 작업하기에 충분한 빛과 공간이 있습니다(출처: 조크 레이스).

---

30 https://www.platformwerkplaatsen.nl/nl/werkconferentie-1-1-3
31 예술가나 디자이너는 작업실보다는 아틀리에라는 용어를 더 선호하는 것으로 보인다. 이번 절의 맥락에서 두 용어의 의미는 동일하다.

프로그래밍과 하드웨어 땜질도 물리적 재료에 의존하며 물리적 맥락에서 이루어집니다. 6장에 소개된 아르고노트 게임즈의 엔지니어 몇 명이 회로 기판 인쇄에 관심이 없었다면, 게임보이 내부를 리버스 엔지니어링하는 데 성공하지 못했을 수도 있습니다. 만일 그들의 호기심과 끈기가 끝내 고갈되고 그 결과 부품을 직접 만드는 대신 주문 제작을 통해 게임보이 게임 〈X〉를 생산했다면, 최종 결과는 완전히 달라졌을 것입니다.

프로그래밍 작업 환경은 창의적인 최종 제품에 영향을 미칩니다. 구글과 애플의 제품이 탄생한 차고에 대한 낭만적인 이미지가 떠오를지도 모릅니다. 역사 연구가인 캐서린 에리카 맥패든은 박사 학위 논문 전체를 '**차고공예**^{garagecraft}'라는 주제에 할애했습니다.[32] 맥패든이 언급한 것처럼, 이러한 차고는 창작 작업실과 매우 흡사한 역할을 했습니다.

> 차고는 놀고, 실험하고, 기술을 상용화할 수 있는 장소를 제공하는 동시에 새로운 정체성과 공동의 표준을 만들 수 있는 공간을 제공했습니다. 우리가 무엇을 만들고 어떻게 만드는지는 결국 물건을 만드는 것보다 우리 자신을 만드는 것에 더 가깝습니다.

실리콘밸리의 차고 땜질 에피소드는 때때로 동화처럼 들릴 수 있지만, 실제로 차고/공방과 그 안의 내용물로 인해 땜질하는 사람에 대한 상상에 미치는 영향을 부정하기는 어렵습니다. 프로그래머로서 우리도 가끔 영감을 얻을 수 있는 개인 작업실이나 아틀리에를 만들어 보면 어떨까요?

7.5.3 안전한 피난처로서의 작업실

직장은 창의적인 실험을 할 수 있는 곳이어야 합니다. 포커스 그룹 연구에 참여한 한 인터뷰 참여자는 다음과 같이 설명합니다.

> 저는 그것이 동기 부여와 같다고 생각합니다. 창의력을 발휘할 수 있는 구조를 만들어 주고, 실수할 수 있고 무언가를 시도해 볼 수 있으며, 그런 환경에서 지원받고 편안함을 느낄 수 있다는 뜻입니다. [...] 예를 들어 유연한 근무 시간은 정시에 도착하는 것에 대해 걱정할 필요가 없고 차 안에서 차분하게 문제에 대해 생각할 수 있다는 점에서 중요하다고 생각합니다.

---

32 Katherine Erica McFadden. Garagecraft: Tinkering in the American garage. PhD dissertation, College of Arts and Science, University of Southern California, 2018.

창의성을 발휘할 수 있는 직장은 정해진 시간에 너무 얽매이지 않고 무언가를 시도하고, 더듬거리고, 실패하고, 다시 시도할 수 있는 자신감을 높여주는 곳입니다. 다시 한번 강조하지만, 자유는 창의성을 결정하는 중요한 요소로 떠오릅니다. 물론 화이트보드가 근처에 있거나 아이디어 페인트나 칠판 페인트로 벽에 그림을 그릴 수 있다면 더욱 도움이 됩니다. 아직 답을 하지 않은 질문이 있는데, 제약과 자유 사이의 이상적인 균형은 무엇일까요? 이 장을 끝맺으면서 생각해 볼 수 있는 좋은 연습 문제가 될 것입니다.

7.6 요약

- 책상 앞에 앉아 코딩 문제를 해결할 수 없다면 잠시 책상에서 벗어나는 것도 좋은 방법입니다.

- 예를 들어 '반드시 해결해야 하는 문제'를 풀고 있을 때도 게임하며 시간을 보내는 등 가끔 두뇌의 부하를 덜어 보세요. 상쾌한 마음이 창의적인 문제 해결 능력에 어떤 영향을 미치는지를 안다면 놀라게 될 것입니다. 잠재의식이 보내는 신호를 무시하지 마세요.

- 팀 내 혹은 서로 다른 팀 사이에서 모두에게 최적인 프로그래밍 업무 경험을 존중할 수 있는 방법을 찾아 보세요.

- 같은 맥락에서 가장 집중력이 필요한 작업을 일반적인 사무실 환경 밖에서 수행할 수 있는지 살펴보세요. 작업을 심층 작업 또는 얕은 작업으로 구분하고 그에 따라 작업 공간을 선택하세요.

- 회사의 지원을 받으면 유연한 창의력 상태를 유지하기가 더 쉽습니다. 고용주에게 창의적 지원(환경, 유연성)을 요청하세요.

- 지속적이고 반복적이며 높은 숙련도를 필요로 하지 않는 업무는 지루함을 유발해 창의력을 완전히 죽이고, 반대로 지나치게 어려운 업무를 자주 맡으면 스트레스 수준이 높아져 창의적인 결과물이 줄어듭니다. 이는 자명한 사실이지만, 급박하게 돌아가는 기획 회의의 열기 속에서 모두가 이러한 사실을 잊어버리는 경향이 있습니다.

- 산책할 때는 꼭 메모할 도구를 가지고 가세요.

- 인스턴트 메시지와 이메일은 창의성을 죽이는 대표적인 요소입니다. 팀을 위한 커뮤니케이션 시스템을 선택할 때는 항상 개발자에게 전달되어야 하는 메시지와 그렇지 않은 메시지를 구분해야 합니다. 이렇게 하면 하루에 몇 번만 미리 정해진 순간에 이메일을 확인할 수 있습니다.

- 본인이나 동료의 예기치 않은 질문 때문에 빈번하게 방해가 된다는 것을 알고 있으면 창의적인 작업에 더 집중하는 데 도움이 됩니다. 방해가 일상적인 경우, 반응하기 전에 현재 진행 중인 생각의 흐름을 잠

시 멈추세요.

- 프로그래밍과 관련이 없더라도 자신의 작업을 개선할 수 있는 다른 사람의 작업에 관심을 보이세요.

- 책상 환경을 아무 영감이 떠오르지 않는 상태로 두지 말고 밝게 꾸미세요. 때로는 정말 중요한 게 사소한 것일 수 있습니다.

- 페어 프로그래밍 템포가 너무 빨라서 모인 점들을 연결할 수 없다면 새로운 지식을 자신의 속도에 맞춰 처리해 보세요. 개인의 창의적인 사고방식이 어떻게 작동하는지 설명해 주면 상대방은 분명 이해할 것입니다.

- 창의적인 프로그래머는 잘 쉬는 프로그래머입니다. 숙면의 중요성을 무시하지 마세요!

창의적 기법

이번 장에서는 다음과 같은 내용을 다룹니다.

- 예술 기반 학습의 개념
- 아이디어 차용: 좋은 도용과 나쁜 도용
- 창의력을 높이는 글쓰기 기술
- 창의적 프로그래머의 도구 살펴보기

무너져 가는 로마의 거리에 죽음의 그림자가 드리워집니다. 역사상 최초의 전염병으로 알려진 안토니우스 페스트는 서기 170년 로마 제국을 강타하여 20년 만에 인구의 15퍼센트를 몰살시켰습니다. 전 세계적인 공황 상태로 인해 대부분의 생존자는 도시를 약탈하거나 도망쳤습니다. 하지만 당시 로마의 황제 마르쿠스 아우렐리우스는 이전 황제들과는 확연히 다르게 자신의 목숨이 다른 사람보다 결코 더 중요하지 않다고 말하며 국민들을 안심시키고 로마에 남는 쪽을 선택했으며 위기를 극복했습니다. 전염병과 같은 생명을 위협하는 문제에 직면했을 때, 아우렐리우스는 스토아적 훈련을 통해 상황을 축소하는 대신 전체를 바라보는 법을 배웠습니다.

페스트가 창궐하는 동안과 그 이후에도 나쁜 소식은 계속 쏟아져 나왔습니다. 로마 국경은 게르만 부족으로부터 끊임없이 공격 받았고, 병력과 재정은 서서히 고갈되어 갔습니다. 아우렐리우스는 세금을 올리거나 이웃 국가를 약탈하는 등의 편협한 방법으로 재정난을 타개하는 대신 정반대의 방법을 택했습니다. 그는 시야를 넓혀 문제의 모든 측면을 살펴보았고, 전임자들이 모아 놓은 많은 장신구에 먼지만 쌓이고 있다는 사실을 알아냈습니다. 그는 과감한 결정을 내렸습니다. 포럼에 있는 모든 제국의 보물을 팔아 치운 것이죠. 아우렐리우스는 나중에 장신구를 도로 물리려고 가져온 사람들에게는 금으로 돌려줬고, 물리지 못하도록 강제하지도 않았습니다.

그의 좌우명은 단순하고 겸손한 것이었습니다. "옳은 일을 하세요. 나머지는 중요하지 않습니다. 좋은 사람이 어떤 사람인지에 대해 이야기하는 데 더 이상 시간을 낭비하지 마세요. 그냥 좋은 사람이 되면 됩니다." 이 말은 14명의 자녀 중 9명을 잃고, 끊임없이 전쟁에 직면했으며, 반복되는 건강 문제로 인해 전염병에 걸려 200년에 걸친 로마 황금기를 마감한 한 남자가 남긴 조언입니다.

그로부터 18세기 후, 미국 서부 어딘가의 평화롭고 조용한 호텔 방에 펜 긁는 소리가 가득합니다. 한 중년의 대머리 남성이 작은 종이에 메모를 적고 있습니다. 이후 여러 차례 호텔을 방문하면서 계속 늘어나는 종이 더미는 블라디미르 나보코프Vladimir Nabokov가 나비 채집가로서 나비 여행을 하면서 쓴 20세기 고전 소설『롤리타』(문학동네, 2013)의 기초가 됩니다.

그림 8-1 안토니우스 페스트의 영향으로 한 충실한 스토아주의자는 재정의 흐름을 유지하기 위해 창의적인 행동을 해야 했습니다. 아우렐리우스는 매우 특별한 시기에 매우 이례적인 야드 세일yard sale을 열었습니다. 에티엔 피카르의 판화, 푸생의『아슈도트의 전염병』을 바탕으로 한 작품(출처: 퍼블릭 도메인).

나보코프는 다른 사람들과 같은 방식으로 글쓰기에 접근하지 않았습니다. 대신 머릿속에 그림을 그린 후 인덱스카드에 소설의 전체 구조를 서서히 그려 나갔습니다. 이를 통해 그는 악명 높은 빈 페이지에 대한 두려움, 즉 작가적 블록[1]을 극복할 수 있었습니다. 때로는 나비 사냥을 하는 동안에도 영감이 솟구치는 것을 느끼면 새 카드를 추가했습니다. "저는 처음부터 소설을 시작하지 않습니다. 4장을 시작하기 위해 꼭 3장을 마치는 것도 아니고, 한 페이지에서 다음 페

---

1 옮긴이_ 작가적 블록writer's block이란 여러 이유로 글을 계속 써내려 갈 수 없는 상황을 의미한다.

이지로 순서를 충실히 지키지도 않습니다. 아니, 종이의 모든 빈틈을 채울 때까지 여기저기서 조금씩 골라냅니다."[2] 한 인터뷰에서 그가 한 말입니다.

나보코프는 이야기가 막히거나 내용의 일부가 마음에 들지 않으면 관련 인덱스카드를 바닥에 내려놓고[3] 일부분을 재배치하거나 추가 또는 제거했습니다. 여러 번 재배치(그리고 반복)한 후 나보코프는 카드에 번호를 매겨 타이피스트이자 교정자였던 아내에게 모든 내용을 구술했는데, 그의 아내는 때로는 버려진 인덱스카드를 주워다 주기까지 했습니다. 나보코프의 직소 퍼즐 같은 소설 집필 방식은 그에게 많은 유연성과 효율성을 가져다주었습니다.

나보코프의 마지막 소설인 『오리지널 오브 로라』(문학동네, 2014)는 결국 완성되지 못했습니다. 그로부터 32년 후인 2009년에 펭귄 출판사는 이 소설을 부분적으로 출판했습니다. 얼룩과 지워진 단어가 있는 그대로 재현된 138개의 인덱스카드는 독자가 나보코프 스타일에 맞게 오려서 정리하고 재구성할 수 있습니다. 이를 통해 나보코프가 작품을 구성하는 방법과 인물을 묘사하는 데 가장 적합한 단어를 선택했던 방법을 체험해 볼 수 있습니다.

21세기가 시작될 무렵, 인간 중심의 소프트웨어 전문가들로 구성된 팀이 '애자일 소프트웨어 개발을 위한 선언문Manifesto for Agile Software Development'을 만들었습니다. 이 선언문에는 '팀은 정기적으로 어떻게 해야 더 효과적이 될 수 있는지 성찰하고 그에 따라 행동을 조정한다'고 명시되어 있습니다.[4] 이 선언문은 우리 시대 가장 영향력 있는 소프트웨어 엔지니어들이 작성했는데, 예를 들면 로버트 C. 마틴, 제프 서덜랜드, 알리스테어 콕번, 마틴 파울러, 앤디 헌트, 켄트 벡, 켄 슈와버 등이 참여했습니다.

2년 후, 켄 슈와버와 제프 서덜랜드는 '선진 제품 개발 방법'에 대한 아이디어를 **스크럼**Scrum이라는 한 단어로 압축했습니다. 스크럼의 핵심에는 정기적으로 되돌아보는 회고도 포함되어 있었습니다. '스프린트 검토 후 다음 스프린트 계획 회의 전에 스크럼 마스터는 팀과 함께 스프린트 회고 회의를 개최합니다.'[5] 스프린트 회고가 탄생한 것이죠.

스프린트 회고는 어떻게 진행할까요? 스크럼 가이드Scrum Guide에 따르면,[6] 스프린트 회고는 팀이 '작업 완료'라고 정의한 바에 따라 수행한 작업을 되돌아보고 사람, 관계, 프로세스 및 도구

---

2 Robert Golla. Conversations with Vladmir Nabokov. University of Mississippi, 2017.

3 이런 재배치는 자신이 좋아했던 나비 사냥을 하러 가는 도중 차 뒷자석에 앉아서도 자주 일어났다.

4 http://agilemanifesto.org

5 Ken Schwaber. Agile project management with Scrum. Microsoft Press, 2004.

6 https://scrumguides.org

와 관련하여 개선할 수 있는 사항을 점검할 수 있는 즐겁고 효과적인 방법이어야 합니다. 수년에 걸쳐 회고를 준비하고, 데이터를 수집하고, 인사이트를 생성하고, 해야 할 일을 결정하고, 성찰을 마무리하기 위한 여러 가지 창의적인 기법이 등장했습니다. **체크인**check-In, **매드 새드 글래드**mad sad glad, **다섯 가지 이유**five whys, **질문의 원**circles of question, **온도 측정**temperature reading 등 다양한 방법이 즐겁고 효율적인 회고를 진행하기 위한 유용한 가이드라인으로 제공됩니다.

8.1 창의적인 도구 상자 채우기

어려운 시기에 제국을 통치한 마르쿠스 아우렐리우스의 조감도 접근법, 소설의 전체 구조를 쉽게 바꿀 수 있었던 블라디미르 나보코프의 유연한 인덱스카드 시스템, 다양한 애자일 회고 기법 사이의 가장 큰 공통점은 무엇일까요? 세 가지 사례 모두 창의적인 기법을 사용하여 장애물을 극복하고 새로운 통찰력을 창출하는 방법을 보여줍니다.

스토아주의에 대한 확고한 배경이 없었다면 마르쿠스 아우렐리우스는 오늘날 로마의 오현제 중 하나로 여겨지지 않았을지도 모릅니다. 네로나 율리우스 카이사르처럼 무자비하게 통치할 수도 있었지만, 그는 악의와 위선을 거부할 수 있는 도구가 있었기에 그렇게 하지 않았습니다. 나이가 좀 더 든 후에 그는 자신의 명상록에 이렇게 썼습니다. "카이사르화되거나 권력에 물들지 않도록 조심해야겠다. 단순하고, 선하고, 순수하고, 진지하고, 소박하고, 정의의 친구가 되고, 신을 두려워하고, 친절하고, 애정이 넘치고, 적절한 일을 위해 강해져야 한다. 철학이 만들고자 하는 사람이 되도록 열심히 노력해야 한다."

인덱스카드가 없었다면 블라디미르 나보코프는 작가적 블록에서 회복하지 못했을지도 모릅니다. 니클라스 루만의 **제텔카스텐** 시스템과 마찬가지로 나보코프의 카드는 창의력과 생산성을 모두 높여 주었습니다. 루만과 마찬가지로 나보코프도 소설가, 시인, 번역가, 문학 교수, 나비 연구가로 활동한 다재다능한 인물입니다.

민첩한 회고를 촉진하는 창의적인 도구가 없다면 2주에 한 번씩 열리는 회의는 다른 회의와 마찬가지로 지루하고 쓸모없는 시간 낭비로 끝납니다. 앞서 언급한 방법 중 최소 한 가지 방법을 사용한다면 모든 전문가 모임이 지향해야 하는 즐겁고 효과적인 회의를 유지할 수 있습니다.

그런 의미에서 이 장의 전제는 2장과 유사합니다. 창의적인 장애물을 극복하기 위해서는 프로그래밍이 아닌, 이러한 도구에 대한 기술 지식의 기초가 필요하다는 것입니다. 마지막 장과 첫 번째 장을 다시 연결함으로써 우리는 완전히 원점으로 돌아왔습니다!

왜 이 주제가 이전 장에 통합되지 않고 별도의 장으로 필요한지 궁금할 수도 있습니다. 결국 개인 지식 관리 워크플로, 확산적 사고, 스스로 부과한 제약은 창의적인 기법이 아닌가요? 물론 그렇습니다. 하지만 포커스 그룹 연구에서 이 개념은 서로 얽혀 있으면서도 별개의 주제로 나타났습니다. 프로그래머들은 창의적인 도구 상자에 대해 이야기하는 것을 좋아하는 듯합니다. 이번 장에서는 바로 그런 이야기를 해보려 합니다.

예술과 글쓰기는 둘 다 놀라울 정도로 코딩과 유사합니다. 예술은 주어진 제약 조건 내에서 무에서 유를 창조하는 것이기 때문입니다. 자유의 정도에 따라 이런 일은 외부의 관행에 따라 일이 이루어지는 서류 들이밀기나 조립 라인 노동과는 다를 수 있습니다. 아티스트도 프로그램 작성자와 마찬가지로 보편적인 물리 법칙을 따를 필요는 없습니다. 네덜란드 판화가 M.C.에서 Maurits Cornelis Escher의 무한해 보이는 구조물을 한눈에 보면 알 수 있습니다.

저는 '코딩은 예술과 유사하다'라고 주장하는 것이지 '코딩(또는 코딩의 결과물)은 예술이다'라고 말하려는 게 아니라는 점을 유의해 주세요. '코딩이 예술인가'라는 주제는 여전히 논쟁의 여지가 있습니다. 다시 한번, 예술이란 무엇일까요? 자기표현? 상상력? 창조? 자유? 여러분은 어떻게 생각하세요?

코딩은 글쓰기와 유사합니다. 프로그래머는 자신이 하려는 바를 컴파일러가 이해하도록 구조화된 방식으로 프로그래밍함과 동시에, 동료나 최종 사용자도 이해할 수 있게 만들어야 하기 때문입니다. 컴파일러는 buyNewBook() 함수의 이름에 신경 쓰지 않고 그 뒤에 오는 () {에 신경 씁니다. 하지만 우리는 가독성이야말로 구문 분석이나 성능보다 훨씬 더 중요하다고 생각합니다.

프로그래밍을 포함해 상상할 수 있는 모든 학문에는 고유한 기법이 있으며, 대부분은 학제 간 융합 기술입니다. 소프트웨어의 경계를 넘어서는 건 좋지만 그 범위가 지나치게 넓습니다. 따라서 이 책에서는 창의성 도구에 관한 조사를 아티스트, 작가, 프로그래머의 도구 상자로 제한해 설명합니다. 이 목록이 모든 도구를 망라하지는 않지만 논의를 시작하기에는 충분합니다.

> ### 문제 해결 기법 대 창의적 기법
>
> 문제 해결 기법은 언제 창의적인 기법으로 간주될까요? '왜?'라는 똑같은 질문을 5번씩 반복하는 것처럼 단순한 게 정말 창의적일까요? 1장을 간략히 살펴보면 이에 대한 답을 찾을 수 있습니다. 창의적 기법이란 창의적인 행동을 장려하는 기술과 방법입니다. 여러분과 동료들이 창의적이라고 생각한다면 그게 무엇이든 간에 창의적이라는 점을 기억하세요.
>
> 그렇기 때문에 저는 8장을 비롯한 책 전체를 실용적 기법을 소개하는 레시피 유형으로 구성하는 게 꺼려집니다. 어떤 내용은 공감을 불러일으킬 수 있지만 또 어떤 부분은 너무 억지스럽게 들릴 수 있습니다. 그리고 어떤 레시피를 보면 '나도 해봤는데'라고 말할 수도 있습니다. 대신 이 창의적인 기법들을 참고하여 자신만의 기법을 생각해 보기 바랍니다.

많은 창의성 기법이 치료나 예술적 표현에도 사용될 수 있지만, 여기서는 문제 해결에 중점을 두고 설명합니다.

8.2 선택: 아티스트의 도구 상자

'창의적 기법'이라는 단어를 문맥 없이 접할 때, 저는 안료와 비밀 재료를 격렬하게 혼합하는 기법, 캔버스보다 캔버스 옆 바닥에 더 많은 물감을 뿌리는 잭슨 폴록의 드립 기법, 수채화를 의도적으로 서로 번지게 하는 웨트 온 웨트^{wet-on-wet} 기법 등을 상상합니다.

이러한 예술 기반 기법은 흥미롭기는 하지만 창의적인 프로그래머가 되는 데 있어 특별한 도움이 되지는 않을 것입니다. 하지만 어쩌면 도움이 될 수도 있을까요? 아티스트의 도구 상자를 완전히 무시해서는 안 됩니다. 조금만 노력하면 더 높은 수준의 관행, 기법, 습관이 프로그래머에게 유용한 도구가 될 수도 있습니다. 자세히 살펴보죠.

8.2.1 예술 기반 학습

문화사 연구자인 예룬 루터스^{Jeroen Lutters}는 흔히 존재하는 경제적 목표를 추구하지 않으면서도 지속적인 학습의 진보적 변형을 재현하기 위해 예술 기반 학습^{Art-Based Larning}이라는 개념을 도입했습니다.[7] 이 기법을 통해 시청자는 예술 작품과 대화에 참여할 수 있습니다. 예술 기반 학습의 목적은 인생의 긴급한 질문에 답하는 데 도움을 주는 것입니다. 눈앞의 대상은 우리를 내면의 모험으로 안내하여 결국 질문에 대한 답을 찾을 수 있도록 도와줍니다. 연상적 자유 사고는 이 접근법의 핵심입니다. 루터스는 이 방법을 예술적 자기표현에 비교합니다. "예술 기반 학습은 예술적 미메시스^{artistic mimesis}, 즉 내적 연구의 결과로 모방할 수 없는 새로운 개인적 창작물과 다르지 않습니다."

다소 모호하게 들리나요? 이는 해당 방법의 개인적 친밀감을 매우 학문적인 방법으로 강조하기 때문입니다. 예술 기반 학습은 어떻게 작동할까요? [그림 8-2]에서 볼 수 있듯이 4단계 과정으로 요약할 수 있습니다.

먼저, (스스로) 관련 질문을 던집니다. 루터스는 그의 논문에서 몇 가지 예를 제시합니다. "나는 왜 죽는 것이 두려운가?" 또는 "어떻게 하면 지금 이 순간을 더 즐겁게 살 수 있을까?"와 같은 질문입니다. 질문을 정한 후에는 예술 작품을 선택하거나, 예술 작품이 여러분을 선택해야 합니다. 그 순간 끌리는 책, 포스터, 그림, 흥미로운 기계, 콘서트 참석 등 다양한 예술 작품을 선택할 수 있습니다. 루터스에 따르면 대상을 선택하는 것은 대부분 행복한 상상을 하는 동안 무의식적으로 일어난다고 합니다. "이처럼 우리는 사물을 무조건 자유롭게 선택할 수는 없으며, 때로는 사물이 우리를 선택하기도 합니다." 따라서 선택하려면 무언가를 적절하게 사용할 수 있는 능력뿐만 아니라, 그것이 적절하게 사용될 수 있도록 허용하는 능력도 필요합니다.

그리고 나면, 작품이 말하도록 내버려 둡니다. 보는 사람에서 듣는 사람이 되는 것입니다. 이는 주의 깊게 관찰하고 영감의 가능성에 열린 자세를 취하는 '자세히 읽기'를 통해서만 가능합니다. 거의 명상의 한 형태라고 할 수 있습니다. 적극적으로 답을 찾으려 하지 마세요. 대신 인정하고, 받아들이고, 변화하세요.

세 번째 단계에서는 관객이 현재의 세계에서 벗어나 작품의 표현을 통해 다른 모든 가능성을 보게 됩니다. 그 가능성을 보고 내부적으로 토론하는 것입니다. 이 시점에서 작품은 단순한 예술 작품이 아닙니다. 이제 거의 다 왔습니다!

네 번째이자 마지막 단계는 이해와 의미를 개인적인 이야기로 변환하는 성찰 단계입니다. 예술

---

7 Jeroen H. R. Lutters. In de schaduw van het kunstwerk: Art-Based Learning in de praktijk. PhD thesis, Faculty of Humanities, Amsterdam School for Cultural Analysis, 2012.

기반 학습은 새로운 이야기, 새로운 지식, 초기 질문에 대한 잠정적인 해답으로 이어져야 합니다.

분명한 것은 예술 기반 학습은 "이 코드는 디버깅하면 왜 이 브레이크포인트로 오질 않지?" 또는 "어떻게 하면 비동기식으로 만들 수 있을까?"와 같은 실용적인 질문이 아니라 인생의 더 큰 철학적 질문에 대처하는 데 도움을 주기 위한 것입니다. 프로그래머로서 어떻게 하면 예술 기반 학습을 창의적인 문제 해결 활동과 통합할 수 있을까요?

그림 8-2 예술 기반 학습의 4단계: (1) 질문하고 예술 작품 선택하기, (2) 예술 작품이 말하게 하기, (3) 가능성 보기, (4) 답변으로 변환하기

이 기법은 앙리 푸앵카레의 잠재의식 창의성 이론과 매우 유사합니다. 질문을 숙고하고, 예술 작품의 도움을 받아 잠재의식이 제 역할을 하도록 내버려 두면 창의력이 발현된다는 것입니다. 또는 올리버 쌍둥이가 게임을 개발하는 동안 접했던 텔레비전 쇼, 우화, 설화 또는 프로이트를 둘러싸고 있었던 물건 등에서 영감을 얻을 수도 있습니다.

예술은 치료 효과가 있습니다. 예술에 대한 감상은 영감을 불러일으켜 개인적인 장애물을 제거하는 데 도움이 될 수 있습니다. 창의성 연구를 위해 인터뷰한 프로그래머 중에는 [그림 8-3]에 표시된 것과 같은 현대식 고속도로 교량을 창의적인 공학적 경이로움으로 높이 평가한 사람들도 있었습니다.

> **사람 A:** 저는 창의성이란 주로 무언가가 서로 잘 맞아떨어지는 방식이라고 생각합니다. 문제에 대한 기존 설루션의 복잡성을 간단하게 만드는 단순함이죠. 예를 들어 소프트웨어와 IT는 그렇다 치고, 제대로 만든 인터체인지가 하나 있습니다. 정말 잘 만들었어요!

> **사람 B:** 그 말을 들으니 생각났는데, 그 당시 새로 건설된 고속도로 교량으로 인해 교통 체증이 없어져서 그 문제가 정말 잘 해결됐었죠.

사람 A: 맞아요!

사람 B: 정말 엄청난 변화가 있었죠.

그림 8-3 2008년부터 2012년 사이에 재설계된 벨기에 루멘의 고속도로 인터체인지. 12개의 새로운 교량이 건설되었고, 그중 일부는 무게가 8천 톤에 달합니다. 이 우아한 엔지니어링 설루션은 인터뷰 대상자들에게 영감을 주었으며 마치 예술 작품처럼 아름답습니다(출처: 데이비 고버트).

저명한 철학자 알랭 드 보통과 미술사학자 존 암스트롱은 논란의 여지가 있는 저서『알랭 드 보통의 영혼의 미술관』(문학동네, 2013)에서 예술이 유용하고 관련성이 있으며 치유적일 수 있다고 주장하며 예술을 바라보는 새로운 시각을 제시합니다. 이 책에서 알랭 드 보통은 "위대한 작품은 일상생활의 긴장과 혼란을 관리할 수 있는 단서를 제공한다"고 주장합니다.[8] 이는 예술 기반 학습과 매우 흡사하게 들립니다! 요하네스 베르메르의 유명한 그림 중 하나인「밀크메이드

---

8 Alain de Botton and John Armstrong. Art as therapy. Phaidon Press, 2013.

^{Melkmeisje}나 새로운 고속도로 인터체인지가 여러분이 지금 고민하고 있는 레디스 캐시를 어떻게 무효화할 수 있을지에 대한 해답을 제시하지는 못하겠지만, 예술과 우리 자신을 더 잘 이해하는 데는 도움이 될 수 있으며, 나아가 캐시 문제에 대한 단서도 제공할 수 있습니다.

8.2.2 훔쳐라, 아티스트처럼

디지털 시대의 창의성에 대한 오스틴 클레온$^{Austin Kleon}$의 도발적인 선언문 제목인 '훔쳐라, 아티스트처럼'은 우리의 관심을 끌기에 충분합니다. 이 선언문에서 클레온은 자신이 예술가로서 처음 시작할 때 들었으면 좋았을 10가지[9]를 다음과 같이 요약했습니다.[10]

1 훔쳐라, 아티스트처럼

2 그냥 시작해라, 너무 깊이 생각하지 말고

3 당신이 써라, 당신이 읽고 싶은 책

4 두 손을 써라

5 곁다리 작업이나 취미가 중요하다

6 멋진 작업을 하고 사람들과 공유하라

7 지리적 한계는 더 이상 없다

8 호감형이 돼라

9 질릴 만큼 꾸준히 하라

10 크리에이티브는 빼기다

뉴욕의 한 커뮤니티 칼리지에서 열린 강연의 기초가 된 이 목록은 온라인에서 빠르게 입소문을 탔습니다. 이 책에 소개된 7가지 창의적 문제 해결 영역과 비슷한 점을 찾을 수 있을까요? '빼기'는 제약 조건 작업입니다. '질릴 만큼 꾸준함'은 끈기 있게 흐름을 따라가며 근성을 발휘하는 것으로, 책의 삽화 중 하나에는 '호기심, 친절, 체력, 바보처럼 보이려는 의지가 필요하다'고 나와 있습니다. 작업 공유는 4장의 중심 주제입니다.

'훔쳐라, 아티스트처럼'이라는 말에 해당하는 내용은 2장 도입부에 나오는데, 여기서 우리는 코틀린 프로그래밍 언어가 의도적으로 기존 거인들의 어깨 위에서 만들어졌고, 세네카가 철학적 경쟁자였던 에피쿠로스의 저서를 자주 들여다보고 배웠다는 것을 알 수 있습니다. 어떤 의미에

---

9 옮긴이_ 여기서 소개하는 10가지는 국내 번역서 『훔쳐라, 아티스트처럼(특별판)』(중앙북스, 2020)의 목차 텍스트를 그대로 인용했다.

10 Austin Kleon. Steal like an artist: 10 things nobody told you about being creative. Workman, 2012.

서 이 책도 같은 방식으로 탄생했습니다.

클레온에 따르면 훔치는 일에는 좋은 도둑질과 나쁜 도둑질이 있습니다. 좋은 도둑질은 존경하고, 연구하고, 많은 사람으로부터 훔치고, 다른 사람의 공로를 인정하고, 변형하고, 재가공하는 것입니다. 나쁜 도둑질은 비하, 탈세, 한 사람 것만 훔치기, 표절, 모방, 갈취 등이 있습니다.

안타깝게도 소프트웨어 개발 업계에서는 나쁜 도용이 일상적으로 이루어지고 있습니다. 예를 들어 마이크로소프트의 최근 깃허브 코파일럿 프로젝트인 '여러분의 AI 페어 프로그래머^{Your AI}^{pair programmer}'는 언뜻 보면 정말 기발한 아이디어처럼 들리고 실제로 그럴 수도 있습니다. 그러나 실시간으로 코드와 전체 기능을 제안하는 머신 러닝 기반 코파일럿은 호스팅된 깃허브 프로젝트에서 직접 가져온 수십억 줄에 달하는 코드의 라이선스를 고려하지 않고 학습합니다. 어떤 종류의 승인도 제시되지 않습니다. 코파일럿은 폐쇄적인 영리 제품으로서 오픈 소스 개발자의 수천 시간에 달하는 코딩에 들어간 시간을 비윤리적으로 이용하면서 대부분 적절한 저작자 표시가 필요한 라이선스를 무시함으로써 가능했습니다. 이로 인해 결국 소프트웨어 자유 단체^{Software Freedom Conservancy}는 '깃허브를 포기하라!'는 메시지를 발표하게 되었습니다.[11] 그 결과 많은 오픈 소스 소프트웨어들이 코드버그^{Codeberg}, 소스 헛^{Source Hut}이나 자체 호스팅인 깃티^{Gitea} 등으로 옮겨 가고 있습니다. 하지만 빅 테크 회사가 '무료' 데이터를 활용하는 일은 여전히 현재진행형입니다.

이런 일은 너무 자주 일어납니다. 저는 여러 회사에서 일해 본 적이 있는데, `LICENSING.md` 파일을 자세히 살펴보지도 않고 프로젝트 의존성으로 기꺼이 추가하는 경우가 많았습니다. 한 회사에서는 준법정신이 투철한 어떤 개발자가 GPL 소프트웨어를 사용하면서도 제품을 비공개 소스로 판매하는 것에 관해 언급했다가 비웃음을 샀던 적도 있습니다. 그 회사 관계자에게 그런 일은 나쁜 도둑질이라고 오스틴 클레온이 말한다면 "그게 무슨 문제죠?"라고 대답하겠죠.

가장 좋은 부분을 '도용'하고 리믹스하는 것은 종종 도메인을 발전시키기 위해 필요한 일입니다. 이는 예술뿐만 아니라 자동차, 소프트웨어 개발, 하드웨어 엔지니어링 산업에서도 분명하게 찾아볼 수 있습니다. 리믹싱은 때로는 단조롭고 잊기 쉬운 모방품을 만듭니다. 하지만 때로는 전혀 어울릴 것 같지 않은 조합을 리믹스해서 이전에는 상상도 할 수 없던 결과물이 나오기도 합니다.

---

11 https://sfconservancy.org/GiveUpGitHub를 보라.

핀볼 장르와 런앤건 슈팅 게임 장르를 교배하면 어떤 결과가 나올까요? 1992년 데이터 이스트Data East에서 출시한 아케이드 게임 〈니트로 볼Nitro Ball〉은 모두의 예상을 뒤엎고 꽤 잘 팔렸습니다. 2D 탐험 메트로이드배니아 장르[12]와 날아다니는 핀볼을 결합하면 어떨까요? 그 결과, 스웨덴의 스튜디오 빌라 고릴라Villa Gorilla가 2018년 출시한 플랫폼 핀볼 어드벤처 게임 〈요쿠스 아일랜드 익스프레스Yoku's Island Express〉가 탄생했습니다(그림 8-4). 플레이어가 쇠똥구리가 되어 플레이하는 게임입니다.

그림 8-4 빌라 고릴라는 메트로이드배니아와 핀볼 장르의 최고의 메커니즘을 〈요쿠스 아일랜드 익스프레스〉라는 경쾌한 어드벤처로 융합해 냈습니다.

EXERCISE 마지막으로 '예술가처럼 훔쳐본' 때가 언제입니까? 나쁜 도둑질을 했나요, 아니면 좋은 도둑질을 했나요? 공부했나요, 아니면 (제 학생들이 자주 그러듯이) 대충 훑어보셨나요? (저도 그런 적이 있습니다!) 아마 지금이 프로젝트의 의존성을 빠르게 확인하고 올바르게 인증해야 할 때일 것입니다. 많은 프로그래밍 에코시스템에는 노드의 경우 라이선스 검사기license-checker, 고의 경우에는 고-라이선스go-licenses, 그레이들에는

---

12 옮긴이_ 메트로이드배니아(metroidvania)는 비디오 게임 중에서도 액션 어드벤처 부류의 특정 하위 장르를 가리키는 용어다(출처_위키백과).

그레이들 라이선스 플러그인(gradle-license-plugin), 엘릭서는 라이선서(licensir)와 같이 라이선스 정보에 액세스할 수 있는 플러그인이 있습니다. 모든 라이선스가 서로 호환되는 것은 아니라는 점을 기억해야 합니다.

8.2.3 휴식의 힘

그래픽 디자이너 슈테판 스타그마이스터(Stefan Stagmeister)는 7년마다 스튜디오를 떠나 1년 동안 안식년을 갖습니다. 장기간의 휴식 기간 동안 스타그마이스터는 스펀지처럼 모든 것을 흡수합니다. 놀라운 문화, 특별할 것 없는 숲, 거대한 도시 등 모든 인상이 향후 창작 작업의 기초를 형성했습니다. 그가 방문한 몇몇 장소는 '자연스럽게 멋진 영감을 불러일으켰습니다'.[13]

정말 부럽습니다. 영감만을 쫓기 위해 1년 내내 휴가를 내려면 재정적 안정과 많은 배짱이 필요합니다. 휴가의 힘에 대한 TED 강연에서 스타그마이스터는 **직업**(돈을 위해 9시에서 5시까지 일하는 것), **경력**(사다리를 오르는 것), **소명**(본질적으로 성취감을 느끼는 것)을 구분합니다. 그는 우리가 진정으로 원하는 것이 무엇인지 잊어버릴 때가 많다고 하면서, 정기적인 휴식을 통해 업무 전략을 재고하고 영감을 얻으면 우리가 하는 일을 직업이 아닌 소명으로 인식할 가능성이 커진다고 주장합니다.

7년마다 1년을 쉬면 12.5%의 시간을 자신이 진정으로 원하는 것을 추구하는 데 할애할 수 있습니다. 정말 그렇게 많은 시간일까요? 구글의 이전 20%나 3M의 15% 규칙과 비교하면 실제로는 더 적습니다! 물론 이러한 '쉬는 시간'은 실제로 쉬는 것이 아니며 항상 비즈니스 수익을 염두에 두는 시간입니다. 2011년부터 구글의 규모가 기하급수적으로 커지면서 비즈니스의 운영 측면에 더 집중하기 위해 '화살을 덜 만들면 더 많은 나무가 남는다'라는 전략[14]을 채택하고자 이러한 '자유 시간'을 줄이기 시작했습니다.

안식년을 갖는다는 것은 일을 하지 않는 것이 아니라, 자신이 원하는 일을 한다는 것을 의미합니다. 안식년은 거의 항상 본업에 대한 영감을 불러일으키는 계기가 됩니다. 심리학자인 대니얼 길버트(Daniel Gilbert)를 비롯한 많은 작가가 안식년 중에 책을 집필합니다. 대니얼 길버트는 운이 좋게도 종신 교수로 재직 중이어서 안식년 기간 동안 훨씬 더 많은 일을 할 수 있었습니다.

---

13 스타그마이스터의 TED 강연 'The Power of Time Off'를 보라(https://www.ted.com/talks/stefan_sagmeister_the_power_of_time_off).

14 옮긴이_ 비즈니스 역량을 여러 영역에 분산하지 않고, 몇 가지 영역에만 집중한다는 의미다.

슈테판은 그 기간 동안에도 여전히 예술 작품을 디자인하고 판매했습니다. 제가 아는 심리학자 중에는 4개월 동안 진료실을 닫은 채 오직 생각하고, 글을 쓰고, 수련회를 조직하고, 영감을 얻기 위해 안식년을 갖는 분들도 있습니다. 영감이 떠오를 수 있도록 속도를 늦추는 것은 장기 휴가의 주요 이점 중 하나입니다. 심지어 스타그마이스터가 목격한 것처럼 이후 몇 년 동안 창작의 원동력이 될 수도 있습니다. "첫 번째 안식년 이후 7년 동안 우리가 디자인한 모든 것은 그 안식년에 시작되었습니다."

안식년을 갖는다고 해서 아무 계획도 세우지 않는 것은 아닙니다. 스타그마이스터는 사실 첫 안식년은 재앙과도 같았다고 설명합니다. 아이디어를 창출하기는커녕, 그는 그저 이런 저런 생각들을 깊이 있게 생각하지 않고 흘려보내며 반응했습니다. 흥미로운 일의 목록을 작성하고 이 것을 실행 가능한 계획으로 전환하는 것이 더 나은 접근 방식일 것입니다.

하지만 스타그마이스터가 안식년을 통해 얻은 가장 중요한 혜택은 아마 자신의 일을 다시 사랑하게 되었다는 점일 것입니다. 그가 원망하던 직업이 진정한 소명이 되었습니다. 감정은 우리가 인정하고 싶은 것보다 창의력에 더 많은 영향을 미칩니다. 일 때문에 아침에 일어나야 한다는 생각을 견딜 수 없다면 창의적인 돌파구가 절실하게 필요함에도 그것을 찾을 가능성은 거의 없습니다. 심지어 번아웃으로 인해 곧 터질 수도 있다는 분명한 신호일지도 모릅니다.

지난 수십 년 간 심리학 연구 결과는 감정과 기분이 창의력과 분석적 문제 해결을 포함한 인지 능력에 깊은 영향을 미친다고 주장해 왔습니다. 최근까지 소프트웨어 공학 연구에서는 이러한 사실이 검증되지 않았지만, 대니얼 그라치오틴과 그의 연구 팀은 실제로 행복한 소프트웨어 개발자가 문제를 더 잘 그리고 더 창의적으로 해결한다는 사실을 발견했습니다.[15]

이 연구의 참여자는 42명의 컴퓨터 공학 학생으로 제한된 만큼 진정한 소프트웨어 개발자가 아닐 수도 있지만, 후속 연구에서는 317명의 숙련된 프로그래머를 대상으로 생산성 및 소프트웨어 품질에 대한 행복한 상태 혹은 행복하지 않은 상태가 끼치는 영향에 대해 인터뷰했습니다.[16] 행복한 프로그래머는 외부 프로세스와 자신의 웰빙 모두에서 긍정적인 결과를 보고했습니다.

---

15 Daniel Graziotin, Xiaofeng Wang, and Pekka Abrahamsson. Happy software developers solve problems better: Psychological measurements in empirical software engineering. PeerJ, 2014.

16 Daniel Graziotin, Fabian Fagerholm, Xiaofeng Wang, and Pekka Abrahamsson. What happens when software developers are (un)happy. Journal of Systems and Software, 2018.

개발자 자신의 행복이 가져오는 가장 중요한 결과는 (빈도 측면에서) 높은 인지적 성과, 높은 동기 부여, 긍정적인 분위기, 높은 자기 성취감, 높은 업무 몰입도와 인내심, 높은 창의성, 높은 자신감 입니다.

반대로 행복하지 않은 상태는 창의성이 감소하는 결과로 이어진다고 보고되기도 합니다.

프로그래머로서 우리는 여기서 무엇을 배울 수 있을까요? 단체로 안식년을 요청해야 할까요? 그건 여러분에게 맡기겠습니다. 휴가의 본질은 (회사의 압박 없이) 기분을 전환하고 영감을 얻는 것입니다. 6장에서 살펴본 것처럼 어린 시절의 호기심을 다시 느끼고, 심지어 행복감을 느끼는 것입니다. 장기 휴가, 프리랜서로 일하기, 팀 전환, 아르바이트, 다양한 분야에서 일하며 다재다능한 사람 되기, 블로그 개설 또는 책 쓰기 등 과감하거나 혹은 덜 과감한 방법으로도 이런 경험을 할 수 있습니다.

꼭 '안식년'일 필요는 없습니다. 안식년이라는 용어가 주는 느낌은 약간 침습적이기도 하고 때로는 완전히 불가능한 것처럼 들릴 수도 있기 때문입니다. 휴가를 제한적으로 사용하거나 주말을 연장하여 일과 완전히 분리하는 것만으로도 직장에서의 창의적 효율성이 재충전되는 것으로 입증되었습니다.[17] 조직 심리학자들은 업무로부터의 정서적, 육체적 분리가 직원의 건강은 물론 창의성에도 긍정적인 영향을 미친다는 사실을 발견했습니다. 아무리 짧다고 하더라도 새로운 것을 발견하고 새로운 사람들을 만나기 위해 휴가를 보내는 행동은 창의성과 건강 모두에 도움이 되는 게 분명합니다.

그러나 동시에 앞에서 살펴본 연구에서는 업무에서 완전히 인지적으로 분리되면 창의적 사고에 도움이 될 수 있는 업무 자원(가까운 동료, 사용 가능한 업무 자원 등)과 떨어지게 되고 이것이 오히려 학습과 창의성에 부정적인 영향을 미칠 수도 있다고 보고합니다.

저자들은 건강과 창의적 문제 해결 능력의 균형을 맞추기 위해 직원들이 직장에서 휴식을 취해야 한다고 결론짓습니다. 9장에서 웰빙과 창의성 사이의 관계에 대해 더 자세히 살펴보겠습니다.

---

17 Jan de Jonge, Ellen Spoor, Sabine Sonnentag, Christian Dormann, and Marieke van den Tooren. "Take a break?!" Off-job recovery, job demands, and job resources as predictors of health, active learning, and creativity. European Jour

8.3 선택: 작가의 도구 상자

예술가 다음으로 작가들의 작업 도구를 들여다보는 것도 유익한 정보가 될 수 있습니다. 작가의 도구 상자에는 장애물이나 두려움의 대상인 빈 페이지를 극복하고, 아이디어 사이를 참신하게 연결하는 효과적인 기법이 가득합니다. 약간의 수정만 거친다면 이러한 기법들도 창의적인 프로그래머의 손에서 훌륭한 도구가 될 수 있습니다.

인터넷에서 '창의적 글쓰기 기법'을 검색하면 은유, 수사학적 질문, 직유, 의인화, 자유 형식 글쓰기, 받아쓰기 및 필사, 행위 구조화, 줄거리 전개, 심지어 다양한 사용자 그룹에서 특정 언어 사용을 추출하는 본격적인 데이터 마이닝 기법에 이르기까지 20억 개 이상의 결과를 얻을 수 있습니다.

이러한 끝없는 글쓰기 기법 목록은 위대한 작가들이 공식화한 글쓰기 조언보다 더 높은 설득력을 갖지는 못합니다. 지금부터 소개할 기법은 코드 작성을 창의적으로 개선하는 데 도움이 되도록 작가들의 조언 몇 가지를 선별한 내용입니다. 많은 도구가 이전 장에서 소개한 것임을 알 수 있을 것입니다.

8.3.1 블라디미르 나보코프의 도구 상자

나보코프는 다양한 인터뷰와 강연에서 언제나 조언을 아끼지 않았습니다. 로버트 골라Robert Golla가 편집한 『Conversations With Vladimir Nabokov (블라디미르 나보코프와의 대화)』라는 책은 그와의 인터뷰들을 모아 이 러시아계 미국인 문학 거장의 삶과 작품을 전체적으로 소개합니다.[18] 다음은 프로그래밍의 관점에서 적합하다고 생각되는 그의 조언을 선별한 것입니다.

다른 예술가들을 연구하세요. "창의적인 작가는 창조주를 포함해 자기 라이벌의 작품을 주의 깊게 연구해야 합니다. 그는 주어진 세계를 재조합할 뿐만 아니라 재창조할 수 있는 타고난 능력을 갖추고 있어야 합니다. 이를 적절히 수행하고 노동의 중복을 피하기 위해 예술가는 주어진 세계를 알아야 합니다." 예술가처럼, 작가처럼 훔치세요!

주변 세계에서 영감을 얻으세요. "글쓰기가 다른 무엇보다도 이 세상을 허구의 가능성으로 보는

---

18 Robert Golla, Conversations with Vladimir Nabokov. University Press of Mississippi, 2017.

예술을 의미하는 것이 아니라면 글쓰기는 쓸모없는 일입니다." 물론 소설을 쓰는 것과 소프트웨어에서 비즈니스 요구 사항을 구현하는 것에는 큰 차이가 있지만, 그렇다고 해서 IT 외부의 세상을 바라보는 것으로부터 영감을 얻을 수 없다는 의미는 아닙니다. 예를 들어 우편물을 배달하는 우편 시스템은 인기 있는 소프트웨어인 래빗MQ^RabbitMQ 또는 분산 이벤트 스트리밍 플랫폼인 아파치 카프카^Apache Kafka와 같은 비동기 메시지 브로커로 볼 수 있습니다.

모든 작가는 위대한 사기꾼이자 마법사입니다. 나보코프는 소설을 쓰는 일을 자연의 단순성에 비유했는데, 자연이 단순한 것처럼 보이는 것은 우리의 착각입니다. 이 비유는 프로그래밍에도 잘 적용할 수 있는데, 간단한 것처럼 보이는 코드를 작성하는 것입니다. 나보코프의 말을 빌려 표현하자면, 이런 코드는 엄청나게 정교한 착각을 불러일으킬 정도로 단순하면서도 그 의도를 명확하게 전달합니다. 스타일과 구조는 훌륭한 아이디어를 구현하는 것보다 더 중요하며, 이런 개념은 최근 고 프로그래머들 사이에서 많은 지지를 얻고 있습니다.

세부 사항에 신경 쓰세요! [그림 8-5]의 많은 연필 자국에서 볼 수 있듯이 나보코프는 인덱스카드를 끊임없이 수정했습니다. 그가 "모든 카드를 여러 번 다시 썼다"고 말했듯이, 그의 카드에서 수정되지 않은 단어는 단 하나도 없었습니다. 프로그래밍을 할 때 단위 테스트에서 초기 요구 사항을 충족하면 계속 수정해야 합니다. 테스트를 통해 필요한 기능이 구현되고 다른 사람이 코드를 쉽게 읽을 수 있을 때까지 테스트를 포함해 모든 코드 줄을 여러 번 다시 작성하고 유지보수와 추후 재작업을 용이하게 해야 합니다. 레드, 그린, 리팩터링을 반복해야 하는 것이죠. 다시 한번 말하지만, 작가들이 좋아하는 표현을 빌리자면 "당신이 사랑하는 것을 죽여야" 합니다.

스타일을 개발해야 합니다. "스타일은 도구도 아니고, 방법도 아니며, 단어를 선택하는 것만도 아닙니다. 이 모든 것 이상으로 스타일은 작가가 가지는 개성의 본질적인 구성 요소 또는 특성을 나타냅니다. 따라서 스타일을 말할 때 우리는 개별 예술가의 독특한 성격과 그것이 예술적 결과물에서 표현되는 방식을 의미합니다." 그는 계속해서 이렇게 말합니다. "문학 경력을 쌓는 과정에서 작가의 스타일이 더욱 정확하고 인상적으로 변하는 것은 드문 일이 아닙니다." 프로그래밍은 글쓰기보다 협업 활동에 가깝지만, 바로 그 점 때문에 나보코프가 이 지점에서 뭔가 시사해 주는 바가 있습니다. 우리의 (집단적) 코딩 스타일은 알고리즘이나 프레임워크의 선택만큼이나 중요합니다.

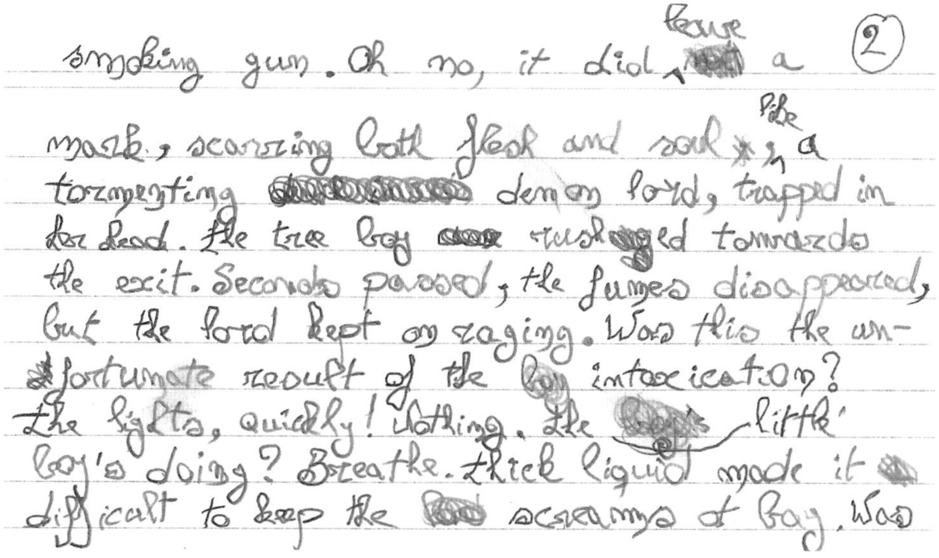

그림 8-5 나보코프의 다소 지저분한 소설 쓰기 방식을 본떠서 만든 줄거리의 일부가 있는 인덱스카드. 이 카드의 순서에 따라 이야기가 달라집니다. 사후 출판된 그의 마지막 저서 『오리지널 오브 로라』의 부제는 '파편화된 소설A Novel in Fragments'입니다. 이 책은 독자가 나보코프의 인덱스카드의 현재 스캔본을 오려서 이야기를 바꿔보는 것을 권장합니다!

반드시 처음부터 시작하지 않아도 됩니다. 유연한 인덱스카드 시스템 덕분에 나보코프는 1장에서 시작하지 않고도 여기저기서 몇 문장을 쓸 수 있었고, 2장까지 성실하게 이어갈 수도 있었습니다. 복잡한 부분을 코드로 구현할 때는 이러한 조언에 귀를 기울일 수 있습니다. '인덱스카드'로 나누듯이 단위 테스트를 통해 큰 덩어리를 별도의 작은 단위로 나누면 매번 처음부터 다시 시작할 필요 없이 문제를 해결할 수 있습니다.

8.3.2 제프 다이어의 도구 상자

영국 작가 제프 다이어Geoff Dyer는 소설과 논픽션을 모두 집필하며, 작품으로 많은 상을 받았습니다. 가디언의 여러 기사를 통해 공유된 그의 글쓰기 조언은 학식이 높은 나보코프에 비해 눈에 띄게 더 실용적입니다.

공공장소에서 글을 쓰지 마세요. "용변을 볼 때처럼 사적인 공간에서 글쓰기를 해야 한다"는 것이죠. 이는 칼 뉴포트의 딥 워크와 일맥상통합니다. 글을 쓸 때는(혹은 코딩할 때는) 문을 닫아 놓고, 수정할 때는 문을 열어 놓는 것이죠. 코딩에는 집중력이 필요합니다. 커피숍에서 일하는 모습은 이상적으로 보일지는 몰라도 집중력을 높이는 데는 도움이 되지 않습니다. 다이어의 말이 맞는다면 이런 공간은 오히려 집중을 방해합니다.

자동 수정 설정을 지속해서 개선하고 확장하세요. 작가는 더 창의적인 생각을 위한 공간을 마련하도록 생산성 도구의 사용을 공개적으로 옹호해야 한다는 의미입니다. IDE 단축키에 대한 근육 기억을 쌓아 두세요. 자동 제안 기능을 미세 조정하세요. 코드 편집기는 가장 친한 친구입니다.

일기를 쓰세요. 파울로 코엘료와 같은 작가들은 일기의 장점을 부정합니다. "메모는 잊어버리세요. 중요한 것은 남고, 중요하지 않은 것은 사라집니다"라고 말합니다. 하지만 현대 프로그래밍의 경우, 우리가 주의를 기울여야 하는 많은 세부 사항도 사라지는 경향이 있기 때문에 이는 매우 위험한 관점입니다. 다이어의 조언을 따르거나 2장을 다시 읽어 보세요.

너무 어렵다면 포기하고 다른 일을 하세요. "글쓰기는 인내의 문제입니다"라고 다이어는 설명합니다. "계속 밀고 나가야 하죠." 7장에서 살펴본 것처럼, 장애물을 무의식적으로 처리하는 것은 일시적으로 다른 일을 할 때 얻을 수 있는 추가적인 이점입니다.

습관을 만드세요. 매일 글을 쓰세요. 인내의 문제라는 점을 기억하세요. "점차 본능이 될 것입니다." 몇몇 작가들의 글쓰기 스케줄은 정말 인상적입니다. 예를 들어 스티븐 킹은 매일 만 단어를 쓴다고 합니다. 그가 우리 시대의 가장 다작을 하는 미국 소설가 중 한 명인 것은 당연하죠. 다른 작가들은 문장 몇 개를 공들여 수정하는 정도에 그칩니다. 양이 중요한 것은 아니지만, 매일 습관을 들이면 창의적인 성공으로 이르는 길을 더 쉽게 만들 수 있습니다.

8.3.3 앤 라모트의 도구 상자

앤 라모트Anne Lamott의 『쓰기의 감각』(웅진지식하우스, 2018)[19]은 작가의 고통, 은혜, 사랑, 두려움을 드러내는 데 있어 고전적인 작품입니다. 나보코프와 다이어의 조언에 비해 라모트의 조언은 좀 더 개인적이고 감정이 담겨 있지만, 그 중요성은 결코 덜하지 않습니다. 아래는 라모트의 조언 중 특히 도발적이라고 생각되는 몇 가지를 선별한 것입니다.

자신만의 독특한 스토리를 작성하세요. "여러분에게 일어난 모든 일은 여러분 자신의 것입니다.

---

19 Anne Lamott. Bird by bird: Some instruction on writing and life. Anchor Books, 1995.

여러분의 이야기를 들려주세요." 라모트의 글입니다. 현재 자바 세계에 뛰어든 전직 파이썬 프로그래머라면 자신의 파이썬 실력을 마음껏 발휘하는 것을 두려워하지 마세요. 이것은 예를 들자면 camelCasing이냐 snake_casing이냐와 같은 구문에 대한 것이 아니라, 개인의 과거 경험을 현재의 코딩 문제에 적용하는 창의적인 방법에 대한 것입니다. 다른 누구도 아닌 여러분만이 할 수 있습니다.

그냥 앉아 있으세요. 습관 만들기에 대한 다이어의 조언을 되새기며 "매일 거의 같은 시간에 앉아 있도록 노력하세요. 이렇게 하면 무의식이 창의적으로 작동하도록 훈련할 수 있습니다." 영감이 떠오르는 데는 시간이 걸릴 수 있습니다. 스트레스 받지 말고 인내심을 가지세요. "천장과 시계를 바라보고 하품하고 종이를 다시 쳐다봅니다. 그런 다음 손가락을 키보드 위에 올려놓고 머릿속에 떠오르는 이미지(장면, 장소, 캐릭터 등)를 가만히 바라보며 마음을 가라앉힌 뒤, 그 풍경이나 캐릭터가 마음속의 다른 목소리보다 먼저 말하는 것을 들을 수 있도록 노력합니다." 창의성 설문조사에서 일부 프로그래머는 "그냥 앉아서 글을 쓰기 시작한다"고 답했습니다. 이들은 구문에 신경 쓰지 않고 '그냥 생각나는 것을 적기 위해' 전체적인 아이디어를 의사 코드로 입력하는 경우가 많습니다. 그런 다음 다른 사람의 도움을 요청하고 점차 실행 가능한 설루션으로 변경해 나갑니다.

속이지 마세요. 최종 사용자는 즉시 알아차릴 것입니다. "지난 몇 년 동안 우리가 아주 살짝 무뎌졌거나 작은 실수를 저질렀다고 해도, 독자들은 늘 현명하고 세심하다고 가정해야 합니다. 그들을 속이려고 하면 여러분의 속임수를 금방 알아차릴 것입니다." 라모트는 독자들이 현명하고 세심하다고 언급합니다. 프로그래밍의 경우 이는 최종 사용자에게만 국한되지 않습니다! 여러분보다 훨씬 더 많이 코드를 읽게 될 현재와 미래의 동료들도 여러분의 코드에 녹아 있는 불필요한 허풍에 속지 않을 것입니다. 창의적인 프로그래머는 (소프트웨어가 비디오 게임이든 관리 웹 애플리케이션이든 모바일 주차 앱이든 상관없이) 최종 사용자를 고려합니다. 가능하면 직접 만나서 그들과 그들의 세계에 대해 알아보고 비즈니스 요구 사항을 신중하게 분석하세요. 반쪽짜리 고객 프로필과 비즈니스 로직에 대해 비판적이어야 합니다. 그런 다음 고객이 정말 필요로 하는 것을 코드로 작성하세요.

주변 사람들에게 도움을 요청하세요. 이에 관한 예로 라모트는 정원에 대한 정확한 설명이 필요해 이에 대해 도움을 받았던 한 열정적인 정원사를 언급합니다. '글에 생동감을 불어넣기' 위해 다른 사람의 전문 지식을 활용하세요. 음악 스트리밍 웹서버를 구현해야 한다면, 음악가로부터 음정 및 일반적인 파형에 대해 배우고 이를 바탕으로 데이터를 효율적으로 인코딩하는 방법을 더 잘 이해하는 게 큰 도움이 될 수 있습니다.

단계별로 작성하세요. 때로는 어디로 향하는지 몰라도 괜찮습니다. 최종 목적지만 고집스럽게 집중하다 보면 그 과정에서 지나가는 모든 것을 놓치게 됩니다. 라모트는 소설가이자 교수인 E. L. 닥터로^{E. L. Doctorow}의 말을 인용합니다. "소설을 쓰는 것은 밤에 자동차를 운전하는 것과 같습니다. 우리는 헤드라이트가 비추는 곳까지만 볼 수 있지만, 그럼에도 불구하고 목적지까지 갈 수 있습니다"라고 말이죠. 앞을 조금만 보는 것만으로도 충분합니다.

완벽을 추구하지 마세요. 라모트는 "완벽주의는 억압자의 목소리이자 민중의 적입니다. 그것은 당신을 옴짝달싹 못 하게 하고 평생 미치게 만들 것이며, 비록 형편없는 초안이라도 그것을 작성하는 데 방해가 될 것입니다"라고 말합니다. 그녀는 계속 이야기합니다.

> 완벽주의는 각 디딤돌을 하나하나 제대로 밟으면서 충분히 조심스럽게 달리면 죽지 않을 것이라는 강박적인 믿음에 기반한다고 생각합니다. 하지만 실제로 여러분은 결국 죽을 것이고, 자신의 발을 쳐다보지도 않는 많은 사람이 당신보다 훨씬 더 잘할 것이고, 그러는 동안 훨씬 더 재미있게 달릴 것입니다.

EXERCISE 새로운 동료가 코드 작성에 대한 조언을 구한다고 상상해 보세요. 여러분은 어떻게 대답하나요? 그 동료에게 팀의 코딩 스타일 가이드라인을 알려주나요? 앉아서 개인적인 성공 스토리를 들려주나요? 로버트 C. 마틴의 『클린 코드』를 읽어 보라고 권하나요? 아니면 대답을 미루고 대신 이번 주에 페어 프로그래밍을 하자고 제안하나요?

때때로 우리의 독단적인 자아는 전혀 필요 없는 지점까지 코드를 계속 변경하고 리팩터링하도록 스스로를 몰아갈 수 있습니다. 너무 성급하게 일을 처리하지 않도록 실용적인 자아를 주의해야 하지만, 완벽주의에 빠지지 않도록 독단적인 자아 역시 주의해야 합니다. 비판적 사고에 관한 5장의 조언, 즉 창의성은 목표가 아니라 수단이라는 점을 기억해야 합니다.

8.4 선택: 프로그래머의 도구 상자

창의성 연구를 통해 환경 분석, 문제 인식 및 식별, 가정, 대안 생성 등 100가지가 넘는 다양한 창의적 문제 해결 기법이 나왔습니다. 문제는 이러한 기법 중 프로그래밍 분야에 적용할 수 있는 기법이 있는지 여부입니다.

소프트웨어 개발자는 자신이 생각하는 것보다 더 많은 창의적인 기술을 알고 있습니다. 에스더 더비Esther Derby와 다이애나 라슨Diana Larsen의 훌륭한 애자일 회고록[20] 또는 관련 웹사이트 (https://funretrospectives.com)를 통해 이러한 기법들이 스프린트를 회고할 때 지속해서 적용되는 것을 보았습니다. 그런데 왜 회의실 밖에서는 이러한 기법을 활용하지 않을까요? 활력 넘치는 회고를 변형한 것, 예를 들면 **트리플 니켈**Triple Nickel 등을 개발에 적용하기 어려운 이유는 무엇일까요? 트리플 니켈 활동을 하는 동안 소그룹에서는 먼저 브레인스토밍을 하고 개별적으로 종이에 아이디어를 적습니다. 5분이 지나면 각 사람이 자신의 종이를 오른쪽 사람에게 넘기고, 그 사람은 그 아이디어를 바탕으로 5분 더 아이디어를 발전시켜 원래 작성자에게 종이를 돌려줍니다. 이 방법은 아이디어의 한계를 빠르게 발견함과 동시에 기존 아이디어보다 더 창의적이지 않다는 이유로 해당 아이디어를 즉시 폐기해 버리는 위험에 빠지지 않고 아이디어를 강화할 수 있는 좋은 방법입니다. 이 작지만 재미있는 연습은 코딩이 벽에 부딪혔을 때 즉석에서 시도해 볼 수 있습니다. 장애물은 스프린트 중에 극복해야지 스프린트가 끝나고 나서 극복하려고 해서는 안 됩니다.

다음 절에서는 과소평가 되거나 흔히 오해하는 여러 가지 창의적인 기법을 전문가들의 사례를 통해 소개합니다. 녹슨 프로그래머의 도구를 윤기 나게 만들어 봅시다. 녹을 제거하려고 식초에 오래 담가 두는 것과 같은 일은 필요 없습니다.[21]

8.4.1 안나 밥코프스카의 도구 상자

2019년에 소프트웨어 공학 연구원 안나 밥코프스카Anna E. Bobkowska는 교육─응용─피드백이라는 특정한 주기를 활용해 소프트웨어 공학에서 창의적인 기법의 잠재력을 연구했습니다.[22] 실

20 Esther Derby and Diana Larsen. Agile retrospectives: Making good teams great. Pragmatic Bookshelf, 2006.
21 옮긴이_시간과 노력이 많이 들어가지는 않을 것이라는 의미다.
22 Anna E Bobkowska. Exploration of creativity techniques in software engineering in training–application–feedback cycle. In Workshop on Enterprise and Organizational Modeling and Simulation, Springer, 2019.

험 참가자들은 실험이 끝난 후 창의성 기법에 대한 인식이 높아졌으며, 이러한 기법을 혼합하면 실제로 유용할 것이라고 주장했습니다. 밥코프스카는 다음 7가지 기법을 집중적으로 살펴봤습니다.

- 숨겨진 가정과 암묵적 지식을 발견하기 위해 **순진한 질문** 던지기("이 웹페이지에 입력 양식이 하나만 필요하다고 상상해 보세요!")
- '만약 어떤 일을 한다면' 어떤 결과가 발생할지 또는 아직 드러나지 않은 결과 찾기("제출 버튼을 20번 누르면 어떻게 될까요?")
- 개인적인 장애물을 이해하기 위해 '만약 ~라면 좀 더 창의적이 될 것 같아요'라는 문장 완성하기("생각하기 위해 산책하는 행동을 다른 사람이 못마땅하게 보지만 않는다면 더 창의적으로 일할 수 있을 것 같아요.")
- **루네트**Lunette 기법 사용하기: 다양한 수준의 추상화(일반화와 전문화 사이 전환, 조감도를 적용하여 코드를 확대하고 다시 축소)를 통해 문제 바라보기
- **역 브레인스토밍**Reverse brainstorming 사용하기: 먼저 비판하고 그다음에는 개선할 수 있도록 동기 부여("데이터베이스 구조에서 어떤 점이 마음에 들지 않나요?")
- 밥코프스카가 **중국어 사전이라고 부르는, 오래된 동물 분류법에서 파생된** 비정형 분류를 만드는 기법 사용하기(프로젝트와 관련된 문제에 대해 특이한 분류 만들기)
- '초대하자' 기법 사용하기: 가상의 창의성 분야 전문가의 창의성 패턴 활용("리누스 토르발스Linus Torvalds를 초대한다고 가정할 때, 그가 이에 대해 어떤 말을 할까요?")

이러한 기법의 일부는 여러분에게 매우 친숙할 것입니다. 저와 제 동료가 수행한 프로그래머를 위한 창의성 기법을 탐구하는 인터뷰에서는, 상상력을 마음껏 발휘하는 것이 감춰진 제약 조건과 가정을 발견하는 훌륭한 기법으로 자주 언급되었습니다.

사람 A: [...] 또는 약간 틀에서 벗어난 사고죠. 최근 복고풍으로 적용했던 기법의 하나는 말하자면 다른 각도에서 접근하는 것으로, 시스템을 깨뜨릴 수 있는 모든 방법과 시스템이 잘못 작동할 수 있는 모든 방법을 찾아내고자 했습니다.

사람 B: 네, 저는 모델링할 때 암묵적으로 그렇게 많이 합니다. 예를 들어 이것이 해결책이라면, 이것이 제대로 작동하지 않았을 때 어떤 일이 일어나는지, 작동하지 않더라도 문제는 없는지, 그리고 문제가 있다면 이를 처리할 수 있는 다음 해결책은 무엇인지를 생각합니다.

"왜?"라고 반복해서 묻는 것도 대화나 독백에서 흔히 볼 수 있는 주제였습니다. 자신의 생각을 큰 소리로 말하는 것을 과학자들은 '자기 주도적 말하기'라고 하는데, 이것은 시각 처리 중에 뇌가 더 나은 성능을 발휘하는 데 도움이 되는 것으로 입증되었습니다.[23] 누군가 다른 사람, 예를 들어 동료나 다른 대상에게 문제를 설명하면 마법처럼 해결책이 저절로 떠오르는 경우가 많습니다. 그 대상이 심지어 고무 오리[24] 또는 벽에 걸린 편리한 예술 작품(미술 기반 학습에서처럼)이나 고양이라 할지라도 말입니다. 설명하거나 심지어 가르치다 보면 속도를 늦추고 다양한 방향에서 문제에 접근하게 되고, 대개는 더 깊이 이해하게 됩니다.

대부분의 기법은 구현과 관련된 장애물을 식별하고 해결하는 데 유용한 도구이지만, 역 브레인스토밍이나 비정형 분류와 같은 기법은 아이디어 구상 단계와 같이 더 이른 시점에 사용할 수도 있습니다. 밥코프스카는 이들 기법을 **대인관계 기술**(팀 정신 형성, 개인적인 장애물 제거), **창의력 기술**(연상적 사고 및 아이디어), **동기 부여 기술**(부정적인 측면을 발견하는 데 도움이 됨), **장애물 극복** 이렇게 네 가지 주제로 분류합니다.

브레인스토밍의 나쁜 점

창의성 컨설턴트들이 추천하는 브레인스토밍 세션만큼 고정관념에 치우친 것이 또 있을까요? 브레인스토밍은 저희 연구와 문헌에서 접한 연구들에서 가장 자주 언급되는 방법입니다.

하지만 여기서 몇 가지 정리해야 할 사항이 있습니다. 많은 연구 결과에 따르면 우리가 알고 있는 브레인스토밍은 효과가 없다는 것이 입증되었습니다. 첫째, 사람들은 회의실에서 화이트보드 앞에 앉아 있을 때보다 혼자 있을 때 두 배나 더 많은 아이디어를 만들어 냅니다. 둘째, 우리 모두가 얻고자 하는 하나의 '큰' 아이디어를 위해 점을 연결하는 작업도 혼자 있을 때 더 잘합니다. 셋째, (에릭 와이너가 지적했듯이) 많은 브레인스토밍 세션에는 어떤 의도가 숨겨져 있을 때가 있고 이로 인해 정말 좋은 아이디어를 억누르는 경우가 많습니다. 넷째, 무심결에 툭툭 내뱉는 말이 다른 사람들의 사고 과정에 영향을 미칩니다. 우리 주변에는 "그건 절대 안 될 거야"라고 말하면서 고개를 저으며 우리가 말하는 것을 방해하는 동료가 한두 명은 반드시 있기 마련입니다. 다섯째, 3장에서 언급했듯이 집단 지성은 아이디어가 충분히 이질적일 때만 작동할 수 있습니다.

---

23 Gary Lupyan and Daniel Swingley. Self-directed speech affects visual search performance. Quarterly Journal of Experimental Psychology, 2012.

24 소프트웨어 엔지니어링에서 고무 오리 디버깅은 문제를 사람의 언어로 말하거나 쓰는 과정에서 코드를 디버깅하는 방법으로 『실용주의 프로그래머』에서 처음 소개되었다. 더 자세한 설명은 https://rubberduckdebugging.com에 나와 있다.

그렇다고 브레인스토밍을 포기해야 할까요? 서로를 존중하는 집단 모임은 여전히 아이디어를 모으는 훌륭한 방법입니다. 회사 회의실이 아닌 커피숍에서 말이죠.

8.4.2 실용주의 프로그래머의 도구 상자

프로그래머의 바이블 격인『실용주의 프로그래머』[25]는 매년 새로운 프로그래밍 언어를 배울 것을 권장합니다. 각각의 새로운 언어는 그 언어만의 고유한 지침, 스타일, 열렬한 추종자, 문제 해결에 대한 고유한 접근 방식이 있습니다. 4장에서 설명한 대로 언어 간 충돌을 염두에 두어야 하지만, 더 많은 언어를 접할수록 한 언어의 관행을 창의적으로 결합하고 다른 언어로 변환할 수 있는 가능성이 커집니다.

브루스 테이트[Bruce Tate]는 앤디 헌트와 데이비드 토머스의 추천이 마음에 들지 않았나 봅니다. 일 년에 언어를 하나만 배우라고? 7주 동안 7개 언어를 배워서는 안 되는 건가? 실제로『브루스 테이트의 세븐 랭귀지』(한빛미디어, 2015)에서 테이트는 두 달 동안 7개 언어를 배우는 여정을 바탕으로 새로운 프로그래밍 언어를 빠르게 배우기 위한 실용적인 팁을 제공합니다.[26] 이 책은 큰 성공을 거두었고 4년 후에『Seven More Languages in Seven Weeks』(Pragmatic Bookshelf, 2014)라는 후속작으로 이어졌습니다. 테이트의 책은 언어의 기술적인 측면을 다루고 있으며, 독자들에게 다양한 커뮤니티의 다른 프로그래머들이 복잡한 문제를 어떻게 해결하는지를 맛볼 수 있게 해줍니다.

여러 언어의 관점에서 생각하는 것은 코드의 어려운 문제에 접근하는 효과적인 방법입니다. 어떤 문제에 봉착했는데 현재 기술로는 어떻게 해결해야 할지 모른다고 생각해 보세요. 하지만 자바스크립트로 작성할 수 있다면 어떨까요? 아니면 엘릭서나 코틀린으로 작성할 수 있다면요? C의 포인터에 의존할 수 있다면 쉽게 해결할 수 있을까요? 아니면 루비의 리플렉션 확장을 활용하거나 함수형 언어로 표현할 수 있다면 어떨까요? 그러면 일이 더 쉬워질까요 아니면 더 어려워질까요? `filter()`와 `map()`을 연결해서 사용하면 어떨까요? 다른 언어의 널 타입은

---

25 Andy Hunt and Dave Thomas. The Pragmatic Programmer: From journeyman to master. Addison-Wesley Professional, 1999.

26 Bruce A. Tate. Seven languages in seven weeks: A pragmatic guide to learning programming language. Pragmatic Bookshelf, 2010.

어떨까요? 비즈니스 로직을 프롤로그로 표현해야 할까요? 스퀴럴^{Squirrel}과 같은 스크립팅 언어의 장점을 활용할 수 있을까요? 로직을 표현하기 위해 사용자 지정 도메인 전용 언어는 어떨까요?

현재 언어로 할 수 없다면 다른 언어를 시도해 보세요. 그 언어로 안 되면 또 다른 언어로 시도해 보세요. 그걸로 안 되면 또 다른 언어로 다시 시도해 보세요. 잠시만요, 벌써 일곱 번째 시도인가요? 아이디어를 백포팅^{backporting}하는 것으로 충분할 수도 있습니다. 가상 머신이 해당 언어를 해석할 수 있습니다. 루비와 파이썬은 JVM과 CLR에서 실행되고, 클로져^{Clojure}는 JVM에서 실행되는 리스프^{Lisp}의 한 종류이며, JS 코드는 요즘에는 어디서나 실행할 수 있습니다.

많은 프로그래머가 자신의 일상 업무와 사고방식에 갇혀 있습니다. 이러한 틀에 박힌 시야 때문에 또 다른 가능성을 발견하는 과정이 방해를 받습니다. 그리고 그 다른 가능성은 종종 더 나은 가능성이기도 합니다. 흥미롭게도 포커스 그룹 참가자 중 언어를 바꾸거나 다른 언어의 패턴에 대해 생각하는 일을 창의적인 활동으로 언급한 사람은 없었습니다. 대신, 인터뷰에 참여한 사람들은 구문과 씨름하는 것을 창의적이지 않은 활동으로 꼽았습니다.

> 구문 오류의 경우, 극단적인 예로 모든 것을 입력한 다음 실행해야 한다든지, 언어에 따라 쉼표가 잘못 배치된 것을 서너 번 고쳐야 하는 등 시간이 오래 걸리는 작업은 창의적이지 않습니다. 단위 테스트의 기계적 오류도 마찬가지입니다. 그 외에 제가 적은 또 다른 예로는 새로운 기술을 사용하는 경우 해당 기술에 대한 문서를 읽거나, 그 기술은 어떻게 작동하는지, 그 프로토콜은 어떻게 작동하는지 등을 살펴보는 것입니다.

마지막 발언은 첫 장에서 설명한 것처럼 창의력을 발휘하는 데 필요한 기술 지식의 기준을 암시합니다.

『실용주의 프로그래머』는 매년 새로운 언어를 배울 것을 권장하는 것 외에도 소프트웨어 개발 세계에 무술 '카타^{katas}'의 개념을 소개합니다. 코드 카타 연습은 일반적으로 무술 동작을 연마하는 것처럼 근육 기억력을 키우고 기술을 연습하기 위해 반복적으로 다시 작성하는 작은 규모의 코드를 말합니다.

제가 아는 가장 인기 있는 코드 카타 연습은 아마도 볼링 게임일 것입니다. 모든 사람이 볼링의 채점 규칙을 다시 숙지한 후, 프로그래머는 테스트 우선 접근 방식을 사용하여 이를 구현하려고 시도합니다. 어디서부터 시작할까요? Game 클래스를 생성할까요? 아니면 Player나

ScoreCalculator를 만들까요? 스페어와 스트라이크에 대한 점수 계산 로직을 재사용하기 위해 상속을 사용해야 할까요? 이렇게 과제는 단순해 보여도 코드는 금방 지저분해질 수 있습니다. 이 시점에서는 모든 것을 버리고 다시 시도해야 합니다.

제가 참여했던 카타는 작업 중인 코드베이스와 관련이 없는 작은 고립된 연습 문제로 항상 구성되었습니다. 코드워즈Codewars와 같은 온라인 코드 카타 트레이닝 플랫폼은 대부분 구문과 알고리즘에 대한 지식을 향상하는 데 중점을 둡니다. 코드 카타의 개념은 볼링 규칙과 같은 특정 영역의 로직에 얽매이지 않고 프로덕션 코드베이스에서 설루션을 빠르게 구상하는 데 효과적인 도구가 될 수도 있습니다.

> **EXERCISE** 두 사람이 짝을 이루어 어떤 기능을 전체 혹은 일부만 구현해 보세요. 이제 다른 사람이 그 변경 사항을 되돌리도록 해 보세요. 별로 기분 좋은 일은 아닙니다. 그렇죠? 혼자 작업할 때는 동료가 작성한 코드라고 가정하고 직접 되돌리세요. 그 코드를 다시 작성한다면 원래 그 코드를 작성한 사람보다 더 잘할 수 있을까요? 하지만 다른 가능성과 옵션을 탐색하고 고려한 것이기 때문에 모든 것을 다 잃어버리는 일은 아닙니다. 새로운 사고의 루틴이 검토된 것입니다. 다음에 이 작업을 다시 한다면 분명 이전보다 더 나은 코드를 작성할 것입니다.

8.4.3 에밀리 모어하우스의 도구 상자

2015년, 에밀리 모어하우스Emily Morehouse는 캐나다 몬트리올에서 열린 첫 번째 파이콘 콘퍼런스에 참석했습니다. 그곳에서 파이썬 언어의 창시자인 귀도 반 로섬Guido van Rossum은 당시 여성 파이썬 코어 개발자가 한 명도 없었기 때문에 여성 파이썬 코어 개발자를 찾는다고 발표했습니다. 에밀리는 기회를 잡기까지 1년이 더 걸렸지만 어디서부터 시작해야 할지, 코어 개발자가 실제로 어떤 일을 하는지 전혀 몰랐습니다. 다행히 귀도가 그녀를 멘토링해 주었습니다.[27]

[그림 8-6]에서 볼 수 있듯이 CPython 소스 코드는 550,000줄 이상의 C 코드와 629,000줄의 파이썬 코드를 포함하고 있을 정도로 방대합니다. 이렇게 방대하고 장기적으로 진행되는 프로젝트에 기여하려면 어디서부터 시작해야 할까요? 깃허브에 보고된 작은 버그를 수정하는 것은 무의미할 수 있습니다. 쉬운 버그는 이미 해결된 것이기 때문입니다. 대신 에밀리는 멘토의

---

27 에밀리 모어하우스가 파이콘 콜럼비아 2020에서 자신이 어떻게 코어 개발자가 됐는지를 설명하는 키노트 영상을 보라(https://youtu.be/TSphDJdco8M).

지도를 받아 소스 코드를 공부하기 시작했습니다. 이를 통해 다른 핵심 개발자들이 어떻게 작업하는지, 어떤 패턴이 반복적으로 적용되고, 의사 결정은 어떻게 이루어지는지, 심지어는 개선이 필요한 부분까지 이해할 수 있었습니다.

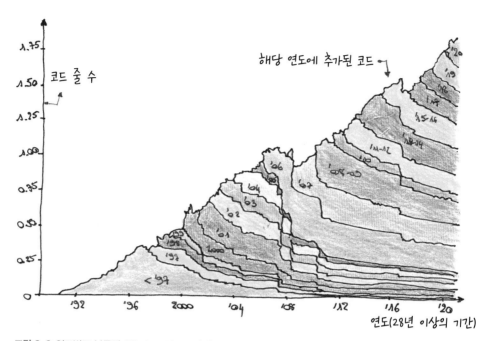

그림 8-6 연도별로 분류된 CPython의 코드베이스 진화 과정을 보여주는 과거 도표. 이를 통해 28년 이상 동안 코드가 어떻게 진화하고 성장했는지 알 수 있습니다. 파블로 갈린도 살가도Pablo Galindo Salgado가 수집한 데이터를 기반으로 에릭 번하드손Eric Bernhardsson의 git-of-theseus 도구(깃허브에서 사용 가능)로 생성했습니다.

다른 사람의 소스 코드를 연구함으로써 우리는 오스틴 클레온의 '훔쳐라, 아티스트처럼' 선언문처럼 자신의 작품에 사용할 귀중한 교훈을 배울 수 있습니다. 소설가에게 조언을 구하면 가장 먼저 하는 말이 '더 많이 읽으라'는 것입니다. 좋은 작가가 되려면 먼저 읽어야 합니다.

프로그래머로서, 특히 일상적인 프로젝트 코드베이스 외에는 다른 사람의 코드를 의도적으로 읽고 배우는 일이 얼마나 적은지 당황스러울 때가 많습니다. 과거 독서 그룹에서는 프로그래밍에 관한 책은 다루었지만 무료 오픈 소스 소프트웨어(FOSS) 코드를 다룬 적은 단 한번도 없었습니다. 좋은 프로그래머가 되려면 먼저 코드를 읽어야 합니다. 그리고 유명한 해커이자 오픈 소스 소프트웨어 옹호자인 에릭 레이먼드^{Eric S. Raymond}가 쓴 '해커가 되는 방법'이라는 글[28]에서 제안한 것처럼 코드가 아닌 글도 써보세요. 코드가 아닌 텍스트, 즉 글쓰기에 대한 워크플로 예제는 1장을 참조하세요.

깃허브나 깃랩과 같은 소셜 코딩 플랫폼은 FOSS 코드를 읽고 이해하는 데 큰 도움이 됩니다. 많은 대형 프로젝트에서 적극적으로 기여자를 찾고 있으며, 끝없이 쏟아지는 이슈와 코드 줄을 헤쳐 나가는 것이 벅찰 수도 있지만, FOSS에 기여하는 것은 자신만의 창의적인 프로그래밍 툴킷을 연마할 수 있는 좋은 방법입니다.

파이썬 코어 개발자가 되고 싶다는 에밀리 모어하우스의 포부처럼 진지하게 기여하고 싶다면, 자신의 작업을 점검해 줄 멘토를 갖는 것은 불필요한 사치가 아닙니다. 에밀리는 누군가의 지도가 없었다면 포기했을 것이라고 인정했습니다. 어떤 맥락이 절실히 필요함에도 무슨 수를 써도 도저히 보이지 않는 상황에서 멘토는 그것을 보여줄 수 있습니다. 코드의 어떤 부분은 누구도 감히 건드릴 수 없는 유물이 되기도 합니다. 왜 이 파일에 이상한 C 함수가 그룹화되어 있을까요? 왜 x나 y를 사용하지 않았을까요? 적절한 문서화가 없다면 이러한 집단적 지식은 시간이 지나면서 빠르게 사라집니다.

모어하우스는 코드를 읽고 멘토를 갖는 것 외에도 개발 커뮤니티의 신뢰를 얻는 것이 중요하다고 강조했습니다. 이는 시간이 오래 걸리는 과정입니다. 공감대 형성에 대한 것은 그 어떤 CONTRIBUTING.md 가이드에서도 언급된 적이 없습니다. 성공적으로 녹아든 후에 새로운 기여자를 도와주고 인터넷상에서 귀찮게 하는 익명의 사람들을 상대하는 것은 여러분의 몫입니다.

파이썬 코어 개발자는 다른 개발자와 마찬가지로 단순히 코드를 작성하는 것 말고도 다른 많은 일을 합니다.

8.5 요약

- 복잡한 문제에 접근할 때는 때때로 도구를 전환하는 것을 잊지 마세요. 문제를 세부적으로 들여다보지 말고 좀 멀리 떨어져서 다른 관점으로 문제를 바라보세요.

---

28 http://www.catb.org/esr/faqs/hacker-howto.html

- 창작 도구 상자에 있는 도구를 잘 관리하세요. 때때로 비판적으로 평가하고 다시 연마하세요. 무딘 도구는 버려야 할 때가 되지 않았나요?

- 기술 이외의 명작을 감상하면 아이디어가 떠오르고 그 개념을 코드에 반영하는 데 영감을 얻을 수 있습니다. 창의성에 관해서는 자신의 생각에만 귀를 기울이지 말고 명작이 말하게 하세요.

- 아이디어를 비하하거나, 대충 훑어보거나, 무시하지 마세요. 대신 아이디어를 존중하고, 연구하고, 리믹스하세요. 사기꾼이 아닌 예술가처럼 훔치세요.

- 자신의 가려운 곳을 긁어주세요. 샛길을 탐구하는 것은 창의적인 문제 해결 능력을 향상하고 잠재적인 신제품을 만드는 데 효과적인 방법입니다.

- 코드를 작성할 때는 키보드에 백스페이스가 있다는 것을 기억하세요. 때로는 무언가를 더하는 것보다 빼는 것이 코드를 더 명확하게 해줍니다.

- 경력을 쌓는 데 다운타임을 활용하고 때때로 휴식을 취해 창의적인 사고의 배터리를 재충전하세요. 일상 업무에서 벗어나 새로운 기술을 탐구하고 새로운 사람들을 만나면 여러분의 업무는 영감을 얻고 발전할 수 있습니다.

- 현재의 기분과 감정이 인지 능력, 즉 창의적인 문제 해결 능력에 긍정적인 혹은 부정적인 영향을 미친다는 점을 기억하세요. 매일 창의적인 하루를 보낼 필요는 없습니다.

- 코드에 있어 스타일과 구조는 콘텐츠와 기능적 정확성만큼이나 중요합니다. 자신의 코드에서 창의성을 너무 과장하다 보면 정작 코드의 유지보수성은 나빠질 수 있습니다.

- 처음이 어렵다면 중간부터 시작하거나 심지어 마지막부터 시작하세요. 구문이 어렵다면 구문 오류는 무시하고 그냥 작성하세요. 아이디어의 기본을 먼저 파악하면 대상 프로그래밍 언어로 구현하기가 더 쉬워집니다.

- 프로그래머에게 창작 도구 상자에서 가장 중요한 도구 중 하나는 아마도 코드 편집기일 것입니다. 코드 편집기에 대해 잘 알아야 합니다. 단축키와 다양한 설정에 익숙해지는 데 시간을 투자하세요. 기본 사항을 숙지하면 큰 도움이 될 것입니다.

- 장애물에 부딪혔을 때 일시적으로 포기하고 다른 일을 하는 것도 괜찮습니다. 한 시간이나 하루가 지나면 해결책을 찾을 수 있을 것입니다.

- 특정 프로그래밍 언어에 대한 개인적인 이력을 잘 활용하세요. 루비의 메시지 전달 구문을 잘 알고 있다면 엘릭서의 메서드를 사용하는 데 큰 어려움이 없을 것입니다. 그 연장선상에서 다음 달까지 두 가지 새로운 언어를 배우는 데 도전해 보세요!

- 좋아하는 애자일 브레인스토밍 도구를 전통적인 회의실 밖에서 사용해 보세요.

- 부모님, 자녀, 프로그래머가 아닌 친구, 고객과 함께 코딩 문제에 대해 토론해 보세요. 비전문가인 이들의 시각을 통해 전문가인 여러분이 간과한 간단한 해결책을 발견할 수도 있습니다.

- 코드 카타를 수행하려고 한다면 현재 프로젝트의 소스 저장소에서 코드를 분리할 수 있는지 확인하세요. 아마도 이러한 코드는 기존에 전통적으로 사용해 온 예제보다 여러분과 동료들을 교육하기에 더 좋을 수도 있습니다.
- 아직 멘토가 없다면 자신만의 창의적인 도구를 만드는 데 도움을 줄 수 있는 멘토를 찾아보세요.

창의성에 대한
마지막 생각

이 장에서는 다음을 다룹니다.

- 미리 정해져 있는 것이 아닌 달성 가능한 기술로서의 창의성
- 경험에 따라 달라지는 창의성에 대한 인식
- 창의성을 발휘하지 말아야 할 때
- 추가 읽기 제안

이 창의적인 모험은 여러분 내면의 **호모 파베르**를 일깨우는 것을 전제로 시작했습니다. 기술 지식, 의사소통, 제약 조건, 비판적 사고, 호기심, 창의적인 마음가짐, 창의적인 기술에 투자함으로써 여러분은 점차 창의적인 프로그래머로 발전해 나갈 수 있을 것입니다. 하지만 가장 어려운 과제 중 하나가 아직 남아 있는데 그것은 바로 이론을 실제에 적용하는 일입니다. 이 일은 여러분이 스스로 해결해야 할 과제입니다. 그 과정에서 장애물이 나타나 여러분의 호기심과 끈기를 시험할 것입니다. 그럴 때마다 여러분이 계속 나아갈 수 있기 위한 영감을 이 책에서 얻을 수 있기를 희망합니다.

이 탐험의 여정에 함께 해주신 여러분께 감사의 말씀을 드리며, 험난한 여정이었지만 "최고의 순간은 아직 오지 않았다"는 말이 있듯이 앞으로 계속 나아갈 수 있기를 바랍니다. 소프트웨어 엔지니어링의 창의적인 문제 해결에 대한 통찰력을 제공하는 작가로서의 제 일은 이제 끝났고, 창의적 프로그래머 과정을 졸업한 여러분의 일은 이제 막 시작되었습니다.

앞으로의 여정에 행운을 빕니다! 힘든 일이 있을 때마다 이 책이 길잡이 역할을 해줄 것임을 기억하세요. 창의성은 비범한 천재들에게만 해당되는 것이 아니며 누구나 창의적일 수 있다는 것을 기억하기 위해 때때로 이 책을 다시 읽어 보기를 바랍니다.

9.1 누구나 창의적일 수 있다는 것을 기억하세요

찰스 다윈은 심한 불안 증세로 고통받았고 거의 매일 몇 시간씩 침대에 누워 있어야 했지만 여전히 세상에 큰 공헌을 했습니다. 인지 심리학자 미하이 칙센트미하이와 인터뷰한 수많은 노벨상 수상자는 창의적인 과정에 대한 질문에 겸손한 태도를 보였습니다. 심지어 어떤 이들은 누

구나 할 수 있는 일이며, 단지 적절한 시기에 적절한 장소에 있었을 뿐이라고 인정하기도 했습니다.

이러한 이야기는 매우 고무적입니다. 누구나 창의적인 천재가 될 수 있으며 이것은 유전자, IQ, 적성에만 기인하지 않습니다. 다시 한번 강조하지만, 알베르트 아인슈타인의 말처럼 "내가 똑똑한 것이 아니라 문제를 오래 붙잡고 있는 것뿐입니다." 대부분의 천재는 특별히 똑똑하거나 사교적이지는 않았습니다. 그들은 단지 어떤 일에 헌신적으로 임했고, 열심히 일했으며 호기심을 멈추지 않았을 뿐입니다. 여러분과 저처럼 말이죠.

심리학자 캐롤 드웩은 고정된 사고방식이 성장하는 사고방식으로 바뀔 수 있다는 것을 증명했습니다. 6장에서 살펴본 것처럼 창의력도 마찬가지입니다.

> 학생, 혹은 프로그래머에게 창의력은 배울 수 있는 기술이며 고정된 것이 아니라는 것을 보여주면 그들의 창의력이 꽃을 피울 수 있습니다.

이 책에서 배워야 할 것을 단 한 가지만 꼽으라면, 그것은 창의성에 대한 유연한 관점입니다. 즉, 창의성은 엘릭서나 스칼라 프로그래밍, 유창한 유닉스 명령 사용법, 엔터프라이즈 소프트웨어 디자인 패턴에 대한 지식처럼 배우고 습득할 수 있는 기술이라는 점입니다. 누구나 창의력을 발휘할 수 있습니다. 창의성은 타고나거나 특별한 재능이 있어야 가질 수 있는 것이 아닙니다. 창의성은 렘브란트, 칸딘스키, 반 고흐, 마돈나, 마이클 잭슨, 리누스 토르발스, 스티브 잡스 등에게만 허락된 마법이 아닙니다.

창의성은 비교적 현대에 생긴 개념이며 사회문화적 요소에 의해 결정됩니다. 창의력을 발휘할 수 있는 잠재력은 측면적 사고 능력과 같은 한 가지 요인에만 국한되지 않습니다. 천체 물리학이나 우주 공학처럼 어마어마하게 어려운 것은 아니지만 나름의 복잡함을 가집니다. 창의성이라는 개념은 체계적인데, 이는 고도로 상호 연결되고 관계에 기반하고 있기 때문입니다.

창의성이 프로그래밍처럼 습득 가능한 기술이라면 창의성 역시 근육을 키워가듯 훈련을 통해 성장시킬 수 있습니다. 이 책 전체에서 언급했듯이 이 진술을 뒷받침하는 과학적 증거는 많습니다. 강화 학습 루프 같은 것인데요, 더 창의적인 프로그래머가 되면 결국 더 창의적이 되는 법을 배우는 것이라고 할 수 있습니다!

> ### 창의성 '모범 사례'는 위험할 수 있습니다
>
> 저는 다른 사람들에게 창의성을 높이기 위해 이렇게 혹은 저렇게 하라는 조언을 하기가 항상 꺼려집니다. 창의성은 그렇게 해서 향상할 수 있는 것이 아니기 때문이죠. 7장에 나오는 마음챙김의 예를 생각해 보세요. 단순히 마음챙김을 연습하는 것만으로는 효과가 거의 없는데도, 많은 관리자가 단기적으로만 생각하고 데이터에만 지나치게 집중한 나머지 업무 관련 문제의 해결책으로 마음챙김을 제안하고 있습니다.
>
> 창의성(이 경우에는 마음챙김)을 몇 가지의 모범 사례로 단순화하는 것은 매우 위험한 일입니다. 이 책에서 각 장의 마지막에 내용을 요약하고는 있지만, 책을 특정한 방식으로 구성하기 위해 그렇게 한 것입니다. 하지만 창의성은 그렇게 요약으로 만들어지는 것이 아닙니다. 프로그래머는 보통 책을 꼼꼼히 읽어 보고자 하는 끈기보다는 핵심만 파악하기 위해 책 내용을 죽 훑어보는 것을 더 좋아하는 실용적인 사람들이라는 것을 저는 잘 알고 있습니다. 그런 실수를 창의성에 대해서는 저지르지 않기를 바랍니다. 기억하세요. 창의성은 하나하나가 독립적으로 돌아가는 부품적 사고가 아닌, 서로가 관계를 맺고 유기적으로 돌아가는 시스템적인 사고라는 것을요!

9.2 진화하는 창의성의 관점

수십 년이 흐르고 나이가 들수록 새로운 관점을 받아들이기란 더 어려워지는 반면, 늘어난 경험과 지혜로 인해 비판적으로 사고하는 일은 더 쉬워집니다. 신경과학자 대니얼 J. 레비틴^{Daniel} ^{J. Levitin}은 자신의 저서 『Successful Aging』(Dutton, 2020)에서 우리의 성격이 일생 동안 여러 번 변할 수 있고, 또 변할 것이라고 설명합니다. 빅 파이브^{Big Five}라고 부르는 인기 있는 성격 테스트를 받아본 적이 있나요? 이 테스트는 5가지 영역(경험에 대한 개방성, 성실성, 외향성, 동의성, 신경증)에 걸쳐 성격을 파악하는데, 나이가 든 뒤에 테스트를 다시 받아 보면 결과가 많이 달라질 수도 있으니 아주 다른 결과를 보더라도 놀라지 말기를 바랍니다. 지나치게 비협조적이거나 외향적이라고 해서 남은 인생이 저주받은 것은 아닙니다. 이러한 특성은 인생의 특정 시간에 발현된 스냅숏일 뿐이니까요.

나이와 관련된 성격의 개념은 창의성과 관련하여 큰 영향을 미칠 수 있습니다. 경험에 대한 개방성이 낮다는 것은 최신과 최고의 것을 따라잡기 위해 호기심을 유지하기가 더 어려워진다는 의미인데, 이는 창의성의 주요 부분이라는 것을 여러분도 이미 알고 있으리라고 믿습니다(6장). 동시에 대니얼 레비틴은 젊은 사람들이 창의성의 또 다른 중요한 측면인 협업에 대한 선호도가 더 낮다고 언급합니다(3장).

직무 자원, 나이, 그리고 심리학자들이 아이디어 창의성idea creativity이라 부르는 것에서 아이디어 발상에 해당하는 것 사이의 상호 작용에 관한 또 다른 연구는, 창의성에 대한 적절한 기업 지원이 제공된다면 나이와 아이디어 창의성 사이에 긍정적인 관계가 있다는 사실을 발견했습니다.[1] 즉, 나이가 들수록, 그리고 이전 프로젝트에서 얻은 경험이 많을수록 아이디어 발상 능력이 크게 향상해 더 창의적인 돌파구를 찾을 수 있습니다.

9.2.1 기술적 개인주의에서 창의적인 팀 플레이어로

저와 동료들의 연구에 따르면 대학원생이나 초년 소프트웨어 개발자는 '창의성'을 숙련된 프로그래머와는 다르게 해석하는 경향이 있었습니다. 이들은 그린필드 프로젝트에서 기술적 도전과 창의적 자유에 집중하고 혼자 작업할 때 경험하는 창의적 자유를 강조하는 경향이 있다는 것을 실제로 확인했습니다.

물론 대부분의 대학원생과 초년 개발자는 경험이 부족합니다. 평가하기 쉽고 범위가 명확하게 구분되는 과제 외에 더 큰 규모의 프로젝트에서 다른 사람들과 제대로 협업해 본 적이 없습니다. 마이크로소프트의 전 기술 컨설턴트인 애덤 바는 그 부분적인 원인이 대학의 컴퓨터 공학 커리큘럼에 있다고 봅니다. 그는 최근 '프로그래머를 소프트웨어 엔지니어로 만들기 위한 50년 간의 여정에서 얻은 교훈'[2]이라는 제목의 강연에서 대학 교육 과정의 개별적이고 작은 규모의 과제는 개별 프로그래머가 해결해야 하는 능력에 지나치게 많은 강조점을 두지만, 정작 산업계에서는 동적으로 변화하는 코드를 다룰 줄 아는(그리고 함께 작업할 줄 아는) 엔지니어가 필요하다고 설명합니다([그림 9-1] 참조).

---

1 Carmen Binnewises, Sandra Ohly, and Cornelia Niessen. Age and creativity at work: The interplay between job resources, age and idea creativity. Journal of Managerial Psychology, 2008.

2 ACM 기술 강연 `https://learning.acm.org/techtalks`를 보라.

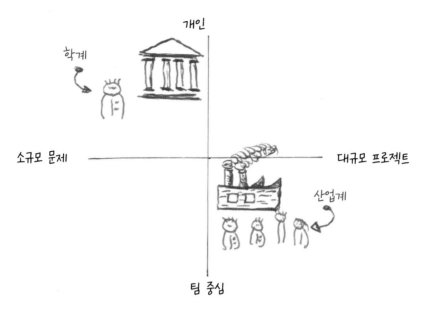

그림 9-1 애덤 바가 설명한 학계와 산업계의 차이. 대학은 주로 개인 수준의 소규모 프로그래밍 문제에 집중하는 반면, 산업계는 대규모 프로젝트에 대한 협업을 기대합니다.

그의 의견에 동의합니다. 제 동료들과 저도 학생들의 창의적인 행동을 연구할 때 같은 사실을 발견했습니다. 예를 들어 CS 대학원생들에게 창의적인 순간이 언제인지를 물어봤을 때, 대부분 기술적인 해결책에 대한 것을 먼저 언급했습니다.

> 아직 뚜렷한 해결책이 없는 문제로 씨름할 때입니다. 정렬 알고리즘의 경우 이미 많이 알려져 있고 인터넷에서 어떤 것이 옳은지 쉽게 찾을 수 있지만, 정보가 없는 다른 부분들은 제가 직접 생각해 내야 하거든요.

"코딩하면서 창의적일 때는 언제입니까?"라는 질문에 대한 답변 역시 아주 일관되게 이와 같았습니다. 하지만 7년 이상의 경력을 가진 프로그래머에게 정확히 같은 질문을 했을 때 그들의 대답은 대부분 다음과 같았습니다.

> 창의력을 발휘해야 할 때, 엔드투엔드 설루션에 대해 (다른 사람들과) 함께 생각할 수 있거나 생각해야 할 때, 그리고 정해진 해결책에 머무르지 않고 다른 방법을 모색할 때입니다.

이러한 답변에서 협업(다른 사람들과 함께 생각하기)과 비판적 사고(대안 경로 탐색 및 평가하기)는 일반적으로 가장 우선시 되는 반면, 순수한 기술적 도전은 여전히 중요하며 관련 있는 것으로 간주되지만 상대적으로 뒷순위에 놓입니다.

이러한 차이는 매우 두드러지는 것으로 나타났습니다. 이번 설문조사 결과는 창의성 영역과 관련이 있을 수 있는 주요 성격 특성이 연령대에 따라 다르다는 신경과학자들의 연구 결과를 뒷받침하는 것으로 보입니다.

이러한 결과는 다양한 연령대가 포함된 팀에서 작업할 때 특히 도움이 될 수 있습니다. 대학을 갓 졸업한 개발자와 숙련된 개발자에게 동일한 수준의 창의성을 기대해서는 안 됩니다. 신입 개발자는 이전에 저장된 방대한 지식 풀에서 정보를 통합하여 새로운 아이디어로 연결할 수 없기 때문입니다. 그렇다고 해서 이 말이 교육자는 여러 창의적 문제 해결 가운데 학생이 탐구할 가능성이 적은 부분에 중점을 두어서는 안 된다는 의미는 아닙니다.

창의력은 인지력 저하를 막는 데 도움이 될 수 있습니다

우리가 인터뷰한 몇몇 사람들은 정신적, 육체적 웰빙이 창의적이 되기 위한 전제 조건이라는 것을 은연중에 드러냈습니다. 그들의 말이 맞았습니다. 불면증은 집중력과 확산 사고 모드를 방해하여 통찰력을 생성하고 인식하는 능력을 차단할 가능성이 있습니다. 더 심각한 문제는 나이가 들수록 뇌의 일부(예: 전전두엽 피질)가 말 그대로 줄어들어, 프로그래밍처럼 인지적으로 까다롭고 복잡한 작업을 처리할 때 어려움을 겪게 된다는 점입니다.

다행히도 평생 동안 창의적인 문제 해결과 브레인스토밍으로 바쁘게 살아왔다면, 여러분은 여러 가지 흥미로운 방법으로 두뇌를 훈련해 온 것입니다. 대니얼 레비틴과 같은 신경과학자들은 '뇌를 흥미로운 방식으로 바쁘게 하는 것'이 뇌의 신경 가소성을 촉발하여 뇌를 젊게 유지하고 치매와 같은 인지 장애를 예방하는 데 도움이 된다는 것을 입증했습니다. 그러니 계속 도전하세요!

9.2.2 CPPST 다시 살펴보기

이 책의 결론에 도달한 지금이야말로 1장에서 소개했던 창의적 프로그래밍 문제 해결 테스트(CPPST)를 다시 살펴볼 좋은 기회입니다. 당면한 주제에 대한 새로운 통찰력을 얻게 되면 각 영역에서 평균 점수를 더 높게 받을 수 있을 것입니다. 이 테스트를 다른 사람이나 다른 프로젝트와 단순히 비교하는 용도로 사용하지 않도록 주의하세요.

제가 CPPST를 처음 소개할 때 의도적으로 **빼놓은** 것이 있습니다. 시험에 응시한 약 300명의 학생은 거의 같은 수의 컴퓨터 과학과 1학년 학생과 4학년 학생으로 이루어졌습니다. 이들 두 그룹의 통계 분석을 개별적으로 조사했을 때, 우리는 약간 다른 상관관계를 발견했습니다.

예를 들어 커뮤니케이션 관련 문항에서 전반적으로 4학년 학생들의 점수가 더 낮았습니다. 놀랍게도 '나는 동료들에게 정기적으로 피드백을 요청했다'라는 문항에 동의하는 비율이 1학년 학생보다 훨씬 적었습니다. 아마 졸업생들은 자신감이 넘쳐서 피드백이 필요하지 않다고 생각했을 수 있습니다. 어쩌면 애덤 바가 말한 개인주의가 졸업이 가까워질 무렵 뇌 속에 완전히 자리 잡았을 수도 있습니다. 그러나 그보다는 피드백이 자신의 창의력을 향상할 수 있는 것이라기보다는 성적과 관련한 의무적인 것으로 인식되었을 가능성이 더 높습니다. 한편 1학년 학생들은 (친구나 교수로부터) 피드백을 요청하는 데 더 익숙합니다.

분석 결과, 지금까지 살펴본 창의성의 7가지 영역은 크게 **능력**ability, **사고방식**mindset, **상호 작용**interaction이라는 세 가지 중요한 요소로 재구성할 수 있습니다. 대부분의 질문은 (기술적) 능력에 초점을 맞춘 것이므로 이러한 분류는 학생에게만 해당합니다. 즉, 창의적 문제 해결에 대한 학생들의 잘못된 인식이 '개인' 문제에 유리하도록 결과를 왜곡했습니다. 이것이 연령에 따른 창의력 차이의 또 다른 증거일까요?

> **EXERCISE** 자신의 전문 프로그래밍 경력을 되돌아보세요. 이 책에서 소개한 창의성의 일곱 가지 주요 주제와 관련하여 경력이 많아짐에 따라 선호도나 숙련도에 변화가 있었나요? 그 변화가 프로젝트 자체에 기인한 것이 아니라 여러분 자신의 미묘한 변화에 기인한 것이라고 확신할 수 있나요?

9.3 창의적이지 않아야 할 때

댄서이자 안무가인 트와일라 타프Twyla Tharp는 『The Creative Habit』(Brilliance Audio, 2014)에서 창의력을 발휘하고 평생 창의적인 습관을 기를 수 있는 실용적인 팁을 공유합니다. 타프의 팁은 우리가 프로그래밍을 위해 노력하는 것과 별반 차이 없어 보이지만, 타프는 창의성을 거의 신성한 헌신처럼 생각하는 듯합니다. '당신의 작업은 당신의 삶이다', '완벽을 기대하

라'와 같은 문장은 창의성을 받아들이는 대신 창의성으로부터 도망치고 싶게 만듭니다.[3]

저는 타프나 일본의 유명한 요리사인 오노 지로Jiro Ono 같은 사람을 존경합니다. 오노 지로는 초밥이라는 소박한 한 가지 일에 평생을 바쳤습니다. 97세인 그는 완벽한 초밥을 찾기 위해 지금도 새벽 5시에 일어나 직접 수산시장에 가서 최고 중의 최고만을 골라냅니다. 연구에 따르면 일을 포기하면(우리가 은퇴라고 부르는 것) 사회적 고립과 인지 기능, 즉 창의력이 저하될 가능성이 높아진다는 사실이 확인되었으므로, 이러한 사람들이 한 가지 일에 계속 헌신하는 것은 확실히 존경할 만합니다.

그러나 『The Creative Habit』에서 묘사하는 창의성은 10,000시간 이상을 투입하지 않고는 사실상 달성하기가 거의 불가능합니다. 저는 이러한 관점을 좋아하지는 않지만, 의도적인 연습이 숙련공에서 대가로 발전하는 데 효율적인 방법이라는 점은 인정합니다. 기술 지식은 창의성을 낳고(심지어 창의적이기 위한 필수 조건이기도 합니다(2장)), 물론 연습이 완벽을 만들어 내지만, 완벽만을 요구하는 것은 우리가 더 창의적이고자 하는 것의 90%를 차단하는 결과를 낳습니다.

창의적인 완벽성을 중요시하는 것의 문제점은 우려할 만합니다. 첫째, 완벽주의는 쉽게 번아웃과 우울증으로 이어지는데, 이 두 가지 사회적 문제는 그간 거의 관심을 받지 못했고 대부분 경제적 관점에서 접근했습니다. 둘째, 우리 대부분이 결코 달성하지 못할 거대한 과학적 혁신이나 새로운 AI 알고리즘의 발명과 같은 '빅-C' 창의성에 대한 가혹하고 가식적인 해석 때문에 막상 누구나 쉽게 달성할 수 있는 작은 성취가 무시되는 경향이 있습니다. 셋째, 기술의 신성함은 우리가 일을 하는 이유를 간과하게 만듭니다. 코딩을 기술이라고 생각하는 프로그래머는 클린 코드 원칙을 지나치게 강조하고 고객이 원하는 제품을 제공하는 데는 소홀한 경향이 있습니다.

5장에서 언급했듯이 창의성은 목적이 아니라 수단입니다. 창의적인 사람은 창의적이지 않아야 할 때를 압니다. 창의성은 상당히 많은 노력이 필요한데, 여러분과 동료들 역시 스스로에게 지나칠 정도로 창의성을 요구할 수도 있습니다. 너무 오랫동안 지나치게 창의성을 발휘하면 오래 지속되는 손상을 입을 수 있으니 주의해야 합니다. 때로는 창의적인 프로그래머가 되지 않고 덜 까다로운 작업을 몇 가지 실행하면서 배터리를 재충전하는 것이 필요하기도 하고 크게 위안이 되기도 합니다.

---

3 Twyla Tharp. The creative habit: Learn it and use it for life. Reprint edition. Simon & Schuster, 2006.

9.4 더 읽어 보기

창의적인 지식에 대한 갈증이 아직 해소되지 않았다면 어떻게 해야 할까요? 걱정하지 마세요. 탐구할 만한 흥미로운 자료가 아직 많이 남아 있으니까요. 이 절에서는 추천 도서를 7가지 창의성 테마별로 분류해 제공합니다. 이 책들 중 일부는 이전 장에서 이미 다루었지만, 그 자체로도 충분히 읽을 만한 가치가 있습니다. 학술 자료는 일부러 제외했는데, 접근하기 다소 어려울 수 있습니다(읽더라도 얻을 수 있는 것이 거의 없기 때문에 접근하기가 쉽지 않죠).

기술 지식

- 『실용주의 사고와 학습』(위키북스, 2015): 학습 및 행동 이론에 대한 실용적인 접근 방식에 몇 가지 인지 및 신경과학적 팁을 더한 책입니다. 이 책과 완벽하게 어울리는 필독서입니다.
- 『제텔카스텐』(인간희극, 2021): 2장에서 소개한 니클라스 루만의 제텔카스텐 노트 필기 방법론에 대해 알아볼 수 있는 참고 도서입니다.

커뮤니케이션

- 『천재의 지도』(문학동네, 2021): 전 세계를 여행하며 역사상 가장 위대한 창의적 사상가들의 도움을 받아 창의성의 사회적 차원을 발견하고, 그 결과를 현대와 연결시키는 에릭 와이너의 위트 넘치는 글을 읽어 보세요.
- 『탁월한 아이디어는 어디서 오는가』(한국경제신문, 2012): 3장에서 설명한 유동적 네트워크처럼 아이디어와 창의성이 도시와 도시 사이를 흐르면서 도시가 어떻게 시작되고 진화했는지 알아보세요.

제약 조건

- 『창의성의 즐거움』(북로드, 2003): 우리 시대의 창의적인 천재들과의 인터뷰로 가득한 중요한 작품으로, 적절한 헌신과 호기심만 있다면 누구나 창의적인 사람이 될 수 있다는 사실을 일깨워 줍니다. 이 책은 또한 창의성에 관한 많은 학술 연구를 깔끔하게 요약하고 있습니다.
- 『Creativity From Constraints: The Psychology of Breakthrough』(SPC, 2005): 패트리샤 D. 스톡스와 함께 초기 입체파의 발자취를 따라가면서 예술가들이 어떻게 스스로 부과한 제약을 이용해 뛰어난 예술 작품을 만들어 냈는지 알 수 있습니다.

비판적 사고

- 『생각에 관한 생각』(김영사, 2018): 우리가 생각하고 생활하는 방식을 주도하는 두 가지 시스템, 즉 빠르고 직관적이며 감정적인 시스템과 느리고 신중하며 논리적인 시스템을 설명하는 획기적인 마음의 여행입니다. 대니얼 카너먼은 또한 수많은 비판적 사고의 오류를 탐구합니다.

- 『프로그래머의 뇌』(제이펍, 2022): 프로그래머를 대상으로 한 이 책은 우리의 뇌가 어떻게 작동하는지, 코딩과 관련하여 사고를 개선하기 위해 우리의 뇌를 이해할 수 있는 방법을 탐구합니다. 『생각에 관한 생각』이 학문적 이론을 설명한다면, 『프로그래머의 뇌』는 엔지니어링 실무를 강조합니다.

호기심

- 『마인드셋』(스몰빅라이프, 2023): 이 책은 심리학 연구 서적 중 가장 많이 팔린 책 중 하나이며, 그럴 만한 이유가 있습니다. 6장에 나오는 성장 사고방식의 심리학에 대한 자세한 정보를 찾고 있다면 이 책을 추천합니다.

- 『모든 것이 되는 법』(웅진지식하우스, 2017): 일반성에 대한 생각은 좋아하지만 코딩 업무에 적용하는 방법을 모르는 경우 반드시 읽어야 할 필독서입니다.

창의적 마인드셋

- 『딥 워크』(민음사, 2017): 방해가 만연한 현대 세계에 대한 비판적 시각과 가능한 해결책을 다룹니다. 항상은 아니더라도 문을 꼭 닫고, 알림을 비활성화함으로써 더 깊이 있는 작업을 수행하세요.

- 『몰입』(한울림, 2005): 스포츠, 음악, 예술, 글쓰기, 교육 등 다양한 분야에서 플로에 대한 이야기를 담은 칙센트미하이의 또 다른 고전입니다. 대부분의 예는 엔지니어링 세계와는 거리가 있지만 코딩에 해당하는 경우로 쉽게 전환할 수 있습니다.

창의적 기법

- 『훔쳐라, 아티스트처럼』(중앙북스, 2020): 오스틴 클레온은 재치 있고 실용적이며 시각적이며 짧고 무엇보다도 유머러스한 접근 방식으로 프로그래머에게 매우 적합한 창의적인 조언을 제공합니다.

- 『브루스 테이트의 세븐 랭귀지』(한빛미디어, 2015): 『실용주의 프로그래머』에 익숙하다면 이 책은 여러분의 프로그래밍 언어 지식을 더 높은 수준으로 끌어올려 줄 수 있으며 미래와 끊임없이 변화하는 트렌드를 마스터할 수 있는 기술을 강조합니다.

INDEX

INDEX

INDEX

INDEX

INDEX

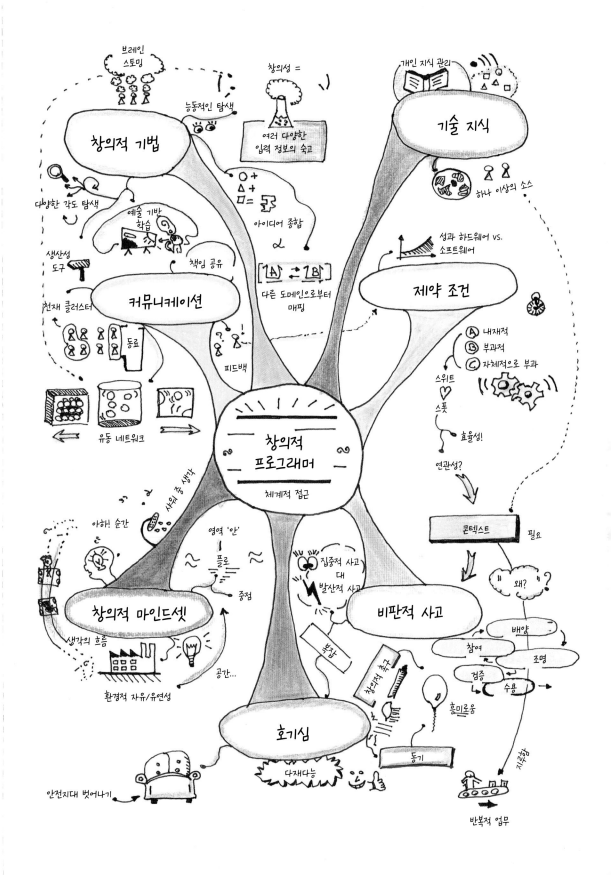

브레인
스토밍

창의성 =

개인 지식 관리

기술 지식

능동적인 탐색

창의적 기법

여러 다양한
입력 정보의 숙고

하나 이상의 소스

다양한 각도 탐색

아이디어 종합

예술 기반
학습

성과 하드웨어 vs.
소프트웨어

생산성
도구

책임 공유

제약 조건

천재 클러스터

커뮤니케이션

다른 도메인으로부터
매핑

A 내재적
B 부과적
C 자체적으로 부과

동료

스위트
스팟

효율성!

피드백

유동 네트워크

연관성?

창의적
프로그래머

체계적 접근

콘텍스트

필요

왜?

사유 중 생각

영역 '안'

집중적 사고
대
발산적 사고

배양

아하! 순간

플로

참여

조명

창의적 마인드셋

중점

비판적 사고

검증

수용

복잡

생각의 흐름

공간...

창의적 추구

흥미로움

지원함

환경적 자유/유연성

동기

호기심

안전지대 벗어나기

다재다능

반복적 업무